资本的游戏

# 这次不一样

## 八百年金融危机史

|典藏版|

THIS TIME IS
DIFFERENT
EIGHT CENTURIES OF FINANCIAL FOLLY

[美] 卡门·M. 莱因哈特  肯尼斯·S. 罗格夫 著
Carmen M. Reinhart    Kenneth S. Rogoff
綦相 刘晓锋 刘丽娜 译

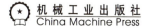

机械工业出版社
China Machine Press

## 图书在版编目（CIP）数据

这次不一样：八百年金融危机史（典藏版）/（美）卡门·M. 莱因哈特（Carmen M. Reinhart），（美）肯尼斯·S. 罗格夫（Kenneth S. Rogoff）著；綦相，刘晓锋，刘丽娜译 . —北京：机械工业出版社，2019.7（2021.12 重印）

（资本的游戏）

书名原文：This Time Is Different: Eight Centuries of Financial Folly

ISBN 978-7-111-63265-8

I. 这… II. ①卡… ②肯… ③綦… ④刘… ⑤刘… III. 金融危机 – 经济史 – 世界 IV. ① F831.9 ② F831.59

中国版本图书馆 CIP 数据核字（2019）第 262802 号

本书版权登记号：图字 01-2010-0427

Carmen M. Reinhart, Kenneth S. Rogoff. This Time Is Different: Eight Centuries of Financial Folly.

Copyright © 2009 by Princeton University Press.

Simplified Chinese Translation Copyright © 2020 by China Machine Press.

Simplified Chinese translation rights arranged with Princeton University Press through Bardon-Chinese Media Agency. This edition is authorized for sale in the People's Republic of China only, excluding Hong Kong, Macao SAR and Taiwan.

No part of this book may be reproduced or transmitted in any form or by any means, electronic or mechanical, including photocopying, recording or any information storage and retrieval system, without permission, in writing, from the publisher.

All rights reserved.

本书中文简体字版由 Princeton University Press 通过 Bardon-Chinese Media Agency 授权机械工业出版社在中华人民共和国境内（不包括香港、澳门特别行政区及台湾地区）独家出版发行。未经出版者书面许可，不得以任何方式抄袭、复制或节录本书中的任何部分。

# 这次不一样：八百年金融危机史（典藏版）

| | |
|---|---|
| 出版发行：机械工业出版社（北京市西城区百万庄大街 22 号 邮政编码：100037） | |
| 责任编辑：朱 妍 彭 箫 | 责任校对：张惠兰 |
| 印　　刷：北京文昌阁彩色印刷有限责任公司 | 版　　次：2021 年 12 月第 1 版第 6 次印刷 |
| 开　　本：170mm×230mm　1/16 | 印　　张：22.5 |
| 书　　号：ISBN 978-7-111-63265-8 | 定　　价：79.00 元 |

客服电话：（010）88361066　88379833　68326294　　投稿热线：（010）88379007
华章网站：www.hzbook.com　　　　　　　　　　　　读者信箱：hzjg@hzbook.com

版权所有·侵权必究
封底无防伪标均为盗版
本书法律顾问：北京大成律师事务所　韩光 / 邹晓东

# 目 录

译者序
前言
致谢
绪论

## 第一部分　金融危机入门

第1章　危机的类型和标识 /2
第2章　债务不耐：连续违约的根源 /18
第3章　一个基于长期视角的全球金融危机数据库 /31

## 第二部分　主权外债危机

第4章　债务危机的理论基础 /46
第5章　外债主权违约的周期 /61
第6章　历史上的外债违约 /78

## 第三部分　被遗忘的国内债务与违约史

第7章　国内债务和违约的程式化事实 /94
第8章　国内债务：解释外债违约和严重通货膨胀缺失的一环 /108

第 9 章　国内债务违约和外债违约：谁更严重，谁更重要　/117

## 第四部分　银行危机、通货膨胀和货币危机

第 10 章　银行危机　/128
第 11 章　通过货币减值的违约："旧世界"的偏爱　/157
第 12 章　通货膨胀与现代货币危机　/162

## 第五部分　美国次贷危机和第二次大紧缩

第 13 章　美国次贷危机：一个跨国的历史比较分析　/182
第 14 章　金融危机的后果　/200
第 15 章　次贷危机的国际视角：是危机传染还是共同因素冲击　/215
第 16 章　金融危机的综合度量　/222

## 第六部分　我们从中学到了什么

第 17 章　关于早期预警、国家升级、政策应对及人性弱点的思考　/248
数据附录　/263

## 参考文献[一]

---

[一]　请参见华章网站 www.hzbook.com。

# 译者序

如果从 2007 年夏美国次贷危机爆发算起，至 2020 年本轮全球金融危机历时已近 13 年，但这场危机的根源与成因依然是各方热衷探讨的话题，并且没有确凿统一的答案。不管对事情本身的看法有多大分歧，思想者们至少在一点上存在共识，那就是，对于重大历史事件的判断，最需要的元素是：时间。

本书一个突出的特点在于，它在全球金融危机史的研究上可谓迄今时间跨度最长的一部著作。如作者所言，当一位研究人员用 25 年的数据观察一场"百年一遇的洪水"时，只有 1/4 的机会；而如果以长达 8 个世纪的时间来观察，则有 8 倍的机会。

这恰好引出了作者研究方法的特点，即充实的定量和经验分析。在充满不确定性的世界中寻找确定性，在周而复始的变化中寻找恒常，在历史的多棱镜中探求规律，最可依赖的工具依然是数字。而西方学者对数字的痴迷不禁让人想起 2000 多年前的古希腊毕达哥拉斯学派，那时的先哲们就确信，通过数字可以发现宇宙的奥秘。

本书收集整理的数据量之巨，堪称恢宏。尽管有些数据受种种因素的影响，可能难免有误差，但作者巧妙地在时间与空间轴中抽取典型案例加以辅助叙述，形成立体感，令人信服。作者强调在历史中"捕捉那些容易被遗忘的'罕见'事件"。这在一定程度上弥补了数据上的缺憾。在研究全球金融危机史的众多著作中，学者们往往把本书的学术价值与金德尔伯格多年前出版的《疯狂、惊恐和崩溃：金融危机史》相提并论。相比之下，本书在数据的处理和分析上更为娴熟，而思想性和启迪性丝毫不逊于后者。不过，有一点需要指出，再庞大的数据集也只是时间的截图，置于漫漫历史长河，亦不过沧海一粟。

在种种金融危机的表现形式中，作者首要探讨的主权债务违约问题在 2012 年闹得沸沸扬扬的欧洲主权债务危机上得到了鲜活的印证。书中明确指出，从 1800 年到第二次世界大战以后，以希腊为代表的部分欧洲国家曾持续发生主权债务违约。而这场欧洲债务危机更让人担忧，它是否存在演变为全球财政危机的风险呢？

为何危机一再发生？作者将其原因归结到人的本性。人们总是过于乐观，认为错误不容易再犯，一旦历史重演，就去寻找新的借口。然而，人的贪婪与破坏性的原动力总会在一个时期后突破理性的控制，能量在破坏性地释放之后，才会回归于相对的宁静与繁荣。无论是为政者在经济繁荣时的政策推销，还是投资者在商海中搜寻价值坐标，在听到"这次不一样"的说法时，听者心中当有判断。

一方面，研究危机旨在为避免危机提供参考，读者阅读之后或许可以自己得出避免危机的最佳途径。另一方面，本书不仅仅是人们考察金融危机历史的工具，还是历练思维的有效借鉴。

美联储前主席伯南克在总结金融危机的教训时引用了马克·吐温的一句名言："历史不会重复自己，但会押着同样的韵脚。"尽管历史从来不能提供完美的指引，但它却是人们探索世界和认识自我不可或缺的一面镜子。

# This Time Is Different

# 前　言

本书用定量的语言讲述了以各种面目出现的金融危机的历史。它想传递的信息很简单：我们曾经经历过。无论21世纪的金融狂热或金融危机看起来多么与众不同，都与其他国家或过去时期所经历的危机存在极多共同之处。有了何其相似和不乏先例的这种认识，我们就朝着完善全球金融体系迈进了重要的一步，这使我们能够降低未来发生危机的风险，也能更好地在危机来临之际妥善地应对。

在本书中，我们关于各类危机的阐述有一个共同的主题，那就是过度举债。无论是政府，还是银行、企业或消费者，繁荣时期的过度举债都会造成很大的系统性风险。政府往经济中注入大量现金，表面看起来是在推动经济增长，而实际却是私营部门的借钱狂欢推高了房价和股价，超出了长期可持续水平。这使得银行看上去比平时更加稳健，更加赚钱。这种巨额债务的累积会导致风险，因为经济经不起信心危机，尤其是在债务都为短期，需要不时借新还旧之时。债务催生的繁荣会让人产生一种错觉，以为政府决策英明，金融机构赢利能力超凡，人们的生活水平优越，但此类繁荣多结局悲惨。当然，对各个经济体而言，无论在历史上还是现实中，债务工具都是不可或缺的。但如何把债务带来的风险和机遇平衡好，一直是个挑战，政策制定者、投资者和普通民众都不能忽视这个挑战。

在本书中我们讨论了各种类型的金融危机。首先是主权债务违约，当政府无法偿还其外债或内债，或者两种债务同时无法偿还时就会发生。然后是银行危机，如在21世纪头十年后期世界所经历的事件。在典型的银行危机中，一国的大部分银行在投资巨亏后破产，或者出现银行业恐慌挤兑，抑或二者兼具。其次，还有一类重要的危机是汇率危机，如20世纪90年代打击了亚洲、欧洲和拉丁美洲的那些危机。而典型的汇率危机表现是，一国货币急速贬值，尽管该国政府"保证"不会让这种问题在任何情况下出现。最后，我们认为过高的通货膨胀也是危机的一种形式。通货膨胀率不可预期地上升，实际上与违约完全等同，因为通货膨胀使所有债务人（包括政府）还债时货币的购买力远远低于借债时的水平。在本书的大部分内容中，我们将分别探讨这些危机，当然，这些危机也总是同时发生。在本书最后一章，我们考察了20世纪30年代大萧条及21世纪头十年后期金融危机的情况，这两次危机是集中爆发而且是波及全球的。

金融危机当然不是什么新鲜事，自从货币和金融市场产生以来，金融危机就一直没有断过。许多早期的危机受到"货币贬值"(currency debasement)的驱使，统治者缩减辖区内硬币中黄金或者白银的含量，用来支付通常由战争造成的预算短缺。而随着技术的不断进步，政府无须再通过缩减硬币的贵金属含量来填补预算赤字。但金融危机依然不断发生，直到今天还在折磨着许多国家。

本书重点关注两种特殊形式的危机，这两种危机最普遍：主权债务危机和银行危机。两种危机都有几个世纪的历史，并且跨越多个地区。在这两种危机中，主权债务危机历史更长。实际上，现在一些似乎已经从阶段性破产中"毕业"的发达经济体，其主权债务危机曾经十分常见。在新兴市场中，重复出现的违约（或称系列违约）仍属慢性重症。与此相比，银行危机则一视同仁，它们是概率均等的威胁，无论是发达国家还是发展中国家，都会受到冲击。本书的考察线索将带我们回顾金融危机的历史,从拿破仑战争时期的欧洲银行挤兑致银行倒闭,一直到2007年美国的次贷危机。

我们写作本书的目的是提供一个大跨度、系统性、定量化的视角。经验分析的对象涵盖了近8个世纪以来66个国家和地区的金融危机。关于国际金融危机的历史⊖,此前已有许多重要著述,最知名的或许是1978年出版的金德尔伯格的《疯狂、惊恐和崩溃:金融危机史》一书。⊜不过,总的来说,这些早期著作重在叙述,所用数据相对不多。

相比而言,我们的分析建立在海量定量化的图表和数字的基础上,它们来自一个巨大的数据库。该数据库涵盖了自12世纪以来中国和中世纪欧洲的很多国家的信息。本书的核心包含在简单的数据和图表中,而不过多着墨于对人性、政治和谈判的叙述。相信我们这些看得见、摸得着的数量化金融危机史不逊于先前的叙述著作,希望它能为政策分析和研究开创一个新局面。

首先,我们强调的是审视长期的历史时段,捕捉那些容易被遗忘的"罕见"事件。尽管人们有时好像觉得这些事件看起来太普通了,实际上,分析师、决策者,甚至学院派经济学家通常都以短时间窗口的标准数据集来看待最近发生的事件,但从所涵盖国家的数量和时间的长短来看,这些数据集通常跨度很短。关于债务和违约的大部分学术著作和政策文献,其结论都是以1980年以后的数据为基础研究得出的,主要原因在于此类数据最容易获得。要不是在分析周期更长的金融危机情况下,这样做当然可以,但25年的数据集显然不足以用于对政策和投资风险进行充分的分析。在25年中发生的看似罕见的事件,如果把它们置于更长的历史周期观察,可能并不那么

---

⊖ 特别是 Winkler(1928)、Wynne(1951)和 Marichal(1989)。

⊜ 最近有 Ferguson(2008)颇为打动人的关于货币金融基础和历史的优秀著作,也请参见 MacDonald(2006)。

罕见。毕竟，当一位研究人员用25年的数据观察一场"百年一遇的洪水"时，只有1/4的机会；而如果以长达8个世纪的数据来观察，则有8倍的机会。此外，标准数据集在其他几个方面也存在局限，特别是在对政府债务类型的覆盖上。事实上我们会发现，在大多数国家，国内债务历史数据都极难获得。与现代社会银行表外业务和其他做账花招比起来，这种债务的透明度好不到哪里去。

本书数据信息涵盖范围广、跨越时间长，并以此来研究国际债务及银行危机、通货膨胀、货币崩溃和贬值问题。这些数据来自非洲、亚洲、欧洲、拉丁美洲、北美洲和大洋洲的66个国家和地区；变量范围涉及很广，包括外债和内债、贸易、国民收入、通货膨胀、汇率、利率和商品价格；有700多年的历史跨度，可追溯到大多数国家独立之初，以及一些国家的殖民地、半殖民地时期。当然，我们承认，相对于具有如此深度和广度的数据库的潜能，本书的应用和展示只是初步的尝试。

叙述数据的细节对理解本书的要义并不重要，本书重在用数据证明：我们曾经经历过这些危机。世代在变迁，金融工具有盈有亏，金融机构"其兴也勃焉，其亡也忽焉"。历史上金融危机遵循着繁荣与萧条（boom and bust）的交替。虽然国家、金融机构和金融工具可能随时间而变，但人性难移。如我们在本书最后几章所讨论的，21世纪头十年后期这场发端于美国并扩散到全球的金融危机——我们不妨把它称作"第二次大紧缩"，只不过是这种形态的最新例证罢了。

在本书第五部分我们将谈到这场21世纪发生的危机，读者可能会发现第13～16章的材料相对直截了当，也自成一体。（实际上，主要对最近危机教训感兴趣的读者可以跳过前面部分直接阅读这几章）。我们列举了在次贷危机爆发前夕美国各种标准化指数的表现，如资产价格泡沫、不断攀升的杠杆率、长期高企的经常项目赤字以及缓慢的经济增长轨道，显示了一国濒临金融危机（实际是一次严重金融危机）几乎所有的迹象。早在之前的上升阶段我们就应该警醒，因为我们已经发现下跌过程非常恐怖。系统性银行危机之后，经济活动长期处于严重萎缩状态，使得政府调动资源受到很大限制。

本书第一部分讨论了基本数据，并描述危机概念的精确定义。我们的数据集很大程度建立在以前学者工作的基础上，不过也有很多一手和二手的新近资料。除了系统地跟踪外债和汇率危机外，本书附录还对各国自身的通货膨胀和银行危机按年份进行了梳理，如对主权债务对内违约（多为本币）年份的梳理就是我们危机研究的一大特色。

这种推敲在本书其他部分也有所体现，我们把这些概念应用到经过扩展的全球数据集中。第三部分转向政府债务研究，按年份记录了数以百计的主权国家外债违约事件。这些"债务危机"涵盖从14世纪中期佛罗伦萨金融家给英国国王爱德华三世的贷款，到德国商人银行向西班牙哈珀斯堡王朝的贷款，再到20世纪70年代（很多）纽约银行家向拉丁美洲的大规模贷款。我们确实发现，在现代新兴市场发生的主权国家外债违约危机比银行危机要多得多，不过需要强调的是，在从新兴市场经济体发展到成熟发达经济体的过程中，主权国家外债违约一直是各国普遍发生的现象。此类经济、金融、社会和政治发展形态可能历经多个世纪。

实际上，在法国作为一个民族国家的早期阶段，它在外债上的违约不少于8次（我们将在第6章讨论这些内容）！西班牙在1800年以前的违约只有6次，但在19世纪的违约有7次，从而使总量达到13次，超过了法国。因此，当今天的欧洲强国度过了其发展过程中的新兴市场阶段，它们同样一再经历了外债违约问题，正如现在很多新兴市场所经历的一样。

从1800年到第二次世界大战以后，希腊持续发生违约，奥地利在某些方面甚至更为惊人。实际上，我们将看到，对于很多度过新兴市场阶段（这个过程可能会持续几个世纪)的国家来说,违约的一再发生是正常现象而非个别现象。在 1800 年以前,尽管国际资本市场发展非常有限,但我们还是搜集到法国、葡萄牙、普鲁士、西班牙和早期意大利城邦的大量违约事件。在欧洲边缘地带,埃及、俄罗斯和土耳其也有长期的违约历史。

本书提出的一个令人惊异的问题是,为什么少数国家,如澳大利亚、新西兰、加拿大、丹麦、泰国和美国能够避免中央政府外债违约,而数量众多的其他国家却一次又一次发生系列违约事件。

与欧洲和拉丁美洲相比,人们对亚洲和非洲金融危机的研究要少很多。的确,人们普遍认为现代主权违约只是拉美和少数欧洲穷国的现象,原因在于对其他地区缺乏研究。20 世纪 60 年代,印度和印度尼西亚也都出现过违约,这些都远早于第二次世界大战后拉美首轮违约事件。在后殖民时期的非洲,其违约记录看起来超过了此前任何的新兴市场地区。通过对亚洲和非洲后殖民时期大量违约记录的系统性考察,我们得出的结论是,大多数国家并没有避免主权违约的威胁。

在本书第二部分,随着我们开始应用数据集,并广泛使用图表和数字来描绘债务违约和金融危机的历史,违约的普遍性就显得非常清晰了。有一点没有分析到的是,2003～2008 年的一段平静时期,政府普遍能够履行债务偿付,这跟以往的正常情况很不一样。

当代学者和决策者(甚至像国际货币基金组织这样拥有官方数据的机构)常常会忽视新兴市场经济体内债的历史演变,他们把 21 世纪初出现的这种情况看作是令人震惊的新现象。然而,正如我们所言,新兴市场经济体的内债问题在过去曾多次显现,实际上就是为何历史上会有大量高通胀和违约事件这一系列谜局的答案。我们认为,政府债务数据难以获得只是反映政府账目透明度整体较低的一个方面,即使是美国,其透明度都相当低。想想看,政府向抵押贷款机构提供的大规模隐性担保,最终使 2008 年美国国债的实际规模增加了数万亿美元。再想想看，政府为美联储资产负债表外的交易提供了数万亿美元的担保，为不良资产从银行资产负债表内剥离提供了隐性担保，就更不用说存在资金缺口的养老金和医疗债务了。政府债务缺乏透明度是通病，要想寻找一些关于中央政府债务的基本历史数据，其难度之大令人匪夷所思。

第三部分就一个多世纪以来公开的违约和内债重组事件的分类进行了初次尝试。（由于学者们大多忽视了内债的演进历史，违约历史也常被抛诸脑后，这一点并不令人感到奇怪。）与外债违约相比，这一现象在某种程度上来说比较少见，但又太普通而难以证明政府总是能按面值偿还内债这一极端假设。内债违约大面积发生通常在经济困难时期，其困难程度往往超过单纯的外债违约时期，不论是表现在产出的下滑还是通货膨胀的加速上。

第四部分把讨论扩展到银行危机、货币危机和通货膨胀危机。直到21世纪初，关于银行危机的研究通常要么关注发达国家较早期的经历（主要是第二次世界大战前的银行业恐慌），要么就是只管新兴市场当前的情况。这种非此即彼的二分法可能是受到关于发达经济体的一种观念的影响，即认为不稳定、系统性、横跨多个国家的金融危机早已经被埋入历史。当然，2008年从美欧发端的全球金融危机打破了这种错误的观念，尽管付出了巨大的社会成本。

实际上，银行危机长期以来一直是种概率均等的威胁。在考察了从拿破仑战争时期的丹麦金融恐慌到2008年"21世纪头十年第一场全球金融危机"之后，我们得出了这一结论。银行危机的发生在高收入和中低收入国家都是类似的。银行危机几乎总是导致税收锐减和政府开支激增（其中一部分可能是损耗性的）。平均而言，银行危机发生后的3年内，政府债务会比平时增加86%。这些间接的财政后果比一般的银行救助成本要大得多。

极高的通货膨胀率是另一个经常发生的情况。历史上，还没有哪个新兴市场国家逃得过高通货膨胀率的折磨。实际上，很少有国家能避免系列外债违约，也很少有国家能避免系列高通货膨胀，这二者具有高度相似性。

即使是美国也有过充满波折的历史，包括通货膨胀率达到近200%的1779年。在全世界来看，早期政府赖账的主要方式是通过缩减硬币的价值，要么混入较便宜的金属，要么就是缩小硬币的尺寸，发行同样面额更小的硬币。现代货币印制只不过是达到同样目的的、技术更先进、更有效率的方式。结果整个历史呈现出明显的通货膨胀倾向。不过从20世纪开始，通货膨胀冲得特别高。自那以后，通货膨胀危机达到了更高的层次。这没什么好奇怪的，越是现代，越容易发生汇率崩溃，货币价值变化得也越大。更令人惊讶同时也只有透过更广阔的历史时期才能显现的是，早期关于汇率严重不稳定的事件，特别是在拿破仑战争时期。

正如金融危机在资产价格、经济活动、外部指标等方面会有一些共同的宏观经济前奏一样，危机演变的顺序也呈现类似共同的特征，这正是第五部分最后要探讨的主题。

本书结尾部分提出了关于危机、政策和学术研究方法的一些想法。确切无疑的是，国家、银行、企业和个人在好年景时总是一再过度负债，而不考虑当衰退不可避免来临时会出现什么风险。我们在本书前面部分介绍了"债务不耐"的概念，即许多新兴市场国家持续处于违约边缘。全球金融体系中的许多玩家常常挖掘出太大的债务黑洞，以至于深陷其中无法自拔。21世纪头十年后期的美国及其金融体系就是最典型的案例。

政府和政府担保债务（由于存在存款保险，通常也包括银行债务）的问题非常大，因为它的规模可以累积到很大，而且长期无须经受市场检验，尤其是某些监管规章阻止其这样做。根据我们的考察，尽管私人债务在许多危机中扮演着重要的角色，但政府债务通常是各类金融危机中普遍遇到的问题。基础国债数据不透明和难以获得的事实足以证明，在情况不妙时，政府会尽其所能地隐藏账目，就如同金融机构在当前金融危机中的所作所为一样。我们认为，在强化政府债务透明度方面，诸如国际货币基金组织这类机构的国际政策可以发挥主要作用，可以督促政府在债务账目方面实现比现在高得多的透明度。

深入研究过去800年危机的数据和细节，我们得出这样的结论：最常谈到和最昂贵的投资建议就是"这次不一样"。在这种建议之后常常伴随着大手大脚的冒险行动。金融专家（更常见的是政府中某些人）认为，我们正做得越来越好，我们会变得更聪明，我们会吸取过去错误的教训。结论是，旧有的估值准则不再适用。社会民众每每都相信，过去的许多繁荣景象都曾造成灾难性的崩溃，但这次不一样，当前的繁荣是建立在坚实的基本面、结构改革、技术创新和良好政策基础之上的。尽管本书提供的数据已经够全面了，但它仍不可能涵盖所有数百个事件的全貌。不过，图表还是能雄辩地说明此类危机会重复发生的本质。以图0-1为例，它显示的是世界范围内用GDP加权后的外债违约国家占比情况。

图0-1　主权外债，1800～2008年：外债违约或者重组的国家，按其占世界收入的份额加权

21世纪头十年这一短暂的时期，如图0-1右端所示，看起来相当稳定祥和，但是到了2005年，大量决策层人士开始宣称主权外债违约问题再也不会卷土重来了，那样说对吗？不幸的是，在本书完稿之时，答案已经非常清楚了。我们希望本书证据的分量能够让未来的决策者和投资者在宣称"这次不一样"时要三思而后行。因为，情况从来都不是那样。

# 致　谢

本书写作耗时颇长，众多人士提供了帮助，而我欠下太多感激未表。Vincent Reinhart 对经济和统计内容提出了意见，并对所有章节进行了编辑和再加工，且他讲述的一段逸闻形成了本书的题目。Vincent 在美联储工作近 25 年。1998 年，对冲基金长期资本管理公司（LTCM）倒闭，虽然当时这看来是个很大的危机，但和最近的事件比起来算不得什么。在由他参加的那次美联储理事会与业界人士的见面会上，一位记忆力超群的交易员说道："因为 5 个字，导致了比以死相逼亏的钱还要多。这 5 个字就是，'这次不一样'。"

要特别感谢的是 Jane Trahan，她对原书稿做了极有助益、全面的编辑，以及我们在普林斯顿大学出版社的编辑 Seth Ditchik，他在整个过程中给出了建议和文字指导。Ethan Ilzetzki、Fernando Im、Vania Stavrakeva、Katherine Waldock、Chenzi Xu 和 Jan Zilinsky 的研究助理工作也十分出色。我们还要感谢 Peter Strupp 及其普林斯顿编辑公司的同事们，他们在出版过程中负责所有技术性细节的沟通，体现了非常专业的水准。

# 绪 论
# 对金融脆弱性和信心波动本质的初步直觉

本书总结了多个世纪以来各种形式金融危机的长期历史。在深入研究危机之前，本章将尝试勾画出一个经济框架，帮助读者理解为何金融危机既难以预测，又贻害无穷。如书中所示，我们将利用其他机会引导有兴趣的读者阅读一些与我们讲述的故事相关的学术文献。请放心，这些内容只不过占较少部分，不愿把经济理论作为探索出发点的读者完全可以绕开这些内容。

我们认为，经济理论比较可信地解释了金融市场，尤其是依赖杠杆（意味着依托少量自有资金借钱购买大量资产）的金融市场如此脆弱和易受信心危机打击的原因。[一]然而不幸的是，在给出这些危机的确切时机或者持续时间方面，理论的作用似乎不大，这也是我们这么看重经验的原因。

也许最重要的是，无法认识到信心的不稳定与变化无常，尤其当大规模短期债务需要不断延期时，正是造成"这次不一样"综合征的关键因素。经济繁荣时，高度负债的政府、银行或者企业会很兴奋地把债务再延期一段时间，可到头来，还是信心崩溃、贷款人倒闭、危机爆发。

我们最简单也最熟悉的例子就是银行挤兑（将在银行危机这一章中细

---

[一] 参见 Shleifer 和 Vishny(1992) 及 Fostel 和 Geanakoplos(2008)，其中关于乐观者和悲观者财富变化对杠杆周期的影响的技术分析很有意思。

述)。我们谈到银行是出于两方面原因：第一，这是学术文献所遵循的套路；第二，我们收集的大量历史数据集都与银行借款和政府负债有关（信贷市场里其他大型的流动性交易参与者是金融界相对较年轻的机构）。不过，我们的例子对更广义的金融脆弱性很有说服力。很多通用原则适用于这些市场参与者，不管它们是政府支持实体、投资银行还是货币市场共同基金。

银行传统上借短贷长。也就是说，它们所借的钱是存款，而且在相对短期之内就可提走，但是它们贷出的款项通常期限长得多，且难以在短期内转换成现金。例如，某银行支持一家本地硬件商店扩张业务，在该商店扩大业务和收入时，银行对其长期偿还能力充满信心。但是在扩张的早期，银行可能并不容易收回贷款。店主此时并没有足够的收入，尤其是要同时偿还利率和本金时。

如果一家银行的存款基础雄厚，那么从长期来看，持有较大规模此类流动性不高的贷款组合前景还是颇为光明的。但是，出于某种原因，如果存款人全部要求立刻提现，比如，他们受到谣言蛊惑，认为银行在与抵押贷款相关的奇异产品上赌亏了钱，存款人一恐慌，麻烦就出现了。这家银行缺乏抛售其低流动性贷款组合的途径，故不能向恐慌的存款人偿还存款。这就是《生活多美好》(*It's a Wonderful Life*) 和《欢乐满人间》(*Mary Poppins*) 等经典电影中所揭示的银行命运。这些电影源于现实：很多银行都经历过这样的命运，尤其是当政府不能全面担保银行的存款时。

最有名的银行挤兑案例之一是英国的北岩银行挤兑案。恐慌的存款人对英国政府的存款部分保险计划不满，于2007年9月在银行前排起长队取款。恐慌的蔓延，最终迫使英国政府接管了这家银行，为其债务提供全面担保。

不仅是银行，其他借款人也会遭受信心危机。在肇始于2007年美国的金融危机期间，处于银行监管范围之外的"影子银行"体系中的巨型金融机构就遭遇了类似问题。尽管它们主要从银行和其他金融机构借款，但其脆弱性是相同的。当投资者信心下降，贷款人越来越拒绝延期对其的短期贷款时，这些机构被迫在市场上以跳楼价抛售资产。大抛售进一步推低价格，导致进一步损失和信心的螺旋式下跌。最终，美国政府不得不介入以提振市场信心。但好戏还没结束，救助方案的代价是巨大的。

这种变化无常的预期不仅拖垮了银行，对政府的影响也同样不小，尤其是当政府从外国贷款者那里借钱，而这些贷款者又没有什么控制手段时。大多数政府投资都直接或间接与该国的长期增长潜力及其税收基础相关，但这些都是欠缺流动性的资产。设想一下，根据现有的收入、增长预期和市场利率，一国的公债负担看起来是可控的。如果市场开始担心一位知名度虽然不高但受到公众欢迎的候选人将赢得下一次竞选，而且其上任后将大幅增加开支，使债务变得难以控制，投资者可能会突然不再以该国可以承受的利率延期其短期债务。此时信心危机就发生了。

这类情景并不会天天发生，但是以本书考察的长历史时期和众多国家来看，这类金融危机的发生是很频繁的。为什么大国甚至全世界不能共同找出一个办法来阻止信心危机，或者至少在危机的早期遏制其发生呢？

这是可能的。但是有一个问题，设想一个超大的世界政府机构可以提供全方位的存款保险，确保每个值得保护的借款人免遭挤兑打击。比如，有一个超大的国际货币基金组织，一家旨在帮助陷入流动性危机的新兴市场走出危机的多边贷款机构。问题是，如果向任何地方的任何人都无条件提供保险，则会导致某些市场参与者的行为失当。如果国际货币基金组织的贷款条件太松，它自己很快就会破产，金融危机就会如脱缰的野马。为防止危机而提供全面保险的做法既不可取，更不可行。（在最近的金融危机中，全球金融体系都遇到这一难题。为了应对危机，国际货币基金组织的贷款资金量上升了4倍，但同时贷款条件却大大放松了。）

对一国易受金融危机冲击这一问题，我们用经济理论怎么解释？具体而言，我们现在该重点关注一下政府。政府是本书所考察危机的主要源头。经济理论告诉我们，如果政府足够节俭，它就不会在面对信心危机时特别脆弱无力。持续财政盈余（税收收入超过开支）、保持相对低的负债水平、以借长期债务为主（如10年期或以上）、没有太多隐性的表外对外担保，这样的政府无须过于担忧债务危机。

相反，如果政府长年保持大量财政赤字、积累了巨额的短期债务，即使其债务负担水平看起来可控，这类政府也很脆弱。当然，不怀好意的政府可以通过借长期债来降低其脆弱性，但市场会立即察觉，并向其长期借款收取极高的利息。事实上，一些政府选择借更短期（如1年）而非较长期（如20年）债务的主要原因在于，只要信心能延续，借短债就可以享受低利率的好处。

经济理论告诉我们，正是由于信心以及公众对未来事件预期的变化无常，使得准确预测债务危机到来的时间极为困难。在大多数理经济模型中，高债务水平导致"多重均衡"○，债务水平可能会持续，也可能不会。对于何种事件会改变信心，以及如何具体衡量信心脆弱性的大小，经济学家也没有太好的办法。在金融危机的历史上，人们一再看到的是，当人们预期到某件事发生时，它最终就真的会发生。而当国家负债过重，而债务支撑的资产价格扩张到好得不真实的时候，很可能就会发生危机。但是确切的时机很难猜测，看起来像是马上要发生危机，有时可能还需要多年才能引爆。这种情况就像美国在21世纪头十年的后期，如第13章所示，在危机发生前，所有红灯都在闪烁报警，但直到"事件"发生，美国许多金融领袖及学者还在说："这次不一样。"

要指出的是，我们对政府过度举债和过高杠杆的担忧与布坎南及其他学

---

○ 多重均衡和金融脆弱性的经典文献包括 Diamond 和 Dybvig (1983) 关于银行挤兑的分析，Calvo (1988) 关于公共债务的分析以及 Obstfeld (1996) 关于汇率的分析。参见 Obstfeld 和 Rogoff (1996) 第6章和第9章。

者的传统公共选择理论所发出的警示有所不同。○传统公共财政理论文献对政府提出警告，它们对财政赤字问题过于短视，它们总是忽视偿债给公民造成的长期负担。实际上，过度的债务负担经常在短期造成问题，原因在于投资者可能会怀疑该国长期偿还债务的意愿。债务脆弱性问题不亚于长期税收负担问题，有时甚至更为严重。

在本书中，类似的脆弱性问题还出现在其他危机情景中。20世纪八九十年代的一个教训是，维持固定汇率的国家在突发的信心危机面前表现得很脆弱。对固定汇率的投机攻击可能在一夜之间打翻看似稳定长效的汇率制度。一旦休整成功后，还会有大量"这次不一样"的评论。之后，信心便如同一阵轻烟随即飘散，2001年12月的阿根廷就是一例。其实，这与债务有本质的联系。正如克鲁格曼的名言：汇率危机的爆发，常常根源于政府不愿采用维持固定汇率所需的财政和货币政策。○如果投机者意识到政府最终会丧失支撑本国货币所需的资源，预期到最终会崩溃的结局，他们就会寻找时机逃离这一货币。

当然，各国有办法使它们对信心危机不那么脆弱，不只是削减借贷和杠杆，经济学理论显示，提高透明度会有所帮助。读者在后面将看到，在借钱方面，政府最不愿意做的就是提高透明度。21世纪头十年后期的金融危机表明，除非政府监管强迫它们更透明，私人借款者在透明度方面并不比政府好多少。法律和监管制度更健全的国家能借到更多钱。实际上，许多学者认为，18世纪和19世纪，英国军事和经济成功的关键，在于其培育出了一批能借债又讲信用的优秀机构。○但是在极其紧张的状况下，即便是良好的机构与监管体系也会出现问题，这正是美国在最近这场危机中需要痛定思痛的

---

○ 参见 Buchanan 和 Wagner (1977)。

○ 见 Krugman (1979)。

○ 参见 North、Weingast(1988) 和 Ferguson (2008) 的论述。

东西。

最后的问题是，为什么金融危机总是造成这么大的痛苦？我们主要在第10章银行危机的简介中提到这个问题。简而言之，大多数经济体，即使是相对贫穷的经济体也要依靠金融部门从存款人（通常是消费者）手中归集资金，并调配到经济中好的投资项目上去。如果危机使银行体系瘫痪，经济体就很难恢复正常的经济活动。本·伯南克曾把银行倒闭视作20世纪30年代大萧条持续时间如此之长、打击如此严重的重要原因。因此，金融危机，尤其是大规模和难以解决的危机会产生深远的影响。此外，像多重均衡问题和金融脆弱性问题一样，对这一问题的阐述也见诸大量的经济学理论文献。㊀金融市场和实体经济活动之间的联系非常密切，尤其是当金融市场丧失功能时，这也是本书把多个危机作为重要历史事件的原因。这与2001年的科技股泡沫破裂不同。尽管技术股经历了飞涨和崩盘，2001年的衰退对实体经济的冲击相对比较温和。但如果泡沫是因为举债过度而膨胀起来的，那就要危险得多，这正是21世纪头十年后期全球房地产泡沫破裂所呈现的情况。

当然，"第二次大紧缩"（我们用其形容21世纪头十年后期的这场危机）将对经济学产生深远的影响，尤其是关于金融市场与实体经济关联性的研究。我们希望本书所提出的一些事实有助于为新理论需要解释的问题提供一个框架，不仅仅针对最近的这场危机，也包括曾发生过的多次危机，更不必说那些酝酿中的危机了。

---

㊀ 参见 Bernanke (1983) 和 Bernanke 与 Gertler (1990)。

| 第一部分 |

# 金融危机入门

"这次不一样"综合征的本质很简单,它源自人们心中一种根深蒂固的信条,即金融危机是一件在别的时间、别的国家,发生在别人身上的事情,它不会发生在我们自己身上。原因在于我们做得比别人好,比别人更聪明,同时我们也从历史错误中吸取了教训。于是我们宣称旧的估值规律已经过时。但是不幸的是,高度杠杆化的经济可能会在金融危机的边缘悄然运行很多年,直到外部环境的变化或者偶然性因素触发信心危机,最终导致金融危机的爆发。

# This Time Is Different

| 第 1 章 |

# 危机的类型和标识

由于本书是基于对金融危机的数量分析和历史比较分析,因此开篇就明确金融危机的定义以及起止时间的标识方法(尽可能使用定量方法)是很有必要的。本章及随后两章将介绍金融危机的基本概念、定义、方法论,以及数据收集和分析方法,它们将支持我们对几乎所有金融危机史的跨国比较分析,包括主权债务违约、银行危机、通货膨胀,以及汇率危机。

开篇就详细介绍金融危机的定义可能会使本章读起来有些乏味。但是读者若要准确理解后续章节中大量的历史图表,了解书中所指危机的内涵和外延,这么安排就很有必要。我们对危机的界定和现有文献中的定义大体相同,后者一般散见于各类危机(如主权债务危机、汇率危机等)的实证研究文献中。我们将突出标识那些结果对临界值的微小变动非常敏感或明显缺乏数据的危机。单列一章讲述危机的定义,也便于我们对本书所涉及的各类危机进行更详尽的介绍。

应该注意的是,本章所讨论的危机标识仅用于衡量单个国家的金融危机。后续我们将讨论危机的国际因素以及危机的强度与传播方式,它们集中体现于第 16 章全球金融危机的定义中。对于危机临界值的基本度量,我们除了对逐个国家分析之外,还对各类危机进行分析(如汇率危机、通货膨胀、银行危机等)。正如我们所强调的(尤其是在第 16 章),不同危机往往集聚发生,这意味着原则上我们可以系统地给出各类危机的定义。但是出于种种原因,我们更倾向于用最简单和最直白的方式描述金融危机事件。特别地，如果我们不这样做，它可能给后续广泛的跨国和跨时期分析带来很大的困难。这些危机的定义都源自现有的实证研究文献，我们在此加以引用。

我们首先讨论那些能够很容易给出严格量化定义的危机，然后再讨论那些必须依赖更多定性因素和判断分析的危机，最后还将给出"连续违约"以及"这次不一样"综合征的定义，这些概念在后文中将反复出现。

## 可量化定义的危机：通货膨胀、货币危机和货币减值

### 通货膨胀危机

我们首先定义通货膨胀危机，这既是由于它的普遍性和长期历史影响，也是由于它相对简单和明确（这使它更易于识别）。除了通货膨胀危机发生的频率，我们还对违约程度（通过通货膨胀侵蚀债务）的统计感兴趣，因此在标识通货膨胀危机或货币危机起始时间的同时，我们也标识其持续时间。很多高通货膨胀都是慢性的——往往持续很多年，它们有时候会自行消失，有时候会在某个中间水平稳定一段时间后突然爆发。包括早期关于第二次世界大战后汇率制度分类研究在内的很多研究，都将年通货膨胀率40%或更高作为严重通货膨胀危机发生的标志。当然，可能有人认为更低水平的通货膨胀率（如10%）都是有害的，但是无论是在理论上还是在实证中，持续温和通货膨胀的成本并没有得到很好的分析。在我们前期对第二次世界大战之后时期的研究中，之所以选择40%作为严重通货膨胀危机的临界值，是因为大部分人都认同该水平的通货膨胀有害，而且我们讨论的只是通货膨胀总体趋势和有重大影响的较低峰值。每月通货膨胀率为40%的恶性通货膨胀只是现代才有的事情。正如我们将在第12章"通货膨胀与现代货币危机"中所看到的（具体见表12-3），1946年匈牙利的通货膨胀率保持着样本国家的最高纪录。

然而对于第一次世界大战之前的时期，即便我们将严重通货膨胀的临界值设为每年40%都过高，因为该时期的通货膨胀率与第一次世界大战后相比

要低得多，特别是在现代纸币出现以前（现代纸币又称法币，其本身没有任何内在价值，之所以被认为有价值，仅仅是因为政府通过法律规定其他货币在国内交易中属于非法标的）。第一次世界大战前通货膨胀率的中位数要远低于随后各期，1500～1799年为0.5%，1800～1913年为0.71%，而1914～2006年该值上升为5.0%。在平均通货膨胀率非常低且很少出现高通货膨胀预期的时期，较低水平的通货膨胀就可能对经济造成很大的冲击和损害，因而也被当作是危机。[一]因此，为了对早期通货膨胀危机进行有意义的分析，在本书中，我们将第一次世界大战前通货膨胀危机的临界值设为年通货膨胀率20%。但是在判定通货膨胀危机的主要方面，不管临界值如何选择，我们的主要结论都是相当稳健的。例如，不论采用更低的临界值（如15%）还是更高的临界值（如25%）来定义通货膨胀危机，我们对任一给定时点存在通货膨胀危机的判断都是成立的。当然，由于我们把书中大部分数据都放到了网上，读者也可以自己去设定通货膨胀或其他可量化危机的临界值。

### 货币危机

为了标识货币危机，我们采用了杰弗里·弗兰克尔（Jeffrey Frankel）和安德鲁·罗斯（Andrew Rose）方法的一个变式，他们仅仅关注汇率的大幅贬值，并把基本的临界值（也存在一些例外）设为每年25%。[二]该定义很简单，因为它并不依赖其他变量，如储备损失（政府一般对该数据控制很严，数据发布有时非常滞后）和利率变动（如果政府对金融系统严格控制，该数据意义并不大，事实上，直到不久前大多数国家还都是如此）。和通货膨胀危机的情况类似，我们可以用25%的临界值来定义第二次世界大战后严重的汇率危机，但是对于更早时期而言该临界值可能过高，因为更小的汇率变动就会导致巨大的反常，并带来破坏性的影响。因此，对于第二次世界大战之前的时期，我们将年贬值率超过15%定义为货币危机。与通货膨胀危机的处理方式

---

㊀ 见 Reinhart 和 Rogoff（2004）。

㊁ 见 Frankel 和 Rose（1996）。

一样，此处我们不仅关注货币危机的起始时间（如同弗兰克尔和罗斯、卡明斯基和莱因哈特），也关注货币贬值速度超过临界值的持续时间。⊖毫不奇怪，在危机发生的时间上和危机幅度的顺序上，如表1-1所示，最严重的货币危机都和通货膨胀危机相似。不过，最严重的货币危机纪录的保持者不再是匈牙利，而是1944年的希腊。

表1-1 危机定义：关于量化临界值的小结

| 危机类型 | 临界值 | 时期（年） | 最高值 |
| --- | --- | --- | --- |
| 通货膨胀 | 年通货膨胀率20%或以上。对于年通货膨胀率超过40%的更极端的危机，我们对它进行单独分析 | 1500～1790<br>1800～1913<br>1941～2008 | 173.1<br>159.6<br>9.63E+26① |
| 货币危机 | 对美元（或相关基准货币，如历史上的英镑、法郎、德国马克及现在的欧元）年贬值超过15%及以上 | 1800～1913<br>1914～2008 | 275.7<br>3.37E+9 |
| 货币减值类型Ⅰ | 流通中硬币的金属含量减少5%或以上 | 1258～1799<br>1800～1913 | -56.8<br>-55.0 |
| 货币减值类型Ⅱ | 发生新币替代流通中已大幅贬值的旧币的货币改革 | 样本中最极端的例子是近期津巴布韦的货币转换，兑换率达1 000 000 000∶1 | |

①表1-1中，有的危机中通货膨胀率过高（如1946年的匈牙利危机），以至于我们不得不使用科学计数法。因此，E+26意味着我们必须在9.63后加26个0。

## 货币减值

现代通货膨胀和汇率危机的前身是漫长金属货币时期的货币减值。毫不意外，战争时期的货币减值尤为频繁和剧烈，因为货币中含银量的大幅下降常常成为当权者最重要的资金来源。

在本书中我们也标识了货币"改革"或货币转换及其变动幅度。这种转换构成样本中每一次恶性通货膨胀危机的一部分；事实上，连续快速地进行多次货币转换的例子在历史上也并非罕见。例如，为了应对恶性通货膨胀，巴西在1986～1994年进行了不少于4次的货币转换。1948年的中国是单次转换幅度最高纪录的保持者，转换比率达到3 000 000∶1！然而该纪录被津巴布韦以

⊖ 见Ibid; Kaminsky和Reinhart（1999）。

1 000 000 000∶1 打破！货币转换也常常发生于一段时期的高通货膨胀（并不一定是恶性通货膨胀）之后，这些情况也包括在现代货币减值危机的列表中。

## 资产价格泡沫的破灭

同样的量化方法可用于标识资产价格泡沫（股票或房地产）的破灭，它们通常发生于银行危机之前。股票价格泡沫破灭的危机将在第 16 章中讨论，而房地产泡沫破灭的危机将留待后续的研究。⊖这样做的一个原因是，对于很多导致金融危机的资产价格变动，其长期跨国比较数据的获得非常困难，尤其是房价数据。但是，我们的数据集确实也包含很多发达国家和新兴市场国家过去几十年的房价数据，后续我们分析银行危机时将会用到。

## 事件定义的危机：银行危机、外债和国内债务违约

在该部分中，我们描述了用于标识银行危机、外债危机和国内债务危机的标准，目前关于国内债务危机的记录最少，对它们的理解也有待深入。专栏 1-1 提供了我们分析中所用到的关键债务概念的简要术语。

### 专栏 1-1　债务术语

**外债**：一国对国外债权人的全部债务，包括官方（公共部门）债务和私人部门债务。通常是由债权人决定债务合同的全部条款，一般适用债权人所在国的法律，存在多国债权人的情况下适用国际法律。

**政府债务总额（公共债务总额）**：一国政府对国内债权人和国外债权人的所有债务。"政府"通常包括中央政府、地方政府、联邦政府和政府提供明显贷款担保的所有其他机构。

**政府国内债务**：一国政府在本国法律管辖权下发行的所有债务，不管债权人

---

⊖ 关于股价泡沫破灭危机标识临界值的构建见 Kaminsky 和 Reinhart（1999），对发达国家银行危机发生前房价表现的描述见 Reinhart 和 Rogoff（2008b）。

的国籍或债务的计值货币，因此它包含下面定义的政府外币国内债务。政府国内债务的合同条款可能由市场决定或者由政府单方面决定。

**政府外币国内债务**：一国政府在本国法律管辖权下发行的，使用非本国货币计值或者与非本国货币挂钩的债务。

**中央银行债务**：虽然中央银行债务通常隐含政府担保，但一般不把它们归为政府债务。中央银行通常是为了进行公开市场操作（包括冲销干预）而发生这些债务。它们可用本币或外币计值。

## 银行危机

对于银行危机，我们侧重于事件分析。采用这一方法的主要原因是缺乏较长的时间序列数据，不能够像标识通货膨胀危机和货币危机那样对银行危机或金融危机进行量化标识。例如，银行股的相对价格（或金融机构相对于市场的股价表现）本来是一个合理的指标，但是由于很多国内银行并没有公开交易的股票，因此该指标并不可行，对于早期的样本和发展中国家尤其如此。

另一种方法是用银行存款的变动来标识银行危机。如果银行危机的开始是以银行挤兑和存款流失为标志，那么该指标就可行。例如，它可以用于标识 19 世纪大量的银行恐慌。但是，银行的问题通常不是来自负债方，而是来自资产质量的长期恶化，不管是由于房地产价格的崩盘（如 2007 年美国次贷危机发生时），还是由于非金融部门破产的不断增多（如 21 世纪金融危机的后期）。在这种情况下，企业破产或不良贷款的大幅增加可以用于标识银行危机的发生。但不幸的是，企业破产和银行不良贷款的指标通常很难获得，而且也非常零散，即使在很多现代国家也是如此。此外，公布的不良贷款数据通常很不准确，因为银行试图在尽可能长的时间里隐瞒自己的问题，而监管机构往往睁一只眼闭一只眼。

考虑到这些数据的局限性，我们通过以下两类事件来标识银行危机：①银行挤兑导致一家或者多家金融机构倒闭、合并或者被公共部门接管（如 1993 年的委内瑞拉和 2001 年的阿根廷）；②在没有出现银行挤兑的情况下，一家重要的金融机构或金融集团倒闭、合并、被接管或者向政府申请大规模救助，并标志着其他金融机构一系列类似事件的开端（如 1996～1997 年的泰国）。我们的分析借助于现有银行危机的研究和金融报道，这些时期的金融压力无一例外都非常巨大。

我们使用了一些主要的数据源来标识跨国银行危机。1970 年之后的数据主要来源于卡普里奥（Caprio）和克林格比尔（Klingebiel）著名且全面的研究（最新的版本为 2003 年版），它非常权威，在把银行危机区分为系统性危机和更温和的危机方面尤为出色。卡明斯基和莱因哈特（1999），以及 Jácome（2008）丰富了这些资料来源，⊖其中 Jácome 补充的是拉丁美洲的数据。此外，我们从很多研究单个国家层面银行危机的文献中获得了大量跨国研究文献中所没有的数据，它们对于危机时间表的编制起到了重要的作用。⊖表 1-2 概括了这种基于事件来标识银行危机方法的局限性。数据附录 A.3 和数据附录 A.4 列示了银行危机开始的年份，但是大多数早期银行危机的持续时间很难准确界定。

表 1-2　小结：基于事件定义的危机

| 危机类型 | 标准 / 定义 | 简评 |
| --- | --- | --- |
| 银行危机<br>类型Ⅰ：严重的系统性危机<br>类型Ⅱ：温和的金融危机 | 我们通过以下两类事件来标识银行危机：①银行挤兑导致一家或多家金融机构倒闭、合并或者被公共部门接管；②在没有出现银行挤兑的情况下，一家重要的金融机构或金融集团倒闭、合并、被接管或向政府申请大规模救助，并标志着其他金融机构一系列类似事件的开端 | 这种标识银行危机的方法也存在缺陷。它标记的时间可能远比实际情况要晚，因为通常在银行最终倒闭或被兼并之前各种问题早已出现；标记的时间也可能比实际情况早，因为之后危机可能会进一步恶化。与下文所讲的外债危机不同（存在明确的结束时间），银行危机往往很难或者根本就不可能准确地界定危机结束的时间 |

⊖ 见 Kaminsky 和 Reinhart（1999）、Caprio 和 Klingebiel（2003）、Caprio 等人（2005），以及 Jácome（2008）。对于第二次世界大战前银行危机的跨国数据，见 Willis（1926）、Kindleberger（1989），以及 Bordo 等人（2001）。

⊖ 秘鲁的数据见 Camprubri（1957），中国的数据见 Cheng（2003）和 McElderry（1976），墨西哥的数据见 Noel（2002）。

（续）

| 危机类型 | 标准/定义 | 简评 |
|---|---|---|
| 外债危机 | 主权债务违约是指主权国家在到期日（或给定的宽限期内）未能支付本金或利息。它也包括消极债务重组，即新债务条款与原条款相比明显对债权人不利 | 尽管我们明确标识违约发生的时间为危机的起始年份，但是在大量的危机中，与债权人最终协议的达成（如果存在的话）看起来都遥遥无期。因此，我们也采用了一个虚拟的危机变量，仅仅标记第一年 |
| 国内债务危机 | 对外债危机的定义同样适用于国内债务危机。此外，国内债务危机也包括冻结银行存款或者强制要求将美元存款转换为本币存款等情况 | 对于近期的国内债务违约，充其量也只有标准普尔提供的不完全记录。对历史上此类危机进行标识更加困难，而且在许多情况下（如银行危机），要界定危机最后化解的时间是不可能的 |

## 外债危机

外债危机包括政府对国外债权人的直接违约，即一国对在另一国法律管辖权下发放的贷款不履行偿付义务，这种贷款通常（但不必然是）是外币贷款，并且通常由国外债权人持有。历史上最大的外债违约发生在 2001 年的阿根廷，违约债务达 950 亿美元。在阿根廷债务危机中，债务违约最终是通过债务减免和延长利息支付来解决的。有时候外债会被完全拒付，例如，1867 年墨西哥华雷斯（Juarez）政府就拒绝偿付麦克斯米伦（Maximilian）政府遗留下的价值超过 1 亿美元的比索债务。不过在大多数情况下，政府会对债务进行重组，修改后的债务条款相对原条款而言明显不利于债权人，如 1958～1972 年发生在印度的鲜为人知的外债重组事件。

外债违约受到了现代主流经济史学家的大量关注，其中包括迈克尔·博尔多、巴里·艾肯格林、马克·弗朗德罗、彼得·林德特、约翰·默顿和艾伦·泰勒等。⊖相对于早期的银行危机（更不用说国内债务危机了，它在文献

---

⊖ 此处并不是想提供一份研究过主权违约历史学者的详尽清单。

中很少被提及），我们对这些显著的债务危机的起因和影响了解得更为详细。主权债务违约和重组的标识将在第6章展开讨论。对于1824年以后的主权债务危机，大多数的标识来源于数据附录中所列的几份标准普尔的研究报告。但是，它们并不完整，缺失了大量战后债务重组和早期主权债务违约的数据，所以该数据还需要通过更多的信息加以补充。⊖

虽然外债危机的标识通常界定得很清楚，而且争议远少于银行危机等危机标识（银行危机的结束时间通常不清楚），但是正如第8章所述，我们仍然需要做出一些主观判断。例如，在统计一国的违约次数时，我们通常把所有间隔时间不超过两年的危机都归为同一次危机。主权外债危机结束时间的确定，虽然比银行危机要容易一些（因为与债权人签订正式的协议通常标志着危机的结束），但是也不是没有问题。

尽管我们明确标识违约发生的时间为危机的起始年份，但是在大量的危机中，与债权人最终协议的达成（如果存在的话）看起来都遥遥无期。苏联在革命后（1918年）的违约是该纪录的保持者，持续时间长达69年。希腊1826年的违约导致它在长达53年的时间里无法进入国际资本市场，洪都拉斯1873年的违约也与之类似。⊜当然，观察整个危机事件对分析借款或违约周期、计算坏账率等都很有帮助。但是长达53年的时间都被当作危机持续期并不可信，即便在此期间并不见得是多好的年景。因此，除了构建一个国家层面的虚拟变量来分析整个危机事件之外，我们还采用了两个其他的定性变量，以包括违约发生前后的核心危机时期。第一个变量仅仅把违约发生当年视为危机期，而第二个变量则围绕违约发生时间创建了一个7年的窗口期。这样做的理由是，违约发生的前3年和后3年都不能认为是"正常"期或"平静"期。这样处理可以使我们对不同时期、不同国家各种经济和金融指标表现的分析具有可持续性。

---

⊖ 很明显，补充的信息包括Lindert和Morton（1989）、Suter（1992）、Purcell和Kaufman（1993）、MacDonald（2006）。当然，该领域的必读文章还包括Winkler（1933）和Wynne（1951）。重要的扩展阅读还包括Eichengreen（1991a, 1991b, 1992），以及Eichengreen和Lindert（1989）。

⊜ 洪都拉斯从1981年至今一直处于违约状态。

## 国内债务危机

国内公共债务是在本国法律管辖权下发行的债务。对于大多数国家,在其大部分历史时期,国内债务都是以本国货币计值并由本国公民持有。同样的道理,绝大部分外部公共债务(在外国政府的法律管辖权下发行)是以外币计值,并由外国公民持有。

关于国内债务危机的信息非常少,但这并非意味着没有发生过这些危机。如第9章所述,国内债务危机发生时的经济环境通常比一般的外债危机更糟。但是,国内债务危机通常并不涉及强大的外部债权人。或许这能够从一方面解释,为什么大量的国内债务危机并不为主流的商业媒体和金融媒体所关注,以及为什么国内债务危机的研究在学术文献中代表性不足。当然事情也不是绝对的。墨西哥于1994~1995年广为报道的准违约事件无疑是一次著名的国内债务违约危机,尽管很少有观察家会注意到,从技术角度讲,大部分的问题债务是国内债务而非外债。事实上,在国际货币基金组织和美国财政部出手救援之前一直处于违约边缘的政府债务(采用特索(tesobonos)的形式,大部分是与美元挂钩且可用比索偿付的短期债务工具),其实是在墨西哥国内法律管辖权下发行的,因此也构成墨西哥国内债务的一部分。我们只能这样推测,如果特索没有被外国居民广泛持有,或许这次危机就不会那么受人关注。自1980年以来,阿根廷一共发生了3次国内债务违约。其中1982年和2001年这两次国内债务违约发生的同时还伴随发生了外债违约,因此受到国际上的广泛关注。但是,因为1989年的大规模国内债务危机没有伴随发生新的外债违约(因而也没有涉及外国居民),所以这次危机在文献中很少被提及。20世纪30年代大萧条时期发生于发达国家和发展中国家的大量国内债务违约也没有得到很好的记录,即使有官方记载,也只是在脚注中提到了债务余额或是停止偿付的时间。

最后,一些涉及将外币存款强制转换为本币存款的国内债务危机,通常发生在银行危机、恶性通货膨胀危机或者两者同时发生之时(如阿根廷、玻利维亚和秘鲁的危机)。我们建立分类变量的方法与前述外债违约所用的方法相同。与银行危机相似而不同于外债违约的是，大多数国内债务违约结束的时间并不是很明确。

## 其他重要概念

### 连续违约

连续违约是指政府对外债或国内公共债务（或公开担保的债务）抑或两者同时发生多次主权违约。这些违约发生的时间间隔从 5 年到 50 年不等，违约程度也从全部违约（或拒偿）到部分违约（通过债务重新安排来实现，通常是在更优惠的支付条款下延迟利息支付）不等。正如第 4 章所述，完全违约在实际中较为罕见，因为债权人可能要等上几十年的时间才能够得到部分的偿付。

### "这次不一样"综合征

"这次不一样"综合征的本质很简单[⊖]，它源自人们心中一种根深蒂固的信条，即认为金融危机是一件在别的时间、别的国家，发生在别人身上的事情，而不会发生在我们自己身上。这是因为我们做得比别人好，比别人更聪明，同时我们也从历史的错误中吸取了教训。于是我们宣称旧的估值规律已经过时。与以往历次经济繁荣之后就发生灾难性崩盘的情况不同，现在的繁荣是建立在坚实的经济基础、结构性调整、技术创新和适当政策的基础上的。事情大致就是这样。

在绪论部分，我们基于高度杠杆化经济的脆弱性，尤其是它们易受信心危机影响的弱点，提出了一个解释"这次不一样"综合征的理论基础。当然，历史上充斥着大量"这次不一样"综合征的案例。我们的目的不是编制这些案例的目录，而是在全书中分散讨论这些案例。例如，专栏 1-2 就展示了一

---

⊖ 很明显，市场中的一句古老的谚语是：与暴力威胁相比，有五个字让人损失了更多的钱，它们是"这次不一样"。

则 1929 年的广告，它充分体现了大萧条前的那种"这次不一样"的情绪；专栏 6-2 考察了 19 世纪 20 年代拉丁美洲的信贷扩张，它标志着该地区的第一次债务危机。

## 专栏 1-2　1929 年大崩盘前夕的"这次不一样"综合征

### 历史上著名的错误猜测：全欧洲都猜错了

1719 年 10 月 3 日，一群疯狂的人聚集在巴黎娜芙酒店，他们争相大声喊叫："50 股！""我出 200！""500！""我出 1000！""10 000！"。

女人们在尖叫，男人们扯着粗嗓子在大喊。他们全是投机者，有的变卖了金子和珠宝，有的拿出了一生仅有的积蓄，只为求得一部分约翰·劳的密西西比公司的股票。他们相信这些神奇的股票将使他们一夜暴富。

随后泡沫破灭了。股票价格一降再降。面对彻底的失败，发狂的人们试图卖掉股票，无比恐慌的人们涌入皇家银行。但是这都没用！银行的保险箱早就被提空了。约翰·劳跑了。密西西比公司和它所承诺的财富都成为一次悲惨的记忆。

### 现在你无须猜测

历史有时会重演，但并不是永远如此。在 1719 年，人们几乎没有任何办法去弄清密西西比公司的真相。现在是 1929 年，投资者的处境发生了多么大的改变啊！

现在购买"泡沫"是不能容忍的，因为这完全没有必要。现在的投资者，不管他的投资额是几千美元还是高达几百万美元，都可以使用现有的工具来获取公司的资料。这些资料最大限度地消除了投机风险，取而代之的是稳健的投资原则。

### 标准统计数据

纽约，VARICK 大街 200 号（现为墨西哥辣椒烤肉店）

周六晚报，1929 年 9 月 14 日

注：这则广告是由彼得·林德特教授热心地提供给作者的。

以下是过去一个世纪以来"这次不一样"综合征表现的简要清单。

### 1. 20 世纪 30 年代新兴市场债务危机的形成

该时期的主要观点有：不可能再次发生世界大战；更加稳定的政局和强劲的全球经济增长可以无限期地延续下去；发展中国家的债务水平较低。

第一次世界大战的主要参战国在战争中累积了大量的债务，而一些免受战争蹂躏的地区，如拉丁美洲和亚洲，公共债务水平看起来是适度、可控的。20 世纪 20 年代是全球乐观情绪高涨时期，与 2007 年始发于美国的全球金融危机之前的 5 年繁荣期如出一辙。与全球和平被认为是构成 21 世纪经济活力的要件一样，当时很多人认为世界大战不会在短期内再次发生。

1929 年，全球股市的崩盘标志着大萧条的开始。经济紧缩大幅减少了财政收入，与此同时，全球通货紧缩推高了实际利率，随后就发生了历史上最大规模的违约潮。

### 2. 20 世纪 80 年代的债务危机

该时期的主要观点有：商品价格强劲，实际利率水平低，石油美元被引导回流，政府部门的技术专家增多，将资金投资于高回报的基础设施，债务采取的是银行贷款形式，而非 1920～1930 年两次世界大战期间的债券形式。由于单个银行发放了大额的贷款，因此它有动力去收集信息和监控贷款人，以确保资金的正常使用和还本付息。

在长期的下滑之后，全球商品价格在 20 世纪 70 年代迎来了全面繁荣。随着全球经济增长推动稀缺资源的价格不断攀升，商品资源丰富的拉丁美洲似乎注定能够从中获得巨大的收益。发达国家的通货膨胀导致其债券市场的实际利率长期处于不正常的低水平。最后同等重要的是，拉丁美洲在一代人的时间里几乎没有发生新的违约，最后一次大规模的违约还是在大萧条时期。

很多官员和政策经济学家都非常赞同西方银行给发展中国家提供贷款的做法，认为西方银行在引导欧佩克国家的石油美元回流到发展中国家方面，发挥了重要的中介作用。西方银行之所以能够这样做，是因为它们拥有相应的信贷和监测技术以支持向拉丁美洲及其他地区的大量放贷，因而也能通过这些努力获得可观的收益。

就像之前的很多次危机一样，20世纪70年代的危机累积最终以悲剧收场。高企的实际利率与全球商品价格的崩盘一起触发了1983年8月墨西哥的违约，以及紧随其后十几个主要新兴市场国家（包括阿根廷、巴西、菲律宾和土耳其等）的违约。当80年代初发达国家的中央银行开始通过大幅上调利率来控制通货膨胀时，由于发展中国家的债务通常都与短期利率挂钩（我们将在主权债券理论一章中分析为什么会这样），其债务负担显著加重。同时随着全球需求的锐减，商品价格也全面崩盘，部分商品价格从峰值回落的幅度甚至超过70%。

### 3. 20世纪90年代亚洲债务危机

该时期的主要观点有：亚洲地区拥有保守的财政政策、稳定的汇率、较高的经济增长和储蓄率，同时该地区没有发生金融危机的历史记录。

20世纪90年代中期，亚洲是外国资本的宠儿。在该地区：①居民储蓄率非常高，政府在金融危机时可以依赖它；②政府财政收支状况相对良好，大多数国外借款来自于私人部门；③国内货币盯住美元，使得投资相对安全；④亚洲国家从未发生过金融危机。

最终，即便是增长速度快、财政政策稳健的国家也难免受到冲击。亚洲国家一个巨大的缺陷是汇率盯住美元，这往往是隐含的、非明显的。⊖这种盯

---

⊖ 以泰国为例，它于20世纪90年代中期宣布放弃盯住单一美元，转而采用盯住"一篮子"货币的政策。但是，投资者能够明显地看到篮子中除了美元之外并未包含其他货币，泰铢和美元的汇率只在狭小的区间内浮动。

住制度使得亚洲地区极易受到信心危机的影响。从 1997 年夏天开始，这种缺陷开始暴露出来。一些国家（如泰国）企图干预外汇市场以稳定币值，但是这注定要失败并最终遭受巨大的损失。⊖韩国、印度尼西亚、泰国等国家最后被迫向国际货币基金组织寻求大规模的救助，然而这些措施并不足以阻止经济严重衰退和本币大幅贬值。

**4. 20 世纪 90 年代和 21 世纪初拉丁美洲债务危机**

该时期的主要观点有：债务采用的是债券形式而非银行贷款。（请注意信念的钟摆如何在债券更安全和银行贷款更安全之间摆动。）由于债券形式下债权人的数量要远远大于贷款形式下银行的数量，因此各国在违约之前都会权衡再三，因为债权人谈判会变得更困难。

当 20 世纪 90 年代初拉丁美洲刚刚走出长达 10 年的债务违约和经济停滞期时，国际债权人就向该地区投入了大量的资金。资金投入的主要渠道是债券而非银行贷款，一些人由此认为这些债务在防止重组方面无懈可击。他们认为通过向大量的投资者发行债券，就可以避免出现类似于 20 世纪 80 年代债务国家成功逼迫银行重组债务（延期支付或有效减免）的情况。只要消除了重组的可能性，违约就很难发生。

某些其他因素也麻痹了投资者。许多拉丁美洲国家已经是民主国家，由此被认为能够确保更稳定的政局。墨西哥被认为没有风险，因为它签订了《北美自由贸易协议》，并从 1994 年 1 月开始生效。阿根廷也被认为没有风险，因为货币局制度使比索完全与美元挂钩。

20 世纪 90 年代的贷款泡沫以一系列金融危机而告终。首先是 1994 年 12 月墨西哥的大崩盘，随后是阿根廷 1 000 亿美元的债券违约（它是迄今为止历

---

⊖ 在为稳定币值而进行的外汇市场干预中，任何不成功的操作通常都会使中央银行遭受损失，这是因为它们在卖出硬通货（如美元）的同时买入本地货币（如泰铢），当本地货币汇率最终崩盘时，进行干预的中央银行遭受资本损失。

史上数额最大的一次违约），最后是 1998 年和 2002 年巴西的金融危机，以及 2002 年乌拉圭的违约。

### 5. 21 世纪头十年后期金融危机前的美国（第二次大紧缩）

该时期的主要观点有：由于全球经济一体化、技术的快速进步、更高级的金融系统、对货币政策更深刻的理解，以及债务证券化的出现，一切都变得很好。

在破纪录国外借款的推动下，房地产价格翻番，股票价格飞涨，但是大多数人并不认为美国会发生像新兴市场国家危机那样的金融危机。

本书的第五部分记录了次贷危机的进展，它是自大萧条以来最严重的金融危机，同时也是自第二次世界大战以来唯一一次全球性的金融危机。在中间的章节我们将展示，在大多数时间和大部分地区，金融危机连续发生都具有流行病特征，繁荣时期（多数持续时间很长）通常以悲剧收场。

| 第 2 章 |

# 债务不耐：连续违约的根源

> 债务不耐是指这样一种综合症状，即某些发展中国家薄弱的制度结构和有问题的政治体系使其政府将外部贷款视作避免支出和税收艰难抉择的一种诱人的工具。

本章从一些国家无法阻止债务违约反复发生的角度，建立了一个分析连续违约的统计框架。读者若想跳过随后两章中适度的技术讨论就可以直接转到外债违约章节，这并不影响阅读的连贯性。

债务不耐是指很多新兴市场国家在一定外债水平上所面临的巨大束缚，而该外债水平在发达国家来看是完全可控的。这种束缚通常涉及市场信心丧失、政府外债利率水平螺旋上升，以及外债偿还的政治阻力三者之间的恶性循环。最终，当新兴市场国家发生违约时，其债务水平（债务与GDP之比）通常远低于欧洲马斯特里赫特条约所规定的60%（该条款旨在保护欧元系统免遭政府违约的冲击）。安全的债务阈值最终在很大程度上取决于一国违约和通货膨胀的历史记录。㊀

---

㊀ 在第8章中，我们利用新兴市场国家国内公共债务的历史数据，发现在一些危机中这是一个很重要的因素，但是该因素的考虑并不会从根本上改变本章所考察的显著连续违约现象。

## 债务阈值

本章首先将分析为什么一个国家容易遭受反复违约的冲击，然后构建一个定量指标来衡量边际债务上升导致的脆弱性或"债务不耐"。

如果新兴市场国家公共债务与 GNP 的总体比率超过 100%，它将面临重大的违约风险，对于这一点，很少有经济学家会感到意外，即便发达国家也是如此。例如，日本的债务水平为 GNP 的 170%（该数值取决于债务的具体定义），因而也被认为是有问题的（尽管日本持有大量的外汇储备，但其净债务水平仍然达到 GNP 的 94%，这是一个非常高的水平）。①但是正如很多著名的外债违约危机所显示的（例如，1982 年墨西哥债务危机发生时，债务与 GNP 之比为 47%；阿根廷 2001 年债务危机发生时，债务与 GNP 之比仅仅略高于 50%），即使在更低的债务水平上，新兴市场国家也可能并且确实会发生违约。

为了展开对新兴市场国家债务阈值的研究，我们首先将记录 1970～2008 年中等收入国家所有的外债违约或重组案例（违约定义与第 1 章所述一致）。②这是我们第一次列示主权违约的标识。随后我们将考察更多国家在更长时间内的表现。表 2-1 展示了外债违约的标识。对于每一个中等收入国家，表中列示了债务违约或重组事件的第一年，以及信用事件发生该年年末（技术性违约开始之时）外债与 GNP 和出口的比率③。很明显，它包括前述 1982 年墨西哥债务违约和 2001 年阿根廷债务违约，也包括距今最近的 2008 年厄瓜多尔债务违约。表 2-2 由表 2-1 得来，它显示只有 16% 的债务违约或重组中外债与 GNP 比率超过了 100%，而且一半以上的债务违约和重组发生在债务与 GNP 比率低于 60% 的情况，约 20% 的债务违约甚至发生在债务与 GNP 比率

---

① 日本债务水平的数据来自国际货币基金组织 2008 年 10 月份发布的《世界经济展望》。
② 根据世界银行的分类标准，我们按照人均收入水平把发展中国家分为两大类：中等收入国家（2005 年人均 GNP 高于 755 美元）及低收入国家。大多数（并非所有）能够实质性地获得私人外部融资的新兴市场国家属于中等收入国家。类似地，大多数（尽管不是全部）低收入国家并不能获得私人外部融资，而主要依靠官方外部融资。
③ 请注意，如第 8 章所述，其中很多债务违约都持续了好几年。

低于40%的情况。㊀（容易得证，表2-1中所示的债务阈值（外债与GNP的比率）存在向上的偏差，因为当信用事件发生时，国内外投资者抛售本币通常会导致实际汇率贬值，从而推高债务与GNP的比率。）

表2-1　1970～2008年中等收入国家违约时的外债水平

| 国家 | 违约或者重组年份 | 债务违约或重组该年年末外债与GNP的比率（%） | 债务违约或重组的该年年末外债与出口的比率（%） |
| --- | --- | --- | --- |
| 阿尔巴尼亚 | 1990 | 16.6 | 98.6 |
| 阿根廷 | 1982 | 55.1 | 447.3 |
|  | 2001 | 50.8 | 368.1 |
| 玻利维亚 | 1980 | 92.5 | 246.4 |
| 巴西 | 1983 | 50.1 | 393.6 |
| 保加利亚 | 1990 | 57.1 | 154.0 |
| 智利 | 1972 | 31.1 | n.a. |
|  | 1983 | 96.4 | 358.6 |
| 哥斯达黎加 | 1981 | 136.9 | 267.0 |
| 多米尼加共和国 | 1982 | 31.8 | 183.4 |
| 厄瓜多尔 | 1984 | 68.2 | 271.5 |
|  | 2000 | 106.1 | 181.5 |
|  | 2008 | 20.0 | 81.0 |
| 埃及 | 1984 | 112.0 | 304.6 |
| 圭亚那 | 1982 | 214.3 | 337.7 |
| 洪都拉斯 | 1981 | 61.5 | 182.8 |
| 伊朗 | 1992 | 41.8 | 77.7 |
| 伊拉克 | 1990 | n.a. | n.a. |
| 牙买加 | 1978 | 48.5 | 103.9 |
| 约旦 | 1989 | 179.5 | 234.2 |
| 墨西哥 | 1982 | 46.7 | 279.3 |
| 摩洛哥 | 1983 | 87.0 | 305.6 |
| 巴拿马 | 1983 | 88.1 | 162.0 |
| 秘鲁 | 1978 | 80.9 | 388.5 |

㊀ 请注意，由于债务国政府不能够没收居民私人持有的海外资产或对它们征税，表2-1、表2-2衡量的是外债总量。例如，当2001年阿根廷政府对其1 400亿美元的外债违约时，一些评论员估计其居民持有的海外资产为1 200亿～1 500亿美元。这种现象并非不正常，而且在20世纪80年代债务危机中尤为普遍。

（续）

| 国家 | 违约或者重组年份 | 债务违约或重组该年年末外债与GNP的比率（%） | 债务违约或重组的该年年末外债与出口的比率（%） |
|---|---|---|---|
| 秘鲁 | 1984 | 62.0 | 288.9 |
| 菲律宾 | 1983 | 70.6 | 278.1 |
| 波兰 | 1981 | n.a. | 108.1 |
| 罗马尼亚 | 1982 | n.a. | 73.1 |
| 俄罗斯 | 1991 | 12.5 | n.a. |
| 独立国家联合体 | 1998 | 58.5 | 109.8 |
| 南非 | 1985 | n.a. | n.a. |
| 特立尼达和多巴哥 | 1989 | 49.4 | 103.6 |
| 土耳其 | 1978 | 21.0 | 374.2 |
| 乌拉圭 | 1983 | 63.7 | 204.0 |
| 委内瑞拉 | 1982 | 41.4 | 159.8 |
| 南斯拉夫 | 1983 | n.a. | n.a. |
| 平均 | | 69.4 | 229.9 |

注：根据世界银行《全球发展金融》(各年数据)的分类标准对不同收入国家进行划分。n.a. 指数据不可获得。债务存量于期末发布。因此，在违约发生该年年末计算的债务与GNP比率可能出现向上的偏差，因为大多数债务违约都伴随着大规模的实际汇率贬值。

资料来源：Reinhart、Rogoff 和 Savastano（2003），并根据世界银行各年的《全球发展金融》数据进行更新。

表2-2 1970～2008年债务违约或重组数发生时外债水平的频数分布

| 债务违约或重组发生该年年末外债与GNP比率的范围 | 债务违约或重组数在所有中等收入国家中的占比（%） |
|---|---|
| <40 | 19.4 |
| 41～60 | 32.3 |
| 61～80 | 16.1 |
| 81～100 | 16.1 |
| >100 | 16.1 |

注：根据世界银行《全球发展金融》(各年数据)的分类标准对不同收入国家进行划分。这些比例的计算是基于存在债务与GNP比率数据的债务危机事件。表2-1中所有标示n.a.的事件都被排除在计算范围外。

资料来源：表2-1及作者的计算。

接下来我们将比较有违约史和无违约史的新兴市场国家外债的特征。图2-1显示了两组国家在1970～2008年外债与GNP比率的频数分布。两组国家的频数分布差别很大，而且有违约史国家比无违约史国家借入了更多的外债（尽管在同等债务水平下，有违约史国家的评级通常更低）。如果考虑外债与出口的比率，两组国家外债水平的差距将更大。看来借款时违约风险最大的国家（即拥有最高债务不耐水平的国家）借得也最多，用出口（它们最大的外汇储备来源）来衡量时更加明显。因此，当信用事件发生时，很多资本流入会突然中断就不足为奇了。当然，孤掌难鸣，债权人也是"这次不一样"综合征中的同谋。

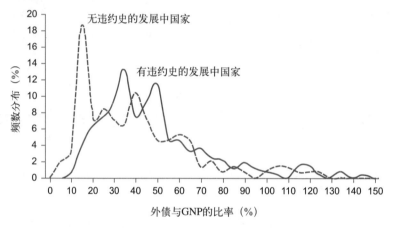

图2-1　1970～2008年有违约史国家和无违约史国家外债与GNP的比率
资料来源：Reinhart, Rogoff和Savastano（2003），并根据国际货币基金组织的《世界经济展望》和世界银行的《全球发展金融》（各年数据）进行更新。

我们可以利用这些频数分布来分析新兴市场国家是否存在外债与GNP比率的阈值，即超过该值后遭遇严重债务不耐症状的风险将急剧上升。（但是这仅仅是分析的第一步，因为正如我们将要看到的，各国不同的债务不耐水平意味着不同的债务阈值。）特别地，我们突出强调了各国债务偿付和通货膨胀历史的重大影响：历史记录越差，债务的容忍水平也越低。在信用记录良好的国家中，超过一半的国家外债与GNP的比率低于35%（47%的国家外债与GNP的比率低于30%）。相反，对那些信用记录存在污点的国家，大多数国家外债与GNP的比率超过了40%。无须考虑国家层面的债务不耐因素，仅仅从表 2-1 和表 2-2 中我们就能够看到，当新兴市场国家外债与 GNP 的比率超过 30%～35% 时，发生债务违约的风险开始显著增加。㈠

## 衡量脆弱性

为了使债务不耐的概念便于操作，即找到一种量化的方法来衡量一国作为外部借款人的脆弱性，我们关注两个指标：《国际投资者》发布的主权评级及外债与 GNP 的比率（或外债与出口的比率）。

机构投资者评级（IIR）一年发布两次，其编制是基于全球主要银行及证券公司的经济学家和主权风险分析师所提供的调查信息的。每个国家的评级介于 0～100 之间，评级 100 被给予那些政府债务违约可能性最小的国家。㈡ 因此，我们可以用 100-IIR 来构建一个度量违约风险的指标。不幸的是，基于市场的违约风险度量（例如，基于二级市场上国家债券的交易价格）仅在很少的国家和很短的样本期限内可行。㈢

衡量一国陷入或反复陷入外债违约脆弱性的第二个指标是总外债水平，它可以表示成 GNP 或者出口比率。我们之所以利用外债总额（公共债务加上私人债务）来识别可持续的债务水平，是因为历史上新兴市场国家大部分政府债务都是外部的，而且危机发生前少量的私人债务在危机发生后也变成了

---

㈠ 国际货币基金组织在 2002 年一个关于债务可持续性的研究中，使用一种截然不同的方法，得出了发展中国家（排除了高度负债的最穷国家）的外债阈值水平在 31%～39%（取决于是否包括政府融资）的结论。后文的结果表明，在考虑国家层面的因素后，债务不耐国家的阈值水平可能更低。

㈡ 关于该调查的细节，见 2002 年 9 月出版的《机构投资者》。尽管对我们之后的分析并不重要，我们认为基于每半年一次调查的评级反映了随后一两年内的违约风险。

㈢ 我们也可以利用商业银行外部债务的二级市场价格来衡量一些新兴市场国家的期望收益，该数据自 20 世纪 80 年代中期以来可获取。但是，20 世纪 90 年代的布雷迪债务重组使得大量的银行债务转变成债券债务，所以，自 1992 年以来，二级市场价格不得不被新兴市场债务指数（EMBI）的价差替代，后者至今仍是度量风险最常用的指标。这些基于市场的指标导致了严重的样本选择偏差，几乎所有包含在 EMBI 指数中的国家，以及所有在 80 年代存在二级市场债务价格数据的国家，历史上都发生过严重的信用事件，导致非违约国家这个控制变量几近于空集。

公共债务○。(在第8章,我们将通过包括国内债务来对该分析加以扩展,由于很多新兴市场国家政府在21世纪初发行了大量的国内公共债务,所以该拓展分析在近期的危机中显得尤为重要。)国内私人债务的数据仍然难以获得。

表2-3显示在发展中国家的大样本中,两个债务比率和机构投资者评级之间的相关系数。它也突出了如下事实:不同风险度量指标在不同国家的相对排序以及风险与债务的相关性方面都非常相似。不出我们所料,所有按区域划分的国家组之间的相关性都为正,而且在大多数情况下都呈现出统计显著性。

表2-3 1979~2007年风险和债务的相关系数表

|  | 100-IIR |
|---|---|
| **与外债/GDP比率的相关性** | |
| 所有发展中国家样本 | 0.45[①] |
| 非洲 | 0.33[①] |
| 亚洲新兴国家 | 0.54[①] |
| 中东 | 0.14 |
| 西半球 | 0.45[①] |
| **与外债/出口比率的相关性** | |
| 所有发展中国家样本 | 0.63[①] |
| 非洲 | 0.56[①] |
| 亚洲新兴国家 | 0.70[①] |
| 中东 | 0.48[①] |
| 西半球 | 0.47[①] |

①表明在95%的置信水平上,该相关系数是统计显著的。
资料来源:Reinhart、Rogoff和Savastano(2003),并根据世界银行的《全球发展金融》(各年数据)进行更新,《机构投资者》。

## 分组和分区

基于债务不耐的两个主要构成要素(IIR和外债比率),接下来,我们将通过图2-2所示的二步算术映射法,来界定债务人脆弱性的分组和分区。我们首先对1979~2007年存在机构投资者公开评级的90个国家计算评级的期望值

---
○ 关于本书用到的各类债务概念的简要介绍,请见专栏1-1 债务术语。

（47.6）和标准差（25.9），然后利用这些变量把所有国家大致分为三组。A 组由 1979～2007 年平均 IIR 值大于或等于 73.5（由均值加一个标准差得到）的国家组成，该组所包含的国家几乎都能持续地进入国际资本市场，更确切地说都是发达国家。正如这些国家的偿付历史所显示的（见第 8 章），它们是债务不耐程度最低的国家。相反，C 组由平均 IIR 值小于或等于 21.7（用均值减去方差得到）的国家组成。⊖该组国家主要的外部资金来源是援助和官方贷款，它们的债务不耐程度非常高，以至于市场只给它们零星的贷款机会。B 组由剩下的国家组成，它是我们分析的重点。由于债务不耐的程度不同，组内各国也表现出不同程度的脆弱性。这些国家处于债务理论模型的"模糊"区域，在该区域违约风险是很重要的，同时自我实现的挤兑也是一个可能的危机触发因素。（我们将多次谈到这个主题，即为什么国家和银行都会因为债权人信心的丧失而变得很脆弱，特别是当它们依赖贷款或存款来获得短期融资时。）B 组包含的国家非常多，包括处于升级过渡区的国家及处于违约边缘的国家。处于该中间组的国家，其债务不耐不会高到使它们无法进入债务市场的程度，但它们的杠杆化程度明显影响其风险。

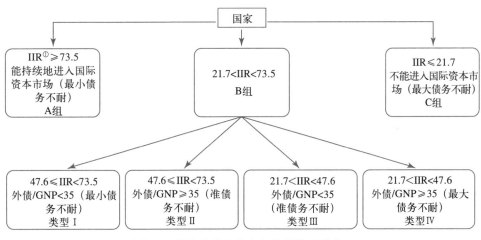

图 2-2　债务人分组的定义及外债不耐分区

① IIR 取机构投资者评级的长期平均值。

⊖ 该方法更新了 Reinhart、Rogoff 和 Savastano（2003）的研究，后者使用的阈值是基于更少样本国家在 1979～2002 年的数据。

因此，我们在第二步继续使用算术映射法把 B 组进一步细分为四个区，各区内国家对债务不耐症状的脆弱性依次增大。最小脆弱性分区（类型Ⅰ）包括 1979～2007 年平均 IIR 值不低于 47.6（均值）低于 73.5，并且外债与 GNP 的比率低于 35% 的国家（如前所述，该阈值包含 1970～2008 年一半以上的非违约样本国家）。接下来的分区（类型Ⅱ）包括 IIR 值不低于均值且外债与 GNP 的比率不低于 35% 的国家。该区的脆弱性仅高于类型Ⅰ分区，即它们陷入外债危机的可能性仅高于第Ⅰ类。接下来的分区（类型Ⅲ）包括 IIR 值低于均值但高于 21.7，并且外债与 GNP 的比率不低于 35% 的国家。最后是债务不耐最高的分区（类型Ⅳ）——对外债危机最脆弱的分区，它包括 IIR 值低于均值，并且外债与 GNP 的比率不低于 35% 的国家。类型Ⅳ分区中的国家可能很容易落入 C 组。例如，2000 年年初阿根廷的 IIR 值约为 44，外债与 GNP 的比率是 51%，这表明它是一个类型Ⅳ国家。但到了 2003 年，阿根廷的主权评级已经降到 15 左右，这意味着它已经落入 C 组了。正如第 17 章所述，各国都不能轻易地升级到更高的组别。事实上，一国若想从 B 组升级到 A 组，它需要几十年完美的债务偿付表现，以及维持非常低的债务水平。但是从高级别往下滑落（至债务不耐程度更高的级别）并不罕见。在当前的金融危机过后，A 组中的国家是否会减少，还有待观察。

支持这些定义及分组的简单原因是，历史上的制度缺陷导致重复违约的国家（反映在较低的 IIR 评级中），即便在相对低的债务水平上，也会有较高的遭遇债务不耐的风险。但是，各国的债务脆弱性及债务量都和违约风险相关。

## 对债务不耐的反思

与我们分析相关的一个糟糕的事实是，一旦一国发生连续违约，它将持续保持很高的债务不耐水平。各国能够也确实会实现升级，但是这个过程通常很漫长，而且也来之不易。如果没有外部政治锚的推动（如欧盟之于希腊和葡萄牙等国），升级过程将耗时几十年甚至几个世纪。截至目前，外部政治锚机制也应该视作一种应对债务不耐的实验性方法，而非根本性治理措施。

债务不耐对于债务可持续性管理的含义非常清晰，后者是指在经济增长和世界利率水平的合理假设下，分析一国是否可以承担其外债负担。这种债务可持续性管理非常普遍，如它可用于计算一个处于债务困境的国家需要削减多少债务才能满足剩余债务的偿付要求。忽视债务不耐，可能会低估意外冲击对市场信心或偿付意愿的影响，因此导致另一场债务危机。

一国最终能否克服债务不耐？抑或一个因薄弱的内部结构而导致债务不耐的国家，是否注定要因循低增长、高波动的轨迹？从某种层面上讲，后者的答案是肯定的。但是，我们应该将国际资本市场限入视作一种症状，而非病症的根源。

制度的缺陷导致一国出现债务不耐，并对经济产生实质性的阻碍。这个基本问题可从以下三个方面来理解。

- 首先，现代经济增长实证文献在解释跨国人均收入差异时，越来越多地把它归结为制度、腐败、治理等软要素，认为它们远比资本劳动比的差异重要。
- 其次，定量分析显示，资本市场一体化所带来的风险分散收益也是相对有限的。(此处资本市场一体化是指，一国金融市场与其他国家金融市场实现事实和法律上的一体化。风险分散收益是指由更低的消费波动所带来的好处。)较大的风险分散收益只有在理想的状况下才会发生，即人们不必担心政策引致的宏观经济过度波动、薄弱的国内银行监管、腐败以及扭曲资本流向的政策。㊀

---

㊀ Prasad、Rogoff、Wei 和 Kose（2003）发现，在 20 世纪 90 年代，与资本市场一体化分散了国家层面的产出波动风险等假设相反，对于金融体系相对开放的国家，平均而言，消费的波动性相对产出波动性上升。Prasad 等人也认为，跨国经验证据表明资本市场一体化对经济增长充其量只存在微弱的正面影响，甚至没有影响。

- 最后，有证据表明，新兴市场国家的资本流入是显著亲周期的（即资本在宏观经济繁荣时期大量流入，而在经济衰退时期流入较少）。资本流入的亲周期反过来也可能加强这些国家宏观经济政策的顺周期。资本流入在经济衰退时期发生逆转，可能是新兴市场国家在衰退时期经常被迫收紧财政政策和货币政策（与发达国家的操作相反）的主要原因，这种操作加剧了经济衰退。<sup>○</sup>可以证实的是，相对于常见的繁荣－萧条模式而言，拥有受限制但稳定的资本市场通道更能够增进福利。所以，新兴市场国家的经济增长受阻于债务市场准入限制这一根深蒂固的观点，不再如想象中那样有说服力。

前述学术文献实际上并未着意区分不同类型的资本流入，如债务资本、股权资本、外国直接投资（FDI），也没有区分长期债务和短期债务。实际政策制定者当然非常关心跨境资本流入的形式，因为外国直接投资通常被认为优于债务资本（由于 FDI 波动性更小，并能带来技术转移等间接收益<sup>○</sup>）。虽然人们一般都认为 FDI 和股权投资的问题比债务少，但是也不应该夸大这种情况。实际上这三种类型的资本流入是相互关联的（例如，外国公司在实际收购之前通常会把现金调入东道国），而且衍生合同也使彼此的界限变得模糊，即使最勤奋的统计局可能也很难准确区分不同类型的外国资本流入（更不用说在不确定的情况下，很多国家都倾向于把该类特定的投资归为 FDI，以使其脆弱性看起来更低一些）。虽然存在这些约束，但我们仍相信发达国家的政府能够做更多的事情，以防止其过度依赖非指数的风险债务。<sup>○</sup>最后我们也应该注意到，短期债务（在触发债务危机方面诟病最多）能起到融通贸易的

---

㊀ 关于这个问题，见 Kaminsky、Reinhart 和 Végh（2004）。

㊁ 当然，事情并非一成不变。20 世纪 80 年代之前，很多政府把外商直接投资等同于证券化其未来，因此更加偏好债务融资。同时，在很多 FDI 占主导地位的国家（如 20 世纪五六十年代的石油和自然资源投资），政府最终没收外资企业，再一次导致了巨大的创伤。因此，FDI 不应该被视作糟糕经济表现的万能药。

㊂ Rogoff（1999）以及 Bulow 和 Rogoff（1990）都认为债权国的法律体系应加以修正，以使其不再偏向债务形式的资本流入。

作用，而且在某种程度上也是私人机构执行套利保值策略所必需的。当然我们也可以推测，各国只有在相对适度的债务水平上才能获得进入国际资本市场的大部分好处。

总之，虽然债务不耐对经济增长和宏观稳定而言并不必然致命，但它仍然是一个严重障碍。然而本书介绍的连续违约经验表明，要想克服债务不耐问题，政策制定者应该在长时期内维持很低的债务水平，同时进行更多的基础结构改革，以确保本国能在不产生债务不耐的情况下消化更多的债务负担。它不仅适用于外债，同时也适用于反复出现的国内债务问题。面临大量短期压力的政策制定者仍将选择高风险的贷款，而且如果价格合理，市场也会成全他们。但是对这些基本问题的理解，至少能够指导一国国内居民的决策，更不用说国际贷款机构和更广泛的国际社会了。

在我们看来，更好地理解外债连续违约问题，是设计更好地预防和化解危机的国内国际政策所必需的。尽管还有待进一步研究，但我们相信债务不耐能够通过相对少的变量（主要包括一国自身违约和高通货膨胀的历史记录）加以系统地识别。债务不耐国家的外债阈值出奇的低，超过该阈值将使得债务违约或重组的风险显著增大。如第 11 章所述，由于 21 世纪之交国内债务的大爆炸（本书介绍了新的国内债务数据），外债阈值无疑会降至前十年的最低水平以下。最初的结果显示，外债不耐的决定因素同样也是影响国内债务不耐的重要因素，更不用说美元化（在实质上和法律上用外国货币替代本国货币，作为交易和金融产品计价的工具）等其他债务不耐的表现形式了。

最后，虽然债务不耐国家亟须找到把债务与 GNP 的比率降低至安全区间的方法，但是要做到这一点并不容易。从历史上来看，通过快速的经济增长或长期、大量的债务偿付来降低债务水平的国家只是个案⊖。大多数新兴市场国家是通过债务违约或重组来大幅降低其外债水平。忽略仅仅通过经济增长和债务水平的逐步降低来摆脱严重债务不耐的困难，是私人部门和官方分析

---

⊖ 债务减免和债务逆转将在专栏 5-3 中加以讨论。

师在债务危机期间进行标准计算时通常会犯的重大错误之一。

在写作本书之时,很多新兴市场国家正在效仿发达国家推出大规模的财政刺激计划,以快速启动经济。但是从债务不耐的角度来看,这些操作是值得警惕的,因为不断扩大的财政赤字将使这些国家接近债务阈值,这预示着严重的债务偿付困难。在21世纪全球金融危机平息之后,债务不耐国家面临的挑战将是如何找到非债务形式的资本补充渠道,以防止本国在随后的一个世纪里继续出现重复违约。

| 第 3 章 |

# 一个基于长期视角的全球金融危机数据库

可能有人认为，由于 1800～2009 年发生过至少 250 次主权外债违约，以及 68 次国内公共债务违约，因此，从中构建一个长期、完整的公共部门债务时间序列数据会相对简单一些。但是事实远非如此。政府债务是最难获取的经济时间序列数据之一。

在明确了危机定义并且初步分析了连续违约的脆弱性之后，我们现在开始转向本书的核心部分——数据集。正是通过这个丰富的信息源，我们找到了解释金融危机的各种方法。本章将简要介绍书中所使用的综合数据库，并评价其主要资料来源、优势以及不足。数据附录 A.1 和数据附录 A.2 分别按国家和时期提供了各时间序列数据进一步的文档信息，包括覆盖范围和资料来源。这些时间序列数据被相应地归类为宏观时间序列数据和公共债务数据（两者一起构成了我们分析的重点）。

本章的安排如下：第一部分描述从各个不同的数据源（主要且通常是知名的）获取和编制时间序列数据集的过程。这些时间序列数据包括价格、现代汇率（以及早期金属本位制的汇率）、实际 GDP 和出口。近期数据主要从标准的大型数据库中获得，更早的数据则依赖学者的研究。[⊖] 随后我们描述了在

---

⊖ 详细的引用信息列示于参考文献和本书附录中。

资料来源和处理方法上差异更大的数据，包括政府融资数据以及通过个人努力建立的国民收入数据（主要是名义 GDP 和实际 GDP，特别是 1900 年之前的数据）。最后两部分将描述建立一个跨国并且跨越几个世纪的公共债务数据库的具体过程，也包括该数据库的特征、不同的表现形式，以及对经济危机（包括国内债务和外债违约、通货膨胀和银行危机、货币危机和货币贬值等）的度量等。建立国内公共债务与外债数据库的过程更像是考古学而非经济学。在各类危机事件的收集过程中，我们使用了危机标识的经验法则，同时也使用了基于金融媒体和学者对过去三个多世纪中历史事件理解的主观判断法。

## 价格、汇率、货币贬值和实际 GDP

### 价格

我们在分析时一个颇具雄心的想法是，记录历史上各类征用或违约的发生时间与幅度。该领域的任何一个研究，如果不考虑大量以通货膨胀形式进行的征用，都是不完整的。随着法币（纸币）的广泛使用，通货膨胀成为现代版的"货币减值"。而在纸币印刷推广之前，金属货币的全面减值是统治者攫取资源更好的方法。我们一般使用消费者物价指数或与之密切相关的生活成本指数来衡量通货膨胀。近期的数据主要来源于国际货币基金组织的标准数据库：《国际金融统计》（IFS）和《世界经济展望》（WEO）。而第二次世界大战前的数据（通常始于 19 世纪末或 20 世纪初），其主要来源包括：全球金融数据（GFD）、威廉姆森的一些研究[一]，以及剑桥拉丁美洲经济历史数据库（OXLAD）[二]。

对于我们分析所覆盖的八百年历史，早期的数据更依赖于大量经济史学家认真细致的研究，他们从原始数据中逐一建立了这些价格指数（其中大

---

[一] 见 Williamson（1999, 2000a, 2000b），这些文章为大量发展中国家提供了从 19 世纪中叶至第二次世界大战前的时间序列数据。

[二] 对于 OXLAD 数据，见 http://oxlad.qeh.ox.ac.uk/ 或者 Williamson（1999, 2000a, 2000b）。

多数是以城市而非国家为单位的)。在该方面，加利福尼亚大学戴维斯分校"全球价格和收入历史分组"研究项目的学者与荷兰社会历史国际学院的搭档一起，为亚洲和欧洲提供了有价值的物价信息㊀。同样，附录和参考文献也按作者顺序列示了该类文献完整的信息。对于殖民地时期的美洲，美国的数据由美国历史统计数据（HSOUS）提供㊁，而拉丁美洲主要城市的数据由理查德·加纳（Richard Garner）的《经济史数据集：1500～1900年拉丁美洲、美国以及新世界的经济史》提供。

### 消费者物价指数的编制方法

当一国存在多个物价指数时，我们通过简单算术平均得到消费者物价指数（CPI）。对于一国存在多个城市物价指数的情况，如19世纪之前的数据，该方法最为有效。如果这些消费者物价指数不存在，我们就使用批发物价指数（WPI）或生产者价格指数（PPI）来替代（如19世纪中国与18世纪20年代美国的数据）。如果不存在任何综合指数，我们就用单个商品价格来填补空白。对欧洲我们通常选用小麦价格，而对亚洲我们通常选用大米价格。但是我们也意识到，单个商品的价格（即便它是最重要的）只是一个相对价格，而非我们所需的综合价格指数。因此，在给定年份只要同时存在消费者物价指数（或生活成本指数）和小麦（或大米）价格，我们不会把它们简单平均，而是赋予综合价格指数100%的权重。最后，从1980年至2008年，我们主要使用国际货币基金组织的《世界经济展望》数据，因为它增强了统一性。

### 早期汇率与现代汇率，以及货币减值

伴随通货膨胀发生的当然是货币减值了。第二次世界大战后的官方汇率

---

㊀ 见 http://gpih.ucdavis.edu/ 和 http://www.iisg.nl/hpw/。尽管我们对通货膨胀危机的分析从1500年开始，但很多价格数据都有更早的记录。

㊁ Carter 等人（2006）的参考文献中引用了 HSOUS。

数据主要来源于 IFS，而市场汇率数据来源于 Pick 的《货币年鉴》，莱因哈特和罗格夫对此有详细的量化分析和文档记录。㊀对于第二次世界大战前的现代汇率数据，其主要来源有 GFD、OXLAD、HSOUS 以及国家联盟年报。如数据附录 A.1 所述，我们有时也用学术性数据来弥补单个国家数据的不足。更早期的数据是 17 世纪末至 19 世纪初一些欧洲国家的汇率数据，它们取自于约翰·卡斯塔因（John Castaing）的外汇行情表，后者从 1698 年开始直至其后的一个世纪每周发布两次（周二和周五）㊁。

我们主要通过罗伯特·艾伦（Robert Allen）和理查德·昂格尔（Richard Unger）提供的时间序列数据来计算早期银本位制下的汇率，他们为一些欧洲国家构建了连续的货币含银量时间序列数据（其他资料来源见附录中各个表格，表中列出了数据作者）。㊂其中最早的时间序列数据是始于 13 世纪中期的意大利和英格兰数据。如数据附录表 A.4 所示，这些时间序列数据是标识和量化货币减值危机的基础，而货币减值危机正是现代货币贬值的先驱。我们将在第 11 章对此加以分类和讨论。

## 实际 GDP

为了使如此多的样本国家在约 200 年的时间跨度里尽可能地保持同质性，我们主要采用了安格斯·麦迪森（Angus Maddison）的数据。该数据覆盖了 1820～2003 年（具体覆盖区间取决于各国具体情况），并且由格罗宁根增长和发展中心的全面经济数据库（TED）更新至 2008 年。㊃GDP 的计算是基

---

㊀ Reinhart 和 Rogoff（2004）。
㊁ 见 Richard Booney 的欧洲国家金融数据库（ESFDB），可通过以下链接访问 http://www.le.ac.uk/hi/bon/ESFDB/frameset.html。
㊂ Allen 和 Unger 的时间序列数据见《1260～1914 年欧洲的商品价格》。Sevket Pamuk 为第一次世界大战时期的土耳其构建了一个可比的时间序列数据。
㊃ 见 Maddison（2004）。TED 数据可通过 http://www.ggdc.net/ 获得。

于 1990 年的购买力平价（PPP）○。TED 包括从 1950 年至今 125 个国家的真实 GDP、人口数量、人均 GDP 等数据。这些国家的人口占全世界人口的 96%。同时由于 TED 数据库不包含很小及很贫穷的国家，因此上述 125 个国家的 GDP 占全球 GDP 的比例达到 99%。我们不打算把 1800 年之前的实体经济活动总体指标纳入分析中。○

为了每年持续计算一国 GDP 在世界 GDP 中的比例，我们发现有时不得不对麦迪森数据做些修改。（修改后的 GDP 数据基本上只用于计算权重及各国在全球 GDP 中的占比，并不用于标识或确定危机。）这是因为大多数国家的 GDP 数据只在一些基准年份发布，如 1820 年、1850 年、1870 年等。数据的修改采取三种形式，从最好或首选的做法到最初级的做法依次选择。当某个时期的麦迪森数据出现缺失且我们拥有该时期的实际 GDP 数据（源于官方或其他学者的研究）时，我们通过该国麦迪森数据对实际 GDP 时间序列数据的辅助回归来填充缺失的数据，这使得我们能够维持跨国可比性，同时便于我们汇总统计各地区及全球的 GDP。如果不存在其他 GDP 数据，我们就利用麦迪森 GDP 时间序列数据对其他经济活动指标的辅助回归来填充缺失数据，如产出指数或中央政府收入（经常使用，而且我们拥有该指标的长期时间序列数据）○。如果不存在任何潜在的回归变量，作为最后的手段，我们通过简单假定 GDP 在不同基准年份之间保持固定的增长速度来填充缺失数据。虽然这种数据填充方法并没有考虑任何 GDP 的周期变动模式，但它仍为特定国家在全球 GDP 中的比例提供了一个可靠的度量，因为该比例在各年之间并不会发生剧烈变动。

---

○ 购买力平价（PPP）通过杰里－卡米斯权重计算得来。杰里－卡米斯美元，也称国际美元，是一种假定在给定时间里美元在美国都拥有相同购买力的货币单位。1990 年是跨时期比较的基准年。它显示了本地货币在国内的价值，通常用于跨国和跨时期比较。

○ 也有一些例外情况，如罗德尼·埃德温森（Rodney Edvinsson）对 1720～2000 年瑞典数据的估计，以及美国始于 1790 年的 HSOUS 数据，都提供了分析早期经济周期及其与金融危机关系的基础。

○ 众所周知，政府收入和经济周期紧密相关。

## 出口

众所周知，由于出口者尽可能地逃避关税、资本控制和外汇管制，出口数据长期存在错误计价的问题。⊖但是，相对于 GDP 数据，对外账户的数据通常能在更长的期限和更一致的基础上获得。尽管存在错误计价的问题，但是对外账户数据通常被认为比其他宏观经济活动时间序列数据更可靠。本书所用的第二次世界大战后出口时间序列数据取自国际货币基金组织，而更早期的数据主要来自于 GFD 和 OXLAD 数据库。除了主要的数据库之外，数据附录 A.1 中所示的官方历史统计和各类学术研究构成了重要的补充资料来源。贸易账户余额提供了各国资本流动周期的一个粗略度量，在早期资本账户余额数据不存在时，它显得尤其重要。出口数据也经常用于债务标准化，特别是外债。

## 政府融资和国民收入账户

### 公共财政

1963 年之前的政府融资数据主要来源于米切尔，近期的数据来自于卡明斯基、莱因哈特和 Végh 的研究及其引用的数据。⊖很多样本国家的中央银行和财政部也在其网站上提供了最新的数据，而且很多国家提供了殖民地时期以来中央政府收入与支出的时间序列数据，特别是非洲和亚洲国家。数据附录表 A.7 列示了各国数据覆盖范围的具体信息，几乎对所有的国家，米切尔数据库覆盖至 19 世纪，这使得我们能够计算很多早期危机的债务收入比。

欧洲国家金融数据库汇集了很多作者提供的数据，对于 19 世纪前的欧洲大国而言这是一个很好的资料来源，因为它提供了非常详细的政府收支信息，

---

⊖ 例如，相关背景介绍参见 Reinhart 和 Rogoff（2004），可通过作者主页获得。
⊖ 见 Mitchell（2003a, 2003b），以及 Kaminsky、Reinhart 和 Végh（2004）。

更不用说大量的参考文献了。

## 国民收入账户

我们通过国际货币基金组织、联合国、世界银行等标准数据库获取第二次世界大战后的国民收入数据（不同国家数据的起始点不同），此外我们也使用了其他跨国数据库，如早期的数据参照了 OXLAD。同本书所使用的其他时间序列数据一样，国民收入时间序列数据的构建（特别是第一次世界大战前的数据）是基于全球很多学者的成果，如印度的布拉马南达（Brahmananda）、埃及的 Yousef 以及委内瑞拉的 Baptista 等⊖。

## 公共债务及其构成

正如我们之前所强调的，国内公共债务数据的获得非常困难，毫无疑问，国内债务违约数据的获取更是难上加难。在本书中，我们收集了自 19 世纪初以来 70 多次国内债务的直接违约事件。但是，即便是这个数字，也可能大大低估了国内债务违约⊜。

最全面的发达国家数据来自于经济合作与发展组织（OECD），它提供了 1980 年以来一般政府债务的时间序列数据。但是，这些数据存在一些重大缺陷：首先，它只包含少数几个新兴市场国家；其次，很多发达国家（如希腊、芬兰、法国、英国等）大约从 20 世纪 90 年代开始才有实际数据记载，所以 OECD 的公共债务数据只构成一个相对较短的时间序列；最后，它只公布债务总量信息，并不提供债务构成（比如是国内债务还是外债）和债务期限（是长期还是短期）的具体信息。类似地，我们通过国际货币基金组织著名的《世

---

⊖ 见 Brahmananda（2001）、Yousef（2002）和 Baptista（2006）。
⊜ 该数字只是国内债务违约统计的下限，因为它并未包括 1800 年前的多次主权违约，而且对国内违约，我们也只了解其皮毛。见 Reinhart 和 Rogoff（2008c）。

界经济展望》数据库获取公共债务信息需要很大的想象力。㊀尽管WEO覆盖了180个国家，但是该数据库只提供G7国家1980年以后的公共债务数据。

最全面的公共债务数据来自世界银行的《全球发展金融》（GDF，前身为世界债务表）。GDF与其他数据库相比，改善之处体现在，它提供了1970年以来大多数国家的数据及大量详细的外债信息。但是GDF也存在一些严重的缺陷：首先，它没有包含发达国家，也没有包含以色列、韩国、新加坡等新兴工业化国家，因此不便进行比较分析；其次，与汇率、价格与政府债务等取自世界银行和国际货币基金组织的数据不同，GDF不包含1970年之前的数据；最后但绝非影响最小的一点是，GDF只包含外债数据。对于科特迪瓦或巴拿马等少数几个国家而言，由于国内债务占比微乎其微，所以外债是其政府债务的一个近似度量。但是如第7章所述，对于大多数国家而言，国内债务占其债务总量的很大一部分。1900～2007年，所有国家国内债务的平均占比在40%～80%之间波动。㊁

为了找到不易获得的公共债务总量数据，我们查阅了全球组织的先驱（国家联盟）的档案。而后我们发现，它在1926～1944年的统计年鉴中收集了各国国内公共债务和外债等数据，尽管第二次世界大战后国际货币基金组织和世界银行都没有继续收集该数据，但联合国传承了国家联盟所收集的数据，而且其经济事务局于1948年发布了一期关于1914～1946年公共债务的特刊。此后，联合国在每年的年鉴中继续以相同的格式收集和发布国内债务和外债数据。而且，随着前殖民地国家的独立，该数据库也相应地进行了扩展。这种做法一直持续到1983年，此后国内债务和外债的时间序列数据都中断了。总而言之，对数据最完整的国家，这些数据源可提供1914～1983年的时间序列数据，它们同时覆盖发达国家和发展中国家，而且在大多数情况下，它们也把国内债务划分为长期债务和短期债务两部分。但是就我们所知，

---

㊀ 数据的描述见IMF网站http://www.imf.org/external/data.htm："下载GDP增长率、通货膨胀、失业、支付余额、出口、进口、资本流入、商品价格等时间序列数据。"

㊁ 对于荷兰、新加坡以及美国等一些国家，几乎所有的公共债务都是国内债务。

所有数据库都不存在该数据的电子版,因此该数据的获取必须借助原出版物。这些数据构成了公共债务时间序列数据的起点,我们在此基础上向 1914 年之前或 1983 年之后延伸(如果可能)。

对于 1914 年之前的数据(包括一些当时的殖民地国家),我们参考了很多资料,包括各国的统计机构及研究者个人。①数据附录 A.2 按国家和时间顺序分别提供了这些资料来源的详细信息。如果 1914 年之前不存在任何公共债务数据,我们就从各次国际债务发行中构建近似的债务变量来替代国外债务存量。这些信用债券(不以实物抵押品或资产担保的债券)也为国际资本流入总量提供了一个近似的度量。很多资料来源于个人研究者,其中包括米勒、韦恩、林德特和默顿、马里沙尔(Marichal)等人。②我们从这些数据中构建了一个外国债务时间序列数据(但不包括债务总量)。③该处理使我们能够分析违约事件中标准债务比率的表现,包括拉丁美洲一些新独立国家和希腊的违约事件,以及 19 世纪六七十年代埃及和土耳其的重大违约事件等。当一国首次进入国际资本市场时,这些数据对早期外债时间序列数据缺失值的填补非常有用。但是,它们作为债务衡量指标的有效性受到重复违约、核销,以及债务重组的严重影响,因为这些事件使得债务发行量和后续债务存量之间的联系不复存在④。

对一些国家(或早期殖民地国家),虽然只存在相对近期的债务总量数据,但是我们可以获得早期可信的中央政府收支数据,因此我们通过计算并加总财政赤字来构建债务存量的近似变量⑤。

我们主要依赖 GDF 来更新 1983 年之后的外债数据,并辅之以一些 2008

---

① 对于澳大利亚、加纳、印度、韩国和南非等国,我们把大部分殖民地时期和独立后的债务数据放在一起。
② 见 Miller(1926)、Wynne(1951)、Lindert 和 Morton(1989)、Marichal(1989)。
③ Flandreau 和 Zumer(2004)是 1880~1913 年欧洲数据的一个重要来源。
④ 尽管如此,它们仍是资本流入总量的有效度量,因为早期的样本国家只有相对少量的私人外部借款和银行贷款。
⑤ 如对于 1972 年之前的印度尼西亚,这种处理方式特别有效。

年之前很有价值的研究⊖。最后重要的是政府官方数据本身，它们在提供国内债务数据方面越来越合作，并且遵照国际货币基金组织1996年的数据发布特别标准（主要发布在国际货币基金组织官方网站）。⊜

## 全球变量

我们称两类变量为全球变量：第一类是真正覆盖全球的变量，如世界商品价格；第二类是1800～2009年国际金融中心产生的真正具有全球影响的核心经济金融变量（当前美联储的货币政策目标利率就是一个例子）。对商品价格，我们拥有18世纪末以来四种不同来源的时间序列数据（见数据附录A.1）。核心经济指标包括经常账户赤字、真实GDP和名义GDP、该时期相应金融中心的短期利率和长期利率（如第一次世界大战前的英国以及战后的美国）。

## 国家覆盖范围

表3-1列示了样本中的66个国家和地区。该样本包含了大量的非洲、亚洲国家和地区，而该领域之前的一些研究一般只包含少数几个。总的来说，我们的数据集包括13个非洲国家、12个亚洲国家和地区、19个欧洲国家、18个拉丁美洲国家，以及北美洲和大洋洲国家。（样本排除了很多世界上最贫穷的国家，因为它们基本上无法获得一定规模的私人贷款，而且即便是极其优惠的政府间贷款，几乎都出现过实质性的违约。这是另一项有趣的课题，此处我们主要关注资金的流动，至少初看起来它包含大量的市场

---

⊖ Jeanne和Guscina（2006）汇编了1980～2005年19个重要新兴市场国家国内债务和外债构成的详细数据；Cowan等人（2006）对1980～2004年西半球所有的发展中国家做了类似的分析。早期关于度量新兴市场国家国内公共债务的尝试见Reinhart、Rogoff和Savastano（2003）。

⊜ 见http://www.imf.org。

元素。)①

如表 3-1 的最后一列所示,66 个样本国家和地区的 GDP 实际上占世界 GDP 的近 90%。当然,其中很多国家直到相对近期才独立。这些新独立国家暴露于违约风险下的时间和拉丁美洲国家不一样长,因此我们不得不相应地校准跨国比较。

表 3-1 标记了没有发生过违约的样本国家和地区,即至少狭义地讲,它们从未发生任何直接的外债违约或者重组。其中一组显著的国家包括以英语为母语的高收入国家,如澳大利亚、加拿大、新西兰和美国(如前所述,其母国英国早期发生过违约)。另外,没有一个斯堪的纳维亚国家发生过违约,包括丹麦、芬兰、挪威、瑞典、比利时和荷兰。在亚洲,韩国、马来西亚、中国香港、中国台湾以及泰国等国家和地区都没有发生过违约。但是必须承认,在 20 世纪 90 年代末的债务危机中,韩国和泰国仅仅依靠国际货币基金组织大量的贷款援助才免于违约,否则它们将遭受与一般违约国家同样的打击。在没有发生过违约的亚洲国家和地区当中,只有泰国在第二次世界大战前是作为一个独立的国家存在的,其他国家和地区只在相对较短的时间里暴露于违约风险之下。如果把国内公共债务违约或者重组考虑在内,未违约国家的数量将显著减少,美国也会从中消失。例如,美国于 1933 年废除了黄金条款,这意味着公共债务将以法币而非金币偿付,构成了对几乎所有政府国内负债的重组。最终,只剩下非洲的毛里求斯一个国家从来没有发生过违约或重组。

值得注意的是,基本上所有未违约国家的背后都有一个成功的经济增长故事。这给我们提出了如下问题:是高速的经济增长防止了违约,还是防止违约带来了高速的经济增长?当然,我们也看到世界历史上存在很多这样的例子,即经济快速增长的国家在增长速度放缓时出现问题。

---

① 一些世界上最穷的国家经常不能全额偿还政府间贷款,但是我们一般不认为这是金融危机,因为官方贷款者通常仍会继续提供援助。关于多边发展银行是否应该转变为直接援助机构的相关讨论见 Bulow 和 Rogoff(2005)。

当然，如第11章和第12章所述，政府能够通过非预期的通货膨胀轻易地实现对名义债券实质上的部分违约。政府有很多方法来实现对债务的部分违约，而且很多金融危机的特征历来都和政府的融资方式及违约手段紧密相关。政府债务是各类不同危机的共同分母这一事实，在第16章我们介绍完危机之间的联系后会变得更清楚。

表3-1 1913年和1990年各国和地区在世界GDP中的占比

| 国家和地区 | 独立的时间（如果发生于1800年之后） | 在世界真实GDP之中占比（%）（基于1990年杰里-卡米斯美元） | |
|---|---|---|---|
| | | 1913 | 1990 |
| **非洲** | | | |
| 阿尔及利亚 | 1962 | 0.23 | 0.27 |
| 安哥拉 | 1975 | 0.00 | 0.03 |
| 中非共和国 | 1960 | 0.00 | 0.01 |
| 科特迪瓦 | 1960 | 0.00 | 0.06 |
| 埃及 | 1831 | 0.40 | 0.53 |
| 肯尼亚 | 1963 | 0.00 | 0.10 |
| 毛里求斯① | 1968 | 0.00 | 0.03 |
| 摩纳哥 | 1956 | 0.13 | 0.24 |
| 尼日利亚 | 1960 | 0.00 | 0.40 |
| 南非 | 1910 | 0.36 | 0.54 |
| 突尼斯 | 1957 | 0.06 | 0.10 |
| 赞比亚 | 1964 | 0.00 | 0.02 |
| 津巴布韦 | 1965 | 0.00 | 0.05 |
| **亚洲** | | | |
| 中国大陆 | | 8.80 | 7.70 |
| 中国香港 | | n.a. | n.a. |
| 印度 | 1947 | 7.47 | 4.05 |
| 印度尼西亚 | 1949 | 1.65 | 1.66 |
| 日本 | | 2.62 | 8.57 |
| 韩国① | 1945 | 0.34 | 1.38 |
| 马来西亚① | 1957 | 0.10 | 0.33 |
| 缅甸 | 1948 | 0.31 | 0.11 |
| 菲律宾 | 1947 | 0.34 | 0.53 |
| 新加坡① | 1965 | 0.02 | 0.16 |

（续）

| 国家和地区 | 独立的时间<br>（如果发生于<br>1800 年之后） | 在世界真实 GDP 之中占比（%）<br>（基于 1990 年杰里 – 卡米斯美元） | |
| --- | --- | --- | --- |
| | | 1913 | 1990 |
| 中国台湾 | | 0.09 | 0.74 |
| 泰国① | | 0.27 | 0.94 |
| **欧洲** | | | |
| 奥地利 | | 0.86 | 0.48 |
| 比利时① | 1830 | 1.18 | 0.63 |
| 丹麦① | | 0.43 | 0.35 |
| 芬兰① | 1917 | 0.23 | 0.31 |
| 法国 | | 5.29 | 3.79 |
| 德国 | | 8.68 | 4.67 |
| 希腊 | 1829 | 0.32 | 0.37 |
| 匈牙利 | 1918 | 0.60 | 0.25 |
| 意大利 | | 3.49 | 3.42 |
| 荷兰① | | 0.91 | 0.95 |
| 挪威① | 1905 | 0.22 | 0.29 |
| 波兰 | 1918 | 1.70 | 0.72 |
| 葡萄牙 | | 0.27 | 0.40 |
| 罗马尼亚 | 1878 | 0.80 | 0.30 |
| 俄罗斯 | | 8.50 | 4.25 |
| 西班牙 | | 1.52 | 1.75 |
| 瑞典① | | 0.64 | 0.56 |
| 土耳其 | | 0.67 | 1.13 |
| 英国 | | 8.22 | 3.49 |
| **拉丁美洲** | | | |
| 阿根廷 | 1816 | 1.06 | 0.78 |
| 玻利维亚 | 1825 | 0.00 | 0.05 |
| 巴西 | 1822 | 0.70 | 2.74 |
| 智利 | 1818 | 0.38 | 0.31 |
| 哥伦比亚 | 1819 | 0.23 | 0.59 |
| 哥斯达黎加 | 1821 | 0.00 | 0.05 |
| 多米尼加共和国 | 1845 | 0.00 | 0.06 |
| 厄瓜多尔 | 1830 | 0.00 | 0.15 |
| 萨尔瓦多 | 1821 | 0.00 | 0.04 |

（续）

| 国家和地区 | 独立的时间<br>（如果发生于1800年之后） | 在世界真实GDP之中占比（%）<br>（基于1990年杰里-卡米斯美元） | |
|---|---|---|---|
| | | 1913 | 1990 |
| 危地马拉 | 1821 | 0.00 | 0.11 |
| 洪都拉斯 | 1821 | 0.00 | 0.03 |
| 墨西哥 | 1821 | 0.95 | 1.91 |
| 尼加拉瓜 | 1821 | 0.00 | 0.02 |
| 巴拿马 | 1903 | 0.00 | 0.04 |
| 巴拉圭 | 1811 | 0.00 | 0.05 |
| 秘鲁 | 1821 | 0.16 | 0.24 |
| 乌拉圭 | 1811 | 0.14 | 0.07 |
| 委内瑞拉 | 1830 | 0.12 | 0.59 |
| **北美洲** | | | |
| 加拿大[①] | 1867 | 1.28 | 1.94 |
| 美国[①] | | 18.93 | 21.41 |
| **大洋洲** | | | |
| 澳大利亚[①] | 1901 | 0.91 | 1.07 |
| 新西兰[①] | 1907 | 0.21 | 0.17 |
| **总体样本：66个国家和地区** | | 93.04 | 89.24 |

① 表明没有主权外债违约或重组史。其中，中国香港和中国台湾作为地区没有外债违约或重组史。n.a.指数据不可获得。一些样本国家避免了外债违约（如美国），但是未能逃脱国内债务违约或重组（见第7章）。

资料来源：Correlates of War（未标明出版日期），Maddison（2004）。

| 第二部分 |

# 主权外债危机

各地区的大部分国家都经历了一个长期的外债连续违约阶段。

| 第 4 章 |

# 债务危机的理论基础

在本书中,我们记录了几百次主权国家的外债违约事件。这些债务危机,从 14 世纪中叶英国爱德华三世对佛罗伦萨金融家贷款的违约,一直延续到 20 世纪 70 年代拉美国家大量的贷款违约(贷款主要来源于纽约银行家)。为什么各国看起来经常出现资金不足?真是这样吗?

沃尔特·瑞斯顿(1967～1984 年任花旗银行董事长)有句名言:"国家不会破产。"事后看来,瑞斯顿的论断是错误的,因为随后就发生了 20 世纪 80 年代大规模的主权违约潮。毕竟他是一家在拉美拥有大量投资的国际大银行的负责人。但是从某种意义上讲,花旗银行董事长的话又是对的,国家不会像公司或者企业那样破产:首先,国家通常不会歇业;其次,国家违约通常是在考虑了政治和社会因素之后复杂的成本－收益分析的结果,而不仅仅是经济金融事件。大部分国家的违约发生于该国可用资源完全枯竭之前。

在大部分情况下,如果能够承受足够的痛苦,有决心的债务国通常可以还清外债。大多数领导人面临的问题是如何把握这个问题的底线。他们的决定有时候并不是完全理性的。在 20 世纪 80 年代债务危机期间,罗马尼亚总统尼古拉·齐奥塞斯库执意在短短的几年时间内,偿还其贫穷的国家所欠外国银行的 90 亿美元贷款。罗马尼亚人不得不度过缺乏暖气的寒冷冬天,而且由于供电不足工厂被迫减产。

当时罗马尼亚的其他领导人中很少有人会认同齐奥塞斯库的选择。在该国本来可以重组债务的情况下，罗马尼亚领导人的决策尤其令人不解，而在20世纪80年代债务危机期间，大多数其他发展中国家最终都成功地做到了这一点。同样的道理，债务国无须动用稀缺的国家资源来偿还债务已成为现代惯例。在1998年俄罗斯金融危机中，没有人相信莫斯科会为了安抚西方债权人而动用冬宫博物馆里的艺术品㊀。

主权债务的偿付依赖各国的还款意愿而非还款能力的事实表明，主权国家破产和企业破产是两类明显不同的事物。在企业或个人破产中，债权人通常拥有明确界定的权利，使其在债务人破产时能够接管大量债务人资产，并且保留分享债务人未来收入的权利。在主权国家破产中，债权人可以在合同中做出同样的约定，但是实际上他们的执行权力非常有限。

本章提出了一个能使我们更深入地思考国际债务市场基础的分析框架。我们的目标不是对大量的现有文献进行全面分析，而是总体概述这些文献㊁，对历史经验分析感兴趣的读者可以选择跳过这一章。但是从某种意义上讲，本章的分析是后续所有分析的核心。到底为什么国外债权人会相信债务国无论如何都会偿还债务，特别是当他们过去如此频繁地被"欺骗"时？为什么当新兴市场国家的居民同样频繁地被"欺骗"时，还会选择将其资金存放银行或以本币形式持有？为什么全球通货膨胀时而发生（如20世纪90年代初有45个国家的通货膨胀率超过20%），时而又不发生（如在21世纪初只有2个国家的通货膨胀率超过20%）？

这些都不是简单的问题，而且在经济学家中存在巨大的争议，我们也不能提供完整的答案，而且违约背后的社会、政治和经济问题非常复杂。如果未来的研究者解决了这些问题，那么本书的话题可能将变得毫无意义，世界最终将进入我们可以称为"这次不一样"的时代。但是，人们往往过早地宣

---

㊀ 20世纪20年代末，苏联需要钱来进口粮食。结果苏联在1930年和1931年把部分艺术品卖给了外国人，包括英国的石油大亨卡洛斯特·古尔本基安、美国的银行家安德鲁·梅隆等。但是斯大林肯定不会考虑用这些收入去偿还沙皇俄国的债务。

㊁ 文献的分析见Persson和Tabellini（1990）、Obstfeld和Rogoff（1996）。

布成功地克服了这些棘手的问题，历史上充斥着大量的这类例子。

我们首先集中分析国际资本市场最根本的缺陷，即缺乏一个超国家的法律框架来确保债务合约在不同国家得到履行。一个具体的示例就是，如果阿根廷（它有着广为人知的连续违约史）政府向美国银行借款并发生违约，银行直接执行其权利要求的选择是有限的。为了强化对该问题国际层面因素的讨论，我们将暂时忽略借款国的政治和经济层面因素，并把它简单地视作一个统一变量。因此我们的分析将忽略国内公共债务（政府对本国居民或本地银行的债务）。

对于那些不熟悉经济建模的读者，把政府和该国人口一起当作一个统一变量看起来是很奇怪的。事实上，政治不稳定往往是主权违约和金融危机的一个关键驱动因素。美国次贷危机在 2008 年全美大选前更加恶化的事实就是一个非常典型的例子。选举前的形势和选举后的不确定性通常使得制定连贯可信政策的挑战加剧。巴西 2002 年的大规模金融危机在很大程度上是由于投资者对政策变动的担心，即由时任总统费尔南多·恩里克·卡多佐（Fernando Henrique Cardoso）的温和派政策转向反对党领袖路易斯·伊纳西奥·卢拉·达席尔瓦（Luiz Inácio Lula da Silva）的政策。具有讽刺意味的是，胜利者的宏观经济政策最终被证明比投资者所担心的或其支持者所期望的更加保守。

## 主权贷款

国家违约的主要决定因素通常是偿还意愿而非偿还能力，如果读者对这一点还存有疑问，只需要细读表 2-2。该表显示，一半以上的中等收入国家违约发生时，外债占 GDP 的比率低于 60%，如果在正常的经济环境中，只需要占国民收入几个百分点的实际利息支出就能维持固定水平的外债 GDP 比，而这种能力通常被视为一个重要的债务可持续指标。如果利息支出被表示成出口或政府收入的百分比，如后文所述，它一般比 GDP 的百分比高出几倍。尽管如此，除战争时期以外的大多数情况下，偿债能力的变化都是可控的，尤其是在整个国家都明确、可信地致力于逐步增加出口以最终完全偿还债务时。

如果我们回顾过去几百年（16世纪、17世纪和18世纪，我们称之为早期违约时期）的国际信贷实践，国家违约的主要决定因素是偿还意愿而非偿还能力这一点会更加清楚。当时的主要借款人是掌握大量军队的国家，如法国和西班牙。正如迈克尔·汤姆兹（Michael Tomz）所言，19世纪殖民地时期的强权国家经常干预其他国家，以执行债务合约。㊀英国经常入侵甚至占领那些无力偿还外债的国家（例如，它于1882年入侵埃及，并在1876年土耳其违约时入侵伊斯坦布尔）。同样，美国对委内瑞拉始于19世纪90年代中期的炮舰外交部分源于对债务偿还的担忧，美国始于1915年的对海地的占领也是以收取债务为理由的。（专栏5-2说明了债务问题如何导致新独立的国家丧失主权。）

然而在当代，大多数情况下通过炮舰外交来回收债务的想法听起来是不现实的。成本－收益分析表明，这根本不值得政府承担如此巨大的费用和风险，特别是借款来源通常分散在欧洲、日本和美国，这使得单个国家使用武力进行收贷的动机更加弱化。

那么国外债权人到底能用什么来制约主权借款人，是胡萝卜还是大棒呢？该问题由乔纳森·伊顿（Jonathan Eaton）和Mark Gersovitz的一篇经典论文首次提出，他们认为在一个变动和不确定的世界里，各国进入国际资本市场可获得巨大的好处。㊁在早期，进入国际资本市场可使一国在异常的歉收时期获得食物。在当代，各国可能需要国际借贷来应对经济衰退和进行高效率的基础设施建设。

伊顿和Gersovitz认为，在不存在任何法律系统来迫使政府合作的情况下，持续进入国际资本市场的收益也可能促使它们维持债务偿还。他们的分析是基于政府很关心作为国际借款人的声誉这一假设。如果债务违约有损声

---

㊀ 见 Tomz（2007）。

㊁ 见 Eaton 和 Gersovitz（1981）。

誉，政府就不会掉以轻心。伊顿和 Gersovitz 的方法对一些经济理论家很有吸引力，特别是由于它的相对制度中性（即该理论是纯粹的，它并不依赖于政府的特点，如法律和政治架构等）。从原则上讲，它既可以解释今天的主权借款，也可以解释中世纪的主权借款。值得注意的是，声誉法并不是简单地认为一国偿还了现有债务就可以在未来借得更多，否则国际借款将是一个债务大爆炸的庞式骗局[①]。

声誉法也存在一些小问题。如果简单地将国际贷款市场整座大厦都构筑于声誉之上，那么国际贷款市场就会比实际情况更加脆弱。14 世纪意大利的金融家肯定意识到英国爱德华三世可能会死于战争或疾病。如果爱德华三世的继任者拥有不同的目标和抱负，他们的贷款将会怎样？如果爱德华成功地征服了法国，未来他对贷款人将会有什么需求？[②]如果制度真的不起作用，那么在大部分历史时期，为什么新兴市场的外债大部分以外国货币计值且规定受外国法院管辖？

对于国际借贷中制度和国际司法机制不重要这一观念，布洛（Bulow）和罗格夫（Rogoff）提出了另一个重要的挑战[③]——各国确实愿意偿还贷款，以维持未来继续借款的权利。但是在某些时候，一国的债务负担会高到现有债务偿付的预期价值超过任何未来贷款的程度，而且在某些时候，一定会达到其债务上限。为什么爱德华三世及其继任者不简单地宣布意大利债务无效呢？如果是这样，英国可以利用那些本该支付给金融家的钱建立起黄金储备，以备将来短缺时使用。

因此声誉法也需要一些限制。布洛和罗格夫认为，当代成熟的投资策略（如用于海外股票市场的投资策略）能够提供和任何国外贷款流量一样好的违

---

① 如果各国只是简单地借越来越多的款而不偿还，在世界实际利率（风险调整后的）超过本国经济长期实际增长率的情况下（无论在实际操作中还是在合理的理论限制下通常都是如此），相对于收入的债务水平最终会发生大爆炸。

② 更一般地，伊顿和 Gersovitz 基于声誉的博弈论方法通常会有大量的均衡结果，而且所有的结果都能被声誉机制合理地解释。

③ 见 Bulow 和 Rogoff（1989b）。

约对冲。在另一项研究中，布洛和罗格夫认为大部分国外借款的偿还（尤其是新兴市场国家的借款）应该通过贷款国本国关于债权人权利的法律来强制执行，而不应该仅仅依靠声誉。[⊖]如果一国要实现风险分散，那么它的很多投资都可能涉及海外收购。债权人可能无法直接在债务国查封借款人的资产，但是如果配备充足的法律权力，他们就可以查封借款人的海外资产，特别是在债权人自己的国家，也可能在其他司法系统高度发达的国家。当然，查封海外资产的权力也使得违约国家很难从其他国际贷款人处获得贷款。如果某国对国外银行 A 的贷款违约，然后向国外银行 B 申请贷款，银行 B 不得不担心违约发生时 A 银行是否会强制执行其优先权益。从这个意义上讲，声誉和法律制度法并没有太大的不同，在关于如何设计和运作国际金融系统的政策问题方面，这种相似性变得非常明显。例如，如果法律权力在任何事件中影响都很小，那么建立一个国际破产法庭来代替国内法庭是无济于事的。

　　强调法律权力也使得我们去关注断绝未来借款之外的其他成本。一国政府在考虑对国际贷款违约时也必须考虑可能由贸易转向和绕开债权人融资带来的贸易中断。14 世纪的英国依赖于向意大利的纺织工人出售羊毛，而意大利也是其所需进口香料的贸易中心。英国的违约意味着未来与意大利的贸易，以及通过意大利开展的贸易将变得困难，而且成本很高。当前，贸易和金融的联系更加紧密。例如，大部分贸易（包括国内贸易和跨国贸易）在货物到达之前的运输期间都极度依赖银行的短期资金融通。如果一国对大额的长期贷款违约，债权银行就可能对任何试图为该国提供贸易融资的机构施加重压。违约国本身能够利用政府外汇储备来为贸易提供融资，从而在某种程度上解决这个问题。但是政府通常没有在微观层面上监测贸易贷款的能力，而且也不能轻易地用自己的能力代替商业银行的专业判断。最后，债权人可能会通过债权国法院的强制执行命令，来扣留任何通过债权国边境的债务国货物（或资产）。布洛和罗格夫认为，在实际操作中，债权人和债务人一般通过谈判达成部分违约，所以上述情况在实际中很少看到。

---

　　⊖　见 Bulow 和 Rogoff（1989a）。

在某种程度上，无论是伊顿和 Gersovitz 基于声誉的模型还是布洛和罗格夫的法律体制，看起来都不能充分解释国际贷款的范围与规模，或者债权人承担现实违约方式的差异。贸易不仅仅依赖于国际法律公约，也依赖于政治上对关税战争的抵制，以及维持经济增长和发展所需的广泛的人员和信息交流。

事实上，如果用伊顿和 Gersovitz 的狭义定义去解释一国偿还债务的声誉，它就只有有限的吸引力，更广义地理解声誉可能更为重要，如作为国际关系中一个可靠的伙伴的声誉。⊖债务违约可能打破国家安全协议和联盟的微妙平衡，而且大部分国家在这方面通常存在重要的需求和问题。

除了贷款之外，外国直接投资（FDI，如一个外国公司在新兴市场国家建立一个工厂）对经济发展也很重要。一家打算在违约国家进行直接投资的外国企业将担心其厂房和设备被查封。（这在 20 世纪 60 年代和 70 年代是一个突出的现象，包括 1977 年智利查封美国公司的铜矿，以及 70 年代初期欧佩克国家国有化外国石油公司的股份。）债务违约确实会给外国直接投资蒙上一层阴影，使债务国不仅在资本流入上而且在知识外溢上（贸易经济学家发现它们经常伴随外国直接投资而发生）都遭受损失。⊜

总而言之，经济学家能够找到理由来解释，尽管债权人只有有限权利，为什么各国仍然能够获得海外借款。但是这些理由极其复杂，这表明可持续的债务水平也可能是脆弱的。关注未来进入国际资本市场的机会、维持贸易，以及可能更广泛的国际关系都能解释债务的流动，而每个因素的相对重要性及权重取决于具体的情况。也就是说，尽管国际贷款者不能像传统国内违约那样直接去查封债务人的资产，但是他们仍然有足够多的手段来促使债务国至少偿还适度规模的贷款。然而我们可以摒弃流行的观点，即认为还清债务的国家能在未来获得更多的贷款。庞式骗局不可能成为国际贷款的基础，因为它终将崩溃。

---

⊖ Bulow 和 Rogoff（1989b）展示了一个简单的基于关税战争的例子；Cole 和 Kehoe（1996）在更广阔的视角下分析了这个问题。

⊜ Borensztein 等人（1998）研究了 FDI 和经济增长的经验关系。

国外债权人有限的手段和前言所述的信心脆弱性是如何联系的？无须详细的分析就能够想象到，我们所提及的很多模型和框架产生了高度脆弱的均衡，以至于预期的微小变动通常产生多种非常敏感的均衡结果。这种脆弱性在很多框架中都存在，但是在需要持续滚动其短期融资的高负债国家中表现得最为明显，我们接下来将讨论这个问题。

## 流动性不足还是偿付能力不足

我们已经强调了偿付能力和偿付意愿的重要区别。另一个非常重要的概念是面临短期融资问题的国家和不愿意或不能偿还债务的国家之间的区别。在大多数文献中，这一区别一般被描述为流动性不足和偿付能力不足之间的区别。当然读者现在明白，国家债务和公司债务之间这种文字上的类比具有很大的误导性。一家公司的破产可能意味着它作为一个持续经营的实体无法全额偿还其债务；另外一方面，一个违约国家一般要做出偿还（全额偿还）是否有必要的战略性决定。

政府通常从国际上获得1～3年期限较短的借款，或者期限更长、利率和短期国际债务挂钩的借款。为什么贷款的期限通常较短，则是贷款本身的问题。例如，戴蒙德（Diamond）和拉詹（Rajan）认为，贷款人需要能够约束行为不当的借款人（即不投入资源）的手段，以提高未来借款人偿还的概率。[一]珍妮（Jeanne）认为，由于短期借款增加了金融危机的风险（债务经常不能展期），债权国和债务国都不得不采取更加严明的政策以改善其经济表现。[二]由于这些以及其他方面的原因，短期借款的利率往往显著低于长期贷款利率。类似的观点也见于外币借款。

在任一情况下，当一国借入短期贷款时，它不仅需要支付利息（通过自有资金或新的借款），而且也必须定期展期债务本金。当一国长期能够也愿意

---

[一] 见 Diamond 和 Rajan（2001）。

[二] 见 Jeanne（2009）。

偿还债务而暂时无法展期债务时，流动性危机就发生了。这种情况刚好与偿付能力不足的问题相反，后者是指一国从长期来看被认为不愿意或不能偿还其债务。如果一国仅仅面临流动性不足的问题，那么原则上第三方（如国际货币基金组织等多边贷款机构）能够无风险地提供短期的过桥贷款，来帮助借款人恢复正常并防止其违约。事实上，如果债权人充分相信债务国在长期内会偿还其债务，债务人就很难再陷入短期流动性危机了。

萨克斯（Sachs）阐述了一个重要的例外，[一]假定一国的借款是由一大群贷款人提供的，而且单个贷款人的贷款金额都很小。短期债务的展期可能符合贷款人的集体利益。然而，如果所有贷款人都拒绝债务展期也能达到均衡，在这种情况下借款国家将被迫违约。如果单个贷款人不能提供满足其偿还要求的足额资金，债务国将同时存在违约和不违约的均衡结果。萨克斯的例子无疑是对金融脆弱性及债务人易受"这次不一样"综合征影响的一个非常好的说明。只要债权人有信心，借款人就能轻易地展期贷款，但是如果由于某些原因导致债权人信心丧失（可能是外部原因），贷款将崩盘，并且任何单个贷款人都没有能力和意愿来阻止其发生。

流动性不足与偿付能力不足的概念已在前言分析银行挤兑时得到了说明，而且它们将以其他形式再次出现。从技术角度讲，各国有时会面临多重均衡，这意味着国家违约与不违约情况的区别有时会非常小。对于一个给定的债务结构，并且假定所有参与者都追求自身利益，基于期望和信心可能产生截然不同的均衡结果。

理论家找出了许多具体的例子来说明违约是太阳黑子运动的结果，它促使一个国家从不违约均衡走向违约均衡。[二]存在多重均衡结果的可能性及投资者对一国看法的易变性，也在合理化债权国政府和国际机构对主权债务危机的干预方面扮演着重要角色。当然，危险通常在于很难区分无法避免的违约（在这个意义上讲，该国的杠杆如此之高、管理如此之差，以至于轻易就能使

---

[一] 见 Sachs（1984）。

[二] 示例请见 Obstfeld 和 Rogoff（1996，第 6 章）。

它违约）和可以避免的违约（在这种意义上讲，该国基本面良好，但是由于一个非常短暂且易于解决的流动性问题使其难以维持信心）。当危机发生时，说服自己面临的是一个可以通过短期过桥贷款来解决的信心问题，这对可能的救援者（如国际货币基金组织等著名的多边贷款机构）来说实在是太诱人了，但实际上它们面临的是一场更加根深蒂固的偿付能力和偿付意愿危机。

## 部分违约和重组

到目前为止，我们已经在一定程度上解释了违约的具体含义。实际上，大部分违约都是以部分违约而非全部违约告终，尽管有时需要经过漫长的谈判和激烈的交锋。债权人可能没有促使债务人全额偿还的手段（不论来自何方），但是他们通常拥有足够多的手段来至少回收一些贷款，而且往往是其中很大一部分。即便是最著名的完全违约通常也以部分偿还结束，虽然偿还额非常小而且发生在几十年后。苏俄在 1918 年拒绝偿还沙皇时期的债务，但是当苏联在 69 年后最终回到国际债务市场时，它不得不就其违约债务进行象征性的偿还。

但是在大多数情况下，部分偿还额并非是象征性的而是很大，它可能是由之前所述复杂的成本－收益分析决定的。由于部分偿还通常是长期且有争议的谈判结果，所以有利害关系的第三方经常参与其中。例如，布洛和罗格夫显示了国际贷款机构（如国际货币基金组织）或债权国政府等善意的第三方如何被拉进来进行单方支付以促成交易，就像房地产经纪人可能会削减其佣金来出售房屋一样。⊖如果谈判失败会影响贸易并引起更广泛的国际金融体系问题（如传染其他借款人），那么主权借款人及其债权人就可能拥有对其他参与者的讨价还价能力。◎我们也注意到，第二次世界大战后国际货币基金组织

---

⊖ 见 Bulow 和 Rogoff（1988a，1989a）。
◎ 债权国居民（除银行之外）也和债务国居民一样从贸易中获益，或者在国际货币基金组织等国际贷款机构存在的情况下，债权人和债务人也能够利用国际货币基金组织对违约传染至其他借款人的担忧，诱使国际货币基金组织进行支付。

的建立也与持续期更短但发生频率更高的主权违约巧合。这种现象印证了如下观点，即由于贷款人和借款人都意识到他们通常能在紧要关头时获得国际货币基金组织和债权国政府的补助，违约事件就发生得更加频繁。（后续文献将这种与富有的第三方的博弈称为国际贷款中的道德风险。）

主权违约的议价观点也有助于解释为什么除了直接违约（部分或全部违约），我们也把重组包含在主权违约的定义中。传统的重组中，债务人通常迫使债权人接受更长的还款计划和利率折让（相对市场利率而言）。评级机构（包括穆迪和标准普尔）恰当地把这些事件看作协议部分违约，因为协议重组使得法律费用和其他支出的净成本最小化，其他支出与债务国及其债权人离开谈判桌（至少暂时如此）这种更激烈的违约争端相关。尽管从理论的角度看两者非常相似，但是我们在数据集中也对重组和直接违约进行了区分。

最后，很重要的一点是，各国不时对其债务违约的事实并没有提供明显的证据表明投资者的非理性。通过向高风险主权国家提供贷款，投资者每年获得的风险溢价有时超过5%或10%。这些风险溢价表明债权人获得了偶然性违约的补偿，而且其中大部分违约只是部分违约。事实上，主权违约的回收率要比公司债务高得多，在考虑官方援助时更是如此。

我们无意过分突出贷款人的理性。事实上，在很多情况下主权债务的风险溢价非常小，以至于很难补偿其风险。当然，高风险借款人不仅要承担所借款项的利率风险溢价，如果违约引发的债务问题加剧了经济衰退，他还要承担巨大的净成本。"这次不一样"心理对于借款人的成本要大于债权人，但是同样我们需要在更广泛的违约分析中重新审视这个问题。

## 恶债

与国际贷款分析大致相关的另一个深层次的哲学问题围绕"恶债"的概念展开。在中世纪，如果父母负债死去，他们的孩子将被送进债权人的监狱。原则上，这使父母能够借入更多的钱（因为不偿还债务的惩罚如此之大），但是在当代，大多数国家的社会道德都认为这种债务转移完全不可接受。但各国确实在跨期借款，而且孩子那一代将不得不偿还父辈的债务。在第二次世界大战结束时，美国的国内债务总量超过 GDP 的 100%，它花了几十年的时间才将该比率降至 50% 这一更为正常的数值。

恶债的基本理论指出，当贷款人把钱借给腐败的政府时，不应该强制要求后续的政府履行它。Jayachandran 和克莱默（Kremer）认为，可以修改标准的声誉模型以包含不履行恶债的惯例，这样做可以改善福利。⊖但是关于实际操作中恶债能否被清楚地界定，存在很大的争议。如果一个参与种族屠杀的国家领导人为其军队融资，贷款人应该意识到这些债务是恶债，而且在政权更迭时将处于违约的风险中，对这一点是没有争议的。但是我们可以想象一下各国官员对美国发行的债务是不是恶债的争论，在此情况下这个概念无疑没有提供足够的实践中行之有效的区分能力。为了具备可操作性，恶债的操作指南必须使用足够狭义的解释。不过在实践中，弱化版的恶债解释可能确实有一些指导作用。债务负担累积时的环境能够影响债务人对公平的看法，因而影响其偿还意愿。在这些情况下，国际社会有时也愿意更友善地对待债务人（至少会给予他们更多优惠的过桥贷款机会）。

## 国内债务

如果说主权外债的理论是复杂的，那么国内公共债务理论更是如此。为了便于讨论，此处我们假定国内公共债务是以国内货币计值、受发行国法律管辖并且由国内居民持有。在这三个限定条件中，唯一完全没有在第 1 章定义中出现的是债务受国内政府管辖的假设。从 19 世纪末期阿根廷的以英镑计值的国内债券开始，历史上出现了很多国内债券与外国货币挂钩的例子（最著名的是 20 世纪 90 年代初发行的特索债券以及专栏 7-1 中提到的例子），而且近年来这种现象变得更加普遍。随着越来越多的新兴市场国家走向资本市

⊖ 见 Jayachandran 和 Kremer（2005）。

场自由化，外国居民持有国内公共债务的现象变得越来越普遍。外国居民和国内居民同时持有某类特定债券时是存在细微差别的，但是我们将搁置这种细微差别，以简化讨论。㊀

国内债务是一国欠其自己的债务。在罗伯特·巴罗著名的李嘉图债务模型中，国内公共债务不会有任何作用，因为当债务上升时居民只是简单地增加储蓄，以抵消未来的税收。㊁然而巴罗的分析前提是假设债务总是能够得到履行，尽管储蓄模式并不一致，而且债务偿还（相对于债务免除）是以其他人的利益为代价来使某些群体受益。该假设也回避了一个问题，即为什么政治选举的结果不会定期导致各国对其国内债务违约，而且也避开了为什么有人优先给政府提供贷款这个问题。例如，如果老人持有大部分国内债券，为什么年轻选民不选择定期地站出来并对债务违约投票，在年长者财富减少的代价上以一个对年轻人的低税率重新开始。

本书第三部分一个惊人的发现是，尽管国内债务的直接违约不像主权外债违约那样频繁，但其频繁程度远远超出我们的想象。政府也能够通过高且非预期的通货膨胀对国内债务违约，正如20世纪70年代美国和很多欧洲国家所做的一样。

那么，用什么来锚定国内公共债务呢？为什么国内债务持有人会得到全部偿还？诺思（North）和温加斯特（Weingast）认为，政府构建维系大量债务偿付政治制度的能力构成了一国巨大的战略优势，它使得该国能够调配大量的资源（特别是在战争时期）。㊂他们认为，17世纪末英国光荣革命的一个最重要的成果，正是建立了一个促进债务合同履行的框架，因此给英国带来了明显的相对其竞争对手法国的优势。正如我们所看到的，当时的法国正处于其连续违约时代的顶峰时期，在战争已经变得极度资本密集的时代，英国国王发行债务的能力给了英国调配战争所需资源的巨大优势。

㊀ 示例请见 Broner 和 Ventura（2007）。
㊁ 见 Barro（1974）。
㊂ 见 North 和 Weingast（1988）。

在民主国家，科特利科夫（Kotlikoff）、佩尔松（Persson）和塔贝利尼（Tabellini）认为，国内债务市场可能是一个可以通过声誉来维系的协定，就像伊顿和Gersovitz 的主权外债模型一样。㊀在一篇相关的文章中，塔贝利尼认为，如果年轻选民对年长的选民足够关心，债务也是可以持续的。㊁所有这些理论以及在专制而非民主政府情形下的理论，都是基于债务市场是可以自我维持的协定这一假设的观点，其中成本和收益的紧密配对确保了市场的持续运转。但是如前所述，任何类型的政府债务的偿还动机都可能涉及更广泛的问题，而不仅仅是平滑税收收入和消费的需要。正如不能偿还主权债务可能引发债务领域之外更广泛的国际关系反应一样，国内债务的违约可能引起社会契约的瓦解并影响未来的借款。首先，很多国家的政府债务并不仅仅是一种平滑政府税收收入的手段，而是一个维系信用市场流动性的蓄水池。政府可能会定期对其债务违约，但在大多数国家，私人企业的违约记录更加糟糕。

金融抑制也是可用于扩大国内债务市场的工具。在当今的印度，大多数居民能够持有的金融资产比较受限，实际上低利率的银行存款和现金是其唯一的选择。由于现金和珠宝丢失与被盗的风险很高，同时在应对退休、医疗和子女教育支出的积累财富方面选择很少，所以尽管银行存款的回报被人为地压低，居民仍然把大部分资金都存入银行。银行把大部分资金直接贷给政府，后者因此享有远低于自由资本市场的利率。这种金融抑制方式并不新鲜，尤其是在第二次世界大战后至 20 世纪 80 年代国际资本控制的全盛时期，它普遍见于发达国家和新兴市场国家。

在金融抑制的情况下，政府当然能够通过最大化地垄断储蓄工具来获得大量的资源。但是正如后文所述，尽管金融抑制程度较轻，很多新兴市场国家的国内债券市场也都在蓬勃发展，如在第二次世界大战前的几十年里。

我们将暂缓对国内债务的进一步讨论，直至第 7～9 章我们开始对其进行实证分析。该部分也显示主权债务和国内债务之间存在重要的交互作用。

---

㊀ 见 Kotlikoff、Persson 和 Tabellini（1988）。
㊁ 见 Tabellini（1991）。

同样，正如主权外债的情况一样，多重均衡的问题也经常在国内债务模型中出现。㊀

## 总结

本章我们概述了贯穿主权债务与违约及银行危机、货币危机以及其他类型危机的关键概念。虽然本章比较抽象，但是它解决了国际金融危机的基本问题。在本书的后续部分，在我们庞大的数据集阐明了其中一些更难的问题之后，我们将回到其中一些主题。

对国际借贷与资本市场基础的理论分析从很多方面提出了违约没有更频繁发生的原因。即便对于当代主权违约次数最多的委内瑞拉（自 1830 年独立以来发生了 10 次主权违约），平均的违约间隔仍然达到 18 年。如果危机几乎无间断地重复发生，那么"这次不一样"心理将很难表现出来。几乎每一次危机都是一样的，贷款人和借款人一直处于违约的边缘，而且债务市场永远不会发展到一定规模，更不用说发展到那种能发生剧烈崩盘的程度。但是经济理论告诉我们，在信心泡沫破灭之前，即便是一个相对脆弱的经济体都能平稳运行很长一段时间，而且经常使很多债务问题被掩盖。

---

㊀ 示例请见 Barro 和 Gordon（1983）。

| 第 5 章 |

# 外债主权违约的周期

在 20 年大规模的主权外债违约后，2003 年到 2009 年并没有发生大的主权外债违约事件，政策制定者不应对此而过分兴奋。连续违约仍然是常态，因为国际违约潮通常会相隔好几年或者几十年。

## 重复的模式

我们通过主权外债违约的分析开启了金融危机全景漫游之旅，正如此前我们在理论上所分析的，它发生于政府对外国债权人所持债券违约之时。（主权债务市场发展历史的一些背景介绍见专栏 5-1。）

### 专栏 5-1　英国和西班牙国际主权债务市场的发展

按照我们现在的理解，现代债务制度是逐步演进的。对于国内借款来说尤其如此，因为历史上国内借款的税收、债务偿还与权力的关系通常非常模糊。贷款通常都高度不透明，并没有明确的利率和偿还计划，而且本金的偿还时间通常也不确定。国王对偿还承诺的违背往往如同处死贷款人一般容易。借款通常带有浓厚的强制特征。早期的历史充斥着大量为夺取土地和其他财富而灭门的例子。

在中世纪，为了防止基督徒进行有息借贷，教会强制实行高利贷法。当然，非基督徒（特别是犹太人）允许进行借贷，但是这使得君主只能借入该国总资金中的很小一部分。为了借入更多的钱，借款人（通常在神学家的帮助下）不得不想办法绕过教会的法规。在这一时期，借款人使用比原合同货币更加稳定和坚挺的货币进行偿还（可能使用减值幅度小的货币进行偿还）的贷款设计，这经常使国际贷款市场受益。当然这些设计等价于支付利息，但是它们通常被认为是可接受的。

就目前所知，最成熟的早期金融市场出现于13世纪晚期意大利的热那亚、佛罗伦萨和威尼斯城邦。示例请见麦克唐纳或弗格森（Ferguson）的讨论。㊀早期贷款采取了"可偿付的税收"形式，但是该体系进展迅速，很快主权贷款的透明度就达到足以建立二级市场的程度。

正如历史学家卡罗·奇波拉（Carlo Cipolla）所强调的，第一次真正的国际债务危机源于13世纪末以来意大利商人向英国提供的贷款。㊁在那个时代，意大利是发达的国际金融中心，而英国是自然资源（尤其是羊毛）丰富的发展中国家。如前所述，一系列的意大利贷款在英法战争的不同阶段为英国提供融资。当1340年英国爱德华三世在一系列军事失利后对贷款违约时，消息很快传到佛罗伦萨。因为主要银行都向爱德华提供了大量贷款，所以银行挤兑对佛罗伦萨经济打击很大。用现代的标准来看，整个事件以一种很缓慢的节奏发生，但是意大利主要的贷款者——佩鲁齐（Peruzzi）银行和巴迪（Bardi）银行分别于1343年和1346年破产。因此，英国就像往后很多新兴市场国家一样，在最终升级至非违约国家之前经历了多次主权外债违约。在最终升级之前，英国也发生了多次政府债务重组，但是如后文所示，这些信用事件只涉及国内债务。

事实上，直到1688年光荣革命实质性地强化了议会权力后，英国才真正升级。如诺思和温加斯特的研究所述，光荣革命第一次为英国的债务提供了一个自我修复的制度。温加斯特进一步指出，英格兰银行通过官方授权的监控来监督政

---

㊀ 见 MacDonald（2006）和 Ferguson（2008）。
㊁ 见 Cipolla（1982）。

府债务的偿付，为议会权力的行使提供了重要的工具。㊀当然一些其他因素也支持了英国的成功，包括政府以短期债务为战争融资并于战后将短期债务转化为长期债务的操作。短期债务为战争融资是有意义的，因为战争结果的不确定性使得政府被迫向不愿锁定期限的投资者支付风险溢价。长期债务的发行也推动建立了活跃的二级市场，并使得英国的债券更具流动性，这一点正是卡罗斯等人所关注的。㊁最后，不能过分强调的一点是，英国之所以拥有相对良好的债务偿还记录，一个主要原因是，它在很多次战争中都取得了巨大的胜利。正如我们在早期英国君主制下所看到的，没有什么东西会像战争失败那样导致违约。在本书的结尾我们将回到升级问题。

1800年之前，除英国外很少有国家拥有建立大量国际债务头寸并对其违约的能力。要实现大规模的连续违约，一国需要有充足的财富，以使新一代债权人都确信偿还债务的收入最终可以获得（即"这次不一样"），同时该国要足够稳定以确保随时能够偿还债务。1800年之后，受益于工业革命后全球收入的增加以及英国分流过剩储蓄的能力，很多国家都达到富裕国家的标准。1800年之前，除了早期的意大利、葡萄牙以及普鲁士（葡萄牙和普鲁士各发生一次）之外，只有法国和西班牙具备实现大规模国际违约的资源。而且事实也确实如此，如本章所示，西班牙发生了6次违约，法国发生了8次。

西班牙的首次连续违约发生在菲利普二世时期（1556~1598年），分别发生于1557年、1560年、1575年以及1596年，它们与后续1607年、1627年及1647年等发生于菲利普二世继任者时期更丑陋的违约一样，都被经济史学家广泛地研究和讨论。西班牙的经验说明了在后续连续违约中反复出现的很多问题。西班牙在历史上也非常重要，因为它是拿破仑之前唯一一个能够威胁到欧洲统治的国家。

16世纪之前，西班牙地域分散且各地区的财政状况非常差，所以不能够获得大规模的国际借款。新世界的发现改变了这一切。西班牙人在墨西哥和秘鲁发现

---

㊀ 见North和Weingast（1988）和Weingast（1997）。
㊁ 见Carlos等人（2005）。

了大量的白银，并且从16世纪40年代开始把它们大量地运往欧洲。收入的巨幅增长极大地强化了国王的权力，他不再受制于需要议会合作的国内税收收入了。同一时期，贵金属（特别是白银）的大量流入，对欧洲的物价产生了巨大的通货膨胀效应。

西班牙新发现的财富使其君主能够相对容易地筹集借款资金，而且他们确实也这么做了。考虑到征服欧洲的可能性，举债看起来是合理的。菲利普国王对土耳其和荷兰的各种军事冒险，以及发动无敌舰队攻打英国的灾难性决定，无一不需要巨额资金。在足够高的风险溢价下，德国和葡萄牙的金融家、西班牙的商人，尤其是意大利的银行家，他们都给西班牙提供了大量的贷款。在任一时间点上，西班牙王室的债务通常为大半年的收入，但是该数字有时上升到超过两年的收入。当然，正如表6-1所述，西班牙确实反复地对其债务违约。

图5-1显示了1800～2008年（该时期的数据集最为完整）任一给定年份，所有处于违约或重组的国家和地区的占比。对于整个世界而言（或者至少是我们数据集所代表的占世界GDP超过90%的国家和地区），21世纪前期相对短暂的低违约时期通常可以看作大规模全球金融危机之后的平静期。在这些平静期之外，大量的国家长时期都处于违约或者重组状态。事实上，图5-1显示了5个明显的违约顶峰或违约周期。

第一个违约顶峰发生于拿破仑战争时期。第二个顶峰从19世纪20年代一直延续到40年代末期，在该时期世界上近一半的国家都处于违约状态（包括所有的拉美国家）。第三个违约顶峰始于19世纪70年代初并且一直持续了20年。第四个违约顶峰始于20世纪30年代的大萧条并一直延续至50年代初期，此时全世界再一次出现近一半的国家都违约的情况。[⊖]图中最后一个违约周期由20世纪八九十年代新兴市场的债务危机构成。

---

⊖ Kindleberger（1989）是少数几个强调20世纪50年代仍然应该被视为金融危机时期的学者之一。

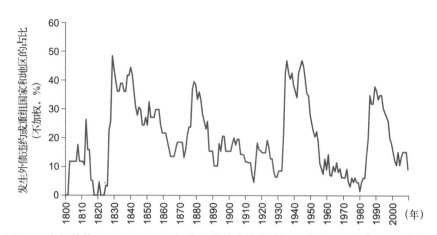

图 5-1　主权外债：1800～2008 年发生外债违约或重组国家和地区的占比（不加权）

注：样本包括数据附录表 A-1 中所列的 66 个国家和地区。

资料来源：Lindert 和 Morton（1989），Suter（1992），Purcell 和 Kaufman（1993），Reinhart, Rogoff 和 Savastano（2003a），MacDonald（2006），标准普尔。

事实上，如图 5-2 所示，当我们用各国在全球 GDP 中的占比来加权时，2002 年之后的违约平静期相较于 20 世纪更为突出。只有第一次世界大战之前的 20 年（金本位制的全盛时期）体现出了与 2003～2008 年相似的平静。⊖再往前看我们不难发现，尽管 10 年或 20 年的违约平静期并不罕见，但是每一个平静期之后都无一例外地紧跟着新一轮的违约。

图 5-2 也显示，第二次世界大战之后的几年是迄今为止近代世界史上最长违约时期的顶峰。至 1947 年，占全球 GDP 近 40% 的国家都处于违约或重组。这种情况一方面是由于战争导致了新的违约，另一方面也是由于很多国家并未从 20 世纪 30 年代大萧条的违约中走出来。⊖基于同样的原因，拿破仑战争时期的违约被认为和其他任何时期的违约同样重要。除了第二次世界大战后的危机以外，只有 20 世纪 80 年代债务危机的违约顶峰达到 19 世纪初的水平。

---

⊖ 该比较以违约国家在全球收入中的占比为权重加权，如果不加权（因此，非洲和南亚最穷的国家就和巴西或美国拥有相同的权重），20 世纪 60 年代末至 1982 年发生违约的独立国家占比更低。

⊖ Kindleberger（1989）强调第二次世界大战后的普遍违约，尽管他并没有对此进行量化。

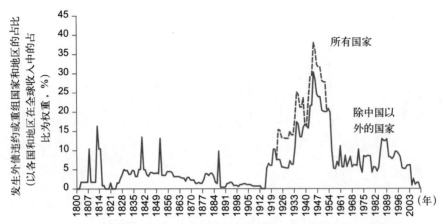

图 5-2　主权外债：1800～2008 年发生外债违约或重组的国家和地区
（以各国和地区在全球收入中的占比为权重加权）

注：样本包括数据附录表 A-1 中所列的 66 个国家和地区。样本一共使用了三套 GDP 加权数据，1800～1913 年使用 1913 年的 GDP，1914～1990 年使用 1990 年的 GDP，1991～2008 年使用 2003 年的 GDP。

资料来源：Lindert 和 Morton（1989），Suter（1992），Purcell 和 Kaufman（1993），Reinhart，Rogoff 和 Savastano（2003a），Maddison（2004），MacDonald（2006），标准普尔。

正如第 6 章对单个国家表现的分析所示，外债连续违约（重复发生的主权违约）是包括亚洲和欧洲在内全球各地区的常态。

## 违约与银行危机

历史上全球银行危机的高发率一直与外债主权违约的高发率联系在一起。图 5-3 显示了发生银行危机和主权外债违约或重组（见图 5-2）的国家以 GDP 为权重加权的占比。在第一次世界大战爆发后，主权违约就开始攀升（银行危机也一样）并在大萧条和第二次世界大战期间（该时期一些发达国家也加入违约国家的行列）持续升级。随后几十年相对比较平静，直到 20 世纪 80 年代和 90 年代债务危机开始席卷发展中国家。㊀

㊀ 注意，在图 5-2 中，20 世纪 80 年代债务危机看起来不如之前的违约那样大，这是因为 80 年代只有中等收入或低收入国家发生违约，而在大萧条和第二次世界大战期间，除了新兴市场国家之外一部分发达国家也发生违约。

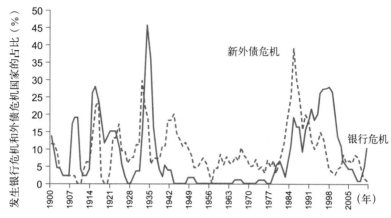

图 5-3　1900～2008 年所有国家中发生银行危机和外债危机的国家占比（以 GDP 为权重加权）

注：新外债危机是指外债违约的第一年。样本包括所有国家。该图显示的是三年移动平均数。

资料来源：Lindert 和 Morton（1989），Suter（1992），Purcell 和 Kaufman（1993），Kaminsky 和 Reinhart（1999），Bordo 等人（2001），MacDonald（2003），Reinhart, Rogoff 和 Savastano（2003a），Maddison（2004），Caprio 等人（2005），Jácome（2008），标准普尔。

全球金融动荡引发新兴市场国家主权债务危机的渠道是多样的、复杂的。其中一些渠道如下所示：

- 发达国家的银行危机明显拖累世界经济增长。经济活动的放缓或紧缩往往重重地打击出口，也限制了新兴市场国家政府硬通货的可获得性，并使其债务偿还变得更加困难。
- 历史上全球经济增长的疲软与全球商品价格的下跌紧密相关。这降低了主要商品生产国的出口收入，相应地也降低了其偿债能力。
- 全球金融中心的银行危机（及随后的信贷紧缩）导致了向外围国家贷款的"突然停止"（该术语由吉列尔莫·卡尔沃（Guillermo Calvo）推广）㊀。从本质上讲，来自"北方"国家的资金流入以一种与新兴市场国家经济基本面无关的方式干涸。由于很难获得信贷资金，新兴市场

---

㊀ Calvo（1998）评价已故的鲁迪·多恩布什时，引用了古老的银行格言："这不是速度的问题，而是突然停止的问题。"（Dornbusch 等人，1995）

国家的经济活动出现紧缩，而且在政府资源减少的情况下债务负担加重。
- 历史上银行危机是传染性的，因为投资者承担风险意愿的减弱使得各国的遭遇趋同，而且随着财富的缩水，投资者也降低了总体风险暴露。这种结果对于新兴市场国家主权外债的展期和偿还能力来说都是有害的。
- 当债权人寻找共同的问题时，一国的银行危机可能导致他们对该国的邻国或具有类似特征的国家丧失信心。

在本书写作之时，对于21世纪全球金融部门动荡的加剧是否会导致类似的主权债务违约周期，还有待观察。然而，图5-3中的前例在那一点上的表现不是很乐观。在当前的全球金融环境中，主权违约的激增是不足为怪的。

## 主权违约和通货膨胀

如果全球银行危机的激增表明主权违约可能出现上升，那它同样也预示着发生高通货膨胀国家的比例可能增加。图5-4显示了1900～2007年的通货膨胀和主权违约情况，它表明处于债务违约的国家比例和发生高通货膨胀（此处的定义为年通货膨胀率超过20%）的国家比例存在惊人的正向联动。因为通货膨胀代表对没有完全与价格或汇率挂钩的政府负债的一种部分违约，这种联动关系并不完全出人意料。㊀

正如第12章所述，在法币替代金属货币作为主要的交易媒介后，以通货膨胀形式进行的违约就变得更普遍了。实际上，即使仅就1900年之后的法币时期（见图5-4）来说，这种模式也非常明显。也就是说，通货膨胀和直接外债违约之间的紧密联系完全是一个现代现象。对于1900～2007年，两者的简单相关系数是0.39，在1940年之后该系数几乎翻了一倍，上升至0.75。

---

㊀ Reinhart、Rogoff和Savastano（2003）显示，拥有外债违约史的国家通货膨胀记录也不好。

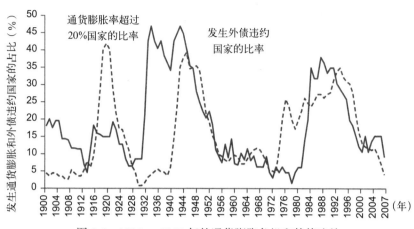

图 5-4　1900～2007 年的通货膨胀危机和外债违约

注：通货膨胀危机是指年通货膨胀率超过 20% 的年份。通货膨胀和违约的国家比例都是通过简单平均得到。1900～2007 年的相关系数为 0.39，除了大萧条时期是 0.6 之外，1940～2007 年是 0.75。

资料来源：违约国家所占比率的数据见图 5-1 的数据源。通货膨胀的资料来源很多，在此处不予列示，但是会在数据附录 A.1 中按国家和时期顺序列出。

这种相关性的增加可能是由于政府通过各种渠道攫取资源，以及废止金本位制（及其他金属本位制）意愿的变化，而不是宏观经济影响的变化。在大萧条时期的违约中，通货紧缩是常态。当这种价格水平的下跌超出预期时，债务负担将加重而且不利于经济表现。这种关系是欧文·费雪著名的债务通缩理论的实质。[1]作为该理论的一个推论，在不利的经济环境下发生主权违约的可能性更高。相反，在高通货膨胀的环境下，经济进入通货紧缩恶性循环的可能性更小。第二次世界大战后违约和通货膨胀的正向共同移动，表明政府现在更愿意同时依靠两者来减轻其实际利率负担。

在外债违约后，通货膨胀通常会持续恶化。[2]由于不能进入国际资本市场和收入的锐减，不能相应地控制支出的政府经常求助于通货膨胀税，甚至不惜采取最极端的恶性通货膨胀形式。

---

[1] 见 Fisher（1933）。
[2] 国内债务违约通常产生更坏的通货膨胀后果，见第 9 章。

## 全球因素与全球外债违约周期

从图 5-1 和图 5-2 可知，全球金融的突发性事件是违约潮产生的一个重要因素。我们新的扩展数据集也证实了经济学家的普遍观点，即全球经济因素（包括金融中心国家的商品价格和利率）在触发主权债务危机方面扮演着主要的角色。[一]

我们利用 1800～2008 年一系列全球商品实际价格指数来分析违约和商品价格的联动程度。商品价格周期的顶峰和谷底似乎是资本流动周期顶峰和谷底的领先指标，而且商品价格的谷底通常导致多重违约。

正如卡明斯基、莱因哈特和 Végh 对战后时期的研究以及阿吉亚尔（Aguiar）和高皮纳（Gopinath）的模型研究所示，新兴市场国家的借款通常是顺周期的。[二]贸易条件改善的趋势（意味着更高的初级产品价格）往往导致借款水平的攀升。当商品价格下跌时，借款中断，同时违约逐渐增加。图 5-5 以第二次世界大战为界，分两个时期展示了全球商品价格周期。如图 5-5a 所示，1800～1939 年，几乎所有的商品价格顶峰之后都紧跟着新的主权违约潮（计量检验也证实了这一点）。图 5-5b 也显示了 20 世纪 40 年代至 21 世纪初之间类似的现象。尽管我们可以从第二次世界大战后的时期来看这些联系，但这并不是必须要看的。

如前所述，违约对全球资本流动周期非常敏感。当资本流入大幅下降时，滑向违约的国家增加。图 5-6 通过展示金融中心国家（美国和英国）的经常账户余额和布雷顿森林体系崩溃前新违约数量之间的关系来证明这种联系。资本流动周期的顶峰和新主权债务违约之间存在着明显的相关性。金融中心国家的经常账户衡量了"全球储蓄过剩"的压力，因为它们衡量了金融中心国家过剩储蓄的净额，而不像数据集中的资本流动时间序列数据那样衡量储蓄

---

[一] 早期量化新兴市场国家资本流入和信贷市场准入外部影响因素的文章见 Calvo、Leiderman 和 Reinhart（1993）, Dooley 等人（1996），以及 Chuhan 等人（1998）。用国内因素和部分全球因素预测违约，见 Manasse 和 Roubini（2005）。

[二] 见 Kaminsky、Reinhart 和 Végh（2004），Aguiar 和 Gopinath（2007）。

总量。

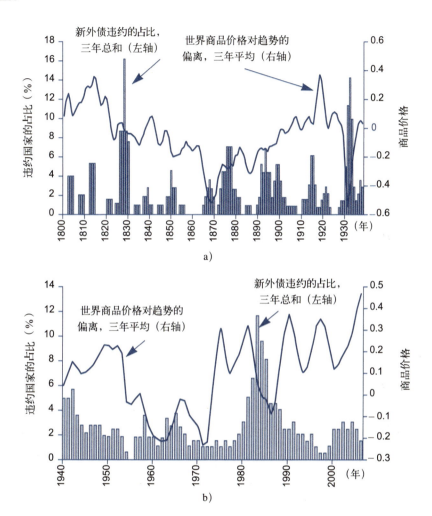

图 5-5 1800～2008 年的商品价格和新外债违约

注：新外债违约是指外债违约的第一年。由于样本期内商品价格明显地向下负向漂移，我们利用商品价格对一个线性趋势回归以分离周期因素。

资料来源：Gayer 等人（1953），Boughton（1991），经济学人（2002），国际货币基金组织的《世界经济展望》（各年数据），以及作者基于数据附录 A.1 和数据附录 A.2 所列数据的计算。

现代金融危机文献发现了一个更强的规律，即发生大量的、突然的资本流入的国家将处于很高的债务危机风险之中。⊖初步证据表明，该规律在更长的历史时期内也成立，因为自 1800 年以来（如果不是更早），资本流入的猛增通常发生在国家、区域和全球层面的外债危机之前。

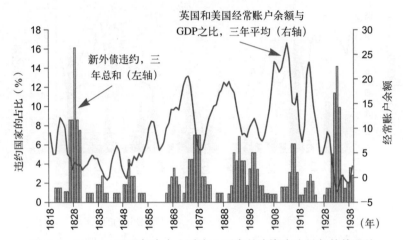

图 5-6　1818～1939 年来自金融中心国家的净资本流量与外债违约

注：英国和美国经常账户余额的权重是根据它们作为金融中心以及其他国家主要资本供给者的相对重要性（虽然这种方式简单和武断）：1818～1913 年英国的权重为 1（美国的权重相应为 0），1914～1939 年两国的经常账户权重相同，1940 年之后美国的权重为 1。

资料来源：Imlah（1958），Mitchell（2003a，2003b），Carter 等人（2006），英格兰银行。

我们承认这些图所示的相关性只是说明性的，而且不同的违约事件还涉及很多不同的因素。但是，除了阐明从该扩展数据集中得到的那些观点，这些图确实也解释了各国对全球经济周期的脆弱性。问题在于，具有危机倾向的国家（尤其是连续违约国家）往往在经济向好时过度借款，使得本国在经济不可避免地下滑时变得很脆弱。"这次不一样"观点的普遍存在正是这次往往并非不同，以及灾难最终再次降临的原因。

图 5-6 所示的资本流动周期在单个国家案例分析时会有详尽的介绍，但是此处我们没有足够的篇幅分析它们。

---

⊖ 见 Reinhart 和 Reinhart（2009），他们记录了新兴市场国家债务危机发生前普遍的"资本流入富矿"现象。值得注意的是，该分析也显示了发达国家和新兴市场国家银行危机发生前的"资本流入富矿"现象。

## 违约的持续时间

全景视图下另一个值得关注的现象是,第二次世界大战后违约事件持续期的中位值仅仅为1800～1945年持续期的一半(见图5-7,分别为3年和6年)。

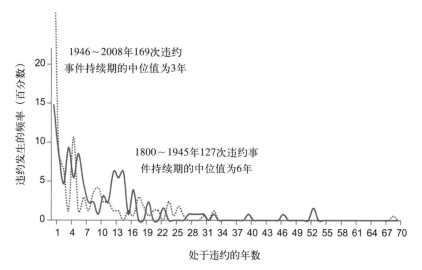

图5-7　1800～2008年外债违约事件的持续期

注:违约事件的持续期是指从违约发生到违约解决(不论是通过重组、偿还还是债务豁免)之间的年数。Kolmogorov-Smirnov检验在1%的显著性水平上拒绝了两个分布相等的假设。

资料来源:Lindert 和 Morton(1989),Suter(1992),Purcell 和 Kaufman(1993),Reinhart、Rogoff 和 Savastano(2003a),MacDonald(2006),标准普尔以及作者的计算。

对该现象一个宽泛的解释是,自从炮舰外交时期以来危机的解决机制得到了改善。毕竟当1936年纽芬兰对其外债违约时,它除了主权之外什么也没有失去,并且最终成为加拿大的一个省(见专栏5-2);埃及等国家在违约后成为英国的受保护国。

**专栏5-2　外债违约的惩罚:1928～1933年纽芬兰的特殊案例**

就像政府有时促成健康的银行接管破产银行的交易一样,英国推动主权独立但破产的纽芬兰加入加拿大。

1928～1933年纽芬兰是如何在财政上走向违约可以概括如表5-1所示。

表5-1 纽芬兰在财政上走向违约

| 年份 | 公共债务总量（百万美元） | 债务收入比 | 利息支付与收入比 |
|---|---|---|---|
| 1920 | n.a. | n.a. | 0.20 |
| 1928 | 79.9 | 8.4 | 0.40 |
| 1929 | 85.5 | 8.6 | 0.39 |
| 1930 | 87.6 | 7.6 | 0.36 |
| 1931 | 87.6 | 9.0 | 0.44 |
| 1932 | 90.1 | 11.4 | 0.59 |
| 1933 | 98.5 | 12.6 | 1.58 |

注：在违约发生时，89次外债违约事件债务总量与收入之比的平均水平为4.2。n.a.是指数据不可获得。
资料来源：Baker（1994）；国家联盟统计年鉴（各年数据）及作者的计算。

促使违约加速的具体事件如表5-2所示。

表5-2 促使违约加速的具体事件

| 时间范围或日期 | 事件 |
|---|---|
| 1928～1933年 | 鱼价暴跌了48%，新闻用纸价格下降了35%。出口总值同期下降了27%，进口总值下降了44%㊀ |
| 1931年年初 | 政府不得不通过贷款来偿还债务，偿债困难真正开始 |
| 1933年2月17日 | 英国政府指定了一个委员会以评估纽芬兰的未来，特别是金融形势及前景 |
| 1933年10月4日 | 该委员会给出的第一份建议是暂停现有政府，直到该岛重新变得自给自足 |
| 1933年12月21日 | 贷款法案通过，通过放弃主权以避免必然的违约 |

1928～1933年，严重依赖关税的政府收入出现下滑，同时债务与财政收入比率攀升（见表5-1）。而且1930～1932年渔场的破产也增加了救济支出的需求。债务偿付成本变得不可承受。

远在1931年债务偿付困难显现之前，纽芬兰的财政状况就已经岌岌可危了。

---

㊀ 完整的事件记录见Baker（1994）。

在20世纪20年代的相对繁荣时期，持续的财政赤字导致其债台高筑（大部分是外债）。在大萧条开始阶段，纽芬兰的债务与财政收入之比约为8，是90次债务危机平均债务收入比的2倍！至1932年，仅利息支出就占收入的大部分。违约，看起来是不可避免的，只是从技术上讲（也仅限于技术上），纽芬兰并没有违约。

正如戴维·黑尔（David Hale）的评论所述："20世纪30年代纽芬兰的政治史现在已经成为加拿大历史的一小段篇章。几乎没有人意识到这里所发生的特殊事件。英国议会及自治区议会同意民主应该从属于债务。威斯敏斯特之后大英帝国最古老的议会被撤销了，独裁统治被强加于28万说英语的拥有78年直接民主经验的人。英国政府使用其宪法权力使得纽芬兰成为加拿大联邦的一部分。"⊖

尽管不像纽芬兰的遭遇那样极端，19世纪的埃及、希腊和土耳其在其违约后也向英国让渡了部分主权（至少在财政方面）。美国于1907年在多米尼加共和国建立了财政保护关系以控制其关税，并于1916年占领该国。美国还入侵海地和尼加拉瓜，以控制其关税，并获得用于债务偿还的收入。这就是炮舰外交时代。

一个更愤世嫉俗的解释认为，当国际货币基金组织等多边贷款机构提供援助时，贷款人在削减连续违约客户方面并不积极。事实仍然像艾肯格林（Eichengreen）在其研究文献中所指出的，自第二次世界大战以来，违约事件之间的时隔变得更短了。一旦债务被重组，债务国很快就重新杠杆化（见专栏5-3对布雷迪计划国家的讨论）。⊜

## 专栏5-3  外债违约的惩罚？迷失的"布雷迪家庭"

假设问题债务国仅仅通过经济增长而不用大幅削减债务就能够实现从高债务比率到低债务比率的"债务逆转"，这是否现实？这方面的一个尝试是布雷迪债券的发行，它是由新兴市场国家发行的以美元计价并以美国零息国库券担保的债

---

⊖ 见Hale（2003）。
⊜ 专栏5-3总结了Reinhart、Rogoff和Savastano（2003）的一些分析结果，它展示了这种"快速重新杠杆化"模式的经验证据。

券。布雷迪债券产生于20世纪80年代为减少发展中国家（它们经常对贷款违约）的债务所做的努力。该债券以推动债务削减计划的美国财政部部长尼古拉斯·布雷迪的名字命名。参与的国家包括阿根廷、巴西、保加利亚、哥斯达黎加、多米尼加共和国、厄瓜多尔、约旦、墨西哥、摩洛哥、尼日利亚、秘鲁、菲律宾、波兰、乌拉圭和越南。

### 识别债务逆转

为了识别1970～2000年中等及低收入国家较大的债务逆转事件，莱因哈特、罗格夫和Savastano选择了外债与GNP比率在3年内下降了25%及25%以上的所有事件，然后明确了该比率变化是由分子的下降引起，还是由分母的上升引起，或者两者兼而有之。㊀运用这种方法，得出在1970～2000年一共产生了53次债务逆转事件，其中26次发生在中等收入国家，其余27次发生在低收入国家。

### 债务逆转事件

在所检测到的22次中等收入新兴市场国家的债务逆转中，15次与某种类型的外债违约或重组同时发生。在没有伴随发生信用事件的7次债务逆转中，有6次债务逆转主要是通过净债务偿还来实现，只有在1985年瑞士的债务逆转中债务比率的下降是通过经济增长来实现的！在15次同时发生违约或重组的债务逆转中，经济增长也是摩洛哥、巴拿马和菲律宾债务比率下降的主要原因。总而言之，这种分析表明，只要对其过于乐观的债务可持续性分析还存有怀疑，债务不耐国家一般不能通过经济增长来摆脱债务负担。

在这些同时发生信用事件的债务逆转中，埃及和俄罗斯在重组过程中获得了迄今为止最大的名义债务减免。两个发生危机的亚洲国家（韩国和泰国）进行了最大的债务偿还，并最终避免了信用事件的发生。

20世纪90年代著名的布雷迪重组明显不包括在较大的债务逆转中。尽管根据莱因哈特、罗格夫和Savastano的分析，保加利亚、哥斯达黎加、约旦、尼日利亚和越南应该包括在内，但是巴西、墨西哥和波兰等更大的国家并不包括在债

---

㊀ 见Reinhart、Rogoff和Savastano（2003a）。

务逆转中。

### "布雷迪家庭"消失之谜：快速重新杠杆化案例

莱因哈特、罗格夫和Savastano追踪了在20世纪80年代末布雷迪计划下重组外债的17个国家外债情况的演变。从这一外债特征分析，我们可以清楚地知道为什么莱因哈特、罗格夫和Savastano的债务逆转分析并没有识别出其中的12次布雷迪交易。

- 在其中10个国家中，布雷迪重组带来的外债与GNP比率下降幅度小于25%。事实上，在布雷迪重组3年后，阿根廷和秘鲁的债务比率又高于重组前！
- 至2000年，在17个进行布雷迪重组的国家中，有7个国家（阿根廷、巴西、厄瓜多尔、秘鲁、菲律宾、波兰和乌拉圭）外债与GNP的比率高于重组发生3年后的水平。至2000年年底，其中4个国家（阿根廷、巴西、厄瓜多尔和秘鲁）的债务比率比布雷迪重组前的纪录还要高。
- 至2003年，参与布雷迪计划的4个国家（阿根廷、科特迪瓦、厄瓜多尔和乌拉圭）再次发生外债违约或重组。
- 至2008年，布雷迪计划实施不到20年，厄瓜多尔就发生了两次违约。其他参加布雷迪计划的国家也可能尾随其后。

在第6章中，我们记录了各国、各地区和各时代违约周期重复发生（或连续发生）特征的大量证据。为此，我们分析了一些著名的违约事件，也分析了新近发达国家及一些亚洲国家和地区记录很少的违约或重组。

| 第6章 |

# 历史上的外债违约

连续违约（即反复的主权违约）并非当今新兴市场国家的发明。相反，一些发达国家在其新兴市场国家阶段就发生过类似的问题。外债连续违约是包括亚洲和欧洲在内全球各地区的共同模式。

我们的数据集的规模（跨时期）和范围（跨国）非常有助于理解违约：它显示几乎所有的国家都至少发生过一次外债违约，而且很多国家在其新兴市场国家阶段发生过多次违约（该阶段通常持续一两个世纪）。

## 1300～1799年新兴欧洲的早期连续违约史

今天的新兴市场国家很难说它们发明了连续违约。表6-1列示了一些发达的欧洲国家（奥地利、英格兰（英国）、法国、德国（普鲁士）、葡萄牙、西班牙）在1300～1799年的违约数量和违约年份。

表6-1 1300～1799年早期的欧洲外债违约

| 国　　家 | 违约年份 | 违约数量 |
|---|---|---|
| 奥地利 | 1796 | 1 |
| 英格兰（英国） | 1340，1472，1594① | 2① |
| 法国 | 1558，1624，1648，1661，1701，1715，1770，1788 | 8 |

（续）

| 国　家 | 违约年份 | 违约数量 |
| --- | --- | --- |
| 德国（普鲁士） | 1683 | 1 |
| 葡萄牙 | 1560 | 1 |
| 西班牙 | 1557，1575，1596，1607，1627，1647 | 6 |

①表示到目前为止，我们还不清楚英格兰的违约是国内违约还是外债违约。
资料来源：Reinhart，Rogoff 和 Savastano（2003a）及其中引用的数据，MacDonald（2006）。

西班牙的违约纪录至今仍未被打破。事实上，仅在19世纪西班牙就违约了7次，而在之前的3个世纪它已经违约了6次。

凭借19世纪的一系列违约，西班牙一举超过法国（法国在1500～1800年发生了8次债务违约）成为违约次数最多的国家。由于法国君主有一个在外债违约期间处死国内主要债权人的习惯（一种早期的、决定性的债务重组形式），因此大家把这些事件称为"放血"。㊀在1768～1774年任法国财政部长的阿贝·泰雷（Abbe Terray）甚至认为，政府应该每个世纪至少违约一次以恢复平衡。㊁

然而值得注意的是，尽管经历了法国大革命和拿破仑战争的浩劫，但是法国最终仍然成功地摆脱了连续违约。在19世纪和20世纪的法国都没有违约，到目前为止的21世纪也没有违约。因此，法国可能是首批从连续违约中升级的国家，专栏6-1对此进行了更加详细的介绍。在1800年之前奥地利和葡萄牙都只违约过一次，但是如后文所述，它们在19世纪发生了多次违约。

在爱德华三世违约的两个世纪之后，英国亨利八世推动了大规模的货币减值，因而有效地对所有的国内债务违约。此外，他还夺取了天主教会所有的土地。这种夺取通常伴随着处决，虽然不是严格意义上的债券违约，但是肯定符合主权债务违约的标准（即使不是确切的国际债务违约）。

---

㊀ 见 Reinhart、Rogoff 和 Savastano（2003a）；感谢哈罗德·詹姆斯提供的观察资料。
㊁ 见 Winkler（1993），第29页。我们想知道托马斯·杰斐逊是否读过那些话，因为他后来说道："自由之树必须时时用爱国者和暴君的血来浇灌。"

## 专栏6-1　1558～1788年8次外债违约之后法国的升级

1500年之前法国的财政状况非常不稳定,这一方面是由于间歇性大幅度的货币减值。仅在1303年,法国货币银含量的减值幅度就超过了50%。法国政府操纵货币获得的收入有时甚至超过了所有其他收入。㊀

从1522年弗朗西斯一世开始,法国就债台高筑。最终,由于极度不透明的财务会计以及长期依赖短期融资,当1557年西班牙菲利普二世的违约引起金融市场动荡时,法国发现自己非常脆弱。就像在现代金融市场一样,一国的违约可能传染给其他国家,因此法国亨利二世很快就发现自己无法展期短期债务。亨利使贷款人确信他不会重蹈菲利普覆辙的努力管用了一段时间,但是,到1558年法国也不得不违约。1557～1560年的危机是一件国际事件,它影响了欧洲的大部分国家。㊁

1558年法国面临直接的问题是西班牙违约,但深层次的问题是没有建立一个透明的财务体系。例如,弗朗西斯一世大量兜售公职,牺牲未来的税收收入以换取眼前的支出,同时腐败盛行。由于中央对税收收入失去控制,因此法国发现自己经常违约,除表6-1所示的8次违约外还包括很多次小的违约。

由于中央政府在集中税收收入方面存在的困难,西班牙王位继承战争(1701～1714年)导致的债务大爆炸尤其削弱了法国。这些大规模的战争债务引发了一些历史上广为研究的、著名的金融危机,包括查尔斯·金德尔伯格关于泡沫、狂热和恐慌的经典著作中所记录的密西西比和南海泡沫。㊂

法国18世纪最后的违约发生于1770年和1788年。㊃1770年的违约发生于七年战争(1756～1763年)之后,在该战争中金融更发达的英国轻易地战胜了(战争需要更多的政府资源)金融欠发达的法国。

如后文所述,虽然法国在革命后发生了一次几乎有效消除所有债务(包括公

---

㊀ 见 Macdonald (2006)。
㊁ 见 Ibid。
㊂ 见 Kindleberger (1989)。
㊃ 见 Reinhart、Rogoff 和 Savastano (2003a)。

共债务和私人债务）的恶性通货膨胀，但是从技术角度讲，1788 年的违约是其最后一次违约。尽管如此，进一步分析法国的历史后就会发现，法国如何实现升级并避免发生新的直接违约。

## 资本流入和违约：欧洲的故事

图 6-1 是 17 世纪西班牙的情况，它体现了明显的资本流动周期。该图显示了违约通常如何尾随大量的资本流入（它们经常伴随着"这次不一样"想法的亢奋期蜂拥而至）而发生。

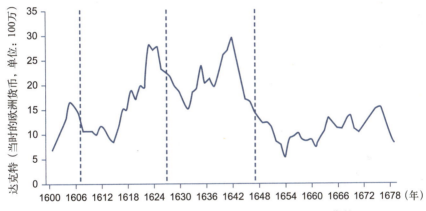

图 6-1　1601～1679 年西班牙的违约与对王室的贷款

注：1607 年、1627 年、1647 年的违约用垂线表示。
资料来源：Gelabert（1999a，1999b），欧洲国家金融数据库（Bonney n.d.）。

## 1800 年后的主权外债违约：全球视角

从 19 世纪开始，国际资本市场的发展和大量新独立国家的涌现共同导致了国际债务违约的激增。表 6-2 列示了 19 世纪非洲、欧洲与拉丁美洲的违约和重组事件年份。我们在第 4 章已经解释了为什么从理论的视角看，债务重组实际上是协议部分违约。这个问题在这里非常重要，以至于我们觉得很有必要对它展开进一步论述，尤其强调的是，为什么从实践的角度看债务重组也类似于直接违约。

表 6-2　19 世纪非洲、欧洲和拉丁美洲的外债违约和重组

| 国家，独立的时间① | 违约或重组的年份 | | | |
|---|---|---|---|---|
| | 1800 ~ 1824 | 1825 ~ 1849 | 1850 ~ 1874 | 1875 ~ 1899 |
| **非洲** | | | | |
| 埃及，1831 | | | | 1876 |
| 突尼斯 | | | 1867 | |
| **欧洲** | | | | |
| 奥匈帝国 | 1802，1805，1811，1816 | | 1868 | |
| 法国 | 1812 | | | |
| 德国 | | | | |
| 　黑森州 | 1814 | | | |
| 　普鲁士 | 1807，1813 | | | |
| 　石勒苏益格 - 荷尔斯泰因 | | | 1850 | |
| 　威斯特伐利亚 | 1812 | | | |
| 希腊，1829 | | 1826，1843 | 1860 | 1893 |
| 荷兰 | 1814 | | | |
| 葡萄牙 | | 1828，1837，1841，1845 | 1852 | 1890 |
| 俄国 | | 1839 | | 1885 |
| 西班牙 | 1809，1820 | 1831，1834 | 1851，1867，1872 | 1882 |
| 瑞典 | 1812 | | | |
| 土耳其 | | | | 1876 |
| **拉丁美洲** | | | | |
| 阿根廷，1816 | | 1827 | | 1890 |
| 玻利维亚，1825 | | | | 1875 |
| 巴西，1822 | | | | 1898 |
| 智利，1818 | | 1826 | | 1880 |
| 哥伦比亚，1819 | | 1826 | 1850，1873 | 1880 |
| 哥斯达黎加，1821 | | 1828 | 1874 | 1895 |
| 多米尼加共和国，1845 | | | 1872 | 1892，1897，1899 |

（续）

| 国家，独立的时间① | 违约或重组的年份 | | | |
| --- | --- | --- | --- | --- |
| | 1800～1824 | 1825～1849 | 1850～1874 | 1875～1899 |
| 厄瓜多尔，1830 | | 1826 | 1868 | 1894 |
| 萨尔瓦多，1821 | | 1828 | | 1898 |
| 危地马拉，1821 | | 1828 | | 1876，1894，1899 |
| 洪都拉斯，1821 | | 1828 | 1873 | |
| 墨西哥，1821 | | 1827，1833，1844 | 1866 | 1898 |
| 尼加拉瓜，1821 | | 1828 | | 1894 |
| 巴拉圭，1811 | | | 1874 | 1892 |
| 秘鲁，1821 | | 1826 | | 1876 |
| 乌拉圭，1811 | | | | 1876，1891 |
| 委内瑞拉，1830 | | 1826，1848 | 1860，1865 | 1892，1898 |

① 对于那些在19世纪独立的国家，我们标示其独立年份。

资料来源：标准普尔，Purcell 和 Kaufman（1993），Reinhart、Rogoff 和 Savastano（2003a）及其引用的数据。

实际操作者正确地把债务重组当作协议部分违约，主要是基于以下两个原因：首先是债务重组经常涉及利息减免（即使不发生本金减免）；其次，可能也更为重要的是，国际债务重组通常使投资者持有几十年都不能获偿的非流动性资产。这种非流动性对投资者来说是巨大的成本，并迫使他们以远低于市场价格的风险回报持有高风险资产。当然，持有违约主权债务时间足够长（有时甚至是几十年）的投资者，通常最终都获得了与投资同期金融中心国家（英国或后来的美国）所发行的无风险债券相近的收益。事实上，很多论文都精确地显示了这类比较。㊀

尽管这些投资收益的相似性很有趣，但是重要的是，要明确正确的基准是高风险低流动性资产而非低风险高流动性资产的回报。在2007年美国次级房地产抵押贷款危机之后，次级债券以一个相对于预期未来偿还价值很大的折扣出售并非偶然。投资者正确地认为，如果他们能从中变现并愿意承担低

---

㊀ 示例见 Mauro 等人文章（2006）。

流动性高风险头寸，就能够从其他任何地方获得更高的回报。他们无疑是正确的。投资于低流动性高风险资产正是风险投资和私募股权成功地（直至21世纪）取得巨额回报的原因，更不用说大学捐赠基金了。相反，以低于市场的协议利率进行的债务重组使债权人处于很高的风险中（如高于风险投资的风险）。因此，债务重组（协议部分违约）和直接违约（通常以部分偿还告终）的区别并不明显。

表6-2也列示了各国独立的年份。由于该时期大部分非洲和亚洲国家都为殖民地国家，欧洲和拉丁美洲走在财政挥霍与违约道路的前列。该时期非洲只有突尼斯（1867年）和埃及（1876年）两个国家发生了违约。奥地利（奥匈帝国）的违约虽然不像西班牙那样频繁，但是也惊人地违约了5次。到1829年才独立的希腊，在过去的时间里违约了4次。整个拉美地区的违约也非常猖獗，委内瑞拉违约了6次，而哥伦比亚、多米尼加共和国都违约了4次。

沿着表6-2各列往下看，我们获得了违约在地区和国际层面集聚发生的初步印象。注意，很多欧洲国家在拿破仑战争时期或战争之后发生违约，而很多拉美国家（包括其宗主国西班牙）也在19世纪20年代发生违约（关于拉美国家早期国际市场表现的摘要见专栏6-2），其中大部分违约都和拉美国家的独立战争有关。尽管从违约国家数量的角度看，后续没有一个危机集聚事件会如此明显，但是19世纪60年代末至70年代中期，以及19世纪80年代中期至90年代初都发生了显著的全球违约事件。随后我们会更全面地分析该类危机集聚事件。

### 专栏6-2　1822～1825年拉美国家在国际资本市场上的早期表现

1822～1825年拉美新独立（或新建）国家和地区的借款如表6-3所示。

表6-3　1822～1825年拉美新独立（或新建）国家和地区的借款

| 国家和地区 | 1822～1825年在伦敦发行的债券总量（英镑） |
| --- | --- |
| 阿根廷（布宜诺斯艾利斯） | 3 200 000 |
| 巴西 | 1 000 000 |

（续）

| 国家和地区 | 1822～1825年在伦敦发行的债券总量（英镑） |
|---|---|
| 中美洲 | 163 300 |
| 智利 | 1 000 000 |
| 大哥伦比亚（哥伦比亚、厄瓜多尔、委内瑞拉） | 6 750 000 |
| 墨西哥 | 6 400 000 |
| 秘鲁 | 1 816 000 |
| 波亚斯（Poyais） | 200 000 |

资料来源：Marichal（1989）以及本书作者。

拿破仑战争时期欧洲多变、混乱的金融市场在19世纪20年代初开始平静下来。在快速的王位更迭后，西班牙相继失去了中美洲和南美洲的殖民地，以及新世界著名的、容易到手的金矿和银矿。

由于持续不懈地追求高收益，伦敦的银行家和投资者都被白银狂热洗劫一空。欧洲对拉美投资机会的巨大需求与拉美国家新的领导人对国家建设资金的渴求，使得伦敦对拉美国家的主权贷款猛增。⊖

根据马里沙尔的统计，至1825年年中已有26家矿业公司在皇家交易所注册。任何对拉丁美洲的投资都像一个世纪之前的南海股票一样疯狂（它在1825年已经臭名昭著了）。在这种非理性繁荣中，1822～1825年拉美国家共筹集了2 000多万英镑的资金。

前往拉美旅行并以雇佣军身份为西蒙·玻利瓦尔（Simon Bolivar）的军队作战的"将军先生"格雷戈尔·麦克格雷格，抓住机会游说他在苏格兰的朋友，将储蓄投资于虚拟的国家波亚斯（Poyais）。根据他当时所描绘的投资前景，首都圣约瑟夫被吹嘘为拥有"宽广的林荫大道、柱廊挺立的建筑和壮观的圆顶教堂"。那些勇敢和精明得足以横跨大西洋并在博雅斯定居下来的人，就能建立开发原始森林的锯木厂和开发金矿。⊜伦敦的银行家也被这些财富前景所吸引，1822年麦

---

⊖ 拉美国家并非该时期仅有的借款国，希腊（仍在为独立而斗争）、葡萄牙和沙皇俄国都在伦敦发行了以英镑计价的债券。

⊜ 对这家看似虚构的企业以事实为基础的精彩解读，见David Sinclair 2004年的著作——《虚构的世界：格雷戈尔·麦克格雷格先生和史上最大胆的欺诈》。在250名横跨大西洋前往博雅斯（大概在今天洪都拉斯湾的伯利兹城）的定居者中，只有50名得以幸存。

克格雷格（波亚斯王子）在伦敦向公众发行了 160 000 英镑的债券，其 80 英镑的发行价格也远高于智利第一浮动债券。㊀6% 的利率水平和同期布宜诺斯艾利斯、中美洲、智利、哥伦比亚和秘鲁的债券相同。波亚斯可能面临着和真实主权国家相同的借款条件，后者在 1826～1828 年发生了外债违约，标志着拉丁美洲的第一次债务危机。

我们接下来分析 20 世纪的情况。表 6-4 列示了非洲和亚洲国家的违约，包括很多殖民地（半殖民地）国家。尽管尼日利亚拥有丰富的石油资源，但是它自 1960 年独立以来已经惊人地违约了 5 次，比同期其他任何国家都要多；印度尼西亚违约了 4 次；在 1903 年独立之初就发生了第一次违约的摩洛哥，在 20 世纪违约了 3 次。印度对自己躲过了 20 世纪 90 年代的亚洲金融危机颇为自豪（这部分归功于大量的资本控制和金融抑制）。事实上，自独立以来印度已经被迫对其外债进行了 3 次重组，尽管这发生在 1972 年之前。虽然中国目前未曾违约，但是它在 1921 年和 1939 年都发生过外债违约。

表 6-4　20 世纪至 2008 年非洲和亚洲国家的违约和重组

| 国家，独立的时间① | 发生违约或重组的年份 | | | |
| --- | --- | --- | --- | --- |
| | 1900～1924 | 1925～1949 | 1950～1974 | 1975～2008 |
| 非洲 | | | | |
| 阿尔及利亚，1962 | | | | 1991 |
| 安哥拉，1975 | | | | 1985 |
| 中非，1960 | | | | 1981，1983 |
| 科特迪瓦，1960 | | | | 1983，2000 |
| 埃及 | | | | 1984 |
| 肯尼亚，1963 | | | | 1994，2000 |
| 摩洛哥，1956 | 1903 | | | 1983，1986 |
| 尼日利亚，1960 | | | | 1982，1986，1992，2001，2004 |
| 南非，1910 | | | | 1985，1989，1993 |

㊀　在 1822～1825 年的贷款泡沫中，麦克格雷格还能通过各种渠道筹集另外的 40 000 英镑，使筹资总额达到 200 000 英镑，远远超过真实存在的中美洲国家联邦所筹集的 163 000 英镑。

(续)

| 国家，独立的时间① | 发生违约或重组的年份 | | | |
|---|---|---|---|---|
| | 1900～1924 | 1925～1949 | 1950～1974 | 1975～2008 |
| 赞比亚，1964 | | | | 1983 |
| 津巴布韦，1965 | | | 1965 | 2000 |
| **亚洲** | | | | |
| 中国 | 1921 | 1939 | | |
| 日本 | | 1942 | | |
| 印度，1947 | | | 1958，1969，1972 | |
| 印度尼西亚，1949 | | | 1966 | 1998，2000，2002 |
| 缅甸，1958 | | | | 2002 |
| 菲律宾，1947 | | | | 1983 |
| 斯里兰卡，1948 | | | | 1980，1982 |

①对于那些在20世纪独立的国家，我们标示出独立的年份。
资料来源：标准普尔，Purcell和Kaufman（1993），Reinhart、Rogoff和Savastano（2003a）及其中引用的数据。

因此，如表6-4所示，我们至少可以认定，拉美国家和低收入欧洲国家是20世纪仅有的违约国家这一观点是过于夸张的。

表6-6分析了欧洲和拉美国家的违约情况，该地区的国家（除了少数例外）在整个20世纪都是独立的。同样，如表6-4所示，我们看到国家违约往往集聚发生，包括全球大多数国家都发生违约的大萧条时期、20世纪80年代及90年代债务危机时期。在最近一次违约事件中，由于大规模的官方（尤其是国际货币基金组织和世界银行）干预，技术违约变得更少了。关于这些大规模的政府干预是否明智则是另一个话题，我们在此不加以讨论。在表6-5中，值得注意的是，土耳其5次违约，秘鲁6次违约，厄瓜多尔和巴西分别7次违约，其他国家也存在大量的违约。

表6-5 20世纪至2008年欧洲和拉丁美洲国家的违约和重组

| 国家，独立的时间① | 发生违约或重组的年份 | | | |
|---|---|---|---|---|
| | 1900～1924 | 1925～1949 | 1950～1974 | 1975～2008 |
| **欧洲** | | | | |
| 奥地利 | | 1938，1940 | | |

（续）

| 国家，独立的时间① | 发生违约或重组的年份 | | | |
|---|---|---|---|---|
| | 1900～1924 | 1925～1949 | 1950～1974 | 1975～2008 |
| 德国 | | 1932，1939 | | |
| 希腊 | | 1932 | | |
| 匈牙利，1918 | | 1932，1941 | | |
| 波兰，1918 | | 1936，1940 | | 1981 |
| 罗马尼亚 | | 1933 | | 1981，1986 |
| 俄国（苏联、俄罗斯）1918 | | | | 1991，1998 |
| 土耳其 | 1915 | 1931，1940 | | 1978，1982 |
| **拉丁美洲** | | | | |
| 阿根廷 | | | 1951，1956 | 1982，1989，2001 |
| 玻利维亚 | | 1931 | | 1980，1986，1989 |
| 巴西 | 1902，1914 | 1931，1937 | 1961，1964 | 1983 |
| 智利 | | 1931 | 1961，1963，1966，1972，1974 | 1983 |
| 哥伦比亚 | 1900 | 1932，1935 | | |
| 哥斯达黎加 | 1901 | 1932 | 1962 | 1981，1983，1984 |
| 多米尼加共和国 | | 1931 | | 1982，2005 |
| 厄瓜多尔 | 1906，1909，1914 | 1929 | | 1982，1999，2008 |
| 萨尔瓦多 | 1921 | 1932，1938 | | |
| 危地马拉 | | 1933 | | 1986，1989 |
| 洪都拉斯 | | | | 1981 |
| 墨西哥 | 1914 | 1928 | | 1982 |
| 尼加拉瓜 | 1911，1915 | 1932 | | 1979 |
| 巴拿马，1903 | | 1932 | | 1983，1987 |
| 巴拉圭 | 1920 | 1932 | | 1986，2003 |
| 秘鲁 | | 1931 | 1969 | 1976，1978，1980，1984 |
| 乌拉圭 | 1915 | 1933 | | 1983，1987，1990，2003 |
| 委内瑞拉 | | | | 1983，1990，1995，2004 |

注：同盟国对美国的第二次世界大战外债仅仅是通过共同协定来偿付，最显著的是英国的债券。从技术上讲，这种债务豁免也构成违约。

① 对于那些在20世纪独立的国家，我们标示出独立的年份。

资料来源：标准普尔、Purcell和Kaufman（1993），Reinhart、Rogoff和Savastano（2003a）及其引用的数据。

到目前为止我们仅仅关注违约的次数，但是这种度量有些随意。违约事件可能会连在一起，特别是如果债务重组的条件过于苛刻，将使债务国几乎不可避免地重新陷入违约。在这些表中我们尽力排除明显相连的违约事件，因此，如果在违约发生后的两年内发生了新的违约，我们就把这两次违约当成一次。但是，为了进一步了解各国的违约历史，随后我们将分析各国自独立以来违约的时间。

我们首先在表 6-6 中展示亚洲、非洲国家和地区的结果。对每一个国家，该表给出了违约和重组的总次数（使用前述度量），以及自 1800 年以来（如果独立时间晚于 1800 年，则自独立以来）该国处于违约或重组年份的比例（百分比）。值得注意的是，尽管亚洲发生了很多次违约，但是违约一般都得到了很快的解决。印度、印度尼西亚和菲律宾处于违约状态的时间超过独立时间的 10%（如果以人口为权重加权，这些国家无疑占该地区的大部分）。非洲国家的记录远差于亚洲，有几个国家近一半的时间都处于违约中。非洲国家的违约不如拉美等国家的违约那么显著，一个主要的原因是非洲国家的债务一般规模相对较小且系统性影响的严重程度较低。这些情况当然不会减轻违约给非洲居民带来的痛苦，国家通过突然强化财政和降低贷款供给（通常伴随着高利率和汇率贬值），使居民承担了相同的成本。

表 6-6　从独立至 2008 年非洲、亚洲国家和地区累计的违约和重组

| 国家和地区 | 自独立或 1800 年以来处于违约或重组年份的比例（%）[①] | 违约或重组的总次数 |
| --- | --- | --- |
| 非洲 | | |
| 阿尔及利亚 | 13.3 | 1 |
| 安哥拉 | 59.4 | 1 |
| 中非共和国 | 53.2 | 2 |
| 科特迪瓦 | 48.9 | 2 |
| 埃及 | 3.4 | 2 |
| 肯尼亚 | 13.6 | 2 |
| 毛里求斯 | 0.0 | 0 |
| 摩洛哥 | 15.7 | 4 |
| 尼日利亚 | 21.3 | 5 |

(续)

| 国家和地区 | 自独立或 1800 年以来处于违约或重组年份的比例（%）① | 违约或重组的总次数 |
| --- | --- | --- |
| 南非 | 5.2 | 3 |
| 突尼斯 | 5.3 | 1 |
| 赞比亚 | 27.9 | 1 |
| 津巴布韦 | 40.5 | 2 |
| **亚洲** | | |
| 中国大陆 | 13.0 | 2 |
| 中国香港 | 0.0 | 0 |
| 印度 | 11.7 | 3 |
| 印度尼西亚 | 15.5 | 4 |
| 日本 | 5.3 | 1 |
| 韩国 | 0.0 | 0 |
| 马来西亚 | 0.0 | 0 |
| 缅甸 | 8.5 | 1 |
| 菲律宾 | 16.4 | 1 |
| 新加坡 | 0.0 | 0 |
| 斯里兰卡 | 6.8 | 2 |
| 中国台湾 | 0.0 | 0 |
| 泰国 | 0.0 | 0 |

① 对于 1800 年之前独立的国家，计算期间为 1800～2008 年，中国香港和中国台湾作为地区来统计。

资料来源：作者的计算，标准普尔，Purcell 和 Kaufman（1993），Reinhart、Rogoff 和 Savastano（2003a）及其引用的数据。

表 6-7 给出了欧洲和拉美国家相同的统计值，如表所示，自 1800 年的违约以来，希腊有一半以上的时间都处于违约中。一些拉美国家处于违约状态的时间占比接近 40%，其中包括哥斯达黎加、多米尼加共和国、墨西哥、尼加拉瓜、秘鲁和委内瑞拉。

表 6-7　从独立至 2008 年欧洲、拉丁美洲、北美洲和大洋洲国家累计的违约和重组

| 国家 | 自独立或 1800 年以来处于违约或重组年份的比例（%）① | 违约或重组的总次数 |
| --- | --- | --- |
| **欧洲** | | |
| 奥地利 | 17.4 | 7 |

(续)

| 国家 | 自独立或 1800 年以来处于违约或重组年份的比例（%）① | 违约或重组的总次数 |
|---|---|---|
| 比利时 | 0.0 | 0 |
| 丹麦 | 0.0 | 0 |
| 芬兰 | 0.0 | 0 |
| 法国 | 0.0 | 8 |
| 德国 | 13.0 | 8 |
| 希腊 | 50.6 | 5 |
| 匈牙利 | 37.1 | 7 |
| 意大利 | 3.4 | 1 |
| 荷兰 | 6.3 | 1 |
| 挪威 | 0.0 | 0 |
| 波兰 | 32.6 | 3 |
| 葡萄牙 | 10.6 | 6 |
| 罗马尼亚 | 23.3 | 3 |
| 俄国（苏联、俄罗斯） | 39.1 | 5 |
| 西班牙 | 23.7 | 13 |
| 瑞典 | 0.0 | 0 |
| 土耳其 | 15.5 | 6 |
| 英国 | 0.0 | 0 |
| **拉丁美洲** | | |
| 阿根廷 | 32.5 | 7 |
| 玻利维亚 | 22.0 | 5 |
| 巴西 | 25.4 | 9 |
| 智利 | 27.5 | 9 |
| 哥伦比亚 | 36.2 | 7 |
| 哥斯达黎加 | 38.2 | 9 |
| 多米尼加共和国 | 29.0 | 7 |
| 厄瓜多尔 | 58.2 | 9 |
| 萨尔瓦多 | 26.3 | 5 |
| 危地马拉 | 34.4 | 7 |
| 洪都拉斯 | 64.0 | 3 |
| 墨西哥 | 44.6 | 8 |
| 尼加拉瓜 | 45.2 | 6 |
| 巴拿马 | 27.9 | 3 |

(续)

| 国家 | 自独立或 1800 年以来处于违约或重组年份的比例（%）① | 违约或重组的总次数 |
|---|---|---|
| 巴拉圭 | 23.0 | 6 |
| 秘鲁 | 40.3 | 8 |
| 乌拉圭 | 12.8 | 8 |
| 委内瑞拉 | 38.4 | 10 |
| **北美洲** | | |
| 加拿大 | 0.0 | 0 |
| 美国 | 0.0 | 0 |
| **大洋洲** | | |
| 澳大利亚 | 0.0 | 0 |
| 新西兰 | 0.0 | 0 |

①对于 1800 年之前独立的国家，计算期间为 1800～2008 年。
资料来源：作者的计算，标准普尔，Purcell 和 Kaufman（1993），Reinhart、Rogoff 和 Savastano（2003a）及其引用的数据。

尽管各国存在很大的差异，尤其在处于违约状态的时间方面（对比奥地利和希腊，连续违约的奥地利能相对较快地从违约中走出来，而希腊则在近一个世纪中一直处于违约状态），但是大部分欧洲国家都普遍地发生了违约。我们可以看到，虽然违约事件重复发生，但是它们并非连续。这种长时间间隔无疑反映了债务人和债权人在历次违约周期之后所做的调整。例如，现在某些新兴市场国家奉行保守的宏观经济政策。但是随着时间的推移，在一段长时期的平静之后，这种谨慎通常会让步于乐观。

总结表 6-6 和表 6-7 所列数据的一个方法是，对显示给定时间处于违约或重组状态的国家数量的时间表进行分析。我们已经在图 5-1 和图 5-2 中看到了分别以国家总数和全球收入占比为权重的时间表。相对于仅仅标示第一次违约的债务表，这些图以一种更明显的方式阐明了违约的集聚发生。

在随后的第 16 章，我们将更深入更全面地分析全球金融危机的真实构成。

| 第三部分 |

# 被遗忘的国内债务与违约史

对于大多数国家而言,搜集其国内债务数据更像是从事考古工作,即便对于 20 年前的数据也是如此。

| 第 7 章 |

# 国内债务和违约的程式化事实

国内债务占各国债务总量的很大一部分。对64个存在长期时间序列数据的样本国家，国内债务平均占公共债务总量的2/3。而且除了第二次世界大战后的金融抑制时期，大部分样本国家的债务通常都是以市场利率付息。

## 国内债务和外债

在第一部分，我们已经分析了66个样本国家国内债务长期数据集的奇异特征。事实上，直到21世纪一些学者才开始构建当代国内债务数据。[⊖]

图7-1显示了1900～2007年国内债务在公共债务总量中的占比。该比例介于40%～80%（各国的数据见数据附录A.2）。图7-2和图7-3分地区显示了这些信息。虽然这些图中的数据只是各国数据的简单平均，但是它们很好地代表了样本中很多新兴市场国家（包括一些当时仍处于新兴市场阶段的

---

⊖ Reinhart、Rogoff 和 Savastano（2003a）基于各国1990～2002年的数据构建了一个覆盖部分发展中国家和新兴市场国家的数据集。最近，Jeanne 和 Guscina（2006）提供了1980～2005年19个重要新兴市场国家国内债务的详细数据。Cowan、Levy-Yeyati、Panizza 和 Sturzenegger（2006）提供了1980（或1990）～2004年所有西半球国家的数据。莱因哈特和罗格夫（2008a）描述了一个包含外债等更广泛相关变量的配套数据集。

发达国家，如奥地利、希腊、西班牙）。⊖ 如图所示，我们的数据集包括各大洲具有重要代表性的国家，而不像大多数外债文献那样仅仅包含一些拉美和欧洲国家。

图 7-1　1900～2007 年所有国家国内公共债务在债务总量中的占比

资料来源：国家联盟、联合国，以及数据附录 A.2 中所列的其他资料来源。

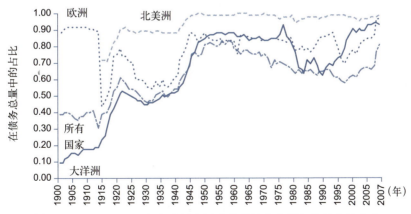

图 7-2　1900～2007 年发达国家国内公共债务在债务总量中的占比

资料来源：国家联盟、联合国，以及数据附录 A.2 中所列的其他资料来源。

---

⊖ 国内公共债务在一些拉美国家一直占比不大（乌拉圭在这方面尤为突出），同时公共债务市场在非洲金融共同体（CFA）国家几乎不存在（它们最初都是法国在非洲的殖民地）。

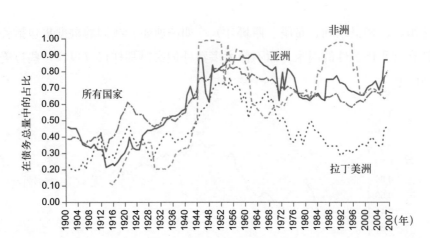

图 7-3 1900～2007 年新兴市场国家国内公共债务在债务总量中的占比
资料来源：国家联盟、联合国，以及数据附录 A.2 中所列的其他资料来源。

当然各地区的情况也不一样。对发达国家而言，国内债务占了公共部门负债的大部分。相反，在一些新兴市场国家，特别是在 20 世纪八九十年代，国内债务市场受到政府通货膨胀倾向（经常导致恶性通货膨胀）的严重摧残。例如，1989～1990 年恶性通货膨胀之后的几年里，秘鲁的国内债务只占公共债务总量的 10%～20%。但是情况并非一直如此。国家联盟自第一次世界大战结束以来的早期数据表明，当时秘鲁的国内债务约占公共部门债务总量的 2/3，很多其他拉美国家也是如此。事实上，在 20 世纪 50 年代该占比甚至更高，因为那时的世界金融中心并未发放大量的对外贷款。

## 期限、回报率和货币构成

除了显示国内公共债务占债务总量的很大一部分之外，这些数据也消除了新兴市场国家和发达国家直到最近才能够获得长期贷款的看法。如图 7-4 所示，至少在 1914～1959 年，大多数样本国家的长期债务占债务总量的很大一部分。对于该子样本期，国家联盟和联合国的数据库都提供了大量详细的关于债务期限结构的信息。可能令很多读者（包括我们）感到惊讶的是，对短期债务的偏爱是 21 世纪才有的现象，它明显是 20 世纪七八十年代"通货膨胀疲劳"的产物。

图 7-4　1914～1959 年所有国家及拉美国家长期债务占国内债务的比重
资料来源：国家联盟、联合国，以及数据附录 A.2 中所列的其他资料来源。

同样不新奇的是，很多新兴市场国家在 2007 年金融危机爆发的 10 年前就开始为其国内债务支付市场化的利率。当然，在第二次世界大战后时期，除了直接信贷控制和规定养老金、商业银行投资组合持有政府债务的最低要求等工具外，很多政府还通过低存款利率上限和高银行储备要求来抑制国内金融市场。但是事实上，20 世纪前半叶的利率数据显示金融抑制既非如此强烈，也非如此普遍。正如表 7-1 中 1928～1946 年的数据（该期间数据记录最为完整）所示，国内债务和外债的发行利率相对一致，这支持了国内公共债务利率水平由市场决定（或至少在很大程度上反映了市场的力量）这一观点。

表 7-1　1928～1946 年国内债务和外债的利率

| 国家 | 利率范围（%） | |
| --- | --- | --- |
| | 国内债务发行 | 外债发行 |
| 阿根廷 | 3～6 | 3½～4½ |
| 澳大利亚 | 2～4 | 3.375～5 |
| 奥地利 | 4½～6 | 5 |
| 比利时 | 3½～5 | 3～7 |
| 玻利维亚 | 1/4～8 | 6～8 |

（续）

| 国家 | 利率范围（%） | |
|---|---|---|
| | 国内债务发行 | 外债发行 |
| 巴西 | 4～7 | 4～7 |
| 保加利亚 | 4～6½ | 7～7½ |
| 加拿大 | 1～5½ | 1¼～5½ |
| 智利 | 1～8 | 4½～7 |
| 哥伦比亚 | 3～10 | 3～6 |
| 哥斯达黎加 | 6 | 5～7½ |
| 丹麦 | 2½～5 | 4½～6 |
| 厄瓜多尔 | 3 | 4～8 |
| 埃及 | 2½～4½ | 3½～4 |
| 芬兰 | 4～5½ | 2½～7 |
| 德国 | 3½～7 | 5½～6 |
| 希腊 | 3～9 | 3～10 |
| 匈牙利 | 3½～5 | 3～7½ |
| 印度 | 3～5½ | 3～5½ |
| 意大利 | 3½～5 | 没有外债 |
| 日本 | 3½～5 | 4～6½ |
| 荷兰 | 2½～6 | 没有外债 |
| 新西兰 | 2½～4 | 2½～5 |
| 尼加拉瓜 | 5 | 4～5 |
| 波兰 | 3～7 | 3～7 |
| 葡萄牙 | 2.1～7 | 3～4 |
| 罗马尼亚 | 3½～5 | 4～7 |
| 南非 | 3½～6 | 3½～6 |
| 西班牙 | 3½～6 | 3～4 |
| 瑞典 | 2½～4½ | 没有外债 |
| 泰国 | 2½～4½ | 4½～7 |
| 土耳其 | 2½～5½ | 6½～7½ |
| 英国 | 1½～4 | 没有可交易的外债 |
| 美国 | 1½～2½ | 没有外债 |
| 乌拉圭 | 5～7 | 3½～6 |
| 委内瑞拉 | 3 | 3 |

注：国内债务发行利率使用的是长期债务利率，因为这使它方便与外债发行利率进行比较，后者拥有类似的期限特征。更高的利率是最有代表性的。

资料来源：联合国（1948）。

最后一个问题与通货膨胀或外币指数化的程度相关。很多观察家把20世纪90年代初墨西哥发行的与美元挂钩的国内债务（所谓的特索）当作一项重大的创新。他们认为这次真的不一样。现在我们知道这种情况并不特殊：19世纪末阿根廷发行了以英镑计价的国内政府债券，而且在20世纪60年代泰国发行了与美元挂钩的国内债务。⊖（见专栏7-1的案例研究。）

## 专栏 7-1　与外币挂钩的国内债务：泰国特索？

我们的国内债务时间序列数据覆盖了66个样本国家，数据开始时间为1914年（而且一些国家的开始时间更早）。在这个漫长的时期内，国内债务几乎全部（特别是在20世纪90年代以前）都是以本币计值，并主要由国内居民（通常是银行）持有。但是，也存在一些著名的例外情况，它们使得国内债务和外债的界限变得模糊。以下是一些例子。

### 墨西哥与美元挂钩的国内债务：臭名昭著的特索

作为通货膨胀稳定计划的一部分，墨西哥比索在20世纪80年代末通过官方事先公布的汇率与美元挂钩。事实上，它盯住的是美元。1994年年初在总统候选人路易斯·唐纳多·科洛西奥（Luis Donaldo Colosio）被暗杀后，比索就处于投机攻击的压力下。为了最大限度地使大量持有墨西哥国库券的美国投资者相信政府会稳定比索的币值，墨西哥政府开始通过特索使大量的短期国内债务与美元挂钩（特索是一种以比索支付但与美元挂钩的短期债务工具）。至1994年12月，当新一轮的比索投机开始时，几乎所有的国内债务都是以美元计值。在1994年年底前，比索开始自由浮动；它很快就崩盘了，并于1995年年初引发了严重的货币和银行孪生危机。要不是美国政府和国际货币基金组织推出破纪录的援救计划，墨西哥必将对其外债违约。因为墨西哥中央银行的美元储备几近枯竭，已经不足以支付到期债券了。

由于特索与美元挂钩并主要由非居民持有，大多数观察家认为这是1982年

---

⊖ 当然，在两次世界大战期间的最初几年，很多国家将其货币盯住黄金。

8月的重演,那时墨西哥政府对美国商业银行持有的外债违约。但是1995年的一个重要变化是,如果发生违约诉讼,它将受墨西哥法律管辖。该事件提高了国际上对严重依赖各类外币债务所导致的脆弱性的警惕。但是墨西哥的教训并不能阻止巴西在其动荡的雷亚尔退出计划之前发行大量的与美元挂钩的债务。令人惊讶的是,墨西哥更早期的危机并没有引起人们对债务可持续性分析(这种分析仅仅考虑外债)有效性或实用性的关注。国内政府债务又继续被多边机构和金融业忽略了近十年。

### 19世纪末和20世纪初阿根廷以英镑计价的"内部"债券

就我们所知,现代与外币挂钩并由非居民广泛持有的国内债务在新兴市场国家中最早出现于1872年的阿根廷。㊀在19世纪20年代第一笔贷款违约后,直到19世纪60年代末阿根廷通常都游离于国际资本市场之外。阿根廷在伦敦市场上发行了大量的外债,并于1888年、1907年和1909年至少发行了三次国内债务(当时称为内部债务),尽管其间有一些中断,如1890年著名的巴林危机。外债和内部债务都以英镑计值。大约一个世纪后,当阿根廷与长期的高通货膨胀做斗争并以失败告终时,其国内债务(包括银行部门)几乎完全被美元化。㊁

### 20世纪60年代泰国"奇怪的"美元挂钩债务

泰国并不是一个被高通货膨胀历史困扰的国家。虽然在1950年和1954年发生了两次大规模的货币贬值,并且都有适度的通货膨胀影响,但是20世纪50年代末和60年代初的情况很难被认为产生了通货膨胀对冲的需要,如债务指数化或以外币为合同计值。但是出于至今仍然未知的原因,泰国政府在1961~1968年发行了与美元挂钩的国内债务。在这一时期,其国内债务占政府债务总量的80%~90%。然而只有10%的国内债务存量与美元挂钩,因此,在任何时候泰国的情况都不是一次重要的债务美元化。我们没有获得美元挂钩国内债务

---

㊀ 同时应该注意的是,在过去的10~15年前,大多数国家的外债主要都是公共债务。私人国外借款在过去20年中才变得很重要,见Prasad等人(2003)。Arellano和Kocherlakota(2008)构建了一个关于私人债务和政府外债违约关系的模型。

㊁ 关于高通货膨胀后果和影响的讨论见第12章。

主要持有者的信息，可能这些信息能给我们提供为什么它被优先考虑的相关线索。

总结我们对国内债务的理解就是，在大多数国家（尤其是新兴市场国家）的大部分历史时期，国内债务一直是债务总量中很大且非常重要的一部分。这些债务的期限结构和利息支付，并没有提供任何理由支持在外债可持续性或通货膨胀稳定性分析时忽略国内债务的通行做法。

需要承认的是，我们的数据集也存在一些重要缺陷。首先，数据通常只覆盖中央政府债券。当然，最好是能够获得政府总债务的长期时间序列数据，包括中央政府债务、地方政府债务以及对准公共机构的担保债务。此外，为了冲销对外汇市场的干预，全球很多中央银行通常都单独发行债券。㊀加入这些数据无疑只会加强人们对国内公共债务重要性的认识。

我们现在开始介绍该数据一些潜在的重要应用。

## 国内债务违约事件

理论模型包含大量关于国内公共债务的假设。绝大部分模型都简单地假设债务通常能够得到偿还，它们包括因李嘉图等价而导致的赤字政策无效模型（从根本上讲，李嘉图等价是指当政府通过发行债券来降低税收时，公众会意识到需要增加储蓄以备后续的税收，因而不会消费任何由减税带来的收入）。㊁假定债务总能得到偿还的模型包括那些国内债务通过政府的预算约束而成为决定价格水平的关键输入的模型及迭代模型。㊂有少量文献旨在帮助我们理解政府偿还国内债务的缘由。㊃但是，这些文献的一般假设是，尽管政府

---

㊀ 关于这些"危险的"操作的介绍见 Calvo（1991）。
㊁ 见 Barro（1974）。
㊂ 前者见 Woodford（1995），后者见 Diamond（1965）。
㊃ 例如，Tabellini（2000）或 Kotlikoff 等人（1988）。

可能通过通货膨胀来稀释债务，但是对国内公共债务的直接违约却非常少见。该假设与外部公共债务的文献完全相反，在后者中政府的违约动机是研究的焦点之一。

事实上，根据我们对历史数据的研究，虽然对国内公共债务法律上公然的违约要少于外债违约，但是并非不存在。我们的数据集包括自1800年以来70多次公然的国内债务违约（相应的外债违约为250次）。[一]这些法律上的违约通过各种混杂的机制发生，包括强迫转换至低票面利率、单边削减本金（有时与货币转换一起发生），以及暂停偿还等。表7-2～表7-4列示了这些违约事件。图7-5汇总了这些数据，并显示了每年处于国内债务违约的国家比例。

表 7-2　1740～1921 年一些国内债务违约或重组事件

| 国家 | 日期 | 评论 |
| --- | --- | --- |
| 阿根廷 | 1890 年 | 这次违约也影响到一些内部债券。虽然这些债券不在伦敦发行，但是它们以英镑计价并被销往国外。它们是 20 世纪 90 年代墨西哥特索的先驱 |
| 中国 | 1921 年 3 月 | 一个国内公债整理计划用于处理自 1919 年以来的大量政府债券的欠款 |
| 丹麦 | 1813 年 1 月 | 在危机中，外债被偿还，但国内债务被削减了 39% |
| 墨西哥 | 1850 年 11 月 30 日 | 在 1850 年 10 月对外债进行重组后，占债务总量 60% 的国内债务被削减了约一半 |
| 秘鲁 | 1850 年 | 殖民地国内债务没有被取消，但是债务价格发生崩盘，最终这些债务被重组 |
| 苏联 | 1917 年 12 月～1918 年 10 月 | 债务被拒付，在所有外汇被充公后，各类黄金也被充公 |
| 英国 | 1749 年、1822 年、1834 年，1888～1889 年 | 发生了几次高息至低息债券的债务转换，在这些情况下，票息的下降幅度大部分为 0.5%～1% |
| 美国 | 1790 年 1 月 | 名义上利率维持在 6%，但是一部分利息延迟 10 年支付 |

㊀ 包括一些最近的国内债务违约，事实上该样本可以扩展至 70 多次国内债务违约。

（续）

| 国　家 | 日　期 | 评　论 |
|---|---|---|
| 美国（9个州） | 1841～1842年 | 3个州拒付其债务 |
| 美国（州和很多地方政府） | 1873～1883年或1884年 | 至1873年，10个州发生违约。以西弗吉尼亚为例，至1919年才完成清算 |

资料来源：本表的编制用到很多资料来源，都列示于参考文献中。

### 表7-3　20世纪20年代末至50年代一些国内债务违约或重组事件

| 国　家 | 日　期 | 评　论 |
|---|---|---|
| 玻利维亚 | 1927年 | 利息拖欠至少持续至1940年 |
| 加拿大（亚伯达省） | 1935年4月 | 这是唯一发生违约的省，而且违约持续了近10年 |
| 中国 | 1932年 | 在第一期"国内公债整理计划"中，国内债务的月偿还额被减半。利率从超过9%减至6%，而且偿还期限延长了近一倍 |
| 希腊 | 1932年 | 从1932年开始，国内债务的利率降低了75%；国内债务占债务总量的近1/4 |
| 墨西哥 | 20世纪30年代 | 1928年停止外债偿付。在20世纪30年代，利息支出包括"拖欠费用和民政、军事抚恤金"① |
| 秘鲁 | 1931年 | 在5月29日停止外债偿付后，秘鲁对国内债务支付了部分利息 |
| 罗马尼亚 | 1933年2月 | 除了3项贷款之外，国内债务和外债被中止偿还 |
| 西班牙 | 1936年10月～1939年4月 | 外债利息支付被中止；国内债务欠款被累加 |
| 美国 | 1933年 | 黄金条款被废止。实质上，美国拒绝按照1903年条约的规定以黄金向巴拿马支付年金。这场纷争在1936年得到解决，美国向巴拿马支付约定数量的巴波亚金币 |
| 英国② | 1932年 | 自第一次世界大战以来的大部分未偿债务被统一转换成利率为3.5%的永续年金 |
| 乌拉圭 | 1932年11月1日～1937年2月 | 在1月20日中止外债偿还后，国内债务的偿还也被中止了 |
| 奥地利 | 1945年12月 | 重新恢复先令，但每人仅限兑换150先令，其余被置于一个冻结账户。1947年12月，大量之前被冻结的先令作废，变得毫无价值，55%的存款被临时冻结 |
| 德国 | 1948年6月20日 | 货币改革使得每人仅限兑换40马克，同时伴随着部分取消和冻结所有账户 |

（续）

| 国家 | 日期 | 评论 |
|---|---|---|
| 日本 | 1946年3月2日～1952年 | 在通货膨胀后，银行券与新币按1：1兑换，每人仅限100日元。其余被存放于冻结的账户中 |
| 苏联 | 1947年 | 货币改革使得私人持有的货币减值90% |
| | 1957年4月10日 | 当时近2 530亿卢布的国内债务被拒付 |

① 国家联盟的统计摘要（各期）。
② 对美国的第二次世界大战债务只是通过双边协定进行了部分偿还。从技术角度讲，这种债务豁免也构成一次违约。
资料来源：本表的编制用到了很多资料来源，都列示于参考文献中。

表7-4 1970～2008年一些国内债务违约或重组

| 国家 | 日期 | 评论 |
|---|---|---|
| **非洲** | | |
| 安哥拉 | 1976年，1992～2002年 | |
| 喀麦隆 | 2004年 | |
| 刚果（金） | 1979年 | |
| 加蓬 | 1999～2005年 | |
| 加纳 | 1979年，1982年 | 该国对中央银行券违约（通过转换为新币的形式） |
| 利比里亚 | 1989～2006年 | |
| 马达加斯加 | 2002年 | |
| 莫桑比克 | 1980年 | |
| 卢旺达 | 1995年 | 没有外债违约 |
| 塞拉利昂 | 1997～1998年 | |
| 苏丹 | 1991年 | |
| 津巴布韦 | 2006年 | 超过98.5%的国内债务期限小于1年，它们都被重组了 |
| **亚洲** | | |
| 蒙古 | 1997～2000年 | |
| 缅甸 | 1984年，1987年 | |
| 斯里兰卡 | 1996年 | 没有外债违约 |
| 所罗门群岛 | 1995～2004年 | |
| 越南 | 1975年 | |
| **欧洲和中东** | | |
| 克罗地亚 | 1993～1996年 | |

（续）

| 国家 | 日期 | 评论 |
|---|---|---|
| 科威特 | 1990～1991年 | |
| 俄罗斯 | 1998～1999年 | 这是自1990年巴西违约以来最大的本币债务违约（390亿美元） |
| 乌克兰 | 1998～2000年 | 债券的期限被单方面延长 |
| **西半球** | | |
| 安提瓜和巴布达 | 1998～2005年 | |
| 阿根廷 | 1982年，1989～1990年，2002～2005年 | 以美元计值的债务被强制转换成比索债务 |
| 玻利维亚 | 1982年 | 美元存款被强制转换成本币存款。1985年资本控制被取消时，外币存款作为稳定计划的一部分重新获准 |
| 巴西 | 1986～1987年，1990年 | 废除原始合约中的通货膨胀指数化条款。1990年发生了最大的违约（620亿美元） |
| 多米尼克 | 2003～2005年 | |
| 多米尼加共和国 | 1975～2001年 | |
| 厄瓜多尔 | 1999年 | |
| 萨尔瓦多 | 1981～1996年 | 这是拉美唯一未伴随外债违约的国内债务违约案例 |
| 格林纳达 | 2004～2005年 | |
| 墨西哥 | 1982年 | 美元存款被强制转换成比索存款 |
| 巴拿马 | 1988～1989年 | 国内供应者的信贷、工资、民政以及军事抚恤金都发生拖欠 |
| 秘鲁 | 1985年 | 美元存款被强制转换成本币存款。1988年外币存款又重新获准 |
| 苏里南 | 2001～2002年 | |
| 委内瑞拉 | 1995～1997年，1998年 | |

资料来源：本表的编制用到很多资料来源。所有来源都列示在参考文献中。

我们对国内债务违约的统计肯定会出现低估，因为国内债务违约远比国际债务违约更难以观测。即便是20世纪30年代大萧条时期发达国家和新兴市场国家广泛的国内债务违约，也没有得到很好地记录。一个最近的例子是阿根廷。1980～2001年，阿根廷共发生了三次国内债务违约。其中与外债违约同时发生的两次（1982年和2001年）受到国际社会的大量关注。但是，由于1989年大规模的国内债务违约没有伴随发生新的外债违约，因而在阿根廷之外很少有人知道。

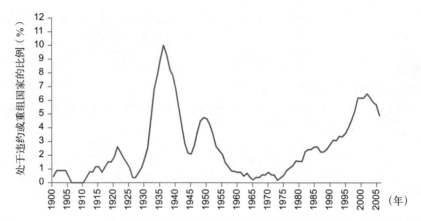

图 7-5　1900～2005年处于国内债务主权违约或重组国家的比例（5年移动平均）

注：非加权加总。

资料来源：国家联盟，Reinhart, Rogoff 和 Savastano（2003a），标准普尔及作者的计算。

## 国内债务的一些说明

当政府可以通过通货膨胀轻易地解决问题时，为什么还要拒绝全额偿还国内公共债务呢？答案无疑是通货膨胀引起了扭曲，对于银行体系和金融部门尤其如此。在一些情况下，尽管存在通货膨胀的选择，但是两害相权取其轻，政府仍然会选择成本更小的债务拒付。当债务期限相对较短或者债务被指数化时，通货膨胀的潜在成本尤其大，政府为了显著降低实际债务偿付水平就不得不采取更为激进的通货膨胀策略。在其他情况下，如美国大萧条时期，违约（通过1933年废止黄金条款）是通过扩张的财政政策和货币政策来使经济再度膨胀的前提条件。

当然，除了通货膨胀之外还存在其他形式的实际违约。金融抑制的增强和通货膨胀的上升一起共同构成20世纪60年代至80年代初一种普遍的违约形式。布洛克指出，通货膨胀和储备要求是正相关的，在非洲和拉丁美洲国家尤其如此。[一]利率水平上限和加速通货膨胀的组合也非常普遍。例如，在1972～1976年印度外债重组时期，1973年和1974年银行间的利率水平分别为6.6%和13.5%，而通货膨胀分别激增至21.2%和26.6%。这些通过金融抑制发生的实际的违约事件并未纳入我们法律上的信用事件。它们仅仅在通货膨胀超过20%的通货膨胀危机临界点后才会得到考虑。[二]

明显地，很多理论模型中隐含的关于政府通常会偿还债务的名义面值的假设言过其实，对于过去和现在的新兴市场国家而言尤其如此。但是我们也要警惕另一个极端的结论，即认为政府能够忽视强大的国内利益相关者并对国内债务随心所欲地违约（法律上或实际的）。接下来我们将分析大量的国内债务对外债违约及通货膨胀的一些影响。

---

[一] 见 Brock（1989）。在布洛克从1960年至20世纪80年代初的样本中，发展中国家的平均储备要求约为0.25，比发达国家的3倍还多。

[二] 2007年阿根廷政府对其通货膨胀指数化债务的处理显示了另一种微妙的违约。大多数公正的观察家都认同这一点，即由于阿根廷政府的操纵，该时期的官方通货膨胀率大大低估了实际通货膨胀率。从任何角度看这种低估都代表了对指数化债务的部分违约，而且它影响到大量的债券持有人。至今阿根廷国内债务事实上的违约仍未受到外部媒体和评级机构的广泛关注。

| 第 8 章 |

# 国内债务：
# 解释外债违约和严重通货膨胀缺失的一环

认识到国内债务的重要性，为揭开为什么很多国家在看似很低的债务阈值上对其外债违约（或重组）这一谜底迈出了一大步。事实上，如果我们把之前所忽略的国内债务考虑进来，违约时的财政压力通常非常严重。

本章也表明，国内债务可以解释如下悖论，即为什么一些政府会选择远高于任何可以由铸币税收入（产生于基础货币）解释的通货膨胀率。（宽泛地讲，如果政府滥用其货币垄断权胡乱地印发货币，它最终将降低货币需求，使得从货币创造中获得的实际收入低于更低通货膨胀情况下的收入）。尽管在大量关于严重和恶性通货膨胀的实证文献中，国内债务很大程度地都被忽略了，但是我们发现在很多情况下，隐性的国内公共债务至少和基础货币（通货加私人银行在中央银行的存款）一样多，有时甚至是该数量的很多倍。

## 解开债务不耐之谜

我们首先将回顾关于外债违约及其对债务可持续性分析和债务违约阈值的影响的传统观点。事实上，从我们数据库中的250次外债违约事件可以明显看出，在大部分外债违约事件中，国内债务的规模都非常大。表8-1显示，在19世纪和20世纪大多数著名的违约之前，外债及债务总量（包括国内债务和外债）与政府收入的比率。我们之所以用政府收入来标准化债务，是因为与19世纪的违约事件相对应的名义GDP数据不存在或不完整（对很多国家而言，标准的数据源中并没有任何接近19世纪GDP的连续时间序列数据）。[1]虽然出口作为衡量一国偿还外债能力的主要基准是可行的，但是一旦债务可持续性分析考虑国内债务时，它的重要性可能就不如政府收入。

表8-1 一些违约事件发生时的债务比率

| 国家 | 违约年份 | 外债与收入之比 | 债务总量与收入之比 |
| --- | --- | --- | --- |
| 墨西哥 | 1827 | 1.55 | 4.20 |
| 西班牙 | 1877 | 4.95 | 15.83 |
| 阿根廷 | 1890 | 4.42 | 12.46 |
| 德国 | 1932 | 0.64 | 2.43 |
| 中国 | 1939 | 3.10 | 8.96 |
| 土耳其 | 1978 | 1.38 | 2.69 |
| 墨西哥 | 1982 | 3.25 | 5.06 |
| 巴西 | 1983 | 0.83 | 1.98 |
| 菲律宾 | 1983 | 0.23 | 1.25 |
| 南非 | 1985 | 0.09 | 1.32 |
| 俄罗斯 | 1998 | 3.90 | 4.95 |
| 巴基斯坦 | 1998 | 3.32 | 6.28 |
| 阿根廷 | 2001 | 1.59 | 2.62 |

资料来源：见数据附录A.1和数据附录A.2。

为了更广泛地分析我们的样本，图8-1显示了1827～2003年89次外债违约事件中外债、债务总量和政府收入的比率。我们看到在除拉丁美洲之外的所有地区中，外债违约发生时外债通常不及债务总量的一半；拉丁美洲的平均比率相对高一些，但也只有60%。

---

[1] Maddison（2004）是最好的标准数据源之一。

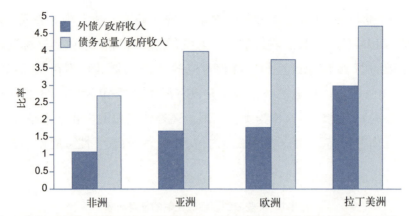

图 8-1  1827～2003 年 89 次外债违约事件中公共债务与政府收入的比率
资料来源：国家联盟，Mitchell（2003a，2003b），联合国，数据附录 A.1 和数据附录 A.2 中列示的其他资料来源。

因此，新发现的国内债务数据至少能够部分地回答整个国际债务研究文献中的一个基本问题：为什么新兴市场国家的政府往往在如此低的偿债水平和债务水平上违约？⊖例如在第 2 章，我们讨论了连续违约国家往往在债务与 GDP 比率低于《欧洲马斯特里赫特条约》所设定的 60% 上限时发生违约的现象。⊜事实上，如果把国内公共债务考虑进来，大部分异常现象将消失。

对于所有存在完整数据的外债违约事件，图 8-2 和图 8-3 通过显示外债及债务总量对 GDP 比率的频率分布（简单的和累积的），给我们提供了一个不同的分析视角。如图 8-2 和图 8-3 所示，在外债违约发生时，外债与政府收入的比率相对于债务总量与政府收入的比率而言更集中于较小的平均值，两者分别为 2.38 和 4.21。这种数量顺序的差异在单次危机中也保持着一致性（如表 8-1 在分析一些著名的危机时所示）。跨地区和跨时期也保持着一致性。

很明显，如果国内债务微不足道，违约时债务总量与政府收入比率的频率分布应该和外债与政府收入比率的频率分布重叠，即在危机发生前我们将

---

⊖ 示例参见 Bulow 和 Rogoff（1988b）；Reinhart、Rogoff 和 Savastano（2003a）。
⊜ 见 Reinhart、Rogoff 和 Savastano（2003a）。

看到国内债务只占债务总量的很小一部分。但是事实并非如此,标准的检验全部拒绝了这个假设。㊀

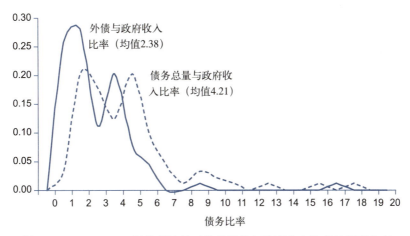

图 8-2  1827～2003 年外债违约时公共债务与政府收入比率的频率分布

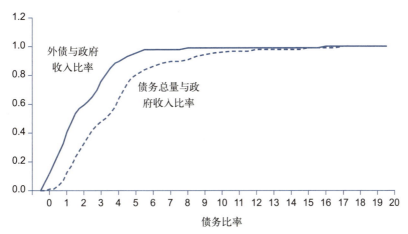

图 8-3  1827～2003 年外债违约时公共债务与政府收入比率的累积频率分布

注:在 1% 的显著性水平时 Kolmogorov-Smirnov 检验值为 31.46。

资料来源:国家联盟,Mitchell(2003a,2003b),联合国,数据附录 A.1 和数据附录 A.2 中列示的其他资料来源,以及作者的计算。

---

㊀ 例如,Kolmogorov-Smirnov 检验在 1% 的置信水平上拒绝了两个频率分布相同的假设。

## 外债违约发生前后的国内债务

国内债务在外债违约发生前后并非静止不变。事实上，外债违约危机发生前，国内债务的累积经常表现出与国外贷款相同的疯狂增加的模式。这种模式如图 8-4 所示，它显示了样本中所有外债违约事件在违约发生前和发生时 5 年时间里的债务积累。

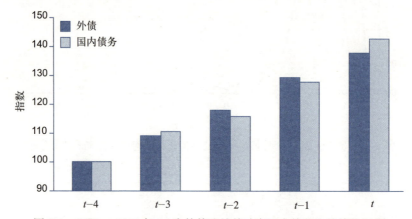

图 8-4　1827～2003 年 89 次外债违约前政府国内债务和外债的积累

注：违约发生的年份用 $t$ 表示，实际指数在危机发生的 4 年前设为 100。
资料来源：国家联盟、联合国，数据附录 A.1 和数据附录 A.2 中列示的其他资料来源。

国内债务和外债的共同变动可能是之前研究人员所分析的财政政策顺周期行为的产物。㊀正如我们一直反复强调的，新兴市场国家的政府往往把有利的冲击当作永久性的变化，由此引发了无节制的政府支出和借贷，最终都以悲剧收场。㊁图 8-4 并没有标示违约发生后的情况。如果标示，我们可以看到在国际资本市场关闭后危机国的国内公共债务将持续增加。

对为什么外债违约发生后国内债务通常会持续累加，旧中国提供了一个

---

㊀ 关于亲周期宏观经济政策的经验证据见 Gavin 和 Perotti（1997），Kaminsky、Reinhart 和 Végh（2004）。关于用新兴市场国家较高的永久性与临时性冲击比率来解释经常账户亲周期行为的模型见 Aguiar 和 Gopinath（2007）。

㊁ 当然，今天的发达国家在其早期阶段（当它们也发生连续违约，同时也推行高度亲周期的财政政策时）也面临着相同的问题。

有益的例子（见图 8-5）。在 1921 年和 1939 年两次重大的外债违约之前，旧中国政府几乎完全依赖于外债。但是随着外国贷款来源的枯竭，仍然面临融资需求的政府不得不依赖于国内借款，尽管当时中国国内的金融市场很不发达。因此，旧中国国内公共债务在这两次外债违约后都出现爆发式增长并不奇怪。至 20 世纪 40 年代中期，旧中国政府几乎完全依赖于国内债务。

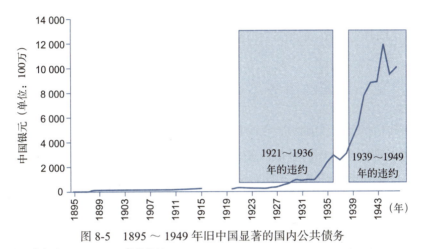

图 8-5　1895～1949 年旧中国显著的国内公共债务

注：缺失了 1916～1919 年的数据。

资料来源：Huang（1919）；Cheng（2003）；联合国经济事务局 1948～1984 年统计年鉴（各年数据）以及作者的计算。

## 通货膨胀和"通货膨胀税"的文献

另一个基本上忽略了国内债务的研究领域是严重和恶性通货膨胀的实证研究。自从 Cagan 之后，研究人员都集中于分析政府通过基础货币获得铸币税收入的动机。㊀事实上，在该类文献中反复出现的一个悖论是，为什么政府有时使通

---

㊀　见 Cagan（1956）。铸币税收入是政府通过运用印制货币的垄断权能够获得的真实收入。该收入可以分为两部分：一部分是在价格不变的情况下满足交易增长所需要的货币数量，剩余的货币增长将导致通货膨胀，因此将降低现有货币的购买力；后一种效应一般称为通货膨胀税。在其一篇经典文献中，Sargent（1982）收集了第一次世界大战后五个国家（奥地利、捷克斯洛伐克（现已成为捷克、斯洛伐克两个国家）、德国、匈牙利和波兰）的中央银行所持国库券的数据。但是，这些债务无疑只是政府总资产负债表的很小一部分。

货膨胀率超过最大化铸币税的通货膨胀率？对这个问题已经有很多巧妙的、可信的答案，其中时间一致性和可靠性问题起了很重要的作用。但是，我们认为大量的国内公共债务可能是被忽略的主要因素，尤其是考虑到大部分国内债务通常都是长期的和非指数化的（如前所述）。我们并非仅仅参考对罕见恶性通货膨胀的研究，同时也参考学者对更普遍的严重和较严重通货膨胀的研究，如多恩布施和费雪，以及其他很多人的研究。⊖尽管存在上百篇关于发展中国家和战后国家通货膨胀的实证研究文献，但是国内债务很少被提及，用于时间序列分析的则更少。

## 税基定义：是国内债务还是基础货币

在外债的研究文献中，一个隐含的假设就是国内公共债务相对不重要。但这是不是一个合理的近似？表 8-2 显示在很多重大的危机中，国内债务如果不是决定性因素的话也是政府放任通货膨胀时主要的考虑因素。⊖因此，比较实际通货膨胀率和任何基于基础货币计算的最大化铸币税的假定通货膨胀率，通常是不恰当的。

表 8-2　1917～1994 年一些危机事件中的通货膨胀和国内公共债务

| 国　家 | 年　份 | 通货膨胀率（%） | 国内债务与 GDP 之比 | 基础货币与 GDP 之比 | 国内债务与国内负债总额之比（%） |
|---|---|---|---|---|---|
| 一些恶性通货膨胀危机 ||||||
| 阿根廷 | 1989 | 3 079.5 | 25.6 | 16.4 | 61.2 |
| 巴西 | 1987 | 228.3 | 164.9 | 9.8 | 94.4 |
|  | 1990 | 2 947.7 | 155.1 | 7.1 | 95.6 |
| 德意志国 | 1920 | 66.5 | 52.6 | 19.4 | 73.0 |
|  | 1923 | 22 220 194 522.37 | 0.0 | 0.0 | 1.0 |
| 严重的通货膨胀危机 ||||||
| 希腊 | 1922 | 54.2 | 53.0 | 34.3 | 60.7 |
|  | 1923 | 72.6 | 41.3 | 32.7 | 55.9 |

⊖　见 Dornbusch 和 Fischer（1993）。
⊖　当然，使用非预期通货膨胀对名义债务违约的可能性在理论文献中已经得到了充分的论述，如 Barro（1983）。

（续）

| 国　家 | 年　份 | 通货膨胀率（%） | 国内债务与GDP之比 | 基础货币与GDP之比 | 国内债务与国内负债总额之比（%） |
|---|---|---|---|---|---|
| 意大利 | 1917 | 43.8 | 79.1 | 24.1 | 76.6 |
|  | 1920 | 56.2 | 78.6 | 23.5 | 77.1 |
| 日本 | 1944 | 26.6 | 236.7 | 27.8 | 89.5 |
|  | 1945 | 568.1① | 266.5 | 74.4 | 78.2 |
| 挪威 | 1918 | 32.5 | 79.3 | 86.4 | 47.9 |
|  | 1920 | 18.1 | 106.9 | 65.6 | 62.3 |
| 菲律宾 | 1981 | 13.1 | 10.4 | 6.6 | 61.1 |
|  | 1984 | 46.2 | 11.0 | 13.9 | 44.2 |
| 土耳其 | 1990 | 60.3 | 14.7 | 7.4 | 66.6 |
|  | 1994 | 106.3 | 20.2 | 7.1 | 73.9 |

注："货币"和"债务"采用的是各次危机事件期初的水平。恶性通货膨胀危机符合经典的Cagan定义。

① 该事件不符合经典的Cagan定义。

资料来源：数据附录A.1和数据附录A.2。

从表8-2中我们可以看到，当1920年德意志国的通货膨胀率首次触及66.5%的峰值时，国内债务几乎是基础货币的3倍；而在巴西的例子中，国内债务几乎是基础货币的20倍⊖。

国内债务的重要性并不仅限于恶性通货膨胀危机。表8-2也列示了一些严重的通货膨胀。1945年日本的国内公共债务占国内负债总额（含通货）的近80%，而通货膨胀率超过了500%。在表8-2所列的所有危机中，国内公共债务至少和基础货币处于同一个数量级（1918年挪威的危机是个例外，国内债务要略低于基础货币）。

## 回顾"通货膨胀诱惑"

精确地计算政府通过通货膨胀削减债务的实际价值所获得的收益，需

---

⊖ 巴西危机的特殊之处在于其一部分债务是与通货膨胀挂钩的，尽管指数化机制的滞后仍然使得政府可能通过足够高的通货膨胀率来削减大部分债务。事实上，真实的情况也是如此，因为巴西在恶性通货膨胀中徘徊了好几年。

要大量超出我们的跨国数据集的关于债务期限结构和利息支付的信息。而且关键的一点是，通货膨胀在何种程度上被预期到。此外，我们还需要了解银行储备需求、利率管制、金融抑制程度，以及其他制约因素，从而进行精确计算。但是，在这么多重大的通货膨胀危机中，名义国内债务与基础货币相比如此之大的事实，意味着国内债务应该在未来的研究中受到更多的关注。㊀

我们已经讨论了外债违约、通货膨胀，以及国内债务的一些潜在联系，并强调通过通货膨胀实现违约是国内债务违约分析的一个重要组成部分。在第9章中，我们将比较分析一些迄今仍未涉及的国内债务和外债的跨国特征。

---

㊀ Calvo和Guidotti（1992）建立了一个名义债务最优期限结构模型，其中政府权衡了灵活性（在金融压力情况下利用通货膨胀来削减长期债务）和维持低通货膨胀率的可靠性（通过发行很难被通货膨胀侵蚀的超短期债务）。

| 第 9 章 |

# 国内债务违约和外债违约：
# 谁更严重，谁更重要

  我们已经证实了国内债务的总体规模非常大，尤其是在外债违约或严重通货膨胀时期。很明显，为了理解危机如何展开，更深入地了解国内债务和外债的相对重要性是很有帮助的。本章将尝试对数据集的一些关键特征进行初步分析。危机展开的方式无疑因国家和时间而不同。很多因素都可能与之相关，如中央银行的独立性和汇率体制等。然而，对国内债务违约和外债违约发生前后产出与通货膨胀轨迹的一些简单对比是发人深省的。[⊖]

  出于几方面的原因，我们的计算只是说明性的。例如，在我们得到数据之前不存在国内债务公开违约的完整数据库，更不用说事实上违约的数据了。尽管我们自信样本展示了外债违约和严重通货膨胀危机的相对完整的全貌，但是我们并不清楚它遗漏了多少国内债务违约事件，即便只考虑法律上的违约也是如此。在本章中，我们提供了一个广泛的指标用于衡量明显的国内债务违约或重组事件如何隐藏于历史档案中，因此，我们所考虑的国内债务违约确实少于实际发生的违约。

  最后值得讨论的是，虽然我们的方法对违约的发生有系统性的记载，但

---

⊖ 同时应该注意的是，其他经济指标（除了之前详细讨论过的通货膨胀和人均 GDP 增长率）也能够对经济环境到底多差，一国才应该考虑违约这一主要问题提供了更多的答案。（特别地，国内债务违约和外债违约对与贫穷、健康、收入分配等相关的社会指标的影响，原则上一定是不同的。）

是对违约的规模却鲜有记录。尽管我们的公共债务数据库能够提供原始违约或重组规模的有价值的信息，但是让该数据库提供后续重组的细节或实际回收率的信息还需要一定的想象力。但是，即使存在这些限制条件，本书也取得了一些突出的成果。

## 债务违约前后的实际 GDP

首先，在违约发生前夕宏观经济环境有多差？很明显，国内债务违约前产出的下降通常明显大于外债违约前产出的下降。正如图 9-1 和图 9-2 所示的那样，在国内债务违约发生的前三年，产出平均累计下跌了 8%。仅在国内债务违约危机发生当年，产出就下降了 4%，而外债违约危机发生当年产出平均下降了 1.2%。为了比较国内债务违约和外债违约的先兆，我们对当年及违约之前历年累积的产出变化做了多种检验。后一检验包括 224 个国内债务危机的观测值（即国内债务危机之前的年观测值）及 813 个外债违约观测值（同样，用年数乘以危机数）。

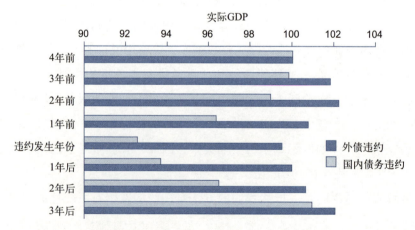

图 9-1　1800～2008 年国内债务危机和外债危机发生前、发生时及发生后的实际 GDP
　　注：实际 GDP 在危机发生的 4 年前设为 100。
　　资料来源：Maddison（2004），全面经济数据库（2008）以及作者的计算。

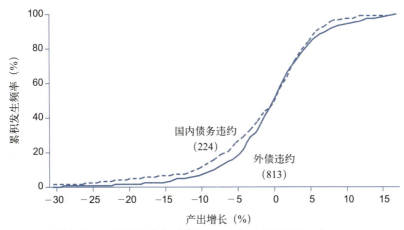

图 9-2　国内债务危机、外债危机与实际 GDP，危机当年及前三年、1800～2008 年

注：Kolmogorov-Smirnov 检验用于分析两个数据集是否存在显著差异。Kolmogorov-Smirnov 检验的一个优点是不对数据的分布做任何假定。该检验是非参数的、分布独立的。此处，在 1% 的显著性水平下 Kolmogorov-Smirnov 值为 8.79。

资料来源：Maddison（2004），全面经济数据库（2008），以及作者的计算。

如前所述，这些结果要谨慎地解读，由于很多国内债务危机是孪生危机，因此产出也受到外部信贷限制的影响（如果信贷限制存在的话）。

## 债务违约发生前后的通货膨胀

通过对通货膨胀率进行类似的分析，我们发现了更明显的差异（见图 9-3 和图 9-4）。外债违约当年的平均通货膨胀率非常高，达到了 33%。但是，在国内债务危机期间通货膨胀率真正地飞奔起来，违约当年平均达到了 170%，在国内债务违约之后的几年里，通货膨胀率仍然高于 100%。毫不奇怪，通过通货膨胀进行的违约与国内债务违约是齐头并进的，它们会发生于更明显的国内征用之前、期间或之后。大量的通货膨胀学术文献都没有提到这一点。

---

㊀ 外债违约后通货膨胀率的上升并不奇怪，尤其是在汇率大幅贬值的情况下。

㊁ 这些平均值的计算排除了 1982 年玻利维亚的国内债务违约，因为在国内违约的前一年（$t-1$）通货膨胀率最高时超过了 11 000%。

㊂ Reinhart 和 Savastano（2003）讨论了玻利维亚和秘鲁恶性通货膨胀时期将外币存款强制转换为本币存款的情况（同样的情况也发生于 2002 年的阿根廷）。

我们认为，公然的国内债务违约通常仅在宏观经济环境严重恶化时才会发生。

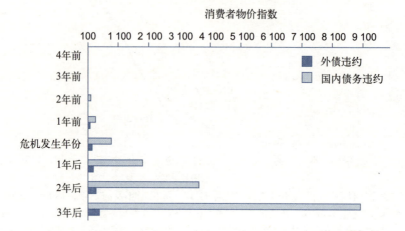

图9-3　1800～2008年国内债务危机和外债危机发生前、发生时，以及发生后的消费者价格指数

注：危机发生4年前的消费者价格指数设为100。

资料来源：国际货币基金组织的《国际金融统计》和《世界经济展望》(各年数据)；数据附录A.1中列示的其他资料来源，以及作者的计算。

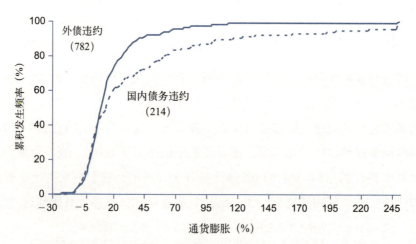

图9-4　国内债务危机和外债危机与通货膨胀，危机当年及前三年、1800～2008年

资料来源：国际货币基金组织的《国际金融统计》和《世界经济展望》(各年数据)；数据附录A.1中列示的其他资料来源，以及作者的计算。

比较历次国内债务和外债违约事件中实际 GDP 增长率与通货膨胀率的解析方法如表 9-1 所示。表 9-1 的各列显示了在两类债务违约发生前后实际 GDP 增长率和通货膨胀率的样本均值。底行显示了 Kolmogorov-Smirnov 检验的结果，它是对两个频率分布同质性的统计检验。国内违约期间实际经济增长率和通货膨胀率的表现都显著异于外债违约期间的表现。

表 9-1 债务危机期间的产出和通货膨胀

| | 均值检验 | | | | | |
|---|---|---|---|---|---|---|
| | 平均实际 GDP 增长 | | | 平均通货膨胀 | | |
| | 国内债务危机 | 外债危机 | 差值 | 国内债务危机 | 外债危机 | 差值 |
| $t-3$ | −0.2 | 1.8 | −2.0① | 35.9 | 15.6 | 20.3① |
| $t-2$ | −0.9 | 0.4 | −1.3 | 38.3 | 14.6 | 23.7① |
| $t-1$ | −2.6 | −1.4 | −1.2 | 68.0 | 15.0 | 53.0① |
| $t$（危机时） | −4.0 | −1.2 | −2.8① | 171.2 | 33.4 | 137.8① |
| $t+1$ | 1.2 | 0.4 | 0.8 | 119.8 | 38.2 | 81.6① |
| $t+2$ | 3.0 | 0.7 | 2.3① | 99.2 | 28.9 | 70.3① |
| $t+3$ | 4.6 | 1.4 | 3.2① | 140.3 | 29.1 | 111.2① |
| $t-3$ 至 $t$ | −1.9 | −0.1 | −1.8① | 79.4 | 19.7 | 59.7① |
| $t+1$ 至 $t+3$ | 2.9 | 0.8 | 2.1① | 119.8 | 32.1 | 87.7① |
| | 对两个分布同质性的 Kolmogorov-Smirnov | | | | | |
| | 观测值数量 | | Kolmogorov-Smirnov 值 | 观测值数量 | | Kolmogorov-Smirnov 值 |
| | 国内债务危机 | 外债危机 | 统计量 | 国内债务危机 | 外债危机 | 统计量 |
| $t-3$ 至 $t$ 以及 $t+1$ 至 $t+3$ | 224 | 813 | 8.8① | 214 | 782 | 20.0① |

注：均值 $t$ 检验假设方差未知和异方差。违约发生年份用 $t$ 表示。
① 表示差别在 1% 的置信水平具有统计显著性。在 1% 的置信水平上 Kolmogorov-Smirnov 检验的临界值为 5.16。
资料来源：国际货币基金组织的《国际金融统计》和《世界经济展望》（各年数据），Maddison（2004），全面经济数据库（2008），数据附录 A.1 和数据附录 A.2 中列示的其他资料来源，以及作者的计算。

## 国内债务违约和外债违约发生的频率

为了清楚地显示对居民和非居民征用发生的频率，我们为 1800～2006

年构建了4个时间序列数据：外债违约概率（或者在给定年份处于外债违约的样本国家占比）的时间序列、国内债务违约可比统计值的时间序列、通货膨胀危机概率（此处定义为在200多年样本期的任意给定年份，年通货膨胀率超过20%的国家占比）的时间序列、严重通货膨胀和国内债务违约发生频率之和（它总括了对国内居民的财产征用）的时间序列。㊀

图9-5显示了外债违约的概率以及国内债务违约的可比统计值（通过通货膨胀或直接违约）。表9-2显示了基础数据的一些汇总统计值。直到第二次世界大战时期，外债违约的概率都要高于国内债务违约。㊁特别在1800～1939年，外债违约的概率约为20%，而国内债务违约的概率只有12%。就整个样本期间而言，国内债务违约以及外债违约的概率并不存在统计意义上的显著性差异。随着法币的广泛应用，通货膨胀明显成为最快捷的征用方法。因此，第二次世界大战后政府对国内居民征用的频率出现上升。㊂

图9-6显示了国内债务违约的概率在总体债务违约概率中的占比。该比率高于0.5意味着国内债权人变得更差，而低于0.5意味着外国债权人变得更差。

当然，这个非常简单的初步经验分析并不能否定我们之前的看法，即国内债务通常是由债务国重要的政治利益相关者持有，并不能像纯粹的次级债务那样轻易地拒付，这一点也是艾伦·德雷泽所强调的。㊃

表9-2能让我们系统地看到各时间段内国内居民和外国居民待遇的差别。它显示了1800～2006年及以第二次世界大战为界的两个子期间内，国内债务与外债违约概率的样本平均值。正如表注所讲，第二次世界大战后国内居民被征用的概率变得更高。

---

㊀ 美国无疑是现代的特例。在卡特债券到期后，几乎所有的美国债务都是国内债务，然而其中近40%由非居民持有（大部分是中央银行和其他官方机构），并且都以美元计值。因此，美国的通货膨胀也影响着非居民。

㊁ 19世纪20年代巨大的外债违约峰值来自新独立的拉美国家的第一波主权违约。那时希腊和葡萄牙也发生了违约。

㊂ 见图9-6。

㊃ 见Drazen（1998）。

表 9-2 谁被征用,是国内居民还是外国人? 1800～2006 年两者同质性的初步检验(二项分布)

| 两个样本 | | 1800～2006 | 1800～1939 | 1940～2006 |
|---|---|---|---|---|
| $n_1 = n_2$ | 计算国内债务和外债违约概率所使用的观测值数量(年) | 207 | 139 | 66 |
| $p_1$ | 外债违约的概率 | 0.197 5 | 0.204 8 | 0.182 3 |
| $p_2$ | 国内债务违约的综合概率① | 0.150 5 | 0.120 2 | 0.213 8 |
| $p_1 - p_2$ | 两者差别 | 0.047 0 | 0.084 6 | −0.031 5 |
| Z 检验 | | 1.262 5 | 1.912 2② | −0.453 5 |
| | 显著性水平 | 0.103 4 | 0.027 9 | 0.674 9 |
| | 谁更多地被征用,是国内居民还是外国人 | 相同 | 外国人 | 相同 |

注:表 9-2 回答了"近年来国内居民被征用的可能性是否在增加(如 1800～1939 年到 1940～2006 年)"这个问题。答案是肯定的。Z 检验值为 1.471 6;置信度为 0.070 6③;违约的年份用 t 表示。两者同质性检验的统计检验量计算如下:

$$Z = \frac{(p_1 - p_2)}{\left\{P(1-P)\left[\frac{1}{n_1} + \frac{1}{n_2}\right]\right\}^{1/2}}, \quad P = \frac{p_1 n_1 + p_2 n_2}{n_1 + n_2}$$

① 国内债务违约的综合概率定义为国内债务直接违约的概率和通货膨胀危机的概率(即通过通货膨胀来违约)之和。
② 表示置信水平为 5%。
③ 表示置信水平为 1%。

资料来源:国际货币基金组织的《国际金融统计》和《世界经济展望》(各年数据),Maddison(2004),全面经济数据库(2008),数据附录 A.1 和数据附录 A.2 中列示的其他资料来源,以及作者的计算。

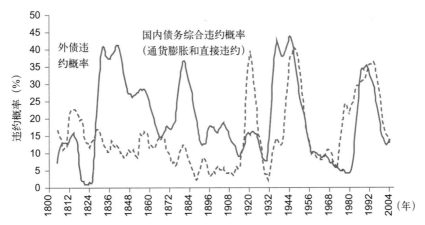

图 9-5 谁被征用,是国内居民还是外国人? 1800～2006 年国内债务与外债违约的概率

资料来源:国际货币基金组织的《国际金融统计》和《世界经济展望》(各年数据),Maddison(2004),全面经济数据库(2008),数据附录 A.1 中列示的其他资料来源,以及作者的计算。

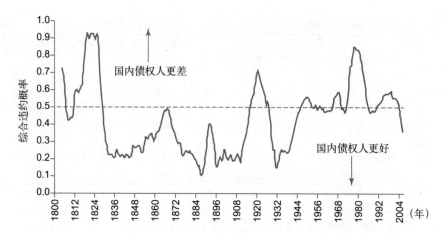

图 9-6　1800～2006 年国内债务违约综合概率占总体债务违约概率的比例
资料来源：国际货币基金组织的《国际金融统计》和《世界经济展望》（各年数据），Maddison（2004），全面经济数据库（2008），数据附录 A.1 中列示的其他资料来源，以及作者的计算。

## 总结和一些问题的讨论

在前述几章中，我们提供了新的关于国内公共债务这一核心宏观经济变量的大规模跨国数据集，而政府往往设法将其隐匿于公众视线之外。我们也首次编制了各国国内公共债务历史违约的国际清单，覆盖了两个世纪，包含 66 个国家。

我们初步的数据分析表明，研究人员应该重新审视与政府外债可持续性，以及引发严重和恶性通货膨胀的动机相关的实证文献，并考虑新的国内公共债务数据，如果可能的话还应使用更广泛的政府债务或政府担保债务定义。当然，国内债务如何影响通货膨胀和外债，因危机事件和环境的不同而不同。在一些情况下，国内债务因严重通货膨胀而被完全消除，而在其他情况下，政府对外债违约。

新兴市场国家的国内公共债务如何避开很多经济学家的监控？很多研究者只意识到 20 世纪八九十年代超级通货膨胀时期新兴市场国家发行债务的困难，由此简单地认为没有人愿意给"强盗"统治的新兴市场国家政府提供本币贷款。当然没有人会相信这样的政府能够抵挡利用通货膨胀将债券贬得一文不值的诱惑。一个合乎逻辑的推论是以本币计值的公共债务必定不会存在。诚然,一些研究人员也考虑了它们存在的可能性。例如,阿莱西纳和塔贝利尼就考虑了一个国内债务优先于外债执行的理论情景。㊀但是由于缺乏各种数据,甚至缺乏对各国早期大量存在的国内公共债务的认识(即便是处于新兴市场阶段),所以这些孤立的理论情景并不会对主流的学术和政策文献带来太大的影响。

很多政府和多边机构都不能使国内公共债务的时间序列数据简单可获取,由此导致的透明度缺乏令人费解。毕竟这些政府经常需要利用国内和国外市场来发行债务。一般而言,政府过去债务偿还表现的不确定性很可能提高新发行债务的风险溢价。更令人费解的是,为什么全球投资者并不坚持索要与他们所购买债券价值相关的历史信息。任何信用卡公司都需要知道消费者的购买和偿还历史、消费者过去管理过何种债务以及在什么环境下管理的。当然,这种对历史信息的需求同样也适用于政府。

我们只能这样猜测,很多政府并不希望资本市场完全认识其债务及债务担保累积所带来的风险,因为它们担心为此支付更高的融资成本。公开历史数据可能引起投资者质疑为什么不同样公开当前的数据。一个可行的办法是收支检点的政府逐步公开其财务报表,并由此获得更低融资利率的奖励。这种透明度将反过来给透明度更差的借款者带来压力。然而,时下连美国的会计系统都非常不透明,并且可能充斥着很多高成本的预算外担保。在应对当时的金融危机时,美国政府(包括美联储)在其资产负债表上增加了大量的表外担保,而且还有争议地增加了大量的负债(从精算学的角度看,在救助发生时的负债额相当于美国的国防费用支出)。为什么大多数政府不愿让标准数据库包含其历史债务信息,这是后续学术和政策研究所面临的一个重要问题。

从政策的角度看,一个可行的方法是,由一家强有力的国际机构来提供

---

㊀ 见 Alesina 和 Tabellini(1990)。

有价值的公共产品,并在各国强制实行(或至少是推动)基础信息披露与透明度要求。事实上很奇怪的是,目前多边金融机构从未完全承担起系统披露公共债务数据的职责,特别是考虑到这些机构在政策制定者和投资者的危机风险预警方面处于领导地位。相反,金融系统看似已经完全忘记了国内债务的历史,并认为当前繁荣的国内公共债务市场是全新且与众不同的事物。㊀但是正如中央政府国内债务的历史数据集所强调的,没有什么能够超出真理。事实上,我们有理由相信,就全面理解公共部门公开负债及或有负债而言,我们的数据只触及冰山的一角。

---

㊀ 除了简单地公布债务数据,国际货币基金组织和世界银行等国际金融机构也能发布关于最佳实践的信息(例如,关于制度演进的讨论见 Wallis 和 Weingast(1998))。

| 第四部分 |

# 银行危机、通货膨胀和货币危机

一国可以走出高通货膨胀的阵痛,但却无法摆脱银行危机的困扰。

## This Time Is Different

| 第 10 章 |

# 银 行 危 机

尽管主权债务危机或恶性通货膨胀在当前的很多发达经济体都已经成为历史，但到目前为止，它们仍无法摆脱银行危机的阴影。实际上，自19世纪初以来一直到2008年，你方唱罢我登场的银行危机剧目一直在发达国家不断上演。

直到最近，关于银行危机的研究，要么是关于发达国家的危机历史（主要是第二次世界大战前的银行危机），要么是关于新兴市场当代经历的危机[一]。这种二分法的形成，也许是出于人们的一种信念，即，造成动荡的系统性跨国金融危机对发达国家而言早已是尘封的历史[二]。然而，令欧美陷入困境的全球金融危机，或者叫"第二次大紧缩"，却让这一信念不攻自破，而且带来的社会成本太高了。

本章我们将提出，银行危机无论对富国还是穷国都毫不留情。我们用66个国家和地区的核心样本（有些分析还扩展了一些样本）得出了这个结论。我们研究的对象既包括拿破仑战争时期的丹麦金融恐慌，也有最近发生的"21

---

[一] 参见 Gorton（1988），Calomiris 和 Gorton（1991）关于第二次世界大战前的银行危机研究；Sundararajan 和 Balino（1991）关于新兴市场的几个案例研究；Jácome（2008）关于拉丁美洲银行危机的研究。

[二] 涵盖发达经济体和新兴经济体金融危机的研究可参见 Demirgüç-Kunt 和 Detragiache（1998），Kaminsky 和 Reinhart（1999），以及 Bordo 等（2001）。

世纪头十年后期的全球金融危机"。不管在高收入国家,还是在中等收入或低收入国家,银行危机的影响都高度相似。处于世界金融中心地位的国家,其经历的危机尤其多一些,如法国、英国和美国。也许更令人称奇的是,在收入差异相当大的不同国家群组之间,金融危机的定性和定量影响都基本相当。即便考虑到当代发生在富国纯粹的主权债务违约事件,这种情况依然存在。

为了研究银行危机,需要特别强调本书所使用的数据库的三个特色:第一,再次重申,我们的银行危机数据最早可上溯至 1800 年。第二,就所知而言,我们是最早分析亚、欧和拉美新兴市场经济体银行危机中住房价格变化情况的。虽然发达国家的住房价格周期数据记录更为完整,但我们的新兴市场数据库无论从时序上还是从数量上,都可与之媲美。我们都知道,长期以来,住房价格的周期性波动是金融危机的核心元素。我们发现,银行危机前后的房地产价格周期性波动,在发达国家和新兴市场之间比较,其持续时间和影响都是相似的。这一结果出乎意料,因为几乎所有其他宏观经济和金融时间序列数据(收入、消费、政府开支、利率等),在新兴市场都体现出更高的波动性。㊀第三,我们的分析中还使用了中央政府税收收入和中央政府债务(见第 3 章)等全面历史数据。这些数据对研究银行危机对财政的影响提供了一个新的视角,即强调银行危机对税收和公共债务的影响,而这比各类文献中通常提及的狭义救助成本要更贴近事实。

我们发现,银行危机几乎总是导致税收收入的大幅下滑,而导致赤字攀升的因素则包括实施自动稳定器财政政策、执行反周期财政政策、因风险溢价上升或(尤其是新兴市场,但也不限于新兴市场)评级下降导致的利息支出上升等。当前的情况是,银行危机过后的三年间,政府的真实债务平均要攀升 86%。(也就是说,如果危机之初中央政府的债务是 1000 亿美元的话,三年后经通货膨胀调整的债务会升高到 1860 亿美元的水平。)这种财政后果考虑到直接成本和间接成本,其规模要比通常关心的银行救助成本高得多。很

---

㊀ 参见 Agénor 等(2000)。

明显，无论是救助成本还是财政成本，其大小都取决于一系列政治、经济因素，尤其是应对政策和真实冲击的程度，这些一般也是触发危机的因素。⊖

## 银行危机理论导言

### 受抑制金融体系的银行危机

我们的研究样本基本上包括两类银行危机。一类是常见于非洲等贫困的发展中国家的危机，这类危机偶尔也在阿根廷一类比较富裕的新兴市场经济体发生。此类危机其实就是国内政府违约造成的，这些国家把金融抑制作为主要的征税方式。在金融抑制下，银行除货币以外，还垄断了所有的存款和支付系统，成为政府间接强征税收的工具。政府强制要求本地居民把钱存到银行，几乎不给他们其他选择，然后通过准备金要求和其他工具让银行负债并购买公共债务，从而让政府以很低的利率成本筹集资金。由此，金融抑制变相成为征税手段。大众之所以把钱存到银行，是因为几乎没有其他安全之所。政府通过规章和禁令强制银行拿钱为公共债务融资。当然，如果银行是官办的，中央政府就直接要求银行向其贷款了。

政府通过设置利率上限并制造通货膨胀能够放大金融抑制的税收效果，实际也是这样做的。例如，印度在20世纪70年代初规定银行支付的利率不能超过5%，而引发的通货膨胀率高达20%多。有时，即便这种做法也无法满足政府增加收入的胃口，它们甚至可以完全停止偿债（导致国内政府违约）。国内政府的违约也迫使银行违约，无法支付债务，这导致存款人损失存款甚至血本无归。（有的国家政府建立了存款保险制度，但是违约发生时也无视保险承诺。）

### 银行危机和银行挤兑

新兴市场和发达国家一般经历的银行危机则是另一番景象。如我们在前

---

⊖ Reinhart 和 Rogoff（2008a，2008c）表明，产出增长在危机前一般会减速。

言所讲的，银行发挥着期限转换（maturity transformation）的功能，即依托短期存款发放长期贷款，使其非常害怕存款人挤兑。[一]银行借的短期资金一般都是储蓄和活期存款（原则上可以随时支取）。同时，银行的贷款期限较长，既直接向企业放贷，也投资于长期的、高风险的证券。在正常情况下，银行持有流动性资产，足以应付存款提取需求。但是当发生挤兑时，存款人会对银行丧失信心，大规模提款撤离。随着提款量的加大，银行只能被迫变现资产，通常会引发低价抛售（fire sale）。如果银行持有的是流动性很差且不具有标准化特征的贷款（如对其他人并不了解的本地区企业提供的贷款），情况更严重。在系统性银行危机下，低价抛售行为会波及更多的资产，正如我们2008年所经历的情形。不同的银行持有的资产组合通常都是类似的，如果所有银行都试图在同一时刻抛售，市场流动性就会彻底干涸。那些正常时期流动性较高的资产也会突然在银行最需要之际丧失流动性。

因此，即便银行的清偿力充足，并无挤兑之虞，其资产负债表也可能会因低价抛售资产而遭受毁灭性打击。在此情况下，被挤兑是顺理成章的事。就像一国的债权人同时拒绝展期短期债务一样，挤兑就是存款人同时拒绝继续在银行存款。

实际中，银行体系有很多挤兑的应对之道。如果是单个银行被挤兑，该银行可以从其他银行借钱，从而在相互之间形成保险机制。但是，如果是多家银行招致挤兑，这种相互保险机制就会丧失功能。2007年美国发生的次贷危机就是如此，因为银行体系广泛持有问题按揭贷款。20世纪90年代在很多发展中国家发生的汇率危机也属于系统性金融危机，几乎波及一国范围内的所有银行。在这两种情况下，银行体系遭受损失，引爆了危机。如果银行体系信心尚存，危机尚能控制，但是一旦出现挤兑，就会波及整个体系，引发一连串灾难性后果。戴蒙德和迪布维格提出，存款保险可以防止银行挤兑，但是他们的模型并未说明如果没有有效监管，存款保险会诱使银行过度承担风险。[二]

---

[一][二] 参见 Diamond 和 Dybvig（1983）。

如本书前言所称，银行挤兑只是说明向不特定公众或特定对象借款的高杠杆机构具有脆弱性。2007～2008年的美国金融危机发生的原因在于，在传统上受到监管的银行机构外，有很多金融企业借来短期资金并投资于缺乏流动性的产品。在现代金融体系中，不仅银行会招致挤兑，用短期融资支持高杠杆投资组合的其他类型金融机构也有被挤兑的风险。

### 为什么与银行危机有关的经济衰退如此严重

严重的金融危机很少不波及他方。金融危机不仅会引发衰退，更多的是成为一个放大机制，产出的下滑、财富的缩水会导致一系列银行贷款违约，造成银行信贷萎缩，进一步使产出下滑，债务违约，周而复始，循环不断。银行危机还经常伴随其他危机，包括汇率危机、国内外债务危机、通货膨胀危机等。我们将在第16章详细介绍危机的伴生性和同步性。因此，在解释银行危机原因时，就不能想当然地从我们的长期历史数据库中寻找绝对的证据。这是一个相对较新的领域，需要我们做更多的研究论证。

关于危机如何影响实体经济活动，理论和经验分析文献非常广博，研究也非常成熟。其中最具影响的是伯南克于1983年发表的研究成果。他认为，在20世纪30年代早期，美国银行体系接近一半的机构倒闭，金融体系花了很长时间才恢复信贷功能。按照伯南克的观点，金融体系的崩溃是大萧条反复持续十年的主要原因，而一般性的衰退只持续一两年的时间。（当然，伯南克2006年当上了美联储主席，他现在有机会把其学术观点运用于2007年开始的"第二次大紧缩"了）。

伯南克在之后与马克·格特勒合作的成果中，提出了一个理论模型，详细说明了因借贷双方的信息不对称，金融市场并不完美，从而容易放大货币政策的冲击。㊀在Bernanke-Gertler模型中，（因负面的生产力冲击导致的）财富缩水会对产出产生巨大影响，原因是企业被迫缩减投资规模。由于留存收益下降，企业无法获得相对便宜的内部资金，不得不使用很贵的外部融资支持大部

---

㊀ 参见 Bernanke 和 Gertler（1990）。

分投资项目。衰退使得抵押品价值下跌，又通过金融体系放大了冲击程度。

清泷和穆尔使用更完善的跨期模型研究了此类情形的动态变化过程。㊀他们的研究显示了土地价格下跌（如日本20世纪90年代初经历的情况）会使企业的抵押品价值缩水，进而导致投资削减，并造成土地价格进一步下跌。

伯南克在其1983年发表的文章中强调，银行贷款更倚重过往业务关系记录，外界对中小借款人缺乏品牌认可，与大企业相比，中小企业在债券和股票市场上融资也比较难。因此，衰退期间，信贷渠道的崩溃对中小企业打击最大。其后的很多文章也进一步确认，中小型借款人在危机中受到的冲击与其规模不相称，一大堆研究证据显示，银行贷款渠道是个核心因素。㊁我们也不必再引用海量的金融市场和实体经济理论研究结论了，只想说的确有大量的理论和经验研究支持这样的观点：一国的银行体系崩溃会对其经济增长轨迹产生巨大的负面冲击。㊂

现在我们转向经验分析。既然银行体系对挤兑十分脆弱，再加上理论和经验研究显示银行危机是衰退的放大器，毫无疑问，各国在金融危机中所经历的苦痛要远远大于其在漫长历史时期经受的主权债务危机的打击。对于主权债务危机而言，是可以说告别的，因为一国经历过债务危机后在接下来几个世纪都不会走回头路。但是银行危机不同，截至目前，还没有听说哪个主要国家能够彻底远离银行危机。

## 银行危机：机会均等的威胁

如前所述，发达经济体的外债违约（或重组）发生的频率要显著低于新兴市场经济体。对很多高收入国家而言，自1800年以来这种现象几乎没有。㊃

---

㊀ 参见 Kiyotaki 和 Moore（1997）。
㊁ 例如 Bernanke 和 Gertler（1995）的研究。
㊂ 参见 Bernanke 等（1999）。
㊃ 这里指外债的违约。美国和其他发达国家在20世纪30年代大萧条期间发生的废除黄金条款以及其他针对内债进行的重组情况，被视为内债（根据国内法发行的主权债）违约。

即便在1800年之前的漫长历史时期发生过多次违约的法国和西班牙，在此期间也逐渐摆脱了外债连续违约的梦魇。

表10-1和表10-2的第二列体现了新兴市场（特别是非洲和拉美，甚至也有一些亚洲国家）和西欧、北美、大洋洲高收入国家之间在主权债务违约上的巨大差异。这两张表的第三列对比了两类国家在银行危机方面的区别（根据我们的扩展数据库，用处于银行危机的年份数量除以自独立以来的年份数，如果独立早于1800年，则用1800年至今的年份数）。表10-1、表10-2显示了一个惊人的发现，主权债务违约平均持续的时间大大长于银行危机的时间。一个国家可以迟迟拖欠不向境外债权人还债，但让国内银行危机迁延不愈的代价却过于高昂，因为实在无法容忍银行危机对贸易和投资的负面冲击。

表10-1 主权债务违约和银行危机：非洲和亚洲，自独立至2008年（%）

| 国家 | 自独立或1800年以来处于主权债务违约或重组中的年数占比 | 自独立或1800年以来处于银行危机中的年数占比 | 国家 | 自独立或1800年以来处于主权债务违约或重组中的年数占比 | 自独立或1800年以来处于银行危机中的年数占比 |
| --- | --- | --- | --- | --- | --- |
| 非洲 | | | 亚洲 | | |
| 阿尔及利亚 | 13.3 | 6.4 | 中国 | 13.0 | 9.1 |
| 安哥拉 | 59.4 | 17.6 | 印度 | 11.7 | 8.6 |
| 中非共和国 | 53.2 | 38.8 | 印度尼西亚 | 15.5 | 13.3 |
| 科特迪瓦 | 48.9 | 8.2 | 日本 | 5.3 | 8.1 |
| 埃及 | 3.4 | 5.6 | 韩国 | 0.0 | 17.2 |
| 肯尼亚 | 13.6 | 19.6 | 马来西亚 | 0.0 | 17.3 |
| 毛里求斯 | 0.0 | 2.4 | 缅甸 | 8.5 | 13.1 |
| 摩洛哥 | 15.7 | 3.8 | 菲律宾 | 16.4 | 19.0 |
| 尼日利亚 | 21.3 | 10.2 | 新加坡 | 0.0 | 2.3 |
| 南非 | 5.2 | 6.3 | 斯里兰卡 | 6.8 | 8.2 |
| 突尼斯 | 9.6 | 9.6 | 泰国 | 0.0 | 6.7 |
| 赞比亚 | 27.9 | 2.2 | | | |
| 津巴布韦 | 40.5 | 27.3 | | | |

注：对于1800年之前独立的国家，计算的期间为1800～2008年。

资料来源：作者的计算；Purcell和Kaufman（1993）；Kaminsky和Reinhart（1999）；Bordo等人（2001）；Reinhart、Rogoff和Savastano（2003a）及其中引用的数据；Caprio等人（2005）；Jácome（2008）；以及标准普尔。也见数据附录。

表 10-2　主权债务违约和银行危机：欧洲、拉美、北美和大洋洲，自独立至 2008 年（%）

| 国　　家 | 自独立或 1800 年以来处于主权债务违约或重组中的年数占比 | 自独立或 1800 年以来处于银行危机中的年数占比 | 国　　家 | 自独立或 1800 年以来处于主权债务违约或重组中的年数占比 | 自独立或 1800 年以来处于银行危机中的年数占比 |
| --- | --- | --- | --- | --- | --- |
| **欧洲** | | | 玻利维亚 | 22.0 | 4.3 |
| 奥地利 | 17.4 | 1.9 | 巴西 | 25.4 | 9.1 |
| 比利时 | 0.0 | 7.3 | 智利 | 27.5 | 5.3 |
| 丹麦 | 0.0 | 7.2 | 哥伦比亚 | 36.2 | 3.7 |
| 芬兰 | 0.0 | 8.7 | 哥斯达黎加 | 38.2 | 2.7 |
| 法国 | 0.0 | 11.5 | 多米尼加共和国 | 29.0 | 1.2 |
| 德国 | 13.0 | 6.2 | 萨尔瓦多 | 26.3 | 1.1 |
| 希腊 | 50.6 | 4.4 | 厄瓜多尔 | 58.2 | 5.6 |
| 匈牙利 | 37.1 | 6.6 | 危地马拉 | 34.4 | 1.6 |
| 意大利 | 3.4 | 8.7 | 洪都拉斯 | 64.0 | 1.1 |
| 荷兰 | 6.3 | 1.9 | 墨西哥 | 44.6 | 9.7 |
| 挪威 | 0.0 | 15.7 | 尼加拉瓜 | 45.2 | 5.4 |
| 波兰 | 32.6 | 5.6 | 巴拿马 | 27.9 | 1.9 |
| 葡萄牙 | 10.6 | 2.4 | 巴拉圭 | 23.0 | 3.1 |
| 罗马尼亚 | 23.3 | 7.8 | 秘鲁 | 40.3 | 4.3 |
| 俄国（苏联、俄罗斯） | 39.1 | 1.0 | 乌拉圭 | 12.8 | 3.1 |
| | | | 委内瑞拉 | 38.4 | 6.2 |
| 西班牙 | 23.7 | 8.1 | **北美洲** | | |
| 瑞典 | 0.0 | 4.8 | 加拿大 | 0.0 | 8.5 |
| 土耳其 | 15.5 | 2.4 | 美国 | 0.0 | 13.0 |
| 英国 | 0.0 | 9.2 | **大洋洲** | | |
| **拉丁美洲** | | | 澳大利亚 | 0.0 | 5.7 |
| 阿根廷 | 32.5 | 8.8 | 新西兰 | 0.0 | 4.0 |

资料来源：作者的计算；Purcell 和 Kaufman（1993）；Kaminsky 和 Reinhart（1999）；Bordo 等人（2001）；Reinhart、Rogoff 和 Savastano（2003a）及其中引用的数据；Caprio 等人（2005）；Jácome（2008）；以及标准普尔。也见数据附录。

表 10-3 和表 10-4 则描述了银行危机的另一番景象。第二列显示的是自独立或 1800 年以来的银行危机次数（而非危机发生的年份数量），第三列显示的是第二次世界大战以后的银行危机次数。此处需提示几个特点：在整个考察期间，发达国家发生的是一系列银行危机。作为世界金融中心的英国、美

国和法国尤为突出，分别发生了12起、13起和15起银行危机。第二次世界大战之后，发达国家和较大新兴经济体的银行危机数大幅下降，然而，除了葡萄牙以外，其他国家也都发生了银行危机。如果算上2008年的金融危机，这种大幅下降就没那么显著了。所以，虽然可以说发达国家已逐步走出了主权债务不断违约和恶性通货膨胀（20%以上）的历史，但截至目前还不能说从根本上远离银行危机。实际上，表10-1～表10-4说明，尽管近些年主权债务违约危机在发达国家和新兴市场之间截然不同，但银行危机的发生几乎是旗鼓相当。需要注意的是，随着小型、较不发达的经济体金融市场的发展，银行危机发生的频率在升高。㊀

表10-3 银行危机发生次数：非洲和亚洲，截至2008年

| 国　家 | 自独立或1800年以来银行危机的次数 | 自独立或1945年以来银行危机的次数 | 国　家 | 自独立或1800年以来银行危机的次数 | 自独立或1945年以来银行危机的次数 |
| --- | --- | --- | --- | --- | --- |
| 非洲 | | | 津巴布韦 | 1 | 1 |
| 阿尔及利亚 | 1 | 1 | 亚洲 | | |
| 安哥拉 | 1 | 1 | 中国 | 10 | 1 |
| 中非共和国 | 2 | 2 | 印度① | 6 | 1 |
| 科特迪瓦 | 1 | 1 | 印度尼西亚 | 3 | 3 |
| 埃及 | 3 | 2 | 日本 | 8 | 2 |
| 肯尼亚 | 2 | 2 | 韩国 | 3 | 3 |
| 毛里求斯 | 1 | 1 | 马来西亚 | 2 | 2 |
| 摩洛哥 | 1 | 1 | 缅甸 | 1 | 1 |
| 尼日利亚 | 1 | 1 | 菲律宾 | 2 | 2 |
| 南非① | 6 | 2 | 新加坡 | 1 | 1 |
| 突尼斯 | 1 | 1 | 斯里兰卡 | 1 | 1 |
| 赞比亚 | 1 | 1 | 泰国 | 2 | 2 |

①南非的计算期间为1850～2008年，印度的计算期间为1800～2008年。
资料来源：作者的计算；Kaminsky和Reinhart（1999）；Bordo等人（2001）；Caprio等人（2005）；以及Jácome（2008）。也见数据附录。

㊀ 我们此前已承认，尽管做了最大努力，我们对不发达国家金融危机的统计可能仍不全面，尤其是早些年的。

表 10-4 银行危机发生次数：欧洲、拉美、北美和大洋洲，截至2008年

| 国 家 | 自独立或1800年以来银行危机的次数 | 自独立或1945年以来银行危机的次数 | 国 家 | 自独立或1800年以来银行危机的次数 | 自独立或1945年以来银行危机的次数 |
|---|---|---|---|---|---|
| **欧洲** | | | 巴西 | 11 | 3 |
| 奥地利 | 3 | 1 | 智利 | 7 | 2 |
| 比利时 | 10 | 1 | 哥伦比亚 | 2 | 2 |
| 丹麦 | 10 | 1 | 哥斯达黎加 | 2 | 2 |
| 芬兰 | 5 | 1 | 多米尼加共和国 | 2 | 2 |
| 法国 | 15 | 1 | 厄瓜多尔 | 2 | 2 |
| 德国 | 8 | 2 | 萨尔瓦多 | 2 | 2 |
| 希腊 | 2 | 1 | 危地马拉 | 3 | 2 |
| 匈牙利 | 2 | 2 | 洪都拉斯 | 1 | 1 |
| 意大利 | 11 | 1 | 墨西哥 | 7 | 2 |
| 荷兰 | 4 | 1 | 尼加拉瓜 | 1 | 1 |
| 挪威 | 6 | 1 | 巴拿马 | 1 | 1 |
| 波兰 | 1 | 1 | 巴拉圭 | 2 | 1 |
| 葡萄牙 | 5 | 0 | 秘鲁 | 3 | 1 |
| 罗马尼亚 | 1 | 1 | 乌拉圭 | 5 | 2 |
| 俄罗斯 | 2 | 2 | 委内瑞拉 | 2 | 2 |
| 西班牙 | 8 | 2 | **北美洲** | | |
| 瑞典 | 5 | 1 | 加拿大 | 8 | 1 |
| 土耳其 | 2 | 2 | 美国 | 13 | 2 |
| 英国 | 12 | 4 | **大洋洲** | | |
| **拉丁美洲** | | | 澳大利亚 | 3 | 2 |
| 阿根廷 | 9 | 4 | 新西兰 | 1 | 1 |
| 玻利维亚 | 3 | 3 | | | |

注：对于1800年之前独立的国家，计算的期间为1800～2008年。
资料来源：作者的计算；Kaminsky 和 Reinhart（1999）；Bordo 等人（2001）；Caprio 等人（2005）；以及 Jácome（2008）。

表10-5 和表10-6 按照地区归纳了银行危机的次数和发生危机的年数占比，表10-5 自1800 年开始（该表只反映独立后的危机次数，这是新兴市场危机累积次数较低的原因），表10-6 用1945 年以后的数据。

表 10-5 银行危机年数占比和次数归纳：1800（或自独立）～2008 年

| 地区或分组 | 自独立或 1800 年以来处于银行危机的年数占比（%） | 银行危机的次数 |
| --- | --- | --- |
| 非洲 | 12.5 | 1.7 |
| 亚洲 | 11.2 | 3.6 |
| 欧洲 | 6.3 | 5.9 |
| 拉丁美洲 | 4.4 | 3.6 |
| 阿根廷、巴西和墨西哥 | 9.2 | 9.0 |
| 北美洲 | 11.2 | 10.5 |
| 大洋洲 | 4.8 | 2.0 |
| 发达国家 | 7.2 | 7.2 |
| 新兴市场国家 | 8.3 | 2.8 |

注：发达国家包括日本、北美洲、大洋洲以及除下列欧洲新兴市场国家之外的所有欧洲国家。新兴市场国家包括非洲、除日本外的亚洲国家以及欧洲新兴市场国家（匈牙利、波兰、罗马尼亚、俄罗斯和土耳其）。

资料来源：基于表 10-1～表 10-4。

表 10-6 银行危机年数占比和次数归纳：1945（或自独立）～2008 年

| 地区或分组 | 自独立或 1945 年以来处于银行危机的年数占比（%） | 银行危机的次数 |
| --- | --- | --- |
| 非洲 | 12.3 | 1.3 |
| 亚洲 | 12.4 | 1.8 |
| 欧洲 | 7.1 | 1.4 |
| 拉丁美洲 | 9.7 | 2.0 |
| 阿根廷、巴西和墨西哥 | 13.5 | 3.0 |
| 北美洲 | 8.6 | 1.5 |
| 大洋洲 | 7.0 | 1.5 |
| 发达国家 | 7.0 | 1.4 |
| 新兴市场国家 | 10.8 | 1.7 |

注：发达国家包括日本、北美洲、大洋洲以及除下列欧洲新兴市场国家之外的所有欧洲国家。新兴市场国家包括非洲、除日本外的亚洲国家以及欧洲新兴市场国家（匈牙利、波兰、罗马尼亚、俄罗斯和土耳其）。

资料来源：基于表 10-1～表 10-4。

无论按1800年以来计算（见表10-5）还是按1945年以来计算（见

表10-6），平均而言，在发达国家和新兴市场之间，并未见银行危机发生频率和次数有什么显著不同，也就是说，两类国家都无法幸免于银行危机。实际上，在第二次世界大战之前，与低收入小国相比，发达国家由于金融体系较为发达，更容易发生银行危机。[1]当然，也可以认为，小国外债的债权人是发达国家的银行，所以其外债违约会引发金融体系较发达国家发生国内银行危机。

## 银行危机、资本流动和金融自由化

图10-1显示，资本自由流动与银行危机之间存在极强的相关性，这一点印证了现代危机理论的说法。在国际资本流动自由度较高的时期，国际银行危机也反复爆发，不仅在我们熟知的20世纪90年代如此，历史上也概莫能外。该图列出了所有发生银行危机的3年移动平均的国家个数，见右轴。左轴是按照奥布斯特菲尔德和泰勒的设计原理[2]，将数据更新后倒推回整个样本期间画出的资本流动指数。Obsfeld-Taylor指数虽然也存在不足，但我们觉得其基于实际数据强调了资本流动的复杂事实，是个比较准确的归纳。

卡明斯基和莱因哈特对1970年以来危机和金融自由化之间的关系做了正规的经验分析。[3]在他们研究的26起银行危机中，有18起危机在发生前5年内进行了金融部门自由化。20世纪八九十年代，很多自由化都伴随着程度不一的金融危机。只有为数很少的国家（例如加拿大）平稳地度过了自由化。卡明斯基和莱因哈特特别指出，以金融自由化为条件的危机发生概率要高于无条件概率。Demirgüç-Kunt和Detragiache用多元Logit回归模型对1980～1995年53个国家的数据进行了研究，发现金融自由化因素对

---

[1] 更准确地说，发达国家平均经历了7.2次危机，而新兴市场国家平均经历2.8次。
[2] 参见Obstfeld和Taylor（2004）。
[3] 参见Kaminsky和Reinhart（1999）。

银行部门稳定性有单独的负面影响，对各类不同的样本该分析结果都显著成立。㊀

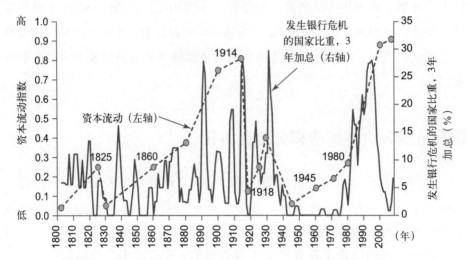

图 10-1　资本流动和银行危机的发生：所有国家，1800～2008 年

注：样本包括所有国家（即使有些国家并不在核心样本 66 个国家和地区中）。银行危机发生时点的完整列举见数据附录 A.3 和数据附录 A.4。左轴是对资本流动指数的更新显示，我们承认有些主观性，但是是对各种复杂因素的概括。虚线是奥布斯菲尔德和泰勒（2004）给出的资本流动指数，并用相同的原则推出了 1800～1859 年的情况。

资料来源：Kaminsky 和 Reinhart（1999），Bordo 等（2001），Obstfeld 和 Taylor（2004），Capiro 等（2005），以及作者的计算结果。

卡普里奥和克林格比尔研究提出的证据颇具代表性，他们认为，放松管制与银行危机之间紧密相关，这是由于金融自由化期间缺乏有效监管导致的。㊁发达国家和新兴市场均存在这一问题。21 世纪以来，尽管美国自满地做出"这次不一样"的解释，但仍无一例外，因为金融创新也是自由化进程的一个变种。

---

㊀ 参见 Demirgüç-Kunt 和 Detragiache（1998），对北欧国家金融自由化和深入讨论也请参见 Drees 和 Pazarbasioglu（1998）。

㊁ 参见 Caprio 和 Klingebiel（1996）。

## 资本洪流、信贷周期和资产价格

本节考察各国、各地和各时期银行危机所具有的普遍性。主要研究国际资本流动、信贷和资产价格（尤其是房价和股价）周期中体现出的共同特征。

### 资本洪流和银行危机

导致银行危机的一个普遍原因是持续的资本流入，莱因哈特称之为"资本洪流"（capital flow bonanza）。他给资本洪流的定义勾勒了一个标准（大体体现为几年中 GDP 的一定百分比），给出了 1960～2006 年（按国别排列）的"洪流"期，并分析了资本洪流期与银行危机之间的联系。㊀他使用的危机数据见数据附录 A.3。㊁

可以在银行危机和资本洪流发生时期计算两个因国而异的概率：一是银行危机的无条件概率；二是在资本洪流发生年份的前三年和后三年发生银行危机的概率，即银行危机的条件概率。如果资本洪流使得一国更容易发生危机，条件概率 P（危机 | 洪流）就要高于危机的无条件概率 P（危机）。

在莱因哈特的研究中，关于银行危机的部分结果见表 10-7。㊂原表按三组（全部国家、高收入国家、中低收入国家）显示了具体的条件概率和无条件概率。以发生资本洪流为前提条件的银行危机概率高于无条件概率。表 10-7 的最底下一行给出了 P（危机 | 洪流）≥ P（危机）的国家个数占比，说明资本洪流导致银行危机的普遍性。大多数国家（61%）体现出在资本洪流期更容易出现银行危机。如果把 2007 年以后的危机列入其中，该比例会更高。（很多在

---

㊀ 在定义资本洪流时，莱因哈特（2009）用了一个公式，对各国做了相同的处理，但也对各国经常项目之间的巨大差异做了灵活体现。与卡明斯基和莱因哈特（1999）类似，他们为各国选用了相同的资本洪流标准（本例是样本的 20 分位数）。用这一标准，可把文献中提及的大多数为人所知的情形都涵盖在内，但如果把"常见的"经常项目恶化也作为资本洪流，这一标准就是不完整的。由于发生频率的分布在各国间显著不同，使用相同的标准导致各国的具体数值差异较大。例如，在相对较封闭的印度，定义资本洪流的标尺为经常项目赤字超过 GDP 的 1.8%。而在国际贸易更为普遍的马来西亚，对应的标尺为 6.6%。

㊁ 莱因哈特对货币、债务和通货膨胀危机进行了对比分析。

㊂ 参见 Reinhart 和 Reinhart（2009）。

近两三年经历严重危机的国家，其经常项目赤字在危机前都持续较高，包括冰岛、爱尔兰、西班牙、英国和美国等发达国家）。

表 10-7　资本洪流期是否更容易导致银行危机，1960～2007 年

| 指　　标 | 国家比例 |
| --- | --- |
| 银行危机发生的概率 | |
| 基于资本洪流的条件概率（三年窗口期） | 18.4 |
| 无条件概率 | 13.2 |
| 两者差异 | 5.2[①] |
| 条件概率大于无条件概率国家的比例 | 60.9 |

注：窗口期包括资本洪流期的前三年（见 Reinhart 和 Reinhart（2008，表 2））、资本洪流期发生年份（如果连续发生的话则为几年）以及事件发生后三年。
①表明在 1% 置信水平上的显著性。
资料来源：Reinhart 和 Reinhart（2009，表 2 和表 4）以及作者的计算。

这些关于资本洪流的研究结论也与其他关于信贷周期实证研究的一般性结论一致。门多萨和泰隆尼斯用与上述截然不同的方法研究了发达经济体和新兴市场经济体的信贷周期问题，发现新兴市场经济体在发生信贷扩张之前，往往会有大量的资本流入。他们所下的结论是，尽管并非所有的信贷扩张都会导致金融危机，但很多新兴市场发生危机之前的确存在信贷扩张现象。他们在研究中认为信贷扩张与资产价格攀升有关，这个问题我们下边再讨论。㊀

## 股价、房价周期与银行危机

在本节中，我们对资产价格泡沫和银行危机问题做了文献综述，并用新的数据将分析扩展到新兴市场的房价分析，其中也涵盖了 2008 年发达经济体正在经历的危机。

路人皆知的美国房地产泡沫被认为是当前全球金融危机的罪魁祸首，这场泡沫从 2005 年年末起就出现了消退迹象。但所发生的第二次大紧缩并

㊀ 参见 Mendoza 和 Terrones（2008）。也参见 Kaminsky 和 Reinhart（1999）的研究，他们研究了银行危机和货币危机中私营部门获得的真实信贷情况。

不是历史独有的现象。在先前的研究文献中，我们整理了发达国家第二次世界大战后发生的所有银行危机中真实房价的变化轨迹，其中特别着重分析"五大危机"（即 1977 年西班牙危机、1987 年挪威危机、1991 年芬兰和瑞典危机，以及 1992 年的日本危机）。㊀危机情形清晰可辨：真实房价的大涨，接下来危机发生，在危机当年市场大幅下跌，并随后维持跌势几年。博尔多和詹妮研究了 1970～2001 年发达国家的情况，发现银行危机往往爆发于真实房价的最高点或紧随房价崩塌发生。㊁耶德鲁普对挪威 19 世纪 90 年代至 1993 年发生的三起银行危机与房价崩溃之间的关系进行了有说服力的阐释。㊂

表 10-8 列示了发达和新兴经济体中与主要银行危机伴随的房价下跌程度和持续时间。就发达国家而言，银行危机与房价周期之间的关系已体现在很多我们先前的研究和大量其他研究中，但对于新兴市场经济体而言，关于房价走势与其主要银行危机之间的关系，这还是第一次找到系统性的证据。此处涉及 1997～1998 年经历亚洲金融危机的"六大经济体"（印度尼西亚、韩国、马来西亚、菲律宾、泰国，以及受打击严重的中国香港）。

表 10-8 真实房价周期与银行危机

| 国家和地区 | 危机年份 | 峰　值 | 谷　底 | 衰退持续期 | 下跌幅度（%） |
| --- | --- | --- | --- | --- | --- |
| 发达国家：五大危机 | | | | | |
| 芬兰 | 1991 | 1989：Q2 | 1995：Q4 | 6 | -50.4 |
| 日本 | 1992 | 1991：Q1 | 进行中 | 进行中 | -40.2 |
| 挪威 | 1987 | 1987：Q2 | 1993：Q1 | 5 | -41.5 |
| 西班牙 | 1977 | 1978 | 1982 | 4 | -33.3 |
| 瑞典 | 1991 | 1990：Q2 | 1994：Q4 | 4 | -31.7 |
| 亚洲国家和地区：六大危机 | | | | | |
| 中国香港 | 1997 | 1997：Q2 | 2003：Q2 | 6 | -58.9 |
| 印度尼西亚 | 1997 | 1994：Q1 | 1999：Q1 | 5 | -49.9 |
| 马来西亚 | 1997 | 1996 | 1999 | 3 | -19.0 |

㊀ 参见 Reinhart 和 Rogoff（2008b）。所示年份是危机起始年份。
㊁ 参见 Bordo 和 Jeanne（2002）。
㊂ 参见 Gerdrup（2003）。

（续）

| 国家和地区 | 危机年份 | 峰值 | 谷底 | 衰退持续期 | 下跌幅度（%） |
|---|---|---|---|---|---|
| 菲律宾 | 1997 | 1997：Q1 | 2004：Q3 | 7 | −53.0 |
| 韩国① | 1997 | | 2001：Q2 | 4 | −20.4 |
| 泰国 | 1997 | 1995：Q3 | 1999：Q4 | 4 | −19.9 |
| **其他新兴市场国家** | | | | | |
| 阿根廷 | 2001 | 1999 | 2003 | 4 | −25.5 |
| 哥伦比亚 | 1998 | 1997：Q1 | 2003：Q2 | 6 | −51.2 |
| **历史危机** | | | | | |
| 挪威 | 1898 | 1899 | 1905 | 6 | −25.5 |
| 美国 | 1929 | 1925 | 1932 | 7 | −12.6 |
| **21世纪危机** | | | | | |
| 匈牙利 | 2008 | 2006 | 进行中② | 进行中 | −11.3 |
| 冰岛 | 2007 | 2007年11月 | 进行中 | 进行中 | −9.2 |
| 爱尔兰 | 2007 | 2006年10月 | 进行中 | 进行中 | −18.9 |
| 西班牙 | 2007 | 2007：Q1 | 进行中 | 进行中 | −3.1 |
| 英国 | 2007 | 2007年10月 | 进行中 | 进行中 | −12.1 |
| 美国 | 2007 | 2005年12月 | 进行中 | 进行中 | −16.6 |

①数据期太短不足以标示峰值。
②此表制于2008年。
资料来源：国际清算银行以及各国的数据列示在数据附录A.1和数据附录A.2中。

新兴市场经济体中的其他危机包括2001～2002年阿根廷大危机和1998年哥伦比亚危机，这些危机造成了20世纪20年代初开始国民收入账户统计以来最严重的衰退。在21世纪危机部分，我们把匈牙利与发生房地产泡沫的发达国家（冰岛、爱尔兰、西班牙、英国和美国）放在了一起。⊖

表10-8中的统计反映了两个特点：一是无论发达还是新兴市场经济体，其真实房价周期一般都持续4～6年⊖；二是银行危机期间真实房价从最高点到最低点的下跌幅度在新兴市场经济体和发达经济体之间差别不明显。考虑到新兴市场的很多宏观经济时间序列数据都体现出巨幅的波动性，这一对比

⊖ 很难做历史对比，因为很多真实房价都只有近代的数据。但是我们在其中仍涵盖了两个历史时期：一是美国大萧条时期；二是世纪之交的挪威危机时期（1898年）。
⊖ 参见Ceron和Suarez（2006），其中提到危机的平均持续期为6年。

结果就显得有些令人吃惊，因此引起了多方对此的研究兴趣。[1]可以肯定的是，通过对比分析银行危机发生期间的房价涨跌，强力支持的第一个结论就是，银行危机对发达经济体和新兴市场经济体的威胁是机会均等的。

金融危机后发生房价的持续下跌与真实股价的走势形成鲜明对照，如图 10-2 所示，其下跌和回升的走势更呈现出 V 形特征。（图示只反映新兴市场，但我们在第五部分会详细介绍，发达国家的股价走势也体现了类似的 V 形特征。）

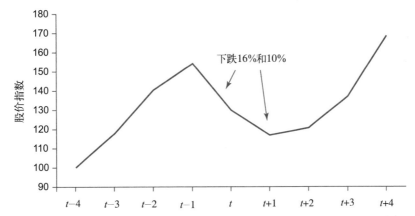

图 10-2　真实股价与银行危机：新兴市场的 40 次危机，1920～2007 年

注：40 次危机中的 4 次发生于第二次世界大战前（1921～1929）。发生危机之年用 $t$ 表示，将 $t-4$ 时的股份指数设为 100。

资料来源：全球金融数据（n.d.）以及作者的计算结果。

图 10-2 反映了危机前四年至危机后四年的走势。很显然，股价一般在银行危机发生之前一年达到顶峰，随着危机来临股价下跌持续两三年，在新兴市场则持续到危机后一年。一般在危机发生三年后股价反弹回升告一段落，此时真实股价平均而言要高于危机前的峰值。但是，日本在危机发生后却是个例外，因为该国股价在危机后只反弹到比危机前水平低得多的点位，而且随后又逐级下探。

---

㊀ 例如，Agénor 等（2000）的研究显示，新兴市场的产出和真实消费具有更高的波动性；Kaminsky、Reinhart 和 Végh（2003）提出，新兴市场经济体的政府真实开支振幅比发达经济体高几个数量级。

我们可以猜测，主要银行危机如此旷日持久，一个原因在于房地产市场持续处于谷底，这一点与"纯粹的股市崩盘"不同。例如，1987年10月的黑色星期一，以及2001年发生的科技股泡沫破灭，股价跌一下就反弹了。㊀

## 金融业存在产能过剩泡沫吗

菲利蓬分析了美国金融服务业（含保险业）的扩张情况，发现在1976～1985年，金融服务业占GDP的比重平均为4.9%，而到了1996～2005年则提高到7.5%。㊁在其研究文章中，他提出，这一上升是不可持续的，占GDP比重很可能会缩减1个百分点。随着次贷危机的爆发，金融业在2008～2009年缩水的比例远不止这些。金融业在银行危机前的暴涨和危机后的暴跌对美国来说不是头一回，也不止发生在美国。

图10-3显示了大萧条前后美国的银行数目。或许股价和房价泡沫也延伸到银行的数目上，危机前金融机构数量的攀升和危机后的缩减在其他银行危机中也很明显，尤其是在危机前实行了金融自由化的经济体。

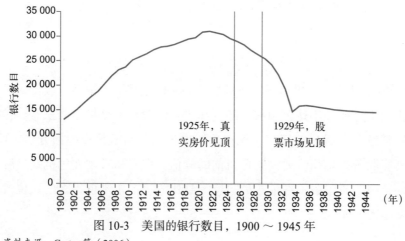

图10-3 美国的银行数目，1900～1945年

资料来源：Carter等（2006）。

㊀ 这一判断也与房价比股价更具惯性的判断相吻合。
㊁ 参见Philippon（2007）。

## 反思金融危机的财政后果

看一看银行危机给财政和经济增长带来的后果,我们也发现发达国家和新兴市场国家之间存在惊人的类似。对财政后果的分析与此前的文献研究结论尤其存在巨大分野,此前的文献几乎都集中讨论政府所花费的"救助成本"。但我们认为,这种成本很难计算,我们反而更关注中央政府的财政成本,即银行危机之后所累积的巨额债务。我们可以做得到,因为可以使用丰富的跨国数据库来获得每年的债务信息,这也体现了本书的研究特点,此前几章中已对这些数据展开过分析。这些数据显示出,在危机爆发时债务的增长有多么厉害。

### 难以捉摸的救助成本

如前所述,关于银行危机的文献多集中讨论政府救助给财政造成的最终成本(例如,请参见弗里德尔的研究以及挪威央行(Norges Bank)出版的各种文章)。㊀但是,各种不同研究方法之间对救助成本的估计都有很大差异,如果用不同的时间跨度来计算财政影响,各个时间的研究结论大不相同,弗里德尔也强调了这个观点。㊁

表10-9列举了几乎每个地区、无论是发达经济体还是新兴经济体,为人所熟知的银行危机带来的救助成本估计数值,并列出估计值的上限和下限。

表 10-9 创造性的会计?银行危机的救助成本(%)

| 国家,开始年份 | 救助成本估计值占 GDP 之比 | | |
|---|---|---|---|
| | 上限 | 下限 | 差距 |
| 阿根廷,1981 | 55.3 | 4.0 | 51.3 |
| 智利,1981 | 41.2 | 29.0 | 12.2 |
| 加纳,1982 | 6.0 | 3.0 | 3.0 |
| 日本,1992 | 24.0 | 8.0 | 16.0 |
| 挪威,1987 | 4.0 | 2.0 | 2.0① |
| 菲律宾,1984 | 13.2 | 3.0 | 10.2 |

㊀ 参见 Frydl(1999)和 Norges Bank(2004),或参见 Sanhueza(2001)、Hoggarth 等(2005),以及 Caprio 等(2005)。

㊁ 在衡量买卖收益来确定外汇干预有效性的研究中也存在类似的问题。研究结论很大程度上取决于所选用的时间窗口跨度以及对融资成本的假设。参见 Neely(1995)。

(续)

| 国家，开始年份 | 救助成本估计值占 GDP 之比 | | |
|---|---|---|---|
| | 上限 | 下限 | 差距 |
| 西班牙，1977 | 16.8 | 5.6 | 11.2 |
| 瑞典，1991 | 6.4 | 3.6 | 2.8 |
| 美国（储贷协会危机），1984 | 3.2 | 2.4 | 0.8 |

① Norges Bank（2004）认为挪威政府最终竟从银行重组中获得了微弱的利润。
资料来源：Frydl（1999）以及其中引用的数据。

这些估计值之间的差异巨大，参差不齐。发达国家自第二次世界大战以来的"五大危机"中，日本和西班牙的救助成本相差较多，分别是 GDP 的 16% 和 11%。根据韦尔（Vale）的研究，如果把危机后的时间窗口延长，所计算出的成本与估计上限出入更大。研究表明，由于后来卖掉了国有化的银行股权，挪威政府还从银行危机处置中获得了微弱的盈利。○

我们认为，研究中普遍采用的集中于救助成本的粗略估计是不全面的，也容易造成误导。之所以说它容易误导，是因为在估计时，并没有普遍接受的统一方法；之所以说它不全面，是因为银行危机造成的财政后果范围远远超出直接发生的救助成本。财政后果主要是危机给政府收入带来的重大不利冲击（几乎所有危机都有这种后果），有时还要考虑为应对危机而采取大规模财政刺激方案产生的成本。

### 危机后的经济增长

现有的实证研究文献都指出，大多数银行危机，尤其是系统性危机都会造成经济衰退。在这些研究中，关于危机对一些关键变量，如家庭和政府债务、财政融资等的影响则涉及不多。○图 10-4 把发达经济体的产出作为一组，把发生"五大危机"国家（日本、北欧国家和西班牙）的产出作为另一组进行对比。图 10-5 应用该方法对比分析了第二次世界大战后新型经济体的银行

○ 参见 Vale（2004）。
○ 例如，参见 Frydl（1999）、Kamingsky 和 Reinhart（1999），尤其是 Rajan 等（2008）。这些研究用微观数据，对银行危机后信贷渠道影响产出的情况做了分析。我们发现，Barro 和 Ursúa（2008）所研究的产出崩溃案例，几乎所有都与银行危机相关。

危机。如前,这里 $t$ 表示危机发生的年份。有意思的是,经济增长在深度下滑之后,会有一个快速的反弹,这方面新兴经济体比发达经济体更为明显。关于银行危机对长期增长的影响不是本书所研究的内容(描述银行危机何时结束太难了,而这里所称的经济增长其含义又太复杂)。但是,这种后危机的形态却值得重视,因为经济增长(本身就很重要)对财政预算、政府债务和金融危机的成本及其后果的影响不可小觑。

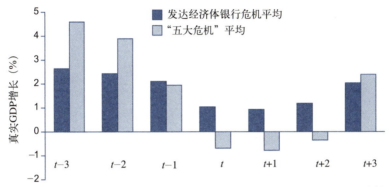

图 10-4　人均真实 GDP(基于购买力平价计算)与银行危机:发达经济体

注:历次银行危机见数据附录 A.3。危机发生之年用 $t$ 表示。

资料来源:Maddison(2004);国际货币基金《世界经济展望》(各年);Total Economy Database(2008),以及作者的计算结果。

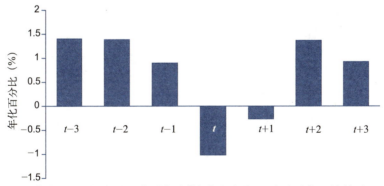

图 10-5　人均真实 GDP(基于购买力平价计算)与银行危机:新兴市场经济体(112 次危机)

注:历次银行危机见数据附录 A.3 和数据附录 A.4。危机发生之年用 $t$ 表示。

资料来源:Maddison(2004);国际货币基金(各年)《世界经济展望》;Total Economy Database(2008),以及作者的计算结果。

## 救助成本之外：危机对收入和债务的冲击

自从第二次世界大战以来，面对系统性银行危机，无论是发达经济体还是新兴市场经济体，最常用的政策应对措施就是对银行部门开展救助，成败各异。救助手段包括：购买问题银行的不良资产、让其他稳健的机构并购问题银行、政府直接收购问题银行，或几种方式的组合。在很多情况下，这些措施都会造成严重的财政后果，尤其是在危机发生之初。但是，正如我们一再强调的那样，银行危机对资产市场（特别是房地产价格）和实体经济的影响是有滞后效应的，且迁延不愈。毫无疑问，政府收入会受到严重的负面冲击。

如前所述，一些文献研究了银行危机对经济活动的负面冲击情况，但关于危机对政府财政，特别是税收收入下滑的直接影响就鲜有涉及。图10-6列举了我们保存有完整财政收入数据的1800～1944年、86次银行危机之前三年、危机中、危机之后三年的年度财政收入增长情况。⊖

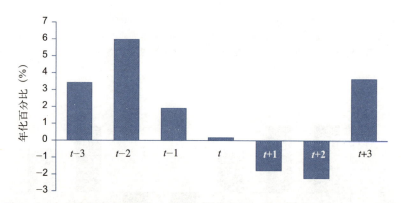

图10-6 中央政府真实财政收入增长与银行危机：所有国家，1800～1944年

注：本图表明，收入受危机影响下滑并不是新闻。中央政府收入用CPI平减。我们拥有收入数据的是1800～1940年的86次银行危机。危机发生之年用 t 表示。

资料来源：收入数据来自于Mitchell（2003a, 2003b）。各国的价格数据见于Reinhart和Rogoff（2008a）。

---

⊖ 财政收入（来自Mitchell, 2003a, 2003b）经由消费者物价指数（CPI）平减，这些数据的来源参见数据附录A.2，按国别和时间段列出。

自第二次世界大战以来的 138 次银行危机的对比情况见图 10-7。第二次世界大战前和第二次世界大战后的样本所反映的形态并不完全相同,但高度类似。在银行危机之前的年份里,政府年度财政收入增长势头非常强劲;在危机当年急速恶化,并在危机之后的几年里持续下滑。在第二次世界大战前的危机样本中,财政收入下滑平均持续两年,在第二次世界大战后则持续下滑三年。

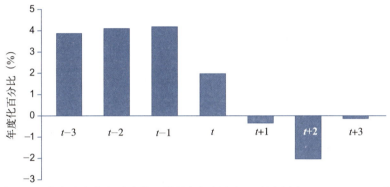

图 10-7　中央政府真实财政收入增长与银行危机:所有国家,1945 ~ 2007 年

注:本图表明,关于危机后公共债务激增的原因,救助成本上升只是其中之一。中央政府收入用 CPI 平减。我们拥有收入数据的是 1945 ~ 2008 年发生的 138 次银行危机。危机发生之年用 $t$ 表示。

资料来源:收入数据来自于 Mitchell(2003a,2003b)。各国的价格数据见于 Reinhart 和 Rogoff(2008a)。

## 新兴市场和发达经济体同样经受财政收入损失

发达国家和新兴市场因危机经受财政收入损失的程度非常一致,该结论又一次让人吃惊。图 10-8 显示的是发达国家样本中因银行危机导致的财政收入下降,浅色部分单独列出是"五大危机"国家的情况。一般而言,财政收入增速自危机起始后第三年探底回升。发达经济体更依赖刺激计划来提振经济活动,如日本在 20 世纪 90 年代所经历的大规模基础设施开支,这方面体现得最为明显。新兴市场经济体则不具备负债空间,且更依赖国际资本市场获得融资,常使其在逆周期财政政策方面捉襟见肘。但是,这两类国家的税收收入受到危机的影响却并无二致。图 10-9 显示的是整个样本中的发展中国家收入在银行危机期间的下降情况。收入的平均下滑情况与"五大危机"国家相当类似,只不过收入复苏要更快一些,这一点与前一节提到的经济增速回升较快是一致的。

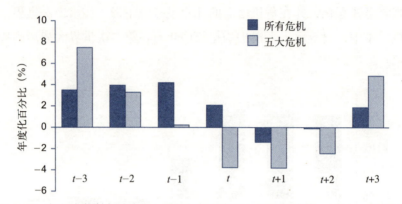

图10-8　中央政府真实财政收入增长与银行危机:发达经济体,1815～2007年

注:中央政府收入用CPI平减。危机发生之年用 $t$ 表示。

资料来源:收入数据来自于Mitchell(2003a, 2003b)。各国的价格数据见于Reinhart和Rogoff(2008a)。

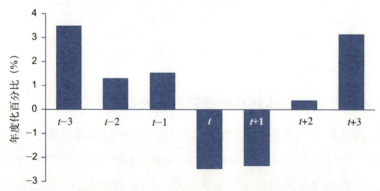

图10-9　中央政府真实财政收入增长与银行危机:新兴市场经济体,1873～2007年

注:本图表明,收入的下降使债务增加。中央政府收入用CPI平减。危机发生之年用 $t$ 表示。

资料来源:收入数据来自Mitchell(2003a, 2003b)。各国的价格数据见数据附录A.1。

## 银行危机过后的政府债务增长

为了大致估计出危机对政府财政的冲击有多大,我们使用中央政府债务的历史数据,这些数据的汇编见数据附录 A.2。如前所述,这些数据仅仅勾勒了部分情况,了解这一点很重要,因为整个国家,不仅是中央政府,包括州、地方在内的各级政府都会受到金融危机的冲击。而且一般而言,危机中政府所担保的债务也会大幅增长,而这并未反映在中央政府的债务中。

有了这样的思想准备,再看看图 10-10。该图列举了战后发达国家和新兴市场的一些主要危机之后的政府债务积累情况。

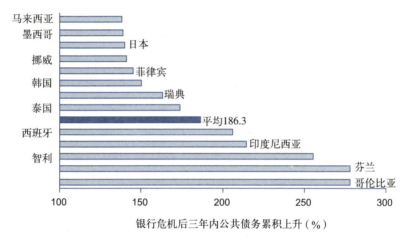

图 10-10 几次战后主要危机引起的公共债务变化情况

注:危机发生之年的债务余额设定为 100(只包括中央政府债务)。
资料来源:Reinhart 和 Rogoff(2008c)。

总体来看,与危机相伴的对银行部门的救助、财政收入的缩减、财政刺激计划的实施等都表明,在已有的政府债务基础上,财政赤字都在扩大,这一点不足为奇。让人感到吃惊的是债务增长的速度。如果令危机时($t$)的债务余额等于 100,平均而言,危机三年后真实债务余额将上升到 186。也就是说,真实债务余额几乎增加一倍。㊀在危机的影响下,政府债务的增长在发达国家和新兴市场都很明显且幅度很大。可以说,银行危机的真正遗产是公共

---

㊀ 实际上,在一些实例中,如日本,债务的累积持续长达十几年,故以三年为界大大低估了危机对债务产生的长期后果。

债务激增——大大超过人们普遍关注的巨额直接救助成本。㊀（很明显，如前所述，公共债务的增长当然取决于一系列政治和经济因素，包括应对政策的有效性、造成危机的初始实际经济冲击的剧烈程度等。然而，普遍存在的政府债务大幅增长着实令人震惊。）

## 落难中生存：一些观察结论

国家或许可以避免主权债务违约的连续发生，也可以避免接连发生恶性通货膨胀（至少在很长时期内也会有所缓和），奥地利、法国、西班牙以及其他国家的经历都说明了这一点。但是，历史告诉我们，要想彻底避免银行和金融危机的再次发生，那简直是天方夜谭。关于这一事实，无须援引 2007 年金融危机就可以得到证明。在我们研究所用的 66 个国家和地区的样本中，只有奥地利、比利时、葡萄牙、荷兰幸免于 1945～2007 年发生金融危机。但在 2008 年，这四个国家中的三个也开展了大规模救助。

实际上，肇始于 2007 年美国次贷危机的金融危机浪潮推翻了学术界、市场人士和决策层此前关于金融危机的看法，他们曾认为金融危机要么已成明日黄花，要么只发生于波动剧烈的新兴市场。"这次不一样"综合征在美国症状不轻。美国一度普遍认为，信息科技产业带来的生产率增长，为股票市场市盈率大大高于历史时期提供了可能性。㊁这种幻觉随着 2001 年 IT 股泡沫的破灭也烟消云散了。但是，这种过度行为很快在一个不同的市场以不同的面目又一次再现。次级按揭贷款证券化的发展，以及德国、日本等国家对这些投资工具的偏好，使人们认为房价将会持久攀升。新的幻觉认为"这次不一样"，因为现在有新市场、新工具、新的贷款人。尤其是，人们认为金融工程

---

㊀ 注意到，图 10-10 给出的是债务的变化百分比，而不是债务占 GDP 比率的变化百分比，这样做是为了避免因危机造成 GDP 的大幅下跌造成数字扭曲。但是，如果看债务占 GDP 比率，也差不多。这里的计算用的是中央政府的债务数据。

㊁ Barro（2009）的分析认为，一个重要的问题在于，使市场流动性发生突变的银行危机，会在多大程度上放大资产价格效应。

技术能够按投资者的偏好定制风险暴露，从而使风险得到控制。同时，衍生产品合约也能为各种对冲提供可能。现在我们都知道这种幻觉的后果了。我们将在第 13～16 章具体研究本轮金融危机。

总之，历史经验显示，发达国家并不像一些人所鼓吹的那么"特殊"，在管理资本流入方面并没有过人之处，尤其在银行危机上更是无能为力。本书研究所参考的庞大的新数据库包含了一些主要新兴市场的房价数据，也包括大多数国家一个世纪以前的政府财政收入和国内债务数据，很多国家的数据时间更长。让人惊奇的是，不仅银行危机发生的频率和持续的时间在发达国家和中等收入国家之间基本类似，关于危机之前和危机之后的各种定量分析结果之间也是相似的。很明显的例子是，对两类国家而言，金融危机之后住房真实价格下跌持续的时间通常都是四年或以上，而且下跌幅度也具有可比性。一个令人震惊的发现在于，很多国家都在金融危机起始时期经历了债务的大幅上升，中央政府债务的真实价值在危机头三年平均提高了 86%。

本章强调了系统性银行危机伴随的巨额衰退成本。但是，需要指出的是，在银行危机理论中（在本章开篇简要介绍过），这被视为一种放大机制，而不是一种外生的因果机制。当一国经历了一次负面冲击，如因生产率下降、战争爆发或政治社会动荡导致，银行往往受到影响。贷款的违约率会大幅攀升。银行因公众信心丧失和集中挤兑而备受打击，银行倒闭也会频繁发生。而银行的倒闭又会导致信贷紧缩。尚能维持经营的银行可能无法轻易提供倒闭银行此前所提供的信贷产品，因为贷款，尤其是向中小企业的贷款通常需要专门的知识和客户关系的维护。银行倒闭、贷款紧缩则进一步加深了经济衰退，导致更多的信贷违约和银行倒闭，如此循环往复。

现代经济对复杂的金融体系产生了深度依赖，当银行体系不能发挥作用时，经济增长就会大受影响甚至停滞。这就是为什么大规模银行倒闭会对经济造成如此大破坏的原因，也是危机中的国家（如 20 世纪 90 年代的日本）不能修复其金融体系而在衰退中挣扎并经年无法走出困境的原因。

关于为什么银行倒闭会加剧经济衰退问题，有很多成熟的理论。我们在这里所做的经验分析并没有说银行是唯一的原因。我们在这里列举了银行危机中出现的房地产和股票价格的崩溃情况，这种情况即使在没有银行危机的情况下也会造成严重的负面冲击。我们将在第16章研究此类危机，以及其他关于通货膨胀、汇率危机和国内外债务危机，这些危机通常与银行危机伴随冲击实体经济，尤其在严重的危机中更是如此。因此，我们在这里说明的是，严重的银行危机会导致深度、持续的衰退，我们需要进一步研究其中的因果关系，更重要的是确定政策出台的优先顺序。与银行危机伴随的衰退总是十分严重，而且具有很多共性，这一事实将是研究人员在未来解密银行危机过程的重要出发点。

| 第 11 章 |

# 通过货币减值的违约:"旧世界"的偏爱

尽管在 20 世纪初纸币广泛应用之后,通货膨胀才真正成为一个普遍和长期的问题,但是从金属货币的历史中我们可以知道,政府在很久以前就已经通过各种方式从流通货币中"榨取铸币税"了。主要的方式是降低硬币的金属含量,要么通过使用廉价的金属,要么通过重铸硬币并以相同的面值发行金属含量更小的硬币。现代的货币印刷只是用更先进的技术和更有效的办法来实现相同的目的。[⊖]

在整个有记载的历史时期,国王、皇帝及其他统治者都使用创造性的方式来逃避、废弃债务。温克勒记载了一段非常有趣的早期违约史,它始于公元前 4 世纪希腊叙拉古的暴君狄奥尼西奥斯。[⊖] 狄奥尼西奥斯用期票的方式向他的臣民借款,并颁布法令规定所有流通中的现金都要上交给政府,违者将被处死。在汇集了所有的硬币后,他将每一德拉克马(希腊货币单位)硬币标记为两德拉克马,并用所得的收益偿还债务。虽然我们没有这一时期的数据,但是从标准的价格理论可以推断,在狄奥尼西奥斯的骗局之后总体价格水平必将大幅飙升。事实上,假定其他因素保持不变(包括产出),经典的货币理论认为货币供应量翻倍时价格水平将上升一倍,这意味着通货膨胀率达

---

⊖ 见 Sargent 和 Velde(2003);Ferguson(2008)为货币的早期起源提供了很有见地的讨论。
⊜ 见 Winkler(1928)。

到100%。实际上，假定在货币供应量翻倍的同时，金融混乱以及不确定性打击叙拉古并使其产出下降，通货膨胀水平还可能更高。

至于这一创新是否有先例我们不得而知。但是我们知道，狄奥尼西奥斯的例子包含了在惊人的历史规律中发现的几个基本要素。首先，通货膨胀一直是国内主权债务违约的有力武器，而且在可能的情况下也是国际债务违约的武器。其次，政府在制造违约方面极具创造性。再次，君主具备对其臣民的强制力以帮助其顺利地实现国内债务违约，而这在国际债务中一般是不可能的。即便在现代，很多国家也对那些违反资本账户和货币限制的人施加严厉的惩罚。最后，政府会进行大量的货币扩张，这一方面是由于它们能够因此获得对实际货币余额的铸币税（通过稀释居民所持有货币的价值，并发行更多的货币满足其需求），同时它们也想降低甚至消除未偿还公共债务的实际价值。正如第8章所述，尽管国内债务的违约渠道非常明显，但是由于无法获得数据，它在很多危机中都被忽略了。

对经济学家来说，英国亨利八世在削减其王国硬币的金属含量方面如同砍王后的脑袋一样知名。尽管他继承其父亨利七世的巨额财富，甚至没收了教会的财产，但他仍然发现自己迫切地需要资金，以至于他采取了巨幅的货币减值。货币减值始于1542年，一直持续到1547年亨利统治结束，并在其继任者爱德华六世时期延续下来。在该时期，英镑的银含量累计下降了83%。⊖（需要注意的是，货币减值是指硬币的金含量或银含量减少；相反，通货膨胀衡量的是购买力。在一个不断增长的经济体中，政府也可能在不降低购买力的条件下缓慢地减值货币，因为随着交易成本的增加公众将需要更多的货币。）

表11-1和表11-2显示了1258～1799年纸币发展之前和19世纪向纸币的"过渡"时期，大量欧洲国家货币减值的时间及规模。它们显示出君主在通过货币减值实施通货膨胀的货币政策方面取得了惊人的成功。英国在1551年使其货币的银含量降低了50%，瑞典在1572年使其货币银含量降低了41%，土耳其在1586年使其货币银含量降低了44%。由于为战争融资，1798年俄国卢布减值了14%。每个表的第三列都显示了货币的长期累计减值幅度，它

---

⊖ 见MacDonald（2006）。

表 11-1　1258～1799 年欧洲通过货币减值进行的征用

| 国家 | 覆盖期限 | 货币银含量累计下跌的幅度（%） | 最大的货币减值（%）及年份 | | 发生货币减值（银含量降低）的年份占比（%） | |
|---|---|---|---|---|---|---|
| | | | | | 总体 | 大于等于 15% |
| 奥地利，维也纳十字币 | 1371～1499 | −69.7 | −11.1 | 1463 | 25.8 | 0.0 |
| | 1500～1799 | −59.7 | −12.5 | 1694 | 11.7 | 0.0 |
| 比利时，hoet | 1349～1499 | −83.8 | −34.7 | 1498 | 7.3 | 3.3 |
| | 1500～1799 | −56.3 | −15.0 | 1561 | 4.3 | 0.0 |
| 法国，图尔城里弗 | 1258～1499 | −74.1 | −56.8 | 1303 | 6.2 | 0.4 |
| | 1500～1789 | −78.4 | −36.2 | 1718 | 14.8 | 1.4 |
| 德国 | | | | | | |
| 巴伐利亚－奥格斯堡芬尼 | 1417～1499 | −32.2 | −21.5 | 1424 | 3.7 | 1.2 |
| | 1500～1799 | −70.9 | −26.0 | 1685 | 3.7 | 1.0 |
| 法兰克福芬尼 | 1350～1499 | −14.4 | −10.5 | 1404 | 2.0 | 0.0 |
| | 1500～1798 | −12.8 | −16.4 | 1500 | 2.0 | 0.3 |
| 意大利，佛罗伦萨里拉 | 1280～1499 | −72.4 | −21.0 | 1320 | 5.0 | 0.0 |
| | 1500～1799 | −35.6 | −10.0 | 1550 | 2.7 | 0.0 |
| 荷兰 | | | | | | |
| 　佛兰德铜币 | 1366～1499 | −44.4 | −26.0 | 1488 | 13.4 | 5.2 |
| | 1500～1575 | −12.3 | −7.7 | 1526 | 5.3 | 0.0 |
| 　荷兰盾 | 1450～1499 | −42.0 | −34.7 | 1496 | 14.3 | 6.1 |
| | 1500～1799 | −48.9 | 15.0 | 1560 | 4.0 | 0.0 |
| 葡萄牙，里斯 | 1750～1799 | 25.6 | −3.7 | 1766 | 34.7 | |
| 俄国，卢布 | 1761～1799 | −42.3 | −14.3 | 1798 | 44.7 | 0.0 |
| 西班牙 | | | | | | |
| 　纽卡斯提尔金币 | 1501～1799 | −62.5 | −25.3 | 1642 | 19.8 | 1.3 |
| 　巴伦西亚第纳尔 | 1351～1499 | −7.7 | −2.9 | 1408 | 2.0 | 0.0 |
| | 1500～1650 | −20.4 | −17.0 | 1501 | 13.2 | 0.7 |
| 瑞典，mark ortug | 1523～1573 | −91.0 | −41.4 | 1572 | 20.0 | 12.0 |
| 土耳其，阿克折 | 1527～1799 | −59.3 | −43.9 | 1586 | 10.5 | 3.1 |
| 英国，便士 | 1260～1499 | −46.8 | −20.0 | 1464 | 0.8 | 0.8 |
| | 1500～1799 | −35.5 | −50.0 | 1551 | 2.3 | 1.3 |

资料来源：Allen 和 Unger（2004）以及数据附录 A.1 中其他资料。

表 11-2  19 世纪欧洲通过货币减值进行的征用

| 国家 | 覆盖期限 | 货币银含量累计下跌的幅度（%） | 最大的货币减值（%）及年份 | | 发生货币减值（银含量降低）的年份占比（%） | |
|---|---|---|---|---|---|---|
| | | | | | 总体 | 大于等于 15% |
| 奥地利 | 1800～1860 | −58.3 | −55.0 | 1812 | 37.7 | 11.5 |
| 德国 | 1800～1830 | −2.2 | −2.2 | 1816 | 3.2 | 0.0 |
| 葡萄牙 | 1800～1855 | −12.8 | −18.4 | 1800 | 57.1 | 1.8 |
| 俄国 | 1800～1899 | −56.6 | −41.3 | 1810 | 50.0 | 7.0 |
| 土耳其 | 1800～1899 | −83.1 | −51.2 | 1829 | 7.0 | 7.0 |
| 英国 | 1800～1899 | −6.1 | −6.1 | 1816 | 1.0 | 0.0 |

资料来源：Allen 和 Unger（2004）及数据附录 A.1 中其他资料。

们往往高于 50% 甚至更多。表 11-2 显示了 19 世纪欧洲国家的统计数字：幅度最大的包括 1810 年俄国 57% 的减值，以及 1812 年奥地利 55% 的减值，两者都与拿破仑战争所带来的经济压力相关。在 1829 年，土耳其使其硬币的含银量降低了 51%。

图 11-1 显示了我们早期样本中欧洲货币银含量的等权重平均数（包括俄国和土耳其），其中持续减值的模式非常明显。图 11-2 显示了我们所谓的"法币化进程"，并表明现代通货膨胀和货币减值并不像有些人所认为的不同。（回顾前述章节我们可以得知，法币没有任何内在价值，它之所以存在大量的需求，是因为政府通过法律规定其他货币不能用做交易标的。）

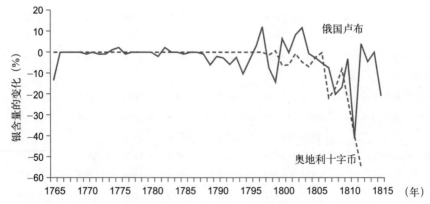

图 11-1  1765～1815 年拿破仑战争时期，奥地利和俄国货币银含量的变化

资料来源：Allen 和 Unger（2004）及数据附录 A.1 中其他资料。

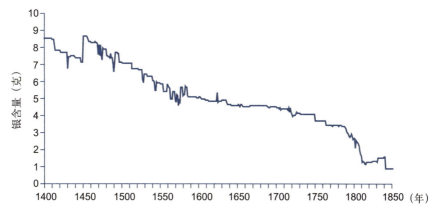

图 11-2　1400～1850 年欧洲的法币化进程，10 个国家货币的平均含银量

注：如果一个国家存在不止一种货币（以西班牙为例，它同时存在纽卡斯提尔金币和巴伦西亚第纳尔），我们就计算简单平均数。注意拿破仑战争从 1803 年持续至 1815 年。在 1812 年，奥地利的货币减值 55%。

资料来源：Allen 和 Unger（2004）及数据附录 A.1 中其他资料。

在金融危机机制已经变得更宏大和处于过度之际，花如此多的笔墨于货币减值可能会显得过量。但是货币减值的经验阐释了很多重要的结论。当然，它表明通货膨胀和违约并不是什么新东西，只不过是使用了不同的工具而已。更重要的是，从金属货币到纸币的转换提供了一个重要的例子，它表明技术进步并不会产生全新的金融危机，但是它使危机更加恶化，就像历史上技术进步持续地提升战争的杀伤力一样。最后，我们对货币减值的分析强化了以下观点，即今天的发达国家也经历了正在困扰很多发展中国家的违约、通货膨胀及减值等问题。

| 第 12 章 |

# 通货膨胀与现代货币危机

如果说连续违约是一个国家经历新兴市场发展阶段时的常态，那么陷入极高通货膨胀的倾向则是一个更引人注目的共同点㊀。历史上，没有一个新兴市场国家能够成功逃脱高通货膨胀，包括美国（1779年其通货膨胀率接近200%）。

当然，外债违约、国内债务违约和通货膨胀问题都是紧密相关的。一个选择对其债务违约的政府，在维护本国货币价值方面并不足信。货币创造和债务的利息成本都进入政府的预算约束，而且在遭遇融资危机时，君主通常会攫取任何以及所有的资金来源。

在本章中，我们首先将纵览整个通货膨胀跨国数据集。就我们所知，与此前所有的数据相比，它涵盖了更多的高通货膨胀危机和更多的国家。随后，我们将分析汇率危机，它与高通货膨胀危机紧密相关。在大多数情况下，高通货膨胀和汇率危机是政府滥用其自称的货币发行垄断权的结果。在本章的最后一部分，我们将分析在高通货膨胀之后，这种货币（有时是更广泛的支付体系）的垄断权如何因为另一种硬通货的广泛使用或指数化，或"美元化"而受到侵蚀。就像银行危机对经济存在持续的不良影响一样，高通货膨胀也是如此。

---

㊀ Végh（1992）以及Fischer等人（2002）的著作是现代通货膨胀危机文献分析的必备读物。

我们从通货膨胀和汇率危机的历史分析中得到一个重要的发现，即各国摆脱高且波动的通货膨胀历史非常困难。事实上，摆脱高通货膨胀历史与摆脱连续违约历史存在很强的相似性，而且两者经常交织在一起。

## 早期通货膨胀危机史

虽然表 11-1 和表 11-2 列示了一些惊人的货币减值，但是毫无疑问，印刷机的问世使通货膨胀率上升到一个全新的水平。图 12-1 显示了 1500～2007 年样本中所有国家通货膨胀率的中位值（我们使用 5 年移动平均数来平滑周期及测量误差）。该图显示了在整个历史期间明显的通货膨胀倾向（当然，商业周期、作物歉收等因素也经常导致通货紧缩）。但是从 20 世纪开始，通货膨胀剧烈地攀升至峰值。（尽管对法国和英国等国，我们拥有 14 世纪的通货膨胀数据，但是为了进行更广泛、更统一的比较，此处我们从 1500 年开始。）

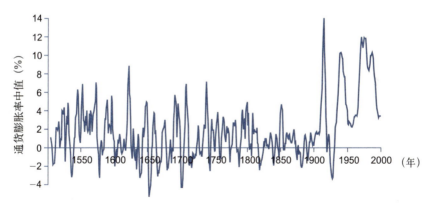

图 12-1　1500～2007 年所有国家通货膨胀率中值的五年移动平均值
资料来源：由于覆盖较长的期限和大量的国家，消费者物价指数（或生活成本指数）从很多不同的资料来源得来。它们按国家和时期列示在数据附录 A.1 中。

在本章的三张表中，我们将分析各国几个世纪的通货膨胀数据。表 12-1 显示了 16～18 世纪的一系列货币数据。令人惊奇的是，该时期每一个亚洲和欧洲国家在很多年中通货膨胀率都高于 20%，而且大多数国家多年的通货膨胀率高于40%。以韩国为例，它的数据开始于1743年，一直到1800年，韩国在近一半的时间里通货膨胀率都高于20%，在近1/3的时间里通货膨胀率都高于40%。波兰也经历了类似的情况，其数据可以追溯到1704年。即便英国也在5%的时间里通货膨胀率超过20%，其数据可以回溯到1501年（该数字可能出现低估，因为在第二次世界大战期间通货膨胀率的官方数据及其短期影响通常被认为远低于实际发生值）。早在与西班牙的独立战争之前，拉丁美洲的新世界殖民地都经历了频繁的高通货膨胀。

表12-1　1500～1799年亚洲、欧洲以及"新世界"由通货膨胀引发的违约

| 国家 | 覆盖期限 | 通货膨胀率超过以下比率的年份占比（%） | | 恶性通货膨胀次数① | 最大年通货膨胀率（%） | 通货膨胀达到峰值的年份 |
| --- | --- | --- | --- | --- | --- | --- |
| | | 20% | 40% | | | |
| **亚洲** | | | | | | |
| 中国 | 1639～1799 | 14.3 | 6.2 | 0 | 116.7 | 1651 |
| 日本 | 1601～1650 | 34.0 | 14.0 | 0 | 98.9 | 1602 |
| 韩国 | 1743～1799 | 43.9 | 29.8 | 0 | 143.9 | 1787 |
| **欧洲** | | | | | | |
| 奥地利 | 1501～1799 | 8.4 | 6.0 | 0 | 99.1 | 1623 |
| 比利时 | 1501～1799 | 25.1 | 11.0 | 0 | 185.1 | 1708 |
| 丹麦 | 1749～1799 | 18.8 | 10.4 | 0 | 77.4 | 1772 |
| 法国 | 1501～1799 | 12.4 | 2.0 | 0 | 121.3 | 1622 |
| 德国 | 1501～1799 | 10.4 | 3.4 | 0 | 140.6 | 1622 |
| 意大利 | 1501～1799 | 19.1 | 7.0 | 0 | 173.1 | 1527 |
| 荷兰 | 1501～1799 | 4.0 | 0.3 | 0 | 40.0 | 1709 |
| 挪威 | 1666～1799 | 6.0 | 0.8 | 0 | 44.2 | 1709 |
| 波兰 | 1704～1799 | 43.8 | 31.9 | 0 | 92.1 | 1762 |
| 葡萄牙 | 1729～1799 | 19.7 | 2.8 | 0 | 83.1 | 1757 |
| 西班牙 | 1501～1799 | 4.7 | 0.7 | 0 | 40.5 | 1521 |
| 瑞典 | 1540～1799 | 15.5 | 4.1 | 0 | 65.8 | 1572 |
| 土耳其 | 1586～1799 | 19.2 | 11.2 | 0 | 53.4 | 1621 |
| 英国 | 1501～1799 | 5.0 | 1.7 | 0 | 39.5 | 1587 |
| **"新世界"** | | | | | | |
| 阿根廷 | 1777～1799 | 4.2 | 0.0 | 0 | 30.8 | 1780 |
| 巴西 | 1764～1799 | 25.0 | 4.0 | 0 | 33.0 | 1792 |

(续)

| 国家 | 覆盖期限 | 通货膨胀率超过以下比率的年份占比（%） | | 恶性通货膨胀次数[①] | 最大年通货膨胀率（%） | 通货膨胀达到峰值的年份 |
| --- | --- | --- | --- | --- | --- | --- |
| | | 20% | 40% | | | |
| 智利 | 1751～1799 | 4.1 | 0.0 | 0 | 36.6 | 1763 |
| 墨西哥 | 1742～1799 | 22.4 | 7.0 | 0 | 80.0 | 1770 |
| 秘鲁 | 1751～1799 | 10.2 | 0.0 | 0 | 31.6 | 1765 |
| 美国 | 1721～1799 | 7.6 | 4.0 | 0 | 192.5 | 1779 |

①此处恶性通货膨胀定义为年通货膨胀率达到 500% 或更高（这不是传统的 Cagan 定义）。
资料来源：由于覆盖较长的期限和大量的国家，消费者物价指数（或生活成本指数）是从很多不同的资料来源得来。它们按国家和时期列示在数据附录 A.1 中。

## 现代通货膨胀危机：区域比较

表 12-2 分析了 13 个非洲国家和 12 个亚洲国家及地区在 1800～2007 年的表现。南非、中国香港和马来西亚在抵御高通货膨胀方面有着良好的记录，但南非的记录可以追溯至 1896 年，而中国香港和马来西亚的记录却只能分别追溯至 1948 年和 1949 年[㊀]。

表 12-2 1800～2007 年亚洲和非洲由通货膨胀引发的违约

| 国家及地区 | 覆盖期限 | 通货膨胀率超过以下比率的年份占比（%） | | 恶性通货膨胀次数[①] | 最大年通货膨胀率（%） | 通货膨胀达到峰值的年份 |
| --- | --- | --- | --- | --- | --- | --- |
| | | 20% | 40% | | | |
| 亚洲 | | | | | | |
| 阿尔及利亚 | 1879 | 24.1 | 12.0 | 0 | 69.2 | 1947 |
| 安哥拉 | 1915 | 53.3 | 44.6 | 4 | 4 416.0 | 1996 |
| 中非共和国 | 1957 | 4.0 | 0.0 | 0 | 27.7 | 1971 |
| 科特迪瓦 | 1952 | 7.3 | 0.0 | 0 | 26.0 | 1994 |
| 埃及 | 1860 | 7.5 | 0.7 | 0 | 40.8 | 1941 |
| 肯尼亚 | 1949 | 8.3 | 3.3 | 0 | 46.0 | 1993 |
| 毛里求斯 | 1947 | 10.0 | 0.0 | 0 | 33.0 | 1980 |
| 摩洛哥 | 1940 | 14.9 | 4.5 | 0 | 57.5 | 1947 |
| 尼日利亚 | 1940 | 22.6 | 9.4 | 0 | 72.9 | 1995 |

㊀ 表 12-2 中很多国家的日期包括独立之前，如马来西亚。

（续）

| 国家及地区 | 覆盖期限 | 通货膨胀率超过以下比率的年份占比（%） | | 恶性通货膨胀次数① | 最大年通货膨胀率（%） | 通货膨胀达到峰值的年份 |
|---|---|---|---|---|---|---|
| | | 20% | 40% | | | |
| 南非 | 1896 | 0.9 | 0.0 | 0 | 35.2 | 1919 |
| 突尼斯 | 1940 | 11.9 | 6.0 | 0 | 72.1 | 1943 |
| 赞比亚 | 1943 | 29.7 | 15.6 | 0 | 183.3 | 1993 |
| 津巴布韦 | 1920 | 23.3 | 14.0 | 进行中 | 66 000 | |
| 亚洲 | | | | | | |
| 中国大陆 | 1800 | 19.3 | 14.0 | 3 | 1 579.3 | 1947 |
| 中国香港 | 1948 | 1.7 | 0.0 | 0 | 21.7 | 1949 |
| 印度 | 1801 | 7.3 | 1.5 | 0 | 53.8 | 1943 |
| 印度尼西亚 | 1819 | 18.6 | 9.6 | 1 | 939.8 | 1966 |
| 日本 | 1819 | 12.2 | 4.8 | 1 | 568.0 | 1945 |
| 韩国 | 1800 | 35.3 | 24.6 | 0 | 210.4 | 1951 |
| 马来西亚 | 1949 | 1.7 | 0.0 | 0 | 22.0 | 1950 |
| 缅甸 | 1872 | 22.2 | 6.7 | 0 | 58.1 | 2002 |
| 菲律宾 | 1938 | 11.6 | 7.2 | 0 | 141.7 | 1943 |
| 新加坡 | 1949 | 3.4 | 0.0 | 0 | 23.5 | 1973 |
| 中国台湾 | 1898 | 14.7 | 11.0 | 0 | 29.6 | 1973 |
| 泰国 | 1821 | 14.0 | 7.5 | 0 | 78.5 | 1919 |

①此处恶性通货膨胀定义为年通货膨胀率达到500%或更高（这不是传统的Cagan定义）。

资料来源：由于覆盖较长的期限和大量的国家及地区，消费者物价指数（或生活成本指数）是从很多不同的资料来源得来。它们按国家（及地区）和时期列示在数据附录A.1中。

但是，大多数非洲和亚洲国家都经历了一波比一波高的通货膨胀。那种认为亚洲国家能够免于拉美式高通货膨胀的观念，和20世纪90年代末亚洲金融危机之前认为亚洲国家能够免于违约危机的观念一样天真。旧中国在1947年发生了超过1 500%的通货膨胀⊖，印度尼西亚1966年的通货膨胀率超过900%。即便是亚洲"小虎经济"，新加坡和中国台湾在20世纪70年代初也发生了远高于20%的通货膨胀。

非洲拥有一个更糟糕的记录或许并不为怪。安哥拉1996年的通货膨胀

---

⊖ 中国于12世纪和13世纪发生了由纸币引起的高通货膨胀（示例见Fischer等人（2002））。这些危机也包含在我们的数据集中。

率超过4 000%，到2007年为止，津巴布韦的通货膨胀率已经升至66 000%，使其在通货膨胀记录上超越了刚果共和国（一个与国际资本市场脱钩的贫穷的发展中国家，不包括在我们的样本中，自1970年以来已经发生了3起恶性通货膨胀事件）㊀。而且在2008年，津巴布韦的通货膨胀率看起来变得更糟。

最后，表12-3列示了欧洲、拉丁美洲、北美洲和大洋洲国家1800～2008年的通货膨胀率。欧洲的经验包括Cagan所研究的战后大型恶性通货膨胀㊁。但是，即便撇开恶性通货膨胀，波兰、俄国（苏联、俄罗斯）和土耳其等国家也在大部分时间里发生了高通货膨胀。在当代，我们可能并不认为北欧国家会产生大规模的通货膨胀问题，但是它们在此前也发生了高通货膨胀。例如，1812年挪威的通货膨胀率达152%，1800年丹麦的通货膨胀率达48%，而1918年瑞典的通货膨胀率达36%。拉丁美洲国家第二次世界大战后的通货膨胀史尤为壮观，如表12-3所示，在20世纪80年代和90年代它们发生了多次和平时期的恶性通货膨胀。但是，从世界性的和历史性的视角来看，拉丁美洲欠佳的表现并不特别。

表12-3　1800～2008年欧洲、拉丁美洲、北美洲和大洋洲由通货膨胀引发的违约

| 国家 | 覆盖期限 | 通货膨胀率超过以下比率的年份占比（%） | | 恶性通货膨胀次数① | 最大年通货膨胀率（%） | 通货膨胀达到峰值的年份 |
|---|---|---|---|---|---|---|
| | | 20% | 40% | | | |
| 欧洲 | | | | | | |
| 奥地利 | 1800 | 20.80 | 12.10 | 2 | 1 733.00 | 1922 |
| 比利时 | 1800 | 10.10 | 6.80 | 0 | 50.60 | 1812 |
| 丹麦 | 1800 | 2.10 | 0.50 | 0 | 48.30 | 1800 |
| 芬兰 | 1861 | 5.50 | 2.70 | 0 | 242.00 | 1918 |
| 法国 | 1800 | 5.80 | 1.90 | 0 | 74.00 | 1946 |
| 德国 | 1800 | 9.70 | 4.30 | 2 | 2.22E+10 | 1923 |
| 希腊 | 1834 | 13.30 | 5.20 | 4 | 3.02E+10 | 1944 |
| 匈牙利 | 1924 | 15.70 | 3.60 | 2 | 9.63E+26 | 1946 |
| 意大利 | 1800 | 11.10 | 5.80 | 0 | 491.40 | 1944 |
| 荷兰 | 1800 | 1.00 | 0.00 | 0 | 21.00 | 1918 |
| 挪威 | 1800 | 5.30 | 1.90 | 0 | 152.00 | 1812 |
| 波兰 | 1800 | 28.00 | 17.40 | 2 | 51 699.40 | 1923 |

㊀ 见Reinhart和Rogoff（2002）。

㊁ 见Cagan（1956）。

（续）

| 国　家 | 覆盖期限 | 通货膨胀率超过以下比率的年份占比（%） | | 恶性通货膨胀次数① | 最大年通货膨胀率（%） | 通货膨胀达到峰值的年份 |
|---|---|---|---|---|---|---|
| | | 20% | 40% | | | |
| 葡萄牙 | 1800 | 9.70 | 4.30 | 0 | 84.20 | 1808 |
| 俄国（苏联、俄罗斯） | 1854 | 35.70 | 26.40 | 8 | 13 534.70 | 1923 |
| 西班牙 | 1800 | 3.90 | 1.00 | 0 | 102.10 | 1808 |
| 瑞典 | 1800 | 1.90 | 0.00 | 0 | 35.80 | 1918 |
| 土耳其 | 1800 | 20.50 | 11.70 | 0 | 115.90 | 1942 |
| 英国 | 1800 | 2.40 | 0.00 | 0 | 34.40 | 1800 |
| 拉丁美洲 | | | | | | |
| 阿根廷 | 1800 | 24.60 | 15.50 | 4 | 3 079.50 | 1989 |
| 玻利维亚 | 1937 | 38.60 | 20.00 | 2 | 11 749.60 | 1985 |
| 巴西 | 1800 | 28.00 | 17.90 | 6 | 2 947.70 | 1990 |
| 智利 | 1800 | 19.80 | 5.80 | 0 | 469.90 | 1973 |
| 哥伦比亚 | 1864 | 23.80 | 1.40 | 0 | 53.60 | 1882 |
| 哥斯达黎加 | 1937 | 12.90 | 1.40 | 0 | 90.10 | 1982 |
| 多米尼加共和国 | 1943 | 17.20 | 9.40 | 0 | 51.50 | 2004 |
| 厄瓜多尔 | 1939 | 36.80 | 14.70 | 0 | 96.10 | 2000 |
| 萨尔瓦多 | 1938 | 8.70 | 0.00 | 0 | 31.90 | 1986 |
| 危地马拉 | 1938 | 8.70 | 1.40 | 0 | 41.00 | 1990 |
| 洪都拉斯 | 1937 | 8.60 | 0.00 | 0 | 34.00 | 1991 |
| 墨西哥 | 1800 | 42.50 | 35.70 | 0 | 131.80 | 1987 |
| 尼加拉瓜 | 1938 | 30.40 | 17.40 | 6 | 13 109.50 | 1987 |
| 巴拿马 | 1949 | 0.00 | 0.00 | 0 | 16.30 | 1974 |
| 巴拉圭 | 1949 | 32.80 | 4.50 | 0 | 139.10 | 1952 |
| 秘鲁 | 1800 | 15.50 | 10.70 | 3 | 7 481.70 | 1990 |
| 乌拉圭 | 1871 | 26.50 | 19.10 | 0 | 112.50 | 1990 |
| 委内瑞拉 | 1832 | 10.30 | 3.40 | 0 | 99.90 | 1996 |
| 北美洲 | | | | | | |
| 加拿大 | 1868 | 0.70 | 0.00 | 0 | 23.80 | 1917 |
| 美国 | 1800 | 1.00 | 0.00 | 0 | 24.00 | 1864 |
| 大洋洲 | | | | | | |
| 澳大利亚 | 1819 | 4.80 | 1.10 | 0 | 57.40 | 1854 |
| 新西兰 | 1858 | 0.00 | 0.00 | 0 | 17.20 | 1980 |

①此处恶性通货膨胀定义为年通货膨胀率达到500%或更高（这不是传统的Cagan定义）。

资料来源：由于覆盖较长的期限和大量的国家，消费者物价指数（或生活成本指数）是从很多不同的资料来源得来。它们按国家和时期列示在数据附录A.1中。

就连加拿大和美国也都各自发生了一次通货膨胀率超过 20% 的事件。尽管在 18 世纪之后美国的通货膨胀率就再没有达到过三位数，但是 1864 年内战期间它确实达到 24%。（当然，在内战期间南部邦联的货币达到过三位数的通货膨胀，但最终分离出来的州都失败了。）加拿大的通货膨胀率也在 1917 年达到 24%。在整个表 12-3 中，我们看到只有新西兰和巴拿马没有发生过超过 20% 的通货膨胀，尽管 1980 年新西兰的通货膨胀率达到 17%，1974 年巴拿马的通货膨胀率达到 16%。

正如债务违约的情况一样，从极高通货膨胀的角度看，2001 年全球衰退后的几年被证明是通货膨胀的相对平静期，尽管一些国家确实也发生了问题（包括阿根廷、委内瑞拉和津巴布韦）⊖。很多观察家遵循与外债违约同样的逻辑，得出结论说"这次不一样"，而且通货膨胀不会再发生。我们当然赞同我们对中央银行架构和货币政策的理解取得了重要的进展，尤其在拥有一个独立的、高度关注通货膨胀稳定性的中央银行重要性方面。但是，如同债务违约的情况一样，经验表明平静期并不会无限延长。

图 12-2 从非洲、亚洲、欧洲和拉丁美洲四个洲，分别显示了 1800～2007 年任一给定年份发生通货膨胀危机（定义为年通货膨胀率大于或等于 20%）国家的比例。没有一个地区拥有特别纯净的通货膨胀史。与其他地区相比，第二次世界大战后非洲和拉丁美洲发生高通货膨胀的频率更高，而且这一趋势在 20 世纪 80 年代和 90 年代得到了强化。世界范围内的通货膨胀低潮仍然是独特的：在 21 世纪头十年末期金融危机之后，特别是随着政府债务的累积以及财政"空间"（推行财政刺激计划的能力）的侵蚀，通货膨胀是否再次发生，特别是是否会有大批的新兴市场国家主权违约，这些都有待观察。

---

⊖ 2008 年，阿根廷官方公布的通货膨胀率为 8%，而可靠的估计应该是 26%。

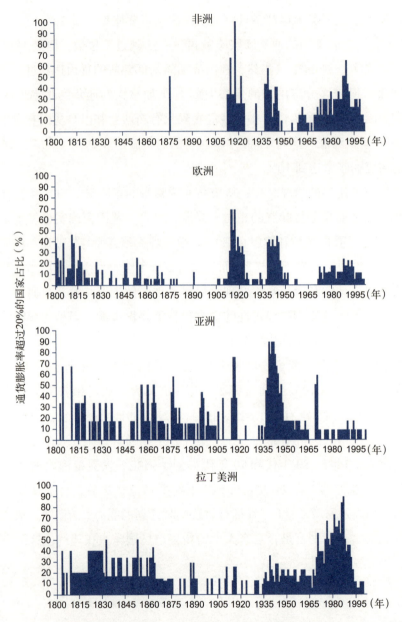

图12-2 1800～2007年非洲、亚洲、欧洲和拉丁美洲年通货膨胀率超过20%国家的比例

资料来源：由于覆盖较长的期限和大量的国家，消费者物价指数（或生活成本指数）从很多不同的资料来源得来。它们按国家和时期列示在数据附录A.1中。

## 货币危机

在讨论了货币减值和通货膨胀危机之后,在该阶段进行大量的汇率危机讨论看起来有些多余。我们关于汇率的数据库几乎和价格数据库一样充足,特别是在考虑到银本位汇率时。尽管此处我们不对数据做详细分析,但是一个更具系统性的数据集分析将会发现,总体而言,在绝大部分跨时期和跨国的危机中,通货膨胀危机和汇率危机通常一起发生(这一联系在长期遭受通货膨胀的国家中尤为紧密,汇率变动最大化地传递到价格中)。

当我们分析汇率行为时,我们可以看到最惊人的证据可能来自于拿破仑战争时期,该时期汇率的不稳定上升至一个"前无古人后无来者"(其后近100年)的水平。这在图12-3和图12-4中得到很充分的说明,前者描述了货币贬值峰值发生的频率,而后者则显示了通货膨胀率的中位值。这些图也展现了近代明显更高的货币危机发生频率和更大的中值变动。考虑到著名的墨西哥(1994)、亚洲(1997)、俄罗斯(1998)、巴西(1999),以及阿根廷(2001)等汇率危机,这种表现一点也不奇怪。

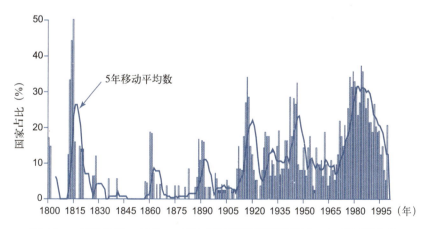

图12-3 货币危机:1800～2002年货币贬值幅度超过15%的国家占比

注:图左边的峰值是在拿破仑战争时期,它从1799年持续至1815年。

资料来源:主要的资料来源于《全球金融数据》(未注明日期)以及Reinhart和Rogoff(2008a),但是大量其他数据源列示于数据附录A.1中。

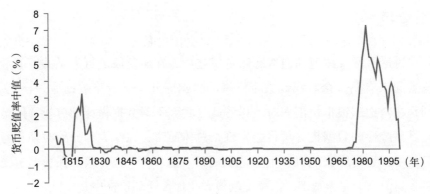

图 12-4　1800～2002 年所有国家年货币贬值率中值的 5 年移动平均数

注：图左边的峰值是在拿破仑战争时期，它从 1799 年持续至 1815 年。

资料来源：主要的资料来源于《全球金融数据》（未注明日期）以及 Reinhart 和 Rogoff（2008a），但是大量其他数据源列示于数据附录 A.1 中。

## 高通货膨胀和货币危机的后果

　　面临持续高通货膨胀的国家往往会发生美元化，即发生巨大的货币转换，并使用外币作为交易媒介、记账单位和价值储藏手段。从实践的角度看，这可能意味着利用外国硬通货进行贸易，或者更普遍地将银行账户、债券和其他金融资产与外币挂钩（在我们与 Savastano 合作的文章中称为"债务美元化"）⊖。在很多情况下，持续的美元化是高通货膨胀的一项长期成本，即便政府努力防范也无济于事。很明显，滥用货币发行以及支付清算体系垄断权的政府，将会发现后果往往是这种垄断权变得更难以实现。降低美元化并重新获得货币政策的控制权，往往是不断攀升的通货膨胀过后反通货膨胀政策的主要目标之一。然而，"去美元化"可能会非常困难。在这一简短的章节中，我们将研究这一重要的货币现象。

　　成功的反通货膨胀一般不会伴随着美元化程度的大幅降低。事实上，图 12-5a 表明，在超过一半的危机中，反通货膨胀政策末期的美元化程度与

---

⊖ 见 Reinhart、Rogoff 和 Savastano（2003b）。

通货膨胀峰值时期一样高。而且在其他大部分时期，美元化的下降程度通常很低。这种美元化的持续性与基于更狭义的国内美元化研究所发现的"滞后现象"一致。在这种情况下，滞后现象是指美元化国家在货币转换初始原因减弱后的很长一段时间里都持续保持美元化的趋势。

美元化的持续性是一个与这些国家的通货膨胀历史相关的规律性事件。事实上，与拥有良好通货膨胀历史的国家相比，那些在过去几十年间重复发生高通货膨胀的国家在20世纪90年代末经历了更高程度的美元化（见图12-5b）。把图12-5中的通货膨胀率（无条件）理解成货币政策可信度的粗略度量，有助于我们理解为什么实现低通货膨胀通常并不是美元化程度快速降低的充分条件，即拥有一个糟糕的通货膨胀历史的国家需要长期维持低通货膨胀率，直到能够显著降低下一轮通货膨胀发生的可能性⊖。这是一个与一国从债务不耐中升级时所面临的困难相类似的问题。

我们也发现，一国当前的美元化水平与该国的汇率历史相关。在拥有高通货膨胀历史的国家，平行市场汇率和普遍的外汇管制已经成为普遍现象而

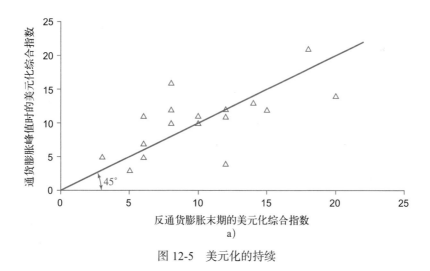

图 12-5 美元化的持续

---

⊖ 随后的章节详细分析了国内美元化程度大幅降低国家的经验，包括在反通货膨胀的环境下。

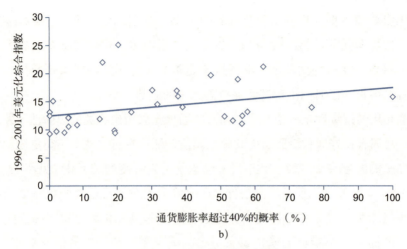

b)

图 12-5 美元化的持续（续）

注：图 12-5a 显示了反通货膨胀对美元化程度没有明确的影响。反通货膨胀政策末期定义为通货膨胀率降到 10% 以下那一年。图 12-5b 显示了当前的美元化水平与该国的高通货膨胀历史相关。无条件的概率通过 1958～2001 年逐月的通货膨胀数据计算得到。

资料来源：见 Reinhart、Rogoff 和 Savastano（2003b）。

不是例外了。相反，很少有硬盯住和统一汇率的国家会发生高通货膨胀⊖。因此有证据表明，当前的美元化水平与该国过去对外汇管制和多种货币操作的依赖之间存在联系。

## 国内去美元化

我们已经指出，至少在 5 年时间内，降低通货膨胀率通常不足以实现国内去美元化。然而，一些国家已经成功地降低了国内美元化的程度。为了识别这些国家，区别对待因本地发行的外币公共债务的降低导致的国内去美元化和因广义货币中银行外币存款占比降低导致的国内去美元化是非常有用的。

在我们的样本中，一些国家通过以下两种方法来将本地发行的外币债务去美元化：它们要么在原始债务条款下摊还存量债务并停止发行此类债务；要

---

⊖ Reinhart 和 Rogoff（2004）显示实行双重汇率体制的国家往往拥有更糟糕的增长和通货膨胀表现。

么改变这些债务的计价货币，有时通过市场化的方式进行，但并不经常如此。前一种方法的例子是，墨西哥在 1994 年 12 月决定用美元赎回所有与美元挂钩的存量特索（使用来自国际货币基金组织和美国的贷款），并且此后停止发行以外币计价的国内债券。后一种方法的近期例子是，阿根廷在 2001 年年末决定将原本以美元计价的政府债券转换为本币计价（通过阿根廷法律进行）。

由广义货币中银行外币存款占比降低导致的国内去美元化在我们的样本中更为常见。为了仅仅标识那种发生大幅、持续的存款去美元化事件，我们在所有样本中寻找外币存款与广义货币比率满足以下三个条件的事件：①该比率至少下降 20%；②在下降之后该比率很快稳定在 20% 以下；③一直到样本期末该比率仍然保持在 20% 以下。

1980～2001 年，在 85 个拥有外币存款数据的样本国家中，只有以色列、波兰、墨西哥和巴基斯坦 4 个国家满足上述三条标准（见图 12-6）。而其他 16 个国家的外币存款与广义货币的比率在 1980～2001 年的某些时点下降了 20% 以上。然而，其中一些国家存款美元化的比率在下降后稳定在远高于 20% 的水平上，如保加利亚和黎巴嫩。其他大多数国家（16 个国家中的 12 个）的美元化比率一开始降至 20% 以下，但是随即又反弹至 20% 甚至更高⊖。某些类型的美元化甚至更难以根除。现在波兰（相对成功的去美元化国家之一）大约有一半或三分之二的住房抵押贷款都是以外币计价的，其中大多数是瑞士法郎。

在满足存款美元化比率大幅、持续下跌的三个条件的 4 个国家中，有 3 个国家的逆转始于政府当局对美元存款施加的可兑换限制。在以色列，政府当局在 1985 年年底对所有外币存款推出了一年强制持有期的计划，使得相对于其他指数化金融工具来说这些存款的吸引力大为降低⊜。相反，墨西哥和巴基斯坦政府分别于 1982 年和 1998 年使用明显低于市场水平的汇率（即相对市场汇率出现升值）强行将美元存款转换为本币存款。

---

⊖ 20 世纪 90 年代后半叶，这种模式在转型经济体中尤为普遍（如阿塞拜疆、白俄罗斯、立陶宛和俄罗斯），但它也在其他时期和其他国家出现，如 20 世纪 80 年代初的玻利维亚和秘鲁，以及 20 世纪 90 年代中期的埃及。

⊜ 见 Bufman 和 Leiderman（1992）。

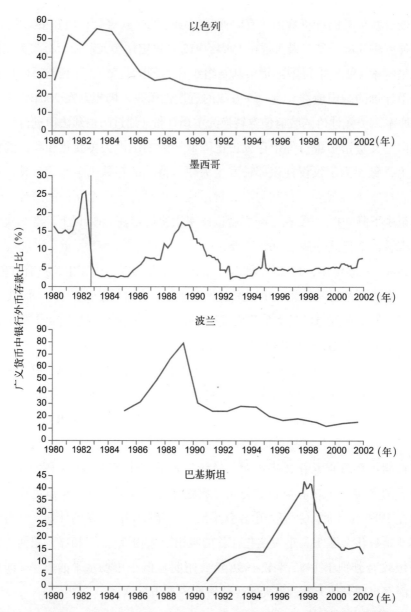

图 12-6 1980～2002年以色列、墨西哥、波兰以及巴基斯坦银行存款的去美元化

注：在墨西哥的图中，垂线标示的是1982年，当年政府强制性将银行外币存款转换为本币存款。在巴基斯坦的图中，垂线标示的是1998年，这一年政府强制性将银行外币存款转换为本币存款。

资料来源：见数据附录A.1。

有趣的是，并不是所有采取严格措施限制美元存款可获得性的国家，都能够把存款美元化比率降至可持续的水平。玻利维亚和秘鲁都采取了和 20 世纪 80 年代初墨西哥和巴基斯坦所采取的相似的措施，但是，在导致其接近恶性通货膨胀边缘的极度宏观经济不稳定之后，最终两国都决定重新放开外币存款。而且此后它们一直处于高度美元化的状态，尽管它们在降低通货膨胀方面取得了显著成效。

尽管迄今为止有些国家对美元存款的限制已经使存款美元化程度持续下降了，但是去美元化的成本非常高昂。在墨西哥，资本外逃数量增加了近一倍（每年约为 65 亿美元），在美元存款的强制转换之后的两年，银行向私营部门的信贷几乎减半，而且通货膨胀和经济增长的表现持续低迷了好几年[⊖]。对巴基斯坦来说，在 2008 年判断其 1998 年的强制去美元化能够持续或是最终被逆转（就像玻利维亚和秘鲁的情况，以及 2001～2002 年阿根廷的强制"比索化"一样）还为时尚早。

本章涉及很多主题，并描述了通货膨胀和汇率危机世界史的重要内容。世界上几乎所有的国家都经历了多次通货膨胀，尤其是在其新兴市场阶段，而且往往是长期持续和重复发生的。事实上，通货膨胀的历史显示了一个国家要从其糟糕的宏观经济历史表现中永久性地升级，而不遭受偶然痛苦的复发非常困难。高通货膨胀使得居民在很长时期内最小化其对未来宏观经济不当操作的风险暴露出来。他们国内更低的纸币需求降低了政府用于捍卫通货膨胀的收益基础，使得其在恢复低通货膨胀时更加痛苦（从财政的角度看）。不稳定的汇率变动是必然的结果。在极端的情况下，居民可能通过使用硬通货等更加激进的方式来规避政府的货币垄断，或者政府发现自己不得不确保银行存款及其他负债的硬通货指数化以重建支付体系。这种政府货币垄断权的削弱可能需要花费很长时间来恢复。

---

⊖ 见 Dornbusch 和 Werner（1994）。

| 第五部分 |

# 美国次贷危机和第二次大紧缩

在预测现代全球金融危机的发展趋势方面，历史经验能起多大作用？在第五部分，我们将基于历史数据集，从危机的发生以及危机可能的发展趋势两个方面来建立衡量金融危机严重性的基准。就在几年前，可能很多人会认为在金融工程和货币政策领域所取得的进展足以驯服经济周期，并阻止金融风险的蔓延。但是，2007年的全球金融危机证明他们都错了。

当2007年夏天"次贷危机"开始肆虐时，如果你粗略地浏览一下全球的金融报纸，就会觉得世界经济前景一片暗淡，看不到方向。在2008年9月危机更加恶化后，很多评论家甚至采用了一种近乎世界末日将要来临的语气。然而，如果决策者回顾金融危机近代史的话，他们能从中找到一个研判金融危机发展的、重要的定性和定量视角。

在接下来的四章中，我们将尝试基于过去的经验进行类比分析，并利用历史数据集建立定量的比较基准。可能很多读者想从最近的危机开始阅读，所以我们将尽力使这一部分的内容相对独立，并尽量回顾和重复前面章节中的主题。

在第13章中，我们首先将纵览银行危机的历史，以便给读者提供一幅当前金融危机的全景图。我们将特别关注对危机发生前全球巨大的经常账户失衡的争论，有人认为它引发了危机。正如我们将要讲到的，危机发生前美国超大规模的海外借款（表现为持续的经常账户缺口和贸易账户赤字）绝对不是唯一的危机预警信号。事实上，处于危机中心的美国发出了很多预警信号，表明其正处于严重金融危机边缘。其他标准的金融危机先导指标，如资产价格膨胀（尤为显著的是房地产市场）、家庭债务杠杆上升，以及产出增速放缓，都表现出令人担忧的症状。如果从一个纯量化的角度看，金融危机发生前美国确实发出了所有显示危机即将发生的信号。当然，不仅仅美国发出了金融危机信号，英国、西班牙、爱尔兰等国也表现出了很多相同的症状。

在接下来的第14章，通过分析金融危机的严重后果，我们拓展了对历史危机和当前危机的比较分析。为了扩展数据集，也加入了一些新兴市场国家的金融危机。正如第10章所述，新兴市场国家和发达国家在银行危机的后果方面有着惊人的相似（至少在一些核心领域是如此），因此把它们放在一起分析是合理的。在本章大部分分析中，我们使用第二次世界大战后金融危机作为比较样本，而在本章结尾部分，我们将对当前危机和大萧条进行比较。可能有人会认为大萧条初期的宏观经济政策过于保守。确实，在政府税收收入下降的情况下，维持预算平衡的努力可能严重削弱政策的效果，而死守金本位制也导致很多国家出现通货紧缩。但是这种比较仍然很重要，因为自大萧条以来还没有哪一次金融危机是全球性的。

在随后的第15章中，我们分析了危机跨国传递的纽带，包括与贸易关联的金融因素以及技术变化、地缘政治冲击等因素。我们将区分高速率或"快速而狂热"的跨国危机传递因素和低速率或"慢热型"的危机传递因素（因此危机的传递耗时较长）。

在该部分的最后一章（第16章），我们将从全球的视角来分析近期的金融危机。该章是之前所有分析的集大成者。我们庞大的数据集覆盖了几乎所有的地区，这使得我们能够给出全球金融危机的一个操作性定义。而且基于本书对各种不同金融危机的分析，我们构建了一个新的危机指数，以便实质性地统计全球各国正在发生的各类危机的数量。因此，第16章在集合本书所考虑的全部危机方面非常重要。尽管近期发生的危机可能不会像20世纪30年代大萧条那样严重，但是读者仍然能够从对比中获得清醒的认识。

| 第 13 章 |

# 美国次贷危机：一个跨国的历史比较分析

在本章中，我们首先将利用所搜集的庞大数据集，粗略地回顾一下过去一个世纪中全球发生的银行危机。这样做的目的是将 21 世纪发生的"全球第二次大紧缩"置于一个更广阔的历史视角下。㊀接下来，我们将在本章和第 14 章中就美国次贷危机和以往金融危机做一个比较。概括地讲，在危机的发生和危机的后果（截止到本书写作时）方面，次贷危机都打破了一个典型的严重金融危机的纪录。

在本章，除了定量的比较分析外，我们还讨论了危机前夕再次出现的"这次不一样"综合征，即坚信由于一些因素的综合作用导致显现在崩盘之前的投资法则失效和不复存在。分析该现象并不困难，因为在危机发生前，学术界、政策制定者，以及金融市场参与者的评论和文章都为该综合征提供了大量的证据。我们将特别突出以下争论，即危机前美国大量的海外借款是否应该被视做一个重要的危机预警信号。

## 次贷危机及其影响的一个全球历史视角

在我们集中分析始于 2007 年的第二次大紧缩之前，从一个更广阔的历史

---

㊀ 继弗里德曼和施瓦茨（1963）使用大萧条来形容 20 世纪 30 年代的危机之后，我们使用了第二次大紧缩这个术语。Felton 和 Reinhart（2008，2009）使用了"21 世纪头十年末期全球金融危机"。

视角回顾历次银行危机是很有必要的（我们从第 10 章就开始对它进行分析）。在我们收集的样本中，发达国家最早的银行危机是 1802 年的法国金融危机，早期发展中国家的银行危机包括 1863 年印度的银行危机、19 世纪六七十年代中国的多次银行危机，以及 1873 年秘鲁的银行危机。本章着重于广泛的跨国比较分析，也将重点分析 1900 年后的历史数据，因为它们足以支持系统性的实证分析。㊀

图 13-1 显示了样本国家发生银行危机的情况（如之前所分析的，这些国家以购买力来衡量的收入占全世界收入的近九成）。事实上，图 13-1 和图 10-1 是基于相同的数据，只不过本章我们关注的是银行危机而不是资本流动。如前所述，该图表示的是在 1900～2008 年任何一年发生银行危机国家和地区的比例（采用了 3 年移动平均值的形式）。就像图 10-1 以及本书中很多类似的图一样，图 13-1 中指标的计算以各国 GDP 在全球 GDP 中的占比为权重，因此大国的银行危机对整个图形的形状有更大的影响。该加权指标旨在提供一种度量单个银行危机的全球影响的方法。因此，尽管都是 66 个国家和地区样本的一部分，但是发生于美国或德国的危机要比发生于安哥拉或洪都拉斯的危机拥有更高的权重。读者也应该注意到，尽管我们相信图 13-1 很好地描述了任意时点全球处于银行危机的国家和地区比例，但是由于不同银行危机的严重程度不一样，这仅仅是一个粗略的度量。

正如第 10 章所述，在这 109 年的时间里，20 世纪 30 年代全球大萧条时期发生银行危机国家和地区的比例无疑是最高的。在此之前，发生了两次范围稍小的明显的全球金融危机，一次是 1907 年左右产生于纽约的金融恐慌，另一次是伴随着第一次世界大战爆发的金融危机。图 13-1 也显示了 20 世纪 40 年代末至 70 年代初的相对平静时期。这种平静一方面是由于世界经济的繁荣，但可能更多的是由于对国内金融市场不同程度的抑制，以及第二次世界大战后相当长一段时期内严格的资本管制（这并不一定表示这种抑制和管制是处理金融危机风险的正确方法）。

---

㊀ 进一步的分析见第 10 章。

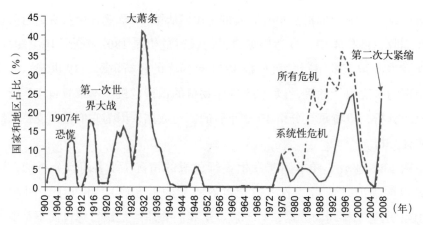

图 13-1　1900～2008 年处于银行危机国家和地区的比例，用各国和地区在全球收入中的占比为权重加权平均

注：样本包含表 A1-1 中列示的所有 66 个国家和地区，样本一共使用了三套 GDP 加权数据，1800～1913 年使用 1913 年的 GDP，1914～1990 年使用 1990 年的 GDP，1991～2008 年使用 2003 年的 GDP。2007～2008 年一栏列示了发生于奥地利、比利时、德国、匈牙利、日本、荷兰、西班牙、英国和美国的危机。该图使用的是 3 年移动平均值数据。

资料来源：Kaminsky 和 Reinhart（1999），Bordo 等（2001），Maddison（2004），Caprio 等（2005）以及 Jácome（2008），其他提供银行危机标识的资料来源列示在数据附录 A.3 中。

同样如第 10 章所述，自 20 世纪 70 年代初以来，金融自由化和资本账户自由化（它降低或消除了国内投资和海外投资的障碍）在全世界扎根。银行危机也随之开始出现。㊀ 在经历长期的停滞后，发生银行危机国家的比例在 20 世纪 70 年代首次出现上升。实行固定汇率的布雷顿森林体系的崩溃和高企的油价，共同触发了一次长期的全球经济衰退，导致很多发达国家的金融部门经营出现困难。在 20 世纪 80 年代初期，全球商品价格的崩盘与美国高且波动的利率，导致了大量新兴市场国家的银行危机和主权债务危机，最突出的是拉丁美洲和非洲。这些国家大量的债务是以国际市场上的浮动利率筹集的，高利率水平提高了债务利息支出。同时，对于大多数以大宗商品为主要出口产品的新兴市场国家来说，商品价格的下跌也使它们更难以偿还债务。

美国自身也发生了银行危机，它根源于储蓄和贷款行业，并于 1984 年

---

㊀ 我们已在第 10 章更深入地讨论了这个问题。

爆发（与20世纪30年代及21世纪的危机相比，这是一次相对温和的危机）。在20世纪80年代末90年代初，随着国外资本的大量流入和房地产价格的暴涨，北欧国家发生了第二次世界大战以来发达国家最为严重的银行危机。1992年，日本资产价格泡沫破灭并陷入了长达十年之久的银行危机。在20世纪90年代中后期，新兴市场国家发生了新一轮的银行危机。在墨西哥和阿根廷危机之后，1997～1998年爆发了著名的亚洲金融危机，随后俄罗斯、哥伦比亚等国也相继出现问题。㊀2001年的阿根廷危机和2002年的乌拉圭危机终止了这一轮银行危机周期向上发展的趋势。然后市场进入短暂的平静期，直到2007年夏天美国次贷危机正式开始，这种平静才被打破，并很快演变为一个全球性的金融危机。㊁

众所周知，发生在21世纪的美国金融危机根源于房地产市场泡沫。该泡沫是由住房价格的持续大幅上涨、大量通过破纪录的贸易赤字和经常项目赤字涌入的廉价国外资金，以及一个日渐宽松的监管政策等因素共同促成的（这种作用模式在后续将进一步量化）。为了从历史的视角看待房地产泡沫，图13-2显示了经过GNP平减指数处理的Case-Shiller住房价格指数（如果使用消费者物价指数平减，图13-2也不会发生本质变化）。㊂自1891年该指数开始记录以来，无论在绝对涨幅还是在持续时间上，还没有哪一次住房价格上涨可以和2007年次级房贷市场崩溃前几年的房价上涨相比。1996～2006年（房价于该期达到峰值），房价累计上涨了92%，超过1890～1996年房价涨幅（27%）的3倍！在2005年房地产泡沫的顶峰时期，房价上涨了12%，而

---

㊀ 尽管严格的资本管制使中国在亚洲金融危机时期能够维持货币稳定，却无法避免一次系统性和高成本的银行危机。危机主要源自于银行给一些低效和濒临破产的国有企业的大量贷款。

㊁ 图13-1并没有完全考虑2007年以来金融危机快速增加的情况，如在本书写作时爱尔兰和冰岛已经发生银行危机，但它们并未包含在66个国家和地区样本中。

㊂ Case-Shiller指数是由罗伯特·席勒设计，近年来和标准普尔报告一起按月发布（相关描述见网站：www.standardandpoors.com）。Case-Shiller指数侧重于房屋的转售，因此与包括所有房屋销售的指数相比，它能更准确地衡量房价的变动。当然，即便是Case-Shiller指数也存在很多偏差，如它只限于主要的大城市等。但是，它仍被广泛地认为是衡量美国房屋价格变化最准确的指标。

该比例是同期实际人均 GDP 增长速度的近 6 倍。而在第二次世界大战后的繁荣时期，尽管有人口和收入增长的支撑，房价涨幅与 2007 年之前房价的暴涨相比仍会黯然失色。㊀结果 2007 年年中美国低收入者住房抵押贷款违约率的大幅上升，最终引发了一场全方位的全球金融恐慌。

图 13-2　美国 1891～2008 年的实际房价

注：房价经过 GNP 平减指数平减处理，2000 年的实际房价指数值为 100。
资料来源：Shiller（2005），标准普尔，美国商务部。

## "这次不一样"综合征与次贷危机的发生

21 世纪发生的全球金融危机，无论是从深度、广度以及随后衰退的持续期，还是从其对资产市场的深远影响来看，无疑是自大萧条以来最严重的全球金融危机。这场危机是全球经济史一个重要的转折点，因为危机的最终解决方案可能会重塑至少一代人的经济和政治框架。

次贷危机的发生，尤其是它对美国的深远影响，是否属于意外事件？如果听从大量主流学者、投资者和美国政策制定者所讲，你可能会认为 21 世纪的金融危机是一件小概率的意外事件。美联储前主席艾伦·格林斯潘一直认为，证券化和期权定价等金融创新产生了新的以及更好的分散风险的方法，

㊀ Case-Shiller 指数提供了历史房价的一个近似合理的度量，但值得注意的是，该指数的编制需要弥补某些时段数据缺失值的大量假设，特别是第二次世界大战前的时期。

同时使房屋等传统缺乏流动性的资产变得更具流动性。因此，风险资产具有更高的价格是合理的。

我们可以就此打住，并且断定很多人之所以相信"这次不一样"是因为美国情况特殊。但是，考虑到当前美国和全球金融危机的历史属性，为了理解为什么会有这么多人被误导，掌握更多的背景知识是很有必要的。

## 危机前关于美国从海外持续借贷风险的争论

大多数人把担心美国日益增长的经常项目赤字的人冠之以杞人忧天者，美联储前主席格林斯潘便是其中之一。○他认为，日趋增大的美国经常项目赤字（2006年已经超过8 000亿美元，超过美国GDP的6.5%）仅仅是全球金融深化大趋势的一个反映，这种深化使得各国能够承受比过去更大的经常项目赤字和盈余。事实上，在其2007年出版的书中，格林斯潘仅仅把经常项目赤字的可持续性当作一个次要问题而非首要的风险因素，认为它（以及房价暴涨、家庭债务显著增加等）本不应该引起美国政策制定者的过度担忧。○

格林斯潘远非仅有的对美国外债持乐观看法的人。美国财政部前部长保罗·奥尼尔有个著名的论断，即考虑到美国较高的生产率增长速度，其他国家借钱给美国是自然的，经常项目是一个毫无意义的概念。○

格林斯潘的继任者伯南克在2005年的一次演讲中有一个著名的观点，他认为美国过度借贷是全球储蓄过剩的产物，而全球储蓄过剩是由超出美国政策制定者控制范围的一系列因素共同造成的。○这些因素包括，在经历了20世纪90年代末和21世纪初亚洲和拉丁美洲的一系列金融危机后，很多新兴

---

○ 经常账户余额是一个比贸易余额范围更广的概念，贸易余额是用进口减出口得到，而经常账户余额还包括投资收益。需要注意的是，经常项目赤字不同于政府赤字，它等于政府部门和私人部门从国外借款的总和。如果私人部门有足够的储蓄，同时出现财政赤字和经常账户盈余是完全有可能的。

○ 见Greenspan（2007）。

○ 见《经济学人》杂志2002年4月27日刊。

㈣ 见Bernanke（2005）。

市场国家存在强烈的预防未来经济危机的意愿。与此同时，中东国家需要为其石油收入寻找出路。一些金融体系落后的国家，也在全球寻求安全的资产配置。伯南克认为，日本和德国等经济发达国家在面临人口快速老龄化时，保有较高的储蓄率也是正常的。这些因素结合在一起，形成了一个巨大的净储蓄池，并寻求安全和动态的栖身之所，即美国。这些廉价的资金来源对美国而言无疑是个机会。但是让当局头疼的是，什么时候会好事过头反成坏事？当新兴市场国家面临着大量资本流入时，同样的"这次不一样"观点在其政策制定者的演讲中更频繁地出现。例如，"世界其他地区的低投资回报率使得投资美国特别有吸引力"。

由于大量资金流入美国，使得美国的金融企业，包括高盛、美林（2008年危机中被美国银行强行收购），以及已经破产的雷曼兄弟等大投行和花旗银行等拥有零售基础的全能型大银行，都赚得盆满钵溢。美国金融业的规模（包括银行和保险）从20世纪70年代中期GDP的4%左右飙升至2007年GDP的近8%，翻了一倍多。㊀五大投行的高级雇员在2007年获得了360多亿美元的奖金分红。金融行业的领导者把丰厚的回报归功于创新和真正增值的产品，而非高风险商业策略的侥幸成功。（请记住，"旧的价值规则不再适用"也是"这次不一样"综合征定义的一部分。）在他们看来，金融创新是使美国能够从海外有效地借入大量资金的一个关键平台。例如，证券化等金融创新使得美国消费者把之前缺乏流动性的房屋变成ATM提款机，并减少了预防性储蓄。㊁

学者和政策经济学家如何看待美国经常项目赤字所带来的风险呢？各方看法的分歧很大。一方面，莫瑞斯·奥布斯特菲尔德和肯尼斯·罗格夫多次撰文指出，美国超大规模的经常项目赤字是不可持续的。㊂根据他们的发现，

---

㊀ 见 Philippon（2007）。

㊁ 住房抵押贷款证券化涉及将抵押贷款池分层和重新包装，把高度个性化的贷款转变成标准化的产品。因此，就美国经常账户是由强大的金融创新推动这一点而言，并没有什么可担忧的。这大概就是美国最高监管者所持有的看法。

㊂ 见 Obstfeld 和 Rogoff（2001, 2005, 2007）。

如果把世界上所有净储蓄国家（即国家储蓄大于投资的国家，包括中国、日本、德国、沙特阿拉伯、俄罗斯等）的盈余加总，那么美国在 2004~2006 年吸收了超过 2/3 的总盈余。因此，美国的借款最终将不可持续，很可能会突然逆转，这将导致资产价格的剧烈波动，对全球复杂的衍生品系统带来极大的考验。㊀

还有很多人表达了同样的担忧。例如，努里埃尔·鲁比尼和布拉德·塞泽尔于 2004 年预测美国的借款问题将恶化，在戏剧性的崩盘前债务额将达到 GDP 的 10%。㊁2008 年诺贝尔经济学奖得主保罗·克鲁格曼认为，当美国经常账户不可持续变得显而易见时，"骗子郊狼（Wile E. Coyote）时刻"的到来是不可避免的，紧接着就是美元的崩盘。㊂还有很多其他的学术文章说明了这个风险。㊃

然而，一些受人尊敬的学者、政策研究者以及金融市场研究者也都对经常项目赤字抱着更加乐观的看法。在麦克·杜利（Michael Dooley）、大卫·福克茨-兰多（David Folkerts-Landau）和彼得·加贝尔（Peter Garber）（被称为"德意志银行三重奏"）的一系列有影响力的文章中，他们都认为美国经常项目赤字的日益增加仅仅是新兴市场采取出口导向的发展策略，以及满足分散化的资产配置需求的一个自然结果。㊄因为很多亚洲国家像 40 年前的欧洲国家那样将其货币准盯住美元，所以他们把这个促使美国赤字扩张的体系称为布雷顿森林体系 II。

哈佛大学经济学家理查德·库珀也雄辩地认为，美国经常项目赤字存在逻辑基础，并不会有明显的和现实的危险。㊅他用美国在全球金融体系中的霸

---

㊀ 见 Obstfeld 和 Rogoff（2001）。

㊁ 见 Roubini 和 Setser（2004）。

㊂ 见 Krugman（2007）。骗子郊狼是查克·琼斯卡通漫画中的一个绝望而莽撞的角色，它的阴谋无一例外地都失败了，当它跑过悬崖边缘时，过了一会儿它才会意识到它脚下什么都没有了。

㊃ 关于更详细的文献讨论，参见 Obstfeld 和 Rogoff（2008）、Wolf（2008）。

㊄ 见 Dooley 等人（2004a，2004b）。

㊅ 见 Cooper（2005）。

权地位、美国金融市场超常的流动性以及房地产市场来支撑他的观点。事实上，伯南克关于全球储蓄过剩的演讲在很多方面也吸收了这些充斥于学术和政策文献中的有趣的观点。

值得一提的是，其他一些人提出了更新奇的观点，如哈佛大学肯尼迪政府学院的里卡多·豪斯曼（Ricardo Hausmann）和费德里科·施图尔辛格（Federico Sturzenegger）就认为美国的国外资产被低估了，它们的实际价值应该远高于官方估计值。㊀这种"黑暗物质"的存在有助于解释为什么美国能为其近乎无休止的经常账户赤字和贸易赤字融资。明尼苏达州的艾伦·麦克葛兰特（Ellen McGrattan）和亚利桑那州的爱德华·普雷斯科特（Edward Prescott，诺贝尔经济学奖得主）建立了一个有效测量"黑暗物质"的模型，并得出模型可能解释多达一半的经常账户赤字的结论。㊁

除了就美国从海外借款进行辩论外，经济学家还就决策者是否应该关注国内房价的快速上涨（如前面章节所示）进行辩论。但是同样，高层决策者认为由于更容易获得房屋贷款的新金融市场，以及宏观经济风险的降低提高了风险资产估值等原因，高房价是合理的。格林斯潘和伯南克都极力主张美联储不应过分关注房价，除非它们影响了中央银行促进增长和稳定物价的首要目标。事实上，在加入美联储之前，伯南克和纽约大学的马克·格特勒教授于2001年一起发表的文章就正面、有力地表达了上述观点。㊂

一方面，美联储忽视房价的逻辑是基于非常合理的假设，即与政府部门相比，私人部门能更准确地判断住房（或权益）的均衡价格；另一方面，它们应该更多地注意到，在个人储蓄率屡创新低的情况下，资产价格的上涨是由家庭债务与GDP比率的不断上升推动的。该比率在1993年之前还基本稳定在80%，到2003年竟上升到120%，到2006年年中时竟升至130%。博尔多和詹妮在2002年的一个经验研究及国际清算银行的研究显示，当房地产市场

---

㊀ 见 Hausmann 和 Sturzenegger（2007）。
㊁ Curcuru 等（2008）认为黑暗物质的假设与数据不一致。
㊂ 见 Bernanke 和 Gertler（2001）。

的繁荣伴随着债务水平的快速上升时，发生危机的风险显著提高。㊀虽然该研究结论并不一定完全准确，但它确实揭示出美联储政策存在善意忽视的问题。同时，房地产泡沫在世界上很多国家同时发生的事实（虽然在日本、德国等经常账户盈余国家，泡沫程度较小），也对房地产泡沫的起源及仅靠货币政策或监管政策能否有效应对提出了质疑。

2004年，当伯南克还是美联储理事时他就明智地指出，处理由不恰当地弱化贷款标准导致的房地产泡沫问题并不是货币政策的工作，而是监管政策的工作。㊁当然，该观点回避了如下问题，即如果由于政治或其他原因，监管政策不能够充分地应对资产价格泡沫，那么应该怎么办？事实上，我们可以说，正是由于国外资本的大量流入，刺激了资产价格膨胀，降低了利差，最终使监管者和评级机构都忽视了风险。

无论如何，最极端和最迫切的问题是由所谓的次级或低收入者的住房按揭贷款市场带来的。证券化的进步以及房价看似无止境地上升，使得本来买不起房子的人贷款购买房子。不幸的是，很多买房者获得的是初始"诱惑"利率很低的变动利率住房贷款。当贷款条件重设时，由于利率的上升和经济环境的恶化，使得很多人很难再满足按揭条件，所以次贷危机的灾难就开始了。

美国自负地认为其金融和监管系统可以承受大规模持续的资本流入而不会发生任何问题，这为21世纪头十年后期金融危机的发生埋下了伏笔。"这次不一样"（由于美国拥有一个更好的系统）的想法再一次被证明是错的。美国金融市场过高的回报率实质上被大量资本流入夸大了，这和新兴市场国家所发生的事情如出一辙。事后来看，那些被看作是重大监管失误的政策在当时看起来非常不错，包括放松对次级住房抵押贷款市场的监管，以及美国证券交易委员会于2004年允许投资银行将其杠杆比率（风险与资本之比）提高3倍的决定。资本的流入带动了贷款规模和资产价格的增长，并降低了所有风险资产的利差，以至于国际货币基金组织在其2007年4月的《全球经济展

---

㊀ 见Bordo和Jeanne（2002），国际清算银行（2005）。

㊁ 见Rolnick（2004）。

望》（一年两次，分别于每年 4 月和 10 月出版）中写道："全球经济的风险已经非常低，暂时没有太大的忧虑。"当世界经济的看门人都声称没有任何风险时，就已经没有任何可靠的迹象表明这次不一样了。

2007 年金融危机与新兴市场的金融危机在危机发生前的繁荣期有很多共通之处：政府都没有采取有效的措施限制泡沫的膨胀，以防止危机恶化。相反，为了使泡沫的持续时间更长，大多数政府都进一步推动经济朝更大风险的方向发展。

这就是对围绕"这次不一样"心态争论的一个简单写照，正是这种心态导致了美国的次贷危机。概括起来，很多人认为"这次不一样"是基于以下几方面原因。

- 美国的情况是特殊的，因为它拥有世界上最可靠的金融监管、最具创新性的金融体系、强大的政治制度体系，以及世界上最大且最具流动性的资本市场。它可以毫无顾虑地承受巨额的资本流入。
- 迅速崛起的发展中国家出于分散化投资的目的，需要一个安全的投资场所。
- 全球金融一体化程度的提高深化了全球资本市场，并允许各国借入更多的债务。
- 除了其他优势之外，美国还拥有更好的货币政策制定机构和货币政策制定者。
- 金融工具的创新，使得很多新的借款人能进入住房抵押贷款市场。
- 正在发生的一切只是创新所带来的金融全球化的进一步深化，没有必要为此担忧。

## 战后以银行危机为主的金融危机事件

为什么这次不一样？随着专家、商业领袖以及决策者理由的不断增多，危机发生前美国经济的发展与其他危机情景的相似性也在不断增大。

为了研究 2007 年美国次贷危机（后来演变成"第二次大紧缩"）之前发生的金融危机，我们首先考察了第二次世界大战后 18 次以银行危机为主的金融危机的数据。㊀我们暂时将分析限于工业化国家的金融危机，避免因将美国与新兴市场相比而出现的夸大次贷危机的可能。当然，正如我们在第 10 章中所看到的，新兴市场国家和发达国家的金融危机并没有太多不同。在随后的第 14 章中，我们将扩大比较的范围。

我们用于比较分析的危机事件如表 13-1 所示。

表 13-1　第二次世界大战后发达国家以银行危机为主的金融危机

| 国　家 | 危机开始的年份 | 国　家 | 危机开始的年份 |
| --- | --- | --- | --- |
| 严重的（系统性）危机：五大危机 | | 美国（储蓄贷款协会危机） | 1984 |
| 西班牙 | 1977 | 冰岛 | 1985 |
| 挪威 | 1987 | 丹麦 | 1987 |
| 芬兰 | 1991 | 新西兰 | 1987 |
| 瑞典 | 1991 | 澳大利亚 | 1989 |
| 日本 | 1992 | 意大利 | 1990 |
| 较温和的危机 | | 希腊 | 1991 |
| 英国 | 1974 | 英国 | 1991 |
| 德国 | 1977 | 法国 | 1994 |
| 加拿大 | 1983 | 英国 | 1995 |

资料来源：Caprio 和 Klingebiel（1996, 2003），Caprio 等（2005），以及 Kaminsky 和 Reinhart（1999）。

在第二次世界大战后 18 次以银行危机为主的金融危机中，五大危机都包括长期产出的大幅下降，往往会持续两年或者更长的时间。2007 年之前最严重的危机无疑是 1992 年的日本金融危机，它导致日本陷入"失去的十年"。五大危机中的其他几次金融危机也都是非常具有创伤性的。

---

㊀ 我们在 Reinhart 和 Rogoff（2008b）中（2007 年 12 月首次发表），就注意到美国 2007 年次贷危机与其他严重的金融危机之间存在很多惊人的相似。到本书写作时，事实的进展确实明显地支持了我们的判断。我们的资料来源包括 Caprio 和 Klingebiel（1996, 2003），Kaminsky 和 Reinhart（1999），以及 Caprio 等人（2005）。

其他工业化国家金融危机的严重程度相对较低，虽然它们都伴随着比平常更坏的经济表现，但是这些并非是灾难性的。例如，美国始于1984年的储蓄贷款协会危机。㊀其余危机中很多危机的影响相对较小，但是出于比较的目的我们把它们纳入进来。很快我们就会明白，21世纪美国金融危机确实与这些温和的危机不一样，尽管大多数决策者和记者当时似乎并没有意识到这一点。

## 次贷危机与以往发达国家金融危机的比较

在选取衡量美国金融危机风险的变量时，我们参考了大量预测发达国家和新兴市场国家金融危机的文献。㊁这些文献认为，资产价格的显著上升、实体经济活动的减缓、大额的经常项目赤字，以及持续的债务累积（不论是私人部门还是公共部门，或者两者同时）都是金融危机的重要前兆。回顾第10章所述的资本流动现象，它显示了持续的资本流入是金融危机尤为重要的前兆，至少在1970年后的金融自由化增强时期是如此。正如第10章所述，从历史经验来看，金融自由化或金融创新也是金融危机一个反复出现的前兆。

我们首先在图13-3中对比分析房价的上涨情况。$t$ 时期代表金融危机发生的年份，依此类推，$t-4$ 期代表危机发生的前4年。除了美国2007年危机以外，图中各次危机的分析都包括危机后的三年。㊂该图证实了案例分析中所讲的，在金融危机发生之前通常伴随着房价的大幅上涨。比较图中各次危机，有一点发现是令人不安的，即美国房价的上涨幅度超过了近期五大危机中房

---

㊀ 随后我们将用其他一些指标来衡量这些危机的严重程度，并指出以银行整顿的财政成本来衡量的传统方法过于狭窄。

㊁ 见 Kaminsky、Lizondo 和 Reinhart（1998）以及 Kaminsky 和 Reinhart（1999）。

㊂ 正如本章前面部分所述，美国房价的变动用 Case-Shiller 指数来衡量。其他的房屋价格数据来自于国际清算银行，并由格雷戈里·萨顿（2002）整理。国际房屋价格数据当然也存在很多缺陷，如它们没有足够长的历史数据以支持跨周期的比较分析。尽管由于相对较慢地反映市场价格的变动而可能夸大了房价下行的持续时间，但是它们也提供了我们最感兴趣的变量，即房价从峰值到谷底的变动。

价的上涨幅度，并且危机发生后房价的下降速度更快（t+1 年对应 2008 年）。

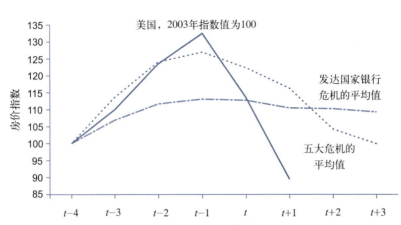

图 13-3　第二次世界大战后发达国家的银行危机与实际房价

注：名义房价指数使用消费者物价指数进行平减处理，危机发生的年份用时间 t 表示；t–4 年的值为 100。
资料来源：国际清算银行，Shiller（2005），标准普尔，国际货币基金组织的国际金融统计（各年数据）以及作者的计算。

图 13-4 比较了各次危机中股票价格指数的实际增长率。[一]我们可以看到，危机发生时美国股票市场的表现要好于与之对照的各次危机，这一方面可能是由于美联储针对 2001 年经济衰退过激的反周期货币政策操作；另一方面是由于美国危机严重性方面大量的"意外元素"。但是在危机发生后一年（t+1），美国的股票价格指数垂直下降，与五大危机保持一致。

图 13-5 显示了美国经常账户赤字的变动，其规模远大于其他危机的一般情况，持续时间也更长。[二]在图 13-5 中，直方图表示 2003～2007 年美国经常项目赤字与 GDP 比率的变动轨迹，而虚线显示了之前 18 次危机的平均值。由于美元仍是世界储备货币，以及同期很多外国中央银行（尤其是亚洲国家）积攒的大量外汇储备，都无疑增加了为美国破纪录的经常账户赤字提供融资的外国资本。

---

[一] 美国使用的是标准普尔 500 指数。
[二] 根据 Reinhart 和 Reinhart（2009）的研究，美国在 2005～2007 年的情形就像是资本流动富矿（即该时期有超常、大量的资本流入）。

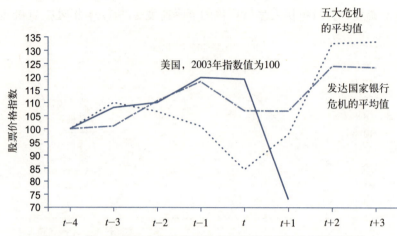

图 13-4　第二次世界大战后发达国家的银行危机与实际股票价格

注：名义房价指数使用消费者物价指数进行平减处理，危机发生的年份用时间 $t$ 表示；$t-4$ 年的值为 100。

资料来源：全球金融数据（未注明出版日期）；国际货币基金组织的国际金融统计（各年数据）以及作者的计算。

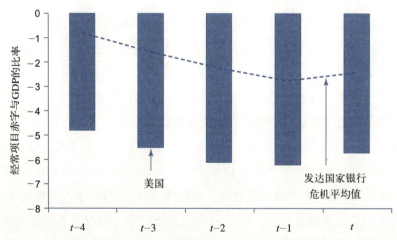

图 13-5　第二次世界大战后发达国家银行危机发生时经常账户余额与 GDP 之比

资料来源：国际货币基金组织的《世界经济展望》(各年数据)，以及作者的计算。

金融危机很少凭空发生。它通常只发生于真实冲击放缓了经济增长速度之时，因此金融危机是放大器而非触发器。图 13-6 显示了银行危机发生时的实际人均 GDP 增长率。美国 2007 年危机遵循了之前危机所体现的相同的 V 形增长曲线。就像股票价格一样，GDP 的反应存在某种程度的滞后。事实上，当 2007 年美国经济增长放缓时，它仍然与温和衰退模式下所有危机的平均情况保持高度一致。

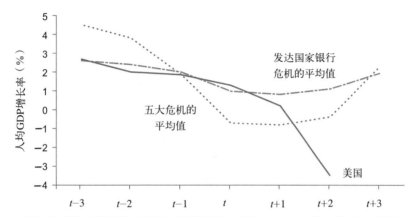

图 13-6　第二次世界大战后发达国家的银行危机与实际人均 GDP 增长率（基于购买力平价）
注：美国 2009 年的预测值（−3.5%）是 2009 年 7 月的数据。危机发生的年份用 $t$ 表示。
资料来源：国际货币基金组织《世界经济展望》（各年数据），《华尔街日报》。

2008 年情况变得更糟，经济增长放缓的速度急剧加快。2009 年年初，基于《华尔街日报》发布的经济预测，市场对此次经济衰退将比五大危机的平均水平更坏已经成为共识。值得注意的是，在五大严重的危机情形中，经济增长率从顶峰到谷底的下跌幅度至少超过 5%，并且在低位持续运行了三年左右。

图 13-7 显示了实际公共债务（用消费者物价指数平减）的变化趋势。㊀ 正如我们将在第 14 章所述，尽管由于经济增长的放缓侵蚀了税基，相对危机发生后债务的增长而言，危机前债务的增长则显得黯然失色，但是公共债务的增长几乎是其他所有战后银行危机的共同前兆。在 2007 年之前，美国累积的公共债务要低于五大危机的平均数。比较私人部门的负债情况（我们之前对

---

㊀ 原则上，实际公共债务的增长是用代表所有价格上涨的指数调整名义公共债务的增长得到。

美国的情况也有所提及）也是非常有趣的，但不幸的是，此处我们所考察国家的比较数据并不容易获得。以美国为例，家庭负债与家庭收入的比率在不到十年的时间里激增了30%，而且在经济衰退发生后，随着消费者风险偏好的降低，该比例将不可维持。

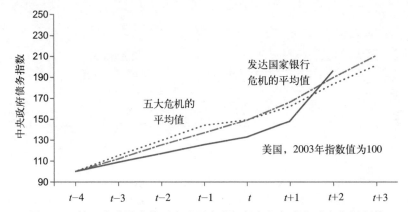

图13-7　第二次世界大战后发达国家的银行危机与中央政府实际负债

注：名义债务使用消费者物价指数进行平减处理。危机发生的年份用 $t$ 表示。$t–4$ 年的值为100。

资料来源：美国财政部，国际货币基金组织《国际金融统计》（各年数据），数据附录A.1和数据附录A.2及其中引用的数据，作者的计算。

我们认为，2007年危机前各种指标都显示了美国处于较高的严重金融危机风险当中。但是一个例外情况是：与其他发生过金融危机的国家相比，美国2007年之前在控制通货膨胀方面表现得很好。当然，发达国家早期的金融危机一般发生于通货膨胀下行时期。

## 总结

为什么这么多人都没有预测到2007年金融危机呢？而在此之前，很多标准的金融危机指标都开始预警了。我们不能断定，如果决策者能较早地意识到风险，是否就可以很轻易地阻止美国金融危机发生。我们侧重于宏观经济问题，但是很多问题却潜藏在金融市场深处，只有在危机发生后才变得明显。

其中一些问题本应该花几年时间去解决。首先，房价的大幅上涨（在全美范围五年内增加了一倍）本应该是一个警报，尤其是它由不断增加的杠杆推动。在 2008 年年初，美国住房抵押的总价值约占 GDP 的 90%。决策者本应该在危机发生几年前就下大决心限制泡沫的发展。但是不幸的是，保持经济增长和防止股市大幅下跌的努力起到关闭压力锅安全阀的作用。当然，即便 2009 年年初发生了大规模的金融危机，美国也没有发生违约。倘若美国是新兴市场国家，其汇率将直线下降，利率将大幅上升。如果按照多恩布施和卡尔沃经典的"突然停止"，美国的资本市场渠道应该被堵死了。然而在发生危机的第一年（2007 年），却发生了完全相反的情况。因为全球投资者认为其他国家比美国风险更大，所以大量购买美国国债，导致美元升值和利率下降。[⊖]但是投资者应该小心！从长期来看，美国的汇率和利率很可能会恢复到正常形态，尤其是当政策不是为了重建长期可持续性的财政基础时。

---

⊖ 见 Reinhart 和 Reinhart（2008）中的结论，他们解释了利率和汇率的反常现象。

| 第 14 章 |

# 金融危机的后果

在第 13 章中,我们就 2007 年美国次贷危机与第二次世界大战后其他发达国家的银行危机在危机前的表现进行了历史性的比较分析。分析显示,几乎所有的标准指标都发出了美国处于严重金融危机边缘的信号,如资产价格膨胀、杠杆率增加、持续大额的经常项目赤字,以及经济增长放缓等。在本章中,我们将对系统性银行危机的后果进行类似的历史性比较分析。很明显,随着危机的逐步深入,美国金融危机的后果可能比历史比较基准更好,也可能更糟。尽管如此,这种方法本身是很有价值的,因为在分析诸如当前影响到美国和世界经济的极端冲击时,校准至统计上"正常"增长时期的标准宏观经济模型是没有多大用处的。

在前一章中,为了避免出现夸大比较结果的可能性,我们在比较样本集中故意删除了新兴市场国家,因为美国终归是一个高度发达的全球金融中心。发达国家和新兴市场国家在银行危机方面可能会有哪些相同之处呢?事实上,正如我们在第 10 章中所述,发达国家和新兴市场国家在危机的发生及危机的后果方面惊人地相似。它们在房价、股价、失业率、政府收入和负债等方面的变动模式都大体相似。而且,历史上各国银行危机发生的频率也不会有太大差异,即便我们把比较范围限定于第二次世界大战后的时期(包括 21 世纪头十年后期发生的全球金融危机)也是如此。因此,在本章分析严重金融危

机的后果时，我们纳入近期一些新兴市场国家的银行危机以扩大比较样本。㊀

一般而言，金融危机的持续时间通常很长。严重金融危机的后果通常有三个共同特征。

- 首先，资产市场发生深度的、持续时间很长的下跌。平均而言，实际房价下跌35%，持续时间超过6年，股价指数下跌56%，持续时间超过3.5年。
- 其次，银行危机的后果通常和产出与就业的大幅下跌联系在一起。失业率在银行危机周期的下行阶段平均上升了7%，持续时间超过4年。尽管相对于失业率而言产出下降的持续时间较短，它平均持续约两年，但是产出从顶峰到谷底平均回落9%。㊁
- 最后，如前所述，在第二次世界大战后主要的银行危机中，危机国的实际政府债务出现了爆发式增长，相对于危机发生前平均增长幅度达86%。正如第10章所讲，导致政府债务激增的主要原因并不是普遍认为的银行系统注资和援助成本。诚然，银行援助成本很难量化，而且不同研究对援助成本估计值的差别也非常大。但是与公共债务的实际增加相比，即便是这些估计值中的上限值也大为逊色。事实上，导致债务增长的最大原因是，政府税收在严重而漫长的产出紧缩后出现不可避免的锐减。很多国家还因为利率的大幅上涨而加重了债务利息负担，一些国家（尤其是20世纪90年代的日本）因为大规模的逆周期财政政策操作导致债台高筑。（我们也注意到，要统一各国逆周期财政政策操作的口径是很困难的，因为在一些国家，如北欧国家，它们因为高边际税率和慷慨的失业补贴而拥有强力的内在稳定器；而其他国家，如美国和日本，自动稳定器的作用则要小得多。）

---

㊀ 由于房价及其他相关数据的获得，比较样本集中还包括第二次世界大战前的两次发达国家银行危机事件。

㊁ 为了不至于引起混淆，顶峰到谷底的计算是逐个按时间序列数据进行的。顶峰和谷底的时间取危机发生前后的局部（而非全局）最大值和最小值，即采取 Burns 和 Mitchell（1946）研究美国经济周期时首倡的方法。因此，以日本资产泡沫危机为例，股价的谷底是1995年局部性的底部，尽管随后股市的回调使得股价远低于危机发生前的峰值（而且随后的谷底也可能会有更低的价格）。

在本章的最后一部分，我们以大萧条时期（距次贷危机最近且最严重的全球金融危机）作为定量比较的基准。即便与战后最严重的金融危机相比，大萧条在产出下降的幅度和持续时间上都是惊人的。平均而言，各国花了10年时间才使人均产出水平恢复到1929年的水平。在大萧条的前三年，15个样本国家的失业率平均上升了16.9%。

## 历史事件回顾

第13章分析了第二次世界大战后发达国家所有主要的银行危机（共18个），并着重分析了简称为"五大危机"的5次最严重的银行危机（1977年的西班牙、1987年的挪威、1991年的芬兰、1991年的瑞典及1992年的日本）。第13章的分析和2007年美国金融危机的进展都清楚地表明，无论从哪个角度衡量，21世纪的金融危机都无疑是"五大危机"类型的严重金融危机。因此，本章我们仅集中分析严重的系统性金融危机，包括发达国家的"五大危机"，以及一些非常著名的新兴市场国家和地区的金融危机，如1997～1998年发生于中国香港、印度尼西亚、韩国、马来西亚、菲律宾、泰国等国家和地区的亚洲金融危机，1998年哥伦比亚金融危机，以及2001年阿根廷金融危机。我们获得了这些案例几乎所有的相关数据，以支持我们对股票市场、住房市场、失业率以及增长等关键变量进行有价值的定量比较分析。分析的重点是历史房价数据，虽然它相对难以获得，但是对我们研究目前的危机来说又非常重要。⊖因为房价数据可获得，我们的分析也包括1899年挪威金融危机和1929年美国大萧条这两个发生时间更早的历史危机事件。

## 危机发生后衰退的幅度和持续时间

在图14-1中，我们基于表10-8中相同的数据，再次分析扩展数据集中

---

⊖ 在第10章中，我们分析了66个国家和地区约200年的金融危机，并着重分析了发展中国家与新兴市场国家和地区的共同特征，如政府债务的普遍上涨等。

历次银行危机时期房价下行周期的表现。我们纳入一些2007年以来发生危机的国家。进行中的危机用黑色条标示，以往的危机用灰色条标示。实际房价从顶峰到谷底累计下跌的平均幅度达35.5%。⊖最严重的实际房价下跌发生于芬兰、哥伦比亚、菲律宾和中国香港的危机中，从顶峰到谷底普遍下降了50%～60%。至本书写作时（2008年年末）为止，用Case-Shiller指数衡量的美国实际房价在此次危机中已经下降了28%，几乎是自大萧条以来美国最大房价下降幅度的两倍。

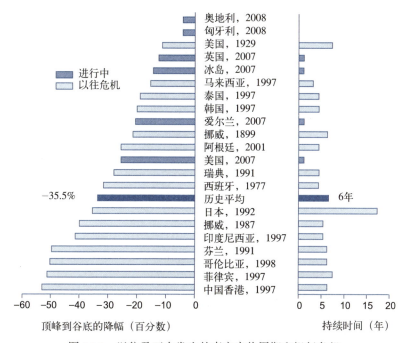

图14-1　以往及正在发生的真实房价周期和银行危机

注：每一次银行危机都使用国家和地区及危机开始年份来标识。由于数据获取的有限性，我们只包括主要（系统性）的银行危机。历史平均值的计算并不包含正在发生的危机。对于正在发生的危机，其计算是基于以下时期的数据：对冰岛和爱尔兰使用至2008年10月的月度数据，对匈牙利使用至2007年的年度数据，对其余的国家和地区使用至2008年第3季度的季度数据。名义住房价格经过消费者物价指数进行平减处理。

资料来源：数据附录A.1和数据附录A.2及其中引用的数据。

---

⊖ 图中用黑色标示的历史平均水平并没有考虑正在发生的危机。

很明显，房价下跌持续时间非常长，平均持续约 6 年。即便排除情况特殊的日本（房价连续 17 年下跌），平均持续下跌时间也超过 5 年。如图 14-2 所示，虽然银行危机期间股票价格下跌的持续时间要比房价下跌时间短，但是下降幅度却大得多。对于股价下跌的持续时间相对较短可能并不奇怪，因为股价的惯性比房价要小得多。股价的历史平均下跌幅度为 55.9%，平均下行周期为 3.4 年。值得注意的是，至 2008 年年末冰岛和奥地利股价由顶峰到谷底的降幅已经远远超过历史平均水平了。

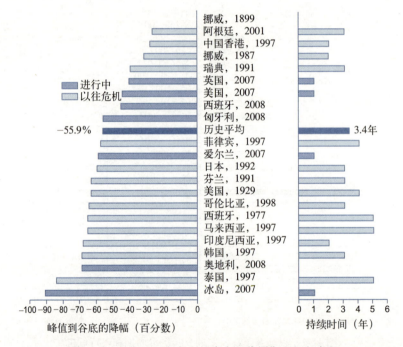

图 14-2　以往及正在发生的真实股价周期和银行危机

注：每一次银行危机都使用国家和地区及危机开始年份来标识。由于数据获取的限制，我们只包括主要（系统性）的银行危机。历史平均值的计算并不包含正在发生的危机。对于正在发生的危机，其计算使用至 2008 年 12 月 2 日的数据。名义住房价格经过消费者物价指数进行平减处理。

资料来源：数据附录 A.1 和数据附录 A.2 及其中引用的数据。

图 14-3 分析了样本国家和地区在危机期间失业率的上升情况（因为失业

率是一个滞后变量,所以我们没有把当前的危机纳入分析,尽管我们注意到当前美国的失业率已经从4%左右的最低值上升至9%)。平均而言,失业率大约会上升7%,持续时间近5年。虽然战后还没有哪一次危机的失业率能超过美国大萧条时期的20%,但是在大多数情况下,金融危机导致的失业率仍然高得惊人。对于新兴市场国家和地区,官方的统计数据倾向于低估真实的失业率。

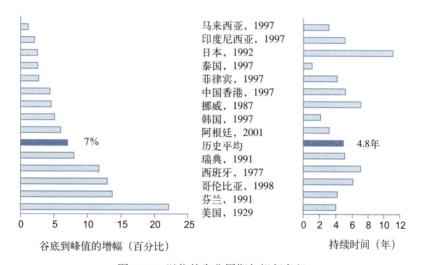

图14-3 以往的失业周期与银行危机

注:每一次银行危机都使用国家和地区及危机开始年份来标识。由于数据获取的限制,我们只包括主要(系统性)的银行危机。历史平均值的计算并不包含正在发生的危机。

资料来源:经济合作与发展组织,国际货币基金组织,美国历史统计数据(HSOUS),不同国家的资料来源及作者的计算。

有趣的是,图14-3显示新兴市场国家和地区银行危机期间的就业表现要好于发达国家(1998年哥伦比亚的严重衰退是个例外),亚洲国家和地区尤其如此。虽然不同国家失业率的比较存在众所周知的数据问题,⊖但是发达国家相对糟糕的就业表现可能也表明,新兴市场国家和地区较高的工资弹性(向

---

⊖ 特别地,大多数新兴市场国家存在大量的不充分就业,而且政府失业统计没有统计大规模的灰色就业。

下调整）有助于其在严重经济危机时期应对失业问题。相对发达国家而言，新兴市场国家和地区在社会安全保障网络方面的不足可能也使劳动者更害怕被解雇。

图14-4分析了严重银行危机时期实际人均GDP的变动。实际人均GDP的平均下降幅度达到令人吃惊的9.3%。毋庸置疑，第二次世界大战后发达国家危机时期实际人均GDP的下降幅度要小于新兴市场国家。对新兴市场国家和地区遭受更严重紧缩的一个可能解释是，它们更倾向于遭遇国外资本流入的突然逆转。当外国资本流入"突然停止"（该说法由多恩布施和卡尔沃提出）时，经济活动将螺旋式回落。㊀

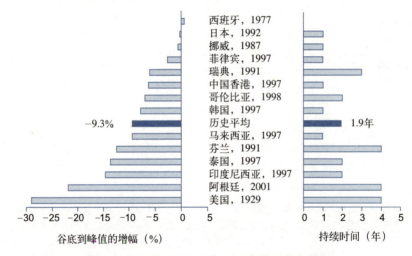

图14-4 以往的实际人均GDP周期和银行危机

注：每一次银行危机都使用国家和地区及危机开始年份来标识。由于数据获取的限制，我们只包括主要（系统性）的银行危机。GDP总额（以1990年的百万美元计值，转换成Geary-Khamis购买力平价）除以年中的人口数量得到实际人均GDP。

资料来源：全面经济数据库（TED），美国历史统计数据，以及作者的计算。

GDP从顶峰至谷底的下行周期要短于失业，仅仅持续两年。部分原因可能是因为潜在GDP增长为正，而我们仅仅衡量GDP的绝对变化而非它与潜

---

㊀ 见Calvo（1998）和Dornbusch等人（1995）。

在 GDP 之间的差距。尽管如此，相对于正常衰退一般少于一年的持续期而言，金融危机导致的衰退持续时间通常非常长。⊖事实上，持续多年的衰退通常只发生在经济结构需要重大调整的国家，如 20 世纪 70 年代撒切尔上台前的英国、90 年代的瑞典，以及 1992 年后的日本。当然，银行危机通常促使金融系统进行痛苦的重组，日本就是一个重要的例子。

## 危机的财政遗产

金融援助、高转移支付，以及债务利息支出带来的高额财政支出，与不断下降的财政收入一起共同导致了财政状况快速而显著的恶化。在这方面，芬兰和瑞典的银行危机表现得尤为突出，瑞典银行危机发生后，财政收支由危机前占 GDP 近 4% 的盈余变成占 GDP 15% 的巨额赤字（见表 14-1）。

表 14-1 财政赤字（中央政府财政余额）与 GDP 的比率

| 国家，危机发生年份 | 危机前一年 | 最高赤字（发生年份） | 财政赤字的增加或减少（– 为减少） |
| --- | --- | --- | --- |
| 阿根廷，2001 | -2.4 | -11.9（2002） | 9.5 |
| 智利，1980 | 4.8 | -3.2（1985） | 8.0 |
| 哥伦比亚，1998 | -3.6 | -7.4（1999） | 3.8 |
| 芬兰，1991 | 1.0 | -10.8（1994） | 11.8 |
| 印度尼西亚，1997 | 2.1 | -3.7（2001） | 5.8 |
| 日本，1992 | -0.7 | -8.7（1999） | 9.4 |
| 韩国，1997 | 0.0 | -4.8（1998） | 4.8 |
| 马来西亚，1997 | 0.7 | -5.8（2000） | 6.5 |
| 墨西哥，1994 | 0.3 | -2.3（1998） | 2.6 |
| 挪威，1987 | 5.7 | -2.5（1992） | 7.9 |
| 西班牙，1977[①] | -3.9 | -3.1（1977） | -0.8 |
| 瑞典，1991 | 3.8 | -11.6（1993） | 15.4 |
| 泰国，1997 | 2.3 | -3.5（1999） | 5.8 |

①如图 14-4 所示，西班牙是唯一在危机后人均 GDP 出现适度正增长的国家。
资料来源：国际货币基金组织的《政府金融统计》和《世界经济展望》（多年数据），以及作者的计算。

⊖ 见国际货币基金组织 2002 年 4 月《世界经济展望》第 3 章。

图 14-5 显示了银行危机发生三年后实际政府债务上升的情况。政府财政状况出现了惊人的恶化，债务水平平均上升超过 86%。此处的计算是基于过去几十年中相对近期的数据。但是在本书第 10 章中，我们利用新发现的国内债务数据，证明了政府债务的累积是一个多世纪以来银行危机后果的一个非常明显的特征。我们分析的是债务增长的百分比，而非债务与 GDP 的比率，因为有时产出突然大幅下滑，使债务与 GDP 比率的解释复杂化。我们之前讨论过但仍值得强调的一点是，政府债务表征性地大量累积主要是税收大幅锐减所致，而后者主要是由伴随大多数严重金融危机的深度衰退引起的。在一些银行危机中，耸人听闻的援助支出只是危机后债务负担增量中相对较小的一部分。

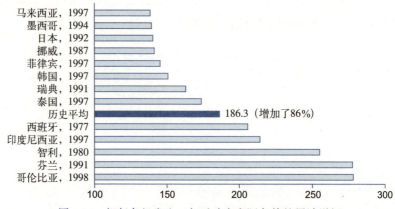

图 14-5　银行危机发生三年后政府实际负债的累计增幅

注：每一次银行危机都使用国家和危机开始年份来标识。由于数据获取的限制性，我们只包括主要（系统性）的银行危机。历史平均值的计算并不包含正在发生的危机。债务存量的比较是基于银行危机发生三年后的数据。

资料来源：数据附录 A.1 和数据附录 A.2 及其中引用的数据。

## 主权风险

如图 14-6 所示，主权违约、债务重组或准违约（由于国际援助计划而免于违约）是很多新兴市场国家和地区金融危机的一部分，因此国家信用评级的下调也就不足为奇了。然而发达国家也不能幸免。芬兰的主权风险评级在三年内从 79 降至 69，以至于快接近新兴市场国家和地区的评级了。日本也被更著名的评级机构多次下调评级。

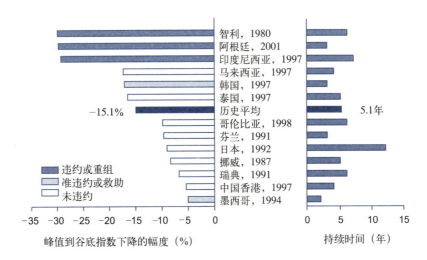

图 14-6　以往的银行危机与机构投资者主权评级

注：机构投资者的评级分布于 0～100，评级越高信用状况越好。
资料来源：机构投资者（多年数据）以及作者的计算。

## 与 20 世纪 30 年代第一次大萧条的经验比较

到目前为止，我们的比较基准仅仅包括第二次世界大战后的金融危机。至少在危机的发生和早期趋势方面，它们和美国次贷危机存在数量上的相似性。但是，第二次大紧缩在很多方面远比样本中的其他危机严重得多，因为它同时影响了整个世界，而第二次世界大战后其他的严重金融危机只影响单个国家，在最坏的情况下也只限于一个区域。当然，如第 17 章所述，20 世纪 30 年代政策制定者行动上的保守和犹豫或许是导致危机如此严重和旷日持久的原因。

图 14-7 比较了 20 世纪 30 年代大萧条和第二次世界大战后严重的金融危

机产出从峰值回落至谷底的持续时间。上半部分分析了第二次世界大战后哥伦比亚、阿根廷、泰国、印度尼西亚、瑞典、挪威、墨西哥、菲律宾、马来西亚、日本、韩国等14个国家和地区的金融危机，下半部分分析了大萧条时期阿根廷、智利、墨西哥、加拿大、奥地利、法国、美国、印度尼西亚、波兰、巴西、德国、罗马尼亚、意大利和日本14个国家的表现。

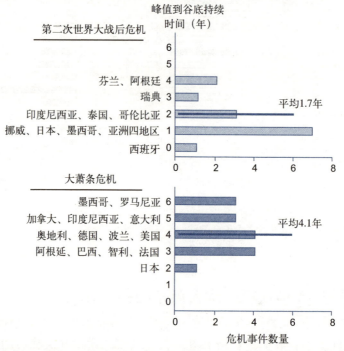

图14-7 主要金融危机的持续时间：14次大萧条危机和14次第二次世界大战后金融危机人均产出从峰值回落至谷底时间的比较

注：14次第二次世界大战后的金融危机是指1977年西班牙危机、1987年挪威危机、1991年芬兰危机、1991年瑞典危机、1992年日本危机、1994年墨西哥危机、1997年印度尼西亚、泰国以及在图中合称"亚洲四地区"的中国香港、韩国、马来西亚和菲律宾危机、1998年哥伦比亚危机以及2001年阿根廷危机。14次大萧条危机包括发生于20世纪30年代的11次银行危机和发生于加拿大、智利和印度尼西亚的3次系统性影响较小但同样导致经济严重紧缩的危机。11次银行危机包括1927年日本危机、1929年巴西、墨西哥和美国危机、1930年法国和意大利危机，以及1931年奥地利、德国、波兰和罗马尼亚危机。

大萧条前的产出水平是指1929年的产出。

资料来源：数据附录A.3及作者的计算。

图的上下两部分都由垂直的直方图组成。危机的持续时间在竖轴上表示，给定危机持续时间上发生危机的国家和地区数在横轴上表示。从图中我们可以清楚地看到，大萧条时期衰退的持续时间要远长于战后历次危机。第二次世界大战后金融危机中产出从峰值回落至谷底的平均持续时间一般为 1.7 年，最长的衰退发生在阿根廷和芬兰，其持续时间为 4 年。但是在大萧条中，很多国家和地区（包括美国和加拿大）都经历了 4 年或更长时间的衰退，墨西哥和罗马尼亚甚至连续 6 年产出持续下跌。事实上，大萧条各次危机产出的平均下跌时间为 4.1 年。⊖

需要注意的一个重点是，用衡量衰退幅度和持续时间的标准指标来分析伴随严重金融危机的大幅产出下降并不是很合适，一方面是由于衰退幅度不同，另一方面是由于金融系统调整通常导致经济增长非常缓慢。图 14-8 提供了另一种方法，它衡量了一个国家恢复到危机前产出水平所需要的时间。毫无疑问，在经历了急剧下跌后，仅仅回复到危机前的产出水平就要花费很长时间。图 14-8 着实让人吃了一惊。在第二次世界大战后的危机中，危机国家平均花了 4.4 年才回到危机前的产出水平。日本和韩国的经济恢复相对较快，仅花了两年时间，而哥伦比亚和阿根廷则花了 8 年时间。但是大萧条的情况更加严重，危机国家平均花了 10 年时间才回复到危机前的产出水平，部分原因是没有国家能在世界总需求塌陷的时候走向复苏。如图 14-8 所示，美国、法国和奥地利花了 10 年时间才回复到危机前的产出水平，而加拿大、墨西哥、智利、阿根廷则花了 12 年。因此，大萧条为 21 世纪金融危机可能的发展趋势所设置的基准，远比第二次世界大战后严重金融危机所设置的更让人心有余悸。

如第 16 章所述，大萧条时期失业率的上升远比其在第二次世界大战后严重的金融危机中要高得多。大萧条时期失业率平均上升 16.8%，美国的失业率也从 3.2% 上升至 24.9%。

---

⊖ 其他值得关注的与大萧条相关的比较和类比分析见 Eichengreen 和 O'Rourke（2009）。

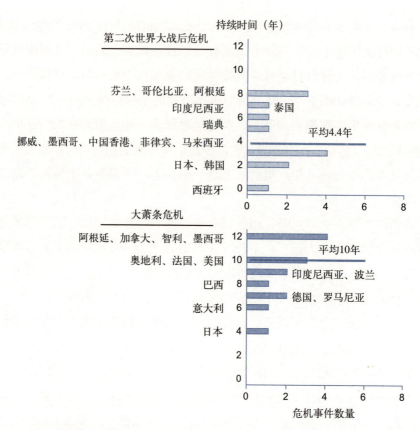

图 14-8 主要金融危机的持续时间：14 次第二次世界大战后金融危机和 14 次大萧条危机恢复到危机前人均产出水平所花费的时间

注：14 次第二次世界大战后金融危机是指 1977 年西班牙危机，1987 年挪威危机，1991 年芬兰危机，1991 年瑞典危机，1992 年日本危机，1994 年墨西哥危机，1997 年中国香港、印度尼西亚、韩国、马来西亚、菲律宾和泰国危机，1998 年哥伦比亚危机以及 2001 年阿根廷危机。14 次大萧条危机包括发生于 20 世纪 30 年代的 11 次银行危机和发生于加拿大、智利和印度尼西亚的 3 次系统性影响较小但同样导致经济严重紧缩的危机。11 次银行危机包括 1927 年日本危机，1929 年巴西、墨西哥和美国危机，1930 年法国和意大利危机，以及 1931 年奥地利、德国、波兰和罗马尼亚危机。

资料来源：数据附录 A.3 及作者的计算。

最后，我们在图 14-9 中分析大萧条时期政府实际债务的变化。有意思的是，相对于第二次世界大战后的严重金融危机，大萧条时期各危机国家政府债务水平上升得更慢。大萧条时期政府实际债务水平在 6 年内平均上升了

84%，而在第二次世界大战后危机中同样水平的债务攀升仅需 3 年。这些差别也反映了大萧条时期政策响应非常迟缓。同样值得关注的是，新兴市场国家的公共债务水平在危机第二阶段（第 3 年至第 6 年）并未上升。其中一些新兴市场国家可能已经对国内债务或外债违约了，其他国家可能面临着一些与债务不耐相关的外部约束，因此它们没有能力获得预算赤字融资。

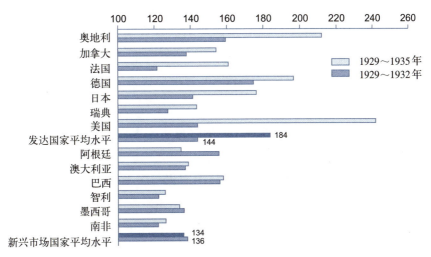

图 14-9 1929 年大萧条发生 3 年后和 6 年后一些国家政府实际债务的累积增加情况

注：各国银行危机发生的时间分布在 1929～1931 年不等。奥地利和加拿大没有发生系统性的银行危机，但是为了便于比较也把它们纳入进来，因为它们同样面临着严重而漫长的经济萧条。1929 年代表着危机发生前世界产出的最高水平，所以把它作为大萧条开始的标志。

资料来源：Reinhart 和 Rogoff（2008b）及该文中引用的数据。

## 总结分析

通过分析第二次世界大战后严重金融危机的后果可以得知，金融危机对资产价格、产出和就业都产生了持久而深刻的影响。失业率的上升和房价的下跌分别持续了 5 年和 6 年，政府实际债务在 3 年内平均上升了 86%。

在预测 21 世纪头十年后期全球金融危机（第二次大紧缩）等金融危机的发展趋势方面，历史经验能有多大作用？一方面，今天的货币当局拥有更灵活的货币政策框架，这尤其得益于更灵活的全球汇率体制。一些中央银行在危机发生后就积极地干预市场，这在20世纪30年代金融危机及之后的日本金融危机中都很少见；另外一方面，我们最好不要过于自大，妄自认为自己比前人更聪明。就在几年前，很多人可能会认为我们在金融工程和货币政策领域所取得的进展足以驯服经济周期，并阻止金融风险的蔓延。正如本章最后一部分所述，大萧条的破坏性远大于第二次世界大战后严重的金融危机。在大萧条时期，危机国家平均花了10年时间才使实际人均GDP恢复至危机前水平。在第二次世界大战后的金融危机中，危机国家花了近4年半的时间才使产出恢复至危机前水平，虽然恢复速度要快于大萧条时期，但也耗时甚长。

就我们所知，自2007年金融危机爆发以来，美国及其他危机国家的资产价格和其他标准危机指标一直沿着历史上历次危机所预示的轨迹下滑。股票市场确实已经恢复了一些，但是总体上它仍与第10章所强调的历史经验一致，即股票市场的V形恢复远比房地产市场和就业市场的V形恢复更为常见。总体而言，本章我们对过去危机的失业、产出和政府债务后果的分析，为当前金融危机如何演进提供了一个令人清醒的比较基准。事实上，我们对第二次世界大战后金融危机的比较分析在很大程度上是基于一些独立的区域性危机。而当前危机的全球化特征，将使很多国家通过国外借贷来平滑消费和增加出口等的危机应对措施变得更难且更具争议。如第10章所述，历史经验表明，2002年以来主权违约短暂的平静期很可能被突然打破。实质性地增加国际货币基金组织的资源及放宽国际货币基金组织的贷款条件可能会使下一轮违约缓慢有序地发生，尽管国际货币基金组织自身面临显著的偿付问题，而且最终会产生更大的冲击。否则，新兴市场国家的违约就会像我们反复提到的那样急速上升，同时很多国家会发生国内银行危机。

| 第 15 章 |

# 次贷危机的国际视角：
# 是危机传染还是共同因素冲击

在前两章中，我们重点分析了当前金融危机和之前危机的共同特征，尤其着重从处于危机中心的美国的视角来看这些特征。当然，21 世纪金融危机和第二次世界大战后危机存在一些重要的差别，尤其体现在 2008 年第 4 季度以来经济衰退全球传播的迅猛程度上。全球金融的"突然停止"迅速扩展至全世界的中小企业，而大企业也只能以更高的价格获得融资。尽管在富裕国家给国际货币基金组织提供大量资金支持的情况下，2009 年年中主权信用利差大幅收窄，但新兴市场国家的政府也同样感受到压力⊖。

本地或区域性的危机怎样演变成全球性的危机？在本章中，我们强调了两种危机传导机制的本质区别：一种是由于一些共同的冲击因素导致危机在国家间传递，如 2001 年科技股泡沫破灭和 21 世纪初房价的崩盘；另一种是始自危机中心的跨国传染。

接下来，我们提供了金融危机跨国迅速传递的大量历史案例，并解释了

---

⊖ 国际货币基金组织无疑是新兴市场国家（在危机发生时，它们通常面临着新近浮动债券巨大的偿付压力）有效的全球最后贷款人。由于 2009 年 4 月 2 日伦敦 20 国峰会（包括最大的发达国家和主要发展中国家）达成了增加国际货币基金组织资金的决议，全球市场对主权违约风险的恐慌明显减轻。但是国际货币基金组织的担保仅仅针对政府债务，随着公司违约率的不断攀升，至 2009 年年中新兴市场国家公司债券的风险利差一直处于高位。至于这些债务问题会在何种程度上通过政府救援外溢到政府（过去经常如此），还有待观察。

什么因素可能导致始发于国内的危机产生快速的跨境传染。我们把这些案例作为参考，以分析21世纪金融危机期间大量显著的银行危机跨国传递，其中共同因素冲击和跨国联系都起了明显作用。在随后的第16章中，我们将建立一个危机严重性指数，并在此基础上定义区域性和全球性危机的判断基准。

## 危机传染的概念

定义危机传染时，我们要区分两种不同的类型，一种是"慢热型"外溢，另一种是被卡明斯基、莱因哈特和Végh（2003）标示为"快速而狂热"的快速跨国传递。特别地，他们做了如下解释：

> 我们认为传染是指一个事件在很多国家产生快速而显著效应的现象，即结果来得快速而狂热，并且在几个小时或几天内完成。这种快速而狂热的反应与初始国际反应对消息不敏感的情况正好相反。后者并不排除渐进和持续的影响，并累积产生重大的经济后果。我们称这种渐近的情况为外溢。共同的外部冲击，如国际市场利率或油价的变动，也并不自动地包含在我们对传染的操作性定义中。⊖

我们对这种分类做了进一步补充，即共同的冲击并不必然都是外部因素。这种例外对解释21世纪金融危机尤为重要，因为很多国家可能拥有共同的"国内"宏观经济因素，如房价泡沫膨胀、资本洪流以及不断增加的私人部门和公共部门杠杆等。

## 一些早期的案例

博尔多和Murshid、尼尔和Weidenmier都指出，银行危机的跨国联系在

---

⊖ Kaminsky、Reinhart和Végh（2003），引用第55页。

1880～1913年也非常普遍，该时期实行金本位制，国际资本流动性相对较高。⊖表15-1分析了更广时间范围（包括20世纪）的银行危机传染事件，表中列示了银行危机集聚发生的年份，而单个国家和地区银行危机发生的具体时间等信息见数据附录A.3。⊜1890年著名的巴林银行危机（该危机发生于英国和阿根廷，之后向其他国家扩散）是最早的国际银行危机集聚事件。随后是1907年的金融恐慌，该恐慌首先产生于美国，但很快扩散至其他发达国家，尤其是丹麦、法国、意大利、日本和瑞典等国。这些事件是现代金融危机传染合理的比较基准。⊜

表 15-1　1890～2008年全球银行危机：是危机传染还是共同因素冲击

| 危机集聚发生的年份 | 影响的国家和地区 | 评　论 |
| --- | --- | --- |
| 1890～1891年 | 阿根廷、巴西、智利、葡萄牙、英国、美国 | 阿根廷违约，并引发对所有阿根廷银行的挤兑，见Della Paolera和泰勒（2001）。巴林兄弟银行面临破产 |
| 1907～1908年 | 智利、丹麦、法国、意大利、日本、墨西哥、瑞典、美国 | 铜价下跌降低了纽约一家信托公司（准银行）的偿付能力 |
| 1914年 | 阿根廷、比利时、巴西、法国、印度、意大利、日本、荷兰、挪威、英国和美国 | 第一次世界大战爆发 |
| 1929～1931年 | 发达国家：比利时、芬兰、法国、德国、希腊、意大利、葡萄牙、西班牙、瑞典和美国<br>发展中国家：阿根廷、巴西、中国、印度、墨西哥 | 在1928～1931年，实际商品价格暴跌了51%。美国实际利率水平接近13% |

---

⊖ 见Neal和Weidenmier（2003）、Bordo和Murshid（2001）。Neal和Weidenmier强调，明显的危机传染时期更应该理解为对共同因素冲击的反应，我们在讨论当前金融危机时将会回到这个问题。但是，关于金融传染历史观点实质的最佳总结可能要参见Bordo和Murshid（2001），他们认为，很少有证据表明现代金融危机之后的跨国联系会比1880～1913年（该时期是他们研究的早期金融市场全球化的全盛时期）更紧密。

⊜ 表15-1没有包括其他类型的危机聚集发生的事件，如1825年主权违约潮或者拿破仑战争时期的货币危机。

⊜ 见Neal和Weidenmeir（2003）、Reinhart和Rogoff（2008a）。

(续)

| 危机集聚发生的年份 | 影响的国家和地区 | 评　论 |
|---|---|---|
| 1981～1982年 | 新兴市场国家：阿根廷、智利、哥伦比亚、刚果、厄瓜多尔、埃及、加纳、墨西哥、菲律宾、土耳其和乌拉圭 | 1979～1982年，实际商品价格下跌了近40%。美国实际利率水平上升至6%，是自1933年以来的最高水平。开始了持续10年之久的新兴市场债务危机 |
| 1987～1988年 | 很多小国家，其中大部分是低收入国家。非洲受冲击尤其大 | 它们标志着近10年债务危机的结束 |
| 1991～1992年 | 发达国家：捷克①、芬兰、希腊日本、瑞典<br>其他国家：阿尔及利亚、巴西、埃及、苏联②、匈牙利、波兰、罗马尼亚以及斯洛伐克 | 北欧国家及日本房地产市场和股票市场泡沫破灭。很多转制国家面临着自由化和国内稳定的问题 |
| 1994～1995年 | 阿根廷、玻利维亚、巴西、厄瓜多尔、墨西哥以及巴拉圭 | 墨西哥的"龙舌兰危机"引发了自20世纪90年代初以来大量资本流入发展中国家所导致的第一波危机 |
| 1997～1999年 | 亚洲：中国香港、印度尼西亚、马来西亚、菲律宾、中国台湾、泰国和越南<br>其他国家：巴西、哥伦比亚、厄瓜多尔、萨尔瓦多、毛里求斯、俄罗斯、土耳其和乌克兰 | 大量资本流入发展中国家导致的第二波危机 |
| 2007年至今 | 德国、匈牙利、冰岛、爱尔兰、日本、西班牙、英国、美国及其他 | 美国次级房地产市场泡沫及其他发达国家房地产泡沫破灭 |

① 1991～1992年捷克、斯洛伐克为一个国家，即捷克斯洛伐克。
② 苏联于1991年12月25日解体。
资料来源：基于本书第1～10章。

与大萧条时期的银行危机传染相比，第二次世界大战前其他的银行危机传染事件无疑显得黯然失色，大萧条也导致了大量几乎同时发生的外债和国内主权债务违约事件。

## 共同冲击因素和第二次大紧缩

当前金融危机是共同因素冲击和跨国联系两种传染渠道的一个示例。毫无疑问，美国 2007 年次贷危机通过直接的联系影响了其他市场。例如，可能由于国内房地产市场获利机会非常有限且回报率过低，德国和日本（以及更多其他国家，甚至包括哈萨克斯坦）的金融机构都投资美国次级房贷市场以获得更诱人的回报。很明显，美国本土之外的很多金融机构都累积了价值不菲的美国次级房贷市场头寸。⊖ 这就是一个经典的危机传递或传染渠道，发生于一个国家的危机通过它在各国之间扩散。然而在当前的危机中，危机传染或者外溢只是该故事的一部分。

这期间，其他很多国家也都面临着和美国同样的经济问题，也是导致它们出现大量美国次贷危机前类似症状的一个重要原因。其中有两个共同因素很突出。首先，如图 15-1 所示，欧洲及其他地区的很多国家（如冰岛、新西兰等）都产生了房地产泡沫。其次，如第 10 章所述，美国并不是唯一一面临巨额经常项目赤字和持续资本洪流的国家。保加利亚、冰岛、拉脱维亚、新西兰、西班牙以及英国等国家都从国外获得大量资本流入，助推了信贷和资产价格泡沫。⊜ 不管美国发生什么情况，该趋势本身使这些国家在面对资产市场崩盘及资本流动的突然转向（用多恩布施和卡尔沃的话说是"突然停止"）时，都会显得很脆弱。

美国次级房贷市场风险暴露和广泛讨论的共同因素导致直接外溢，因为这些危机中其他标准的传递渠道得到进一步加强，尤其是普遍存在的共同贷款人渠道。举例而言，一家持有匈牙利风险暴露的奥地利银行，在匈牙利发生严重经济动荡时，不仅会削减对匈牙利的贷款还会削减对其他国家（主要是东欧国家）的贷款。这样，源于匈牙利的冲击就通过共同贷款人渠道传递至其他国家了。日本的银行在 1997～1998 年亚洲金融危机期间及美国的银行在 20 世纪 80 年代初拉丁美洲债务危机中都扮演了相似的共同贷款人角色。

---

⊖ 由于这些国家很多金融机构的资产负债表不透明，所以到目前为止，它们的全部头寸规模还不清楚。

⊜ 资本流入富矿事件的完整清单见 Reinhart 和 Reinhart（2008a）。

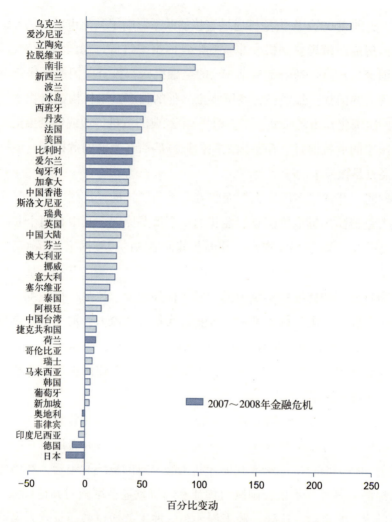

图 15-1  2002～2006 年实际房价变动的百分比

注：中国大陆的数据只包括 2003～2006 年。
资料来源：国际清算银行，数据附录 A.1 中列示的数据。

## 更多的外溢将要来临吗

如前所述，外溢通常不会像金融市场不利消息或"突然停止"那样以快速且狂热的速度发生。因此，它们不会立刻对资产负债表产生不利的影响。但是，它们更渐进的演变并不会使累积作用更小。

相对开放且历史上增长迅速的亚洲经济，在危机发生初期受影响较小，但最终逃脱不了 21 世纪初发达国家经济衰退带来的沉重打击。这不仅因为亚洲国家比其他国家更加依赖出口，而且因为它们的出口大部分是制成品，这使得其产品需求的收入弹性高于初级产品。

尽管不像亚洲国家那样出口导向，但东欧国家也受到富裕的西方贸易对手经济衰退的严重影响。类似的情况也发生在墨西哥和中美洲国家，它们与美国高度一体化，而且高度依赖于对美国的劳务输出收入。以商品出口为主的非洲和拉丁美洲国家（也包括产油国）也受到全球需求疲软的影响。金融危机也影响了商品市场，使其价格从 2008 年第 3 季度开始出现大幅下降。

决定新兴市场国家受这些外溢效应影响程度的一个关键因素是"北方"国家的经济恢复速度。随着外汇储备的逐渐消耗（积累于 2007 年前的资本洪流时期）和财政状况的恶化，公众和私人的债务偿付压力将增大。如前所述，严重的金融危机是一个漫长的事件。考虑到在全球金融危机和商品价格大幅下降之后主权债务违约率上升的趋势，第二次大紧缩的副产品可能是违约、重组及接受国际货币基金组织大规模救援国家的数量上升。

| 第 16 章 |

# 金融危机的综合度量

在本书中,我们着重分析了某些关键时刻不同国家以及不同类型的危机集聚发生的现象。一个处于汇率危机中的国家可能发现自己很快又陷入银行危机和通货膨胀危机,有时国内债务和外债违约也会随之发生。如前面章节所述,危机也可能通过传染或共同因素冲击在各国之间传播。

不过到目前为止,我们还没有构建任何指数来量化地区性或全球性危机。因此,我们将运用与前述分析单个金融危机相同的方法,构建各类用于衡量全球、地区和国家层面危机严重程度的金融动荡指数。

我们的金融动荡指数揭示了一些颇为惊人的信息。2007 年以来的全球金融危机,也就是我们所说的"第二次大紧缩",无疑是第二次世界大战后唯一的全球性金融危机。即便第二次大紧缩不演变成为第二次大萧条,其严重程度仍然超过了所有其他危机事件,包括布雷顿森林体系的崩溃、第一次石油危机、20 世纪 80 年代发展中国家债务危机,以及 1997~1998 年著名的亚洲金融危机。第二次大紧缩已经烙上了全球银行危机和全球汇率剧烈波动的印记。房地产市场和失业率的同时恶化也是自大萧条以来首次发生,在本章后半部分我们将展示很少用到的大萧条数据来强化这种比较分析。

本章中我们建立的金融动荡指数也能用于区域性金融危机严重程度的分析,此处我们用于对不同地区的情况进行比较。该指标显示亚洲没有发生金融危机这一流行的观点犯了多么大的错误！

本章不仅将各种全球性危机联系在一起，同时也对一国内不同危机的相互联系进行了研究。效仿卡明斯基和莱因哈特的研究，我们分析了银行危机（有时是潜在的）如何引发货币危机、直接主权违约和通货膨胀。[⊖]

最后，我们得出结论，从本质上讲应对一场全球性危机要比应对一场跨国界的区域性危机（如1997~1998年亚洲金融危机）难得多。其他地区缓慢的经济增长降低了通过国外需求来弥补国内需求不足的可能性。因此，全球金融动荡指数之类的度量指标在制定正确的应对政策时可能非常有用。

## 构建危机的综合指数：BCDI 指数

我们按照如下方法建立衡量危机严重程度的指标。我们在第1章定义了五种类型的危机：外部或国内主权违约、银行危机、货币危机和通货膨胀。[⊜] 通过简单加总一国在特定年份发生的金融危机种数得到一国金融动荡综合指数。因此，如果一个国家在特定年份里没有发生五类危机中的任何一类，那么它在该年的金融动荡指数值就为0，而在最坏的情况下（如2002年的阿根廷）该指数值可能为5。我们对每个国家每年都计算该指数值。这就是我们所谓的BCDI指数，它代表银行危机（仅包含系统性危机）、货币危机、债务危机（国内债务和外债）和通货膨胀危机指数。

虽然这种方法反映了金融危机不同层面的一些特征，但是需要承认的是，它对危机严重程度的衡量仍是不全面的。[⊜] 不论通货膨胀率上升到年均25%（达到通货膨胀危机定义的临界值）还是上升到年均250%，它在指数中的权

---

⊖ 见 Kaminsky 和 Reinhart（1999）。

⊜ 如果算上货币减值，应该是六类危机。我们之所以不这样做是基于以下两个原因：首先，关于各国货币金属含量的数据非常少；其次，随着法币的使用，开动印刷机取代了流通中金属货币的减值。因为我们分析的是1800年后（我们开始标识银行危机的时间）的危机综合指数，所以不考虑减值危机的影响并不像1300~1799年（那时货币减值很盛行）那样大。

⊜ 这回到了我们（大多数研究）分析危机时使用的两分法。当然，也可以通过额外考虑危机的等级部分地反映危机的严重性。

重都是一样的，尽管后者明显更加严重。㊀这种处理违约的两分法和标准普尔评级所采用的方法相似，它把所有国家划分为违约或不违约两种状态。标准普尔指数和我们的指数都考虑了债务危机变量。例如，2003年乌拉圭相对快速且市场友好的重组被赋予与2001～2002年其邻居阿根廷的债务违约相同的权重，后者耗时长久并对债权人成功地强加大幅债务削减要求。但是标准普尔等指数被证明长期有效，这正是由于违约本身就是一件不连续的事件。同样，一个在很多类危机都达到认定标准的国家，几乎可以断定它正面临非常严重的经济和金融困境。

在可能的情况下，我们也在五类危机综合指数中加入"金德尔伯格类型"的股票市场危机变量，该变量将单独列示。㊁在这种情况下，指数值范围为1～6。㊂虽然金德尔伯格本人并没有提出股票市场危机的量化定义，但巴罗和乌苏亚采用了一个合理的基准来定义资产价格崩盘，本书我们沿用这一定义。他们定义股票市场崩盘为实际股价累计下跌达到25%或更多。㊃我们对样本中的66个国家和地区使用该方法，其中股价下跌的起始日期根据可获得的数据进行判断，这将在数据附录中逐个国家和地区详细描述。毫无疑问，2008年的巨型跨国危机是股票市场崩盘样本的最后一个案例。与经济增长危机的情形相似，很多（即使不是大多数）股票市场崩盘与本书描述的其他危机往往同时发生（见第1章和第11章）。"大多数"显然不代表所有，如1987

---

㊀ 如前所述，我们能够很容易地改进这个指标以包括三种类型的通货膨胀危机：即高通货膨胀（年通货膨胀率超过20%但小于40%），严重通货膨胀（年通货膨胀率超过40%但小于1000%）及恶性通货膨胀（年通货膨胀率大于等于1000%）。

㊁ 也就是说，将股票市场崩盘与国际金融危机和动荡联系在一起（这通常发生在发达国家）。

㊂ 我们所列示的危机并不包括由Barro和Ursúa（2008，2009）所定义的经济增长危机，即人均GDP累计下降超过10%。我们识别的危机中很重要的一部分都满足该定义。稍后我们将对此加以讨论。同时金融动荡综合指数并不必然包括所有由卡尔沃和本书作者在一些文章中（见参考文献）所定义的"突然停止"事件。读者可以回顾前述章节所讲，"突然停止"是指国际资本流动的突然转向，它经常与丧失进入国际资本市场的机会联系在一起。值得注意的是，大多数过去和现在的银行危机（2007年美国次贷危机是个特例）都与"突然停止"有关。主权外债违约也是如此。

㊃ Barro和Ursúa（2009），他们从1869～2006年25个国家（18个发达国家和7个新兴市场国家）中识别了195次股票市场危机。

年 10 月黑色星期一的股市大崩盘就不和其他任何危机相关。股票市场的错误警报对我们来说当然是再熟悉不过了。正如萨缪尔森那句名言："股票市场预测到过去 5 次衰退中的 9 次。"⊖ 事实上,虽然全球股市在 2009 年年初持续下滑（超出我们核心数据集的截止期限），但是它们随即在第 2 季度出现显著回升,尽管很难回到危机前的水平。

除主权违约以外,还有两个其他重要维度的违约没有在危机指数中得到直接体现。第一个是家庭债务违约。例如,它们在美国次贷危机的发展中处于核心位置,并以臭名昭著的有毒住房抵押资产的形式存在。由于缺乏历史数据,本书并没有对家庭违约进行单独分析,即便对于发达国家也是如此。但是,这些违约很可能包含在银行危机的指标中。毕竟银行是家庭贷款的主要来源,而且大规模的家庭违约必然会破坏银行的资产负债表。

相对而言,忽视公司违约存在更大的问题,它本身应该是另一种类型的危机。在公司融资由银行主导的国家,这个问题并不突出。在这种情况下,对家庭债务违约的分析也适用于公司债务。但是对于资本市场更发达的国家,可能需要把广泛的公司违约当作另一种类型的危机。如图 16-1 所示,在大萧条时期美国政府违约（1934 年废除黄金条例）之前,公司违约就已经开始大幅上升了。然而值得注意的是,公司违约和银行危机确实是相关的,因此我们的指数可能间接地、部分地反映这些情况。在很多情况下,公司违约也是政府债务违约或重组的前兆,因为政府往往承担了部分私人部门债务。

## 国家层面综合指数的说明

2001 ~ 2002 年阿根廷危机说明了各类危机是如何相互加强和重叠的。政府对其所有的债务违约（包括国内债务和外债）；银行在"银行假日"的安排下全部瘫痪,所有存款都被无限期冻结；比索对美元的汇率几乎在一夜之间从 1 暴涨至 3；物价从通缩（通缩率大约为每年 –1%）转为 30% 左右的通货膨胀（还只是官方的保守估计）。我们认为它符合 Barro-Ursúa 经济增长危

---

⊖ 见 Samuelson（1966）。

机（人均 GDP 下降 20%～25%），而且实际股票价格跌幅超过 30%，与金德尔伯格类型的股票市场崩盘一致。

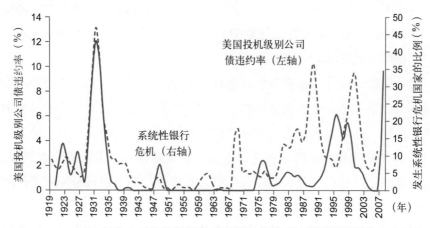

图 16-1　1919～2008 年发生系统性银行危机国家的比例（以各国在世界收入中的占比为权重加权得到）和美国投机级别公司债违约率

注：样本包含数据附录 A.1 中列示的所有 66 个国家和地区。样本一共使用了三套 GDP 加权数据，1800～1913 年使用 1913 年的 GDP，1914～1990 年使用 1990 年的 GDP，1991～2008 年使用 2003 年的 GDP。2007～2008 一栏列示了发生于奥地利、比利时、德国、匈牙利、日本、荷兰、西班牙、英国和美国的危机。该图显示的是两年的移动平均数据。

资料来源：Kaminsky 和 Reinhart（1999），Bordo 等人（2001），Maddison（2004），Caprio 等人（2005），Jácome（2008），穆迪杂志（各期）及数据附录 A.3 中列示的提供银行危机标识的资料来源。

## 世界总指数和全球危机

为实现危机分析角度从单个国家到世界或地区总体的转变，一种做法是我们对全球所有国家或地区进行加权平均。如前所述，权重为该国产出占世界产出的比例。另一种做法是用简单平均法计算某一特定国家组危机数量的平均数。我们将展示这两种方法。

## 历史比较

图 16-2 和图 16-3 所示的时间序列分别为 1900～2008 年⊖世界总体及发

---

⊖ 图中只显示到 2005 年。——译者注

达国家的总危机指数。发达国家总体是由样本中 18 个高收入国家组成，而新兴市场国家总体是由来自非洲、亚洲、欧洲和拉美的 48 个国家和地区组成的。正如我们对债务危机和银行危机的处理一样，指数的计算是以一国在全球 GDP 中的占比为权重进行加权。⊖国家指数（不包含股票市场崩盘危机）从 1800 年或一国独立以来（如果独立时间晚于 1800 年）开始编制，如果数据允许也会编制包含股票市场崩盘的指数。

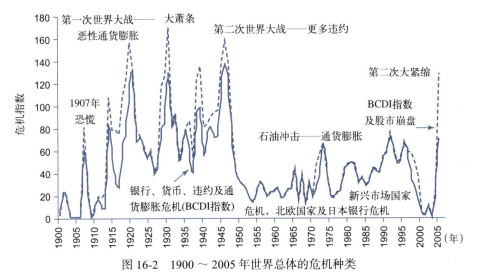

图 16-2　1900～2005 年世界总体的危机种类

注：该图显示了一个反映银行危机、货币危机、主权违约、通货膨胀危机和股票市场崩盘的综合指数（用各国在全球收入中的占比为权重进行加权平均）。各国在任一年份的银行危机、货币危机、债务（国内债务和外债）违约和通货膨胀综合指数（BCDI）可在 0～5 中取值，取决于该国在特定年份发生危机的种类。例如，1998 年俄罗斯的指数值为 5，因为俄罗斯在 1998 年同时发生了货币危机、银行危机、通货膨胀、国内主权债务违约和主权外债违约。然后，各国的指数用其在世界收入中的占比为权重进行加权平均。我们对 66 个样本国家和地区在 1800～2008 年每年都计算该指数值（图 16-2 只显示了 1900 年之后的部分）。另外，我们对 25 个样本国家（66 个样本国家和地区中的子样本，再加上瑞士）在 1864～2006 年使用巴罗和乌苏亚（2009）给出的股票市场崩盘定义，并且更新该定义至 2008 年 12 月以编制我们的 BCDI+ 指数。例如，2008 年美国的指数值为 2（货币危机和股票市场崩盘），澳大利亚和墨西哥的指数值也为 2（货币危机和股票市场崩盘）。

资料来源：作者的计算。

---

⊖　回顾前面的章节可知，66 个样本国家和地区占全球 GDP 的近 90%。

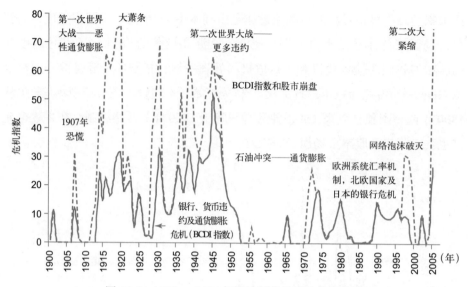

图16-3　1900～2005年发达国家总体的危机种类

注：图16-3 显示了一个反映银行危机、货币危机、主权违约、通货膨胀危机和股票市场崩盘的综合指数，用各国在全球收入中的占比为权重加权平均得到。各国在任一年份的银行危机、货币危机、债务（国内债务和外债）违约和通货膨胀综合指数（BCDI）可在 0～5 取值，取决于该国在特定年份发生危机的种类。例如，1947 年日本的指数值为 5，因为日本在1947 年同时发生了货币危机、通货膨胀危机、国内债务主权违约和外债主权违约。然后，各国的指数用其在世界收入中的占比为权重进行加权平均。我们对莱因哈特-罗格夫样本中的 18 个发达国家（包括奥地利，但不包括瑞士）在 1800～2008 年每年都计算该指数值（图 16-3 只显示了 1900 年之后的部分）。另外，我们对 18 个发达国家（包括瑞士，但不包括奥地利）在 1864～2006 年使用巴罗和乌苏亚（2009）给出的股票市场崩盘定义，并且更新该定义至 2008 年 12 月以编制我们的 BCDI+ 指数。例如，2008 年美国和英国的指数值为 2（货币危机和股票市场崩盘），澳大利亚和挪威的指数值也为 2（货币危机和股票市场崩盘）。ERM 是指欧元系统的汇率机制。

资料来源：作者的计算。

虽然在很多情况下通货膨胀和银行危机可能发生于一国独立之前，但是根据其定义，主权债务危机（包括外债和国内债务）不可能在殖民地国家发生。此外，很多殖民地国家通常没有自己的货币。如果 BCDI 综合指数包含股票市场崩盘（单独显示），我们将其标示为 BCDI+。

图 16-2 和图 16-3 将各种危机按发生时间排列，在某种程度上也考虑危机的严重程度。粗略地观察这些图，便可发现第二次世界大战前后危机具有非常不同

的模式。在图 16-3 中这种差别更加明显，它显示的是 18 个发达国家指数的情况。第二次世界大战前时期的特征是，频繁地发生各类严重的危机，从导致 1907 年全球恐慌的银行危机到与第二次世界大战及战后时期相关的债务和通货膨胀危机。㊀

第二次世界大战后发生了多次金融动荡：20 世纪 70 年代中期紧随第一次石油危机爆发的通货膨胀，80 年代为降低通货膨胀率而引发的经济衰退，90 年代初期北欧国家和日本爆发的严重的银行危机，以及 21 世纪初互联网泡沫的破灭。然而，相对于第二次世界大战前的危机以及 2008 年的全球大紧缩，这些危机就远为逊色了，2008 年的大紧缩是第二次世界大战后 60 多年来其他危机所无法比拟的（差距非常大，见图 16-3）。同第二次世界大战前的危机一样，2008 年的危机不但非常严重而且波及全球，大部分国家都卷入其中。全球几乎出现普遍性的股票市场崩盘。而且随着资产价格泡沫的破灭和高杠杆头寸的暴露，银行危机大量涌现。发达国家货币对美元的贬值幅度和汇率波动性丝毫不逊于新兴市场国家的货币危机。

越来越多的学术文献（包括 McConnell 和 Peres-Quiros、Blanchard 和 Simon 的文章）记录了 20 世纪 80 年代中期以来不同领域宏观经济波动性的下降，这大概得益于全球的低通货膨胀经济环境。这种现象在美国及其他国家被称作"大稳定"。㊁然而系统性危机和低宏观经济波动性并非稳定相关，在第二次大紧缩中，波动性从 2007 年开始大幅上升，这在包括房地产市场、股票市场和外汇市场在内的资产市场中非常明显。在产出、贸易和就业等宏观经济总量中，这种现象也非常明显。此次危机过后，经济学家将如何评估大稳定及其原因还有待观察。

对于很多新兴市场国家来说，大稳定只是转瞬即逝的事情。毕竟 20 世纪 80 年代债务危机的影响范围和严重程度都可以和 20 世纪 30 年代的大萧条相提并论（见图 16-3）。这些危机对非洲、亚洲和拉丁美洲都产生了不同程度的影响，而且往往是主权违约、慢性通货膨胀危机和长期银行危机一起发生。在 20 世纪 80 年

---

㊀ 值得注意的是，奥地利、德国、意大利和日本在战争结束后不同的时间内还处于违约状态。
㊁ 见 McConnell 和 Peres-Quiros（2000）、Blanchard 和 Simon（2001）。

代债务危机平息后，20世纪90年代初在东欧和苏联国家又爆发了新一轮债务危机。1994～1995年墨西哥危机及其引发的拉美国家危机、始于1997年夏天猛烈的亚洲金融危机以及1998年影响深远的俄罗斯危机正是新兴市场国家的真实写照。这一系列危机最终以2001～2002年阿根廷创纪录的债务违约而告终。㊀

在2007年夏天美国次贷危机爆发以及演变成全球性金融危机之前，新兴市场国家经历了一段平静甚至可以说是繁荣的时期。在2003～2007年，全球经济增长环境良好，商品价格全面繁荣，同时低水平的全球利率使得信贷非常廉价。然而，要把大稳定的观点扩展至新兴市场国家，5年的观察时间是远远不够的。

## 区域性分析

我们接下来分析危机的区域性特征。在图16-2和图16-3中，我们分析了以国家规模为权重的加权平均指数。为了不使单个国家对区域性特征产生过于重大的影响，我们接下来的讨论将集中于非洲、亚洲和拉丁美洲的非加权简单平均数。在图16-4～图16-6中，我们展示了1800～2008年亚洲和拉丁美洲的区域指数值，以及第二次世界大战后新独立的非洲国家的指数值。

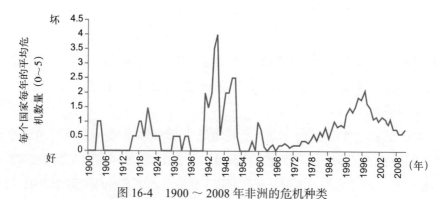

图16-4　1900～2008年非洲的危机种类

资料来源：作者基于数据附录A.1～A.3所列示数据的计算。

---

㊀ 正如之前几乎所有的危机所显示的，在2001～2002年阿根廷危机之后，其邻居乌拉圭随后也发生了危机。

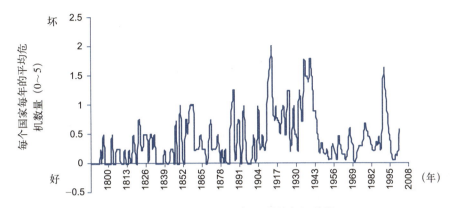

图 16-5　1800～2008 年亚洲的危机种类

资料来源：作者基于数据附录 A.1～A.3 所列示数据的计算。

图 16-6　1800～2008 年拉丁美洲的危机种类

注：20 世纪 80 年代末和 90 年代初阿根廷、玻利维亚、巴西、尼加拉瓜和秘鲁的恶性通货膨胀使指数大幅上升，因为所有这些国家指数值都达到最大值 5。

资料来源：作者基于数据附录 A.1～A.3 所列示数据的计算。

对于非洲而言，区域性金融动荡综合指数真正开始于 20 世纪 50 年代（见图 16-4），因为在此之前只有南非是独立的主权国家（独立于 1910 年）。但是，我们确实获得了大量第一次世界大战后的价格和汇率数据，因此标识了很多独立之前的危机（也包括南非一些严重的银行危机）并把它们归于殖民地时期。该指数值从 20 世纪 50 年代接近于 0 的低水平跃升至 80 年代的高水平。平均而言，样本中 13 个非洲国家在 80 年代最差的年份同时发生了两类危机。整体来看，除了从未发生过主权债务违约或重组的毛里求斯，这两类危机可能是之前所讨论的危机类型中任意两种的组合。20世纪90年代平均危机数量的下降主要反映了通货膨胀危机次数的降低及80年代长达10年之久的债务危机的最终解决（或往后推延）。

亚洲的区域性金融动荡综合指数覆盖了1800～2008年，因为中国、日本和泰国在此期间一直都是独立国家。样本中其他亚洲国家在第二次世界大战后迅速独立，并被纳入到区域性指数的计算中。亚洲指数的特征强化了我们之前反复提到的一点，即从该地区的历史来看，宣称1997～1998年之前30年间的"小虎经济"或者"奇迹经济"具有某种优越性是非常天真的。用当时的国际标准来衡量，该地区已经发生了多次长期的经济不稳定现象。最严重的危机发生于两次世界大战之间。该时期日本发生了多次银行危机、通货膨胀危机和汇率危机，第二次世界大战期间的外债违约和冻结银行存款以及1945年第二次世界大战结束时的准恶性通货膨胀（接近600%）标志着危机的顶峰。

如果没有媒体报道，我们或许会认为拉丁美洲在经济稳定方面表现相对较好（见图16-6）。在20世纪70年代拉美国家与高通货膨胀、恶性通货膨胀以及慢性通货膨胀的长期斗争形势变坏以前，该地区的平均金融动荡指数与世界平均水平大体一致。尽管存在间歇性的违约、货币危机和银行危机，但是拉美地区平均每年的危机数量从未超过一次，长期以来优于其他地区。通货膨胀率的上升（早于20世纪80年代著名的债务危机，即"失去的10年"）改变了该地区的相对和绝对表现，并且一直持续到90年代后期。从图16-6中我们可以看到，在80年代末拉丁美洲最坏的时期，即1987年布雷迪计划（之前在专栏5-3已有讨论）之前以及阿根廷、巴西和秘鲁陷入恶性通货膨胀的时候，该地区平均每年发生三次危机。㊀

---

㊀ 恶性通货膨胀很明显是最臭名昭著的。但是，1991年该地区通货膨胀率超过20%的国家（达到我们标识通货膨胀危机的临界值）的比率竟超过90%！

## 定义全球金融危机

虽然金融动荡指数在衡量全球金融危机的严重程度方面很有帮助,但是我们需要更广泛的算法来系统地描述真正的全球危机,以排除一些不实情况。例如,可能有的危机在全球指标上排名靠前,但是实质上只影响某一个区域。我们在专栏 16-1 中提出了全球金融危机的操作性定义。

### 专栏 16-1 全球金融危机:一个操作性定义

一般而言,全球金融危机在以下四个要素上区别于地区金融危机和危害更小的多国金融危机。

1. 一个或多个全球金融中心陷入任一形式的系统性(或严重的)金融危机。该要素保证了至少有一个受影响国家占世界 GDP 较大比例(虽然并不一定是支配性的)。全球金融中心的危机也直接或间接地影响流向其他国家的资金。19 世纪 20 年代信贷泡沫时期英国向新兴市场贷款及 20 世纪 20 年代末美国向拉丁美洲贷款,都是金融中心作为其他国家贷款者的例子。

2. 危机涉及两个或多个不同的地区。

3. 每个地区发生危机的国家不少于三个。计算该地区受影响的国家数量而非受影响的 GDP 比例,确保了一个大国的金融危机(如拉丁美洲的巴西,亚洲的日本)不足以定义全球金融危机。

4. 以 GDP 为权重的全球金融动荡综合指数至少高于均值一个标准差。

表 16-1 列示了一些全球性、地区性以及多国经济危机。

表 16-1 一些全球性、地区性以及多国经济危机

| 事件 | 类型 | 受影响最大的全球金融中心 | 至少两个不同的地区受到影响 | 每个地区发生危机类型和国家数量 |
| --- | --- | --- | --- | --- |
| 1825~1826 年危机 | 全球性 | 英国 | 欧洲和拉丁美洲 | 希腊和葡萄牙发生违约,几乎所有新近独立的拉美国家都违约了 |

（续）

| 事件 | 类型 | 受影响最大的全球金融中心 | 至少两个不同的地区受到影响 | 每个地区发生危机类型和国家数量 |
| --- | --- | --- | --- | --- |
| 1907年金融恐慌 | 全球性 | 美国 | 欧洲、亚洲和拉丁美洲 | 法国、意大利、日本、墨西哥和智利明显受到银行恐慌的影响 |
| 1929~1938年大萧条 | 全球性 | 美国和法国 | 所有地区 | 仅高通货膨胀 |
| 20世纪80年代债务危机 | 多国（发展中国家和新兴市场国家） | 美国（受到影响，但不是系统性危机） | 非洲和拉丁美洲的发展中国家，以及影响程度稍小的亚洲国家 | 主权违约、货币危机和通货膨胀盛行 |
| 1997~1998年亚洲危机 | 多国，1998年超出亚洲 | 日本（受到影响，但当时日本已经陷入其自身的系统性银行危机达5年之久） | 亚洲、欧洲和拉丁美洲 | 一开始只影响东南亚，1998年扩展到俄罗斯、乌克兰、哥伦比亚和巴西 |
| 2008年全球大紧缩 | 全球性 | 美国和英国 | 所有地区 | 欧洲银行危机激增，各地区股票市场崩盘和货币危机 |

资料来源：本书前面章节。

## 全球金融危机的经济效应

接下来我们将讨论两个与全球金融危机相关的更广泛的因素，它们在近期全球大紧缩中都有所体现。首先是危机对经济活动水平和波动性的影响，这些经济活动主要由世界总体的股票市值、实际GDP和贸易等进行定义和度量。其次是各国危机的相对同步性，这一点在资本市场、贸易趋势、就业和其他经济部门统计指标（如房地产）中都很明显。我们讨论的重点是最近两次全球金融危机，即20世纪30年代大萧条和第二次大紧缩，主要是由于对它们的记录最为全面。显然，分析这些范围广泛的宏观经济数据有助于我们更深入地理解危机。

## 全球总体指数

股票价格与未来经济活动的关系早有研究。关于商业周期转折点的早期文献就记录了股票价格作为经济周期领先指标的性质，如伯恩斯和米切尔的经典著作。㊀全球同步以及股票价格大幅下跌（崩盘）是大萧条和当前全球金融危机发生时的一个特征。图 16-7 显示了 1929～1939 年和 2008～2009 年（本书写作时）的全球股票价格指数。就当前的危机而言，该指数包括全球近 70% 的股票市值并且覆盖了 7 个不同的地区和 29 个国家。股票价格都经过了全球消费者物价指数平减处理。1928～1939 年的消费者物价指数采用 66 个样本国家和地区通货膨胀的中位值，2007～2009 指数采用《世界经济展望》公布的期末价格。㊁1928 和 2007 年分别代表了这些指数周期的峰值。

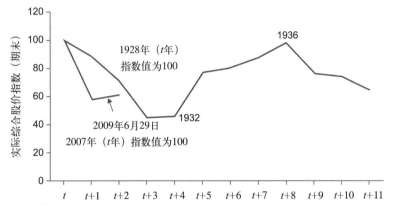

图 16-7　全球危机时股票市场的表现：实际股价综合指数（期末）

注：1928～1939 年的全球股票价格综合指数取自全球金融数据，而 2007～2009 年的指数取自标准普尔。标准普尔的全球 1200 指数覆盖了 7 个不同的地区和 29 个国家，并占全球近 70% 的股票市值。股票价格都经过了全球消费者物价指数平减处理。1928～1939 年的消费者物价指数采用 66 个样本国家通货膨胀的中位值，2007～2009 指数采用《世界经济展望》公布的期末价格。1928 年和 2007 年分别代表了这些指数周期的峰值。危机发生的年份用 t 表示。

资料来源：全球金融数据（GFD）（未注明日期），标准普尔，国际货币基金组织的《世界经济展望》（各年数据），以及作者文献（在数据附录 A.1 中详述）。

2008 年及后续股票市场的下跌在幅度上和涉及国家的范围上都与 1929 年相当。但值得注意的是，21 世纪全球的股票持有率要远高于 20 世纪 30 年

---

㊀ 见 Burns 和 Mitchell（1946），在金融危机框架中考虑股票市场的早期预警特征的文献，见 Kaminsky 等（1998），Kaminsky 和 Reinhart（1999），Barro 和 Ursúa（2009）。

㊁ 国际货币基金组织的《世界经济展望》（各年数据）。

代大萧条时期，养老基金和退休计划的增长以及城市人口的上升强化了家庭财富和股票市场之间的联系。

与图16-7类似，图16-8显示了两次全球金融危机时期各组国家实际人均GDP的表现（以世界人口为权重）。欧洲指数与麦迪逊的12国人口加权的总指数相对应，拉丁美洲指数覆盖了该地区最大的8个国家。1929年代表了三组国家实际人均GDP的最高值。当前的数据取自于《世界经济展望》。如果把所有这些信息都考虑进来，就不难一致性地解释实际人均GDP的变动路径（特别是新兴市场国家）和2008～2009年股票市场的变动。

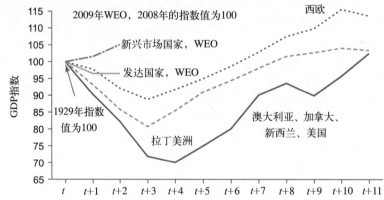

图16-8　全球金融危机时的实际人均GDP：多国总指数（购买力平价加权）

注：欧洲指数与麦迪逊的12国人口加权的总指数相对应，拉丁美洲指数覆盖了该地区最大的8个国家。1929年代表了三组国家实际人均GDP的最高值。危机发生的年份用t表示。
资料来源：Maddison（2004），国际货币基金组织的《世界经济展望》（各年数据）以及作者计算（在数据附录A.1中详述）。

我们用两幅图来描述两次全球金融危机期间国际贸易的变动情况。第一幅图（见图16-9）是对经典的"世界贸易的螺旋式收缩：1929年1月～1933年6月的月度数据"的翻印。这个向内的螺旋出现在1932～1933年的《世界经济调查》中，它本身也是翻印自同期的另一文献。该图记录了自大萧条发生以来

---

○ Eichengreen和O'Rourke（2009）注意到货币政策反应的不同（特别是中央银行贴现利率），加入贸易变量来突出这种相似性。
○ Maddison（2004）。
○ 国家联盟的《世界经济调查》（各年数据）。

67%的国际贸易额下跌。尽管国际贸易额的下跌被广泛记载（包括同期的文献），但它仅仅只是经济活动快速下滑的副产品之一，经济下滑的幅度从西欧的10%到澳大利亚、加拿大、新西兰和美国的近30%不等。㊀另一个破坏性的因素是世界范围内保护主义政策的盛行，它们以贸易壁垒和竞争性货币贬值的形式存在。

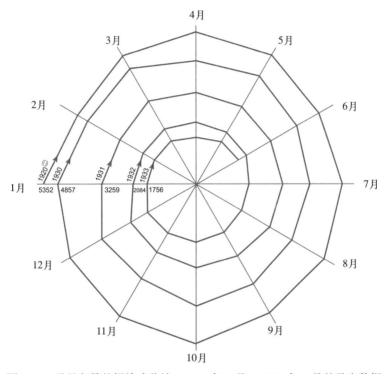

图16-9 世界贸易的螺旋式收缩：1929年1月～1933年6月的月度数据
资料来源：奥地利经济周期研究所月报，1933年第4期第63页。

图16-10显示了1928～2009年的世界商品出口额。2009年的估计值是将2008年年末的实际值作为2009年的平均值得到，这使得2009年的出口额相比2008年同期下降了9%，为自1938年以来的单年最大跌幅。㊂第二次世界大战

---

㊀ 示例见国家联盟（1944）。
㊁ 英文原书为1920，疑有误，应为1929年。——译者注
㊂ 尽管我们有大多数国家第二次世界大战时期可信的贸易数据，但是也存在大量的缺失，使得对世界总体指数的计算与1940～1947年中其他年份的计算不可比。

后其他大幅的出口下滑出现在1952年朝鲜战争时期、1982～1983年美国经济衰退以及新兴市场国家债务危机时期。稍小的出口下滑出现在1958年美国经济衰退的底部时期、1998年亚洲金融危机时期及2001年"9·11"事件发生后。

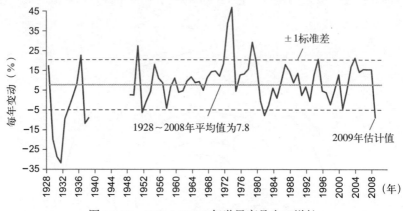

图16-10　1928～2009年世界商品出口增长

注：第二次世界大战期间世界商品出口总数据缺失。2009年的估计值是将2008年年末的实际值作为2009年的平均值得到，这使得2009年的出口额相比2008年同期下降了9%，为自1938年以来的单年最大跌幅。第二次世界大战后其他大幅的出口下滑出现在1952年朝鲜战争时期以及1981～1983年美国经济衰退和新兴市场国家债务危机时期。稍小的出口下滑出现在1958年美国经济衰退的底部时期、1998年亚洲金融危机时期以及2001年"9·11"事件发生后。

资料来源：全球金融数据（GFD）(未注明日期)，国家联盟的《世界经济调查》(各年数据)，国际货币基金组织的《世界经济展望》(各年数据)，以及作者文献（见参考文献）。

## 跨国同步性

全球总指数的表现说明，一次危机已经影响到大量的世界人口和国家。然而由于信息被浓缩成一个单一的全球指数，它并没有完全体现全球金融危机的同步性特征。为了弥补这个差距，我们展示了当前全球金融危机中不同经济指标同步性表现的证据。特别地，我们也展示了1929～1932年失业率、住房活动指数、出口和货币供应等指标同步变动的证据。

大萧条最严重时期世界贸易额的大幅下跌已在前述两幅世界总指数的图中得到了清楚的展示。图16-11补充说明了贸易额下跌的广泛性特征，即它

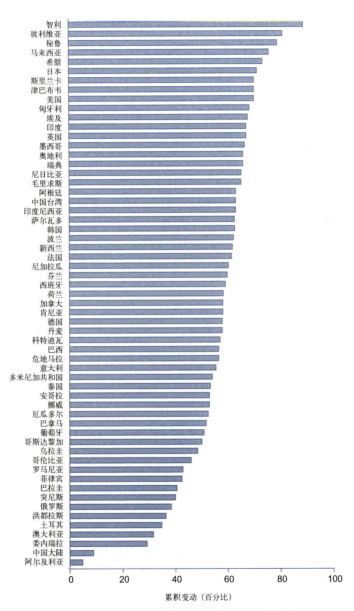

图 16-11 1929～1932 年各国和地区出口额的下跌

资料来源：单个国家和地区的数据见数据附录 A.1，也包括作者的计算。

影响了所有区域的国家和地区，不论是低收入、中等收入还是高收入国家和地区。换而言之，世界总指数是单个国家表现的真实代表，它并不会被一部分权重较高国家的变动所主导。除了直接或间接影响大部分国家的战争（包括拿破仑战争），这种全球同步性现象在数据中并不多见。

跨国同步性并不仅限于国际贸易或汇率这些人们普遍认为存在紧密跨国联动效应的变量。处于当前美国和其他国家繁荣—萧条周期变动中心的建筑业，通常被认为是非贸易部门的一部分。但是如表16-2所示，1929～1932年与住房相关的建筑活动的下滑表现出和贸易近乎一致的同步性。

表16-2  一些国家总体建筑活动指数（设1929年指数为100）

| 国　　家 | 指　　标 | 1932 |
| --- | --- | --- |
| 阿根廷 | 建筑许可证（面积） | 42 |
| 澳大利亚 | 建筑许可证（总值） | 23 |
| 比利时 | 建筑许可证（数量） | 93 |
| 加拿大 | 建筑许可证（总值） | 17 |
| 智利 | 建筑许可证（面积） | 56 |
| 哥伦比亚 | 竣工房屋（面积） | 84 |
| 捷克斯洛伐克 | 竣工房屋（数量） | 88 |
| 芬兰 | 竣工房屋（空间） | 38 |
| 法国 | 建筑许可证（数量） | 81 |
| 德国 | 竣工房屋（房间） | 36 |
| 匈牙利 | 竣工房屋（数量） | 97 |
| 荷兰 | 竣工房屋（住所） | 87 |
| 新西兰 | 竣工房屋（总值） | 22 |
| 南非 | 竣工房屋（总值） | 100 |
| 瑞典 | 竣工房屋（房间） | 119 |
| 英国 | 建筑许可证（总值） | 91 |
| 美国 | 建筑许可证（总值） | 18 |
| 平均 |  | 64 |
| （备注事项：2005年9月峰值=100） | | |
| 美国 | 建筑许可证（数量） | 25[①] |

注：注意不同国家指标定义的差别。
①至2009年2月。
资料来源：国家联盟的《世界经济调查》（各年数据），Carter等人（2006）。

由于各国贸易部门和非贸易部门同时出现大幅收缩，表16-3中所显示的失业率恶化并不出人意料。平均失业率上升幅度超过了17%（日本和德国没有1929年的可比数据）。正如前述讨论战后金融危机后果的章节所提到的，这些数字也反映了失业定义以及统计数据编制方法的差异，因此跨国比较（尤其是失业水平的比较）只是尝试性的。

表16-3　1929～1932年一些国家的失业率（%）

| 国　家 | 1929年 | 1932年 | 增　加 |
| --- | --- | --- | --- |
| 澳大利亚 | 11.1 | 29.0 | 17.9 |
| 奥地利 | 12.3 | 26.1 | 13.8 |
| 比利时 | 4.3 | 39.7 | 35.4 |
| 加拿大 | 5.7 | 22.0 | 16.3 |
| 捷克斯洛伐克 | 2.2 | 13.5 | 11.3 |
| 丹麦 | 15.5 | 31.7 | 16.2 |
| 德国 | n.a. | 31.7 | n.a. |
| 日本 | n.a. | 6.8 | n.a. |
| 荷兰 | 7.1 | 29.5 | 22.4 |
| 挪威 | 15.4 | 30.8 | 15.4 |
| 波兰 | 4.9 | 11.8 | 6.9 |
| 瑞典 | 10.7 | 22.8 | 12.1 |
| 瑞士 | 3.5 | 21.3 | 17.8 |
| 英国 | 10.4 | 22.1 | 11.7 |
| 美国① | 3.2 | 24.9 | 21.7 |
| 平均 | 8.2 | 25.0 | 16.8 |

注：这些数字也反映了失业定义以及统计数据编制方法的差异，因此跨国比较（尤其是失业水平的比较）只是尝试性的。
①年度平均。
资料来源：国家联盟的《世界经济调查》（各年数据），Carter等（2006）。

## 对全球金融危机的一些思考

现在我们停下来分析，首先，为什么全球金融危机会远比局部或区域性危机危险？一个根本的原因是，当全球金融危机发生时，出口不能再为经济增长冲击提供缓冲了。在全球金融危机中，我们经常可以看到产出、贸易、股票价格及其他指标在全球层面的定性表现（如果不是定量的话）与它们在单个国家和地区的表现非常相似。融资的突然停止通常不仅仅影响一个国家或地区，而且在某种程度上也影响全球大部分公共部门和私人部门。

其次，当世界上其他国家都同样陷入金融危机时，一个国家走出经济衰退要比有出口带动时困难得多，这在概念上不难理解。但这不是一个能在实证上得到检验的假设。虽然样本中有上百次金融危机，但是全球危机却非常少。而且早期很多全球金融危机都与战争有关，这使得比较分析更加复杂。

最后，从大量金融危机的表现中我们可以推断，无论是在发达国家还是在新兴市场国家，各种类型的金融危机导致的衰退在幅度和持续时间上都要比第二次世界大战后一般经济周期的衰退严重得多。作为全球现象一部分的金融危机在幅度和波动性上（如果不包括持续时间的话）仍然要比经济衰退更严重。由于当前危机是战后唯一的全球金融危机，因此比较的基准只能选择第二次世界大战前的全球金融危机。在严重性方面，第二次大紧缩已经打破了很多第二次世界大战后金融危机的纪录。很明显，经济周期还没有被驯服。

## 一个危机发生顺序的原型

正如金融危机有资产价格、经济活动、外部指标等共同的宏观经济前兆一样，金融危机发生的顺序也有共同的模式。显然不是所有的危机都会升级至极端的外债违约。但是发达国家也难免发生货币危机、通货膨胀以及严重的银行危机，甚至早期还发生过外债违约。

研究货币危机和银行危机孰先孰后是卡明斯基和莱因哈特关于"孪生危机"分析的一个核心主题，他们总结认为金融自由化通常发生在银行危机之前。事实上，这对于危机预测也很有帮助。[一]德米尔居奇·孔特和德特拉贾凯采用不同的方法和一个更大的样本，得到了相同的结论。[二]莱因哈特分析了货币危机和外债违约的联系。[三]我们在本书中也分析了国内债务危机和外债危机、

---

[一] 见 Kaminsky 和 Reinhart（1999）。
[二] 见 Demirgüç-Kunt 和 Detragiache（1998）。
[三] 见 Reinhart（2002）。

通货膨胀危机和违约（国内债务或外债）、银行危机与外债违约等的联系。⊖
图 16-12 画出了该文献中提到的危机发生顺序原型图。

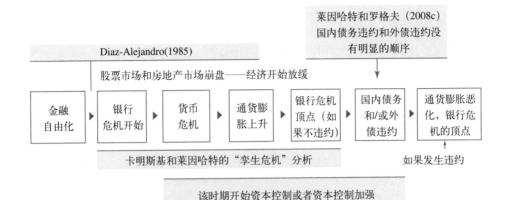

图 16-12 一个危机发生顺序的原型

资料来源：基于 Diaz-Alejandro（1985）、Kindelberger（1989）、Demirgüç-Kunt 和 Detragiache（1998）、Kaminsky 和 Reinhart（1999）、Reinhart（2002）、Reinhart 和 Rogoff（2004，2008c）等经验研究。

正如 Diaz-Alejandro 在其关于智利 20 世纪 70 年代末和 80 年代初金融危机的经典文章《告别金融抑制，迎来金融危机》中所描述的，金融自由化在允许银行向外借款的同时也助推了国内高风险的信贷业务。⊜在信贷和资产价格短暂的繁荣之后，银行资产负债表的弱点开始显现出来，银行部门的问题也就开始了。⊜通常，不稳健的机构（如金融公司）的这些问题要比大银行严重得多。

当中央银行开始为这些机构提供信贷支持时，危机的下一阶段就开始了。如果汇率被严格管理（并不要求死死地盯住），稳定汇率和充当问题机构的最后贷款人这两种政策就产生了矛盾。这些研究中的大量事实表明，中央

---

⊖ Reinhart 和 Rogoff（2004）也分析了货币危机与通货膨胀的关系，以及货币危机发生的时间和资本控制（特别是双重或多重汇率制度）的关系。

⊜ 见 Diaz-Alejandro（1985）。

⊜ 与其他银行危机的研究不同，Kaminsky 和 Reinhart（1999）对每次银行危机提出了两个标识点，即银行危机开始时以及随后的危机顶点。

银行稳定汇率的目标通常会屈从于充当最后贷款人的角色。尽管中央银行向问题金融机构的贷款是有范围限制的,但是相对于金融稳定时期而言,中央银行更不愿意在此时提高利率来保卫本国货币。这导致危机进入图 16-12 所示货币危机阶段。货币的贬值或减值将至少在以下三方面使问题变得复杂化:①它恶化了那些大量借入外币资金银行的问题,加剧了货币错配;[一]②它通常会恶化通货膨胀(货币危机转变成更高通货膨胀的程度在各国之间高度不一致,对于拥有很高且长期通货膨胀历史的国家,汇率贬值通常会很快并大部分传导到价格上);[二]③如果政府拥有以外币计值的债务,发生国内债务违约和外债违约的可能性将增加。

在该阶段,银行危机或者在货币危机之后达到顶点(如果不发生主权债务危机),或者随着危机累加和经济走向主权违约而进一步恶化。[三]在我们关于国内和外部信用事件的分析中,并没有发现这些信用事件明确的发生顺序。国内债务违约发生于外债违约之前、其间或者之后都不是明确的模式。对于通货膨胀,第 9 章的证据表明,在违约之后(特别国内债务和外债双重违约)通货膨胀将明显恶化。我们此处的分析并不扩展到危机的最终解决阶段。

我们应该注意到,如果政府实行公开或者隐性的固定汇率(或准固定汇率),货币危机会更严重。即便是政府对稳定汇率的一个隐性担保,都可能诱使银行、企业和居民个人大量借入外币负债,并认为本币突然贬值(将使这些贷款的债务负担大幅增加)的风险非常低。在某种意义上讲,货币的崩盘就是私人部门所依赖的政府担保的崩盘,因此它也构成对一个重要承诺的违约。当然,对于采取明确、公开的浮动汇率体制的国家,汇率的大幅波动也是有害的,尤其是那些存在大量外币债务的国家和需要进口重要半成品的国家。尽管如此,这种危害通常比较小,因为它并不涉及政府或中央银行信誉的降低。金融危机在过去几个世纪中以各种形式呈现反复发生的特征,使

---

㈠ 见 Goldstein 和 Turner(2004)。
㈡ 见 Reinhart、Rogoff 和 Savastano(2003)。
㈢ 之前提到的货币贬值或减值的第二个和第三个影响对于发达国家而言并不是什么大问题。

我们对能否提出简单的方法更好地避免危机产生了怀疑。在最后一章中，我们将简要分析从这些不稳定的繁荣—萧条周期中升级的前景和度量的一些问题。

## 总结

本章通过分析金融危机全球特征的定量指标（从全球金融动荡综合指数到大萧条和第二次大紧缩后果的比较），极大地扩展了我们对危机的认识。我们看到，不论用哪种方法衡量，此次大紧缩（21世纪头十年后期的全球金融危机）带来的创伤都是非常巨大的。它的宏观经济后果仅仅只是第二次世界大战以来最严重的全球衰退，而没有变得更坏，这只能归结为运气。

| 第六部分 |

# 我们从中学到了什么

除了被遗忘的,没有什么是新东西。

——贝尔女士

| 第 17 章 |

# 关于早期预警、国家升级、政策应对及人性弱点的思考

从工业化之前欧洲的债务违约和货币贬值,到21世纪第一次全球金融危机(即第二次大紧缩),我们已经来到这一漫长旅途的终点。对这段历史进行数量分析所得的发现,能否帮助我们平息未来的金融危机?在第13章分析2007年次贷危机时我们曾经指出,记录房价和债务等基本宏观经济时间序列数据,并把它们校准到从以往严重金融危机中得到的历史基准,是行之有效的方法。但是,我们能否走得更远?本章我们首先简要地回顾一下处于萌芽状态的"危机早期预警系统"的文献。虽然目前只取得部分成功,但是基于初步的研究结果,我们认为通过改善当前的数据报告和投资建立长期时间序列数据(本书的基本方法)以便我们从数据中获得更多关于金融危机模式和统计规律的看法,像这样宏观、审慎地监管还存在很大的提升空间。

对于初始的分析,长期的跨国债务数据尤为有用。在理想的情况下,统计分析应该基于几十年甚至几个世纪的数据。我们通过挖掘66多个国家和地区近100年(有的国家甚至更长)的之前鲜为人知的公共债务数据,在这方面迈出了重要的一步。但是对于大多数国家,我们的长期时间序列数据只包括中央政府债务,并不包括州政府和省政府债务。包含准政府公司债务以及政府隐性债务担保在内的更广泛的度量对分析很有帮助。同样,消费者、银行与公司债务的长期时间序列数据也非常有用。虽然我们意识到在大多数国家

和地区收集这些数据非常困难,但是我们坚信目前的做法还存在很大的提升空间。尽管相较之前的研究,本书在使用包括新兴市场国家和地区在内更广泛的房价数据方面已经取得了长足的进步,但是扩展该数据集以包括更多国家更长期的数据仍是非常有益的。

在本章第二部分,我们分析多边金融机构(如国际货币基金组织)在促进国内公共债务、房价及其他数据的收集和监控方面的潜在作用。到本书写作为止,没有一家全球性国际机构提供或督促其成员国提供这些数据,这绝对是不正常的。即便拥有更好的风险数据,我们认为创设一家新的、独立的国际机构来建立和加强国际金融监管仍然是非常有必要的。我们的观点并不是仅仅基于更好的跨国政策协调的需要,也是基于监管者独立于国家政治压力的需要。

在本章第三部分,我们回顾了书中反复出现的国家升级问题。一个有着主权债务连续违约和高通货膨胀反复爆发历史的新兴市场国家怎样从中升级?一个核心的结论是,升级是一个非常缓慢的过程,而且庆祝通常来得太早。

我们以一些更一般的危机经验教训结束本章。

## 关于危机的早期预警

在前面的章节中,我们描述了一些银行危机的表征性前兆及不同类型危机之间的联系(如银行危机和外债危机或通货膨胀和债务危机)。对预测银行危机、货币危机或债务危机的早期预警系统进行全面分析超出了本书的范围。在1994~1995年著名的墨西哥危机和1997~1998年更著名的亚洲金融危机之后,涌现出了大量的实证研究文献,以试图确定不同的宏观经济指标和金融指标在准确预警危机方面的相对优劣。[⊖] 这些文献研

---

⊖ 关于货币危机风险的指标见 Kaminsky、Lizondo 和 Reinhart(1998),Berg 和 Pattillo(1999),Berg、Borensztein 和 Pattillo(2004),Bussiere 和 Mulder(2000),Bussiere 和 Fratzscher(2006),Bussiere(2007)及其引用的数据。关于银行危机的指标,见 Demirgüç-Kunt 和 Detragiache(1998, 1999)。关于孪生危机(一个国家同时面临货币危机和银行危机风险的指标)见 Kaminsky 和 Reinhart(1999),Goldstein、Kaminsky 和 Reinhart(2000)。

究了大量的指标，同时采用了经济计量技术和危机事件分析广泛结合的方法，并取得了一定的成功。特别地，正如我们之前所讨论的，早期文献是基于当时非常有限的数据基础。它们缺乏很多国家核心时间序列数据，尤其是作为很多泡沫和过度杠杆化危机核心元素之一的房地产市场数据，因为至今为止这些数据都是不充分的，它们并不包含在大多数现存的危机预警文献中。

本书使用的数据集包含大量发达国家和新兴市场国家居民住房价格的必要信息，几乎覆盖了所有地区，因此我们现在能够集中于填补早期危机预警文献中的这个重大缺陷。⊖我们对住房价格数据的使用并不是一成不变的。特别地，我们采用了卡明斯基和莱因哈特提出的信号法来分析住房价格在指标排序中的相对位置。⊜表 17-1 显示了对银行危机和货币危机使用信号分析法的一些要点。我们并不回顾、更新或扩大与其他指标相关的危机样本，而仅仅比较了房价与该文献中其他常见指标的表现。

表 17-1 银行危机与货币危机早期预警指标摘要

| 指标排序（从最好到最差） | 描 述 | 频 率 |
| --- | --- | --- |
| **银行危机** | | |
| 最佳的 | | |
| 实际汇率 | 对趋势的偏离 | 按月 |
| 实际房价① | 12 个月（1 年）的百分比变动 | 按月、季或年（取决于各国） |
| 短期资本流入 /GDP | 百分比 | 按年 |
| 经常账户余额 / 投资 | 百分比 | 按年 |
| 实际股票价格 | 12 个月百分比变动 | 按月 |
| 最差的 | | |
| 国际投资者（Ⅱ）及穆迪的主权评级 | 指数变动 | Ⅱ每年两次，穆迪按月 |
| 贸易条件 | 12 个月百分比变动 | 按月 |

⊖ 在理想的情况下，我们也需要商业房地产的可比价格数据，该数据在日本资产泡沫及其他亚洲国家主要的银行危机中都起到特别重要的作用。

⊜ Kaminsky、Lizondo 和 Reinhart（1998），Kaminsky 和 Reinhart（1999）。信号分析法在 Kaminsky、Lizondo 和 Reinhart（1998）中详细描述，它根据噪声信号比率对各种指标进行排序。当一个指标发出了一个信号，而且之后两年内发生了危机，这就是一个正确的信号；如果信号发生后并没有危机发生，这是一个错误的警报或者噪声。

（续）

| 指标排序（从最好到最差） | 描述 | 频率 |
|---|---|---|
| **货币危机** | | |
| 最佳的 | | |
| 实际汇率 | 对趋势的偏离 | 按月 |
| 银行危机 | 两分变量 | 按月或按年 |
| 经常账户余额/投资 | 百分比 | 按年 |
| 实际股票价格 | 12个月百分比变动 | 按月 |
| 出口 | 12个月百分比变动 | 按月 |
| M2（广义货币）/国际储备 | 12个月百分比变动 | 按月 |
| 最差的 | | |
| 国际投资者（Ⅱ）及穆迪的主权评级 | 指数变动 | Ⅱ每年两次，穆迪按月 |
| 国内外利率差异（贷款利率）② | 百分比 | 按月 |

①这是此处介绍的独特变量。
②不同于新兴市场债券指数价差中所见到的国内外利率差异。
资料来源：Kaminsky、Lizondo 和 Reinhart（1998），Kaminsky 和 Reinhart（1999），Goldstein、Kaminsky 和 Reinhart（2000），以及作者的计算。

对银行危机，由于实际房价指标比经常账户余额和实际股价指标更少发出错误信号，它几乎排在所有可信指标的最前面。监测房价的变动明显有助于我们预测潜在的银行危机。对于货币危机的预测，房价周期与危机的联系并不如银行危机、出口和经常账户余额表现等实际汇率高估代理指标那样明显，房价指标的排序也不如后者。

信号分析法（或大多数其他方法）并不能准确预测泡沫破灭的时间，也不能提供一个明显的指标来衡量潜在危机的严重程度。该系统性分析能够带来的是关于一国是否出现了一个或多个严重金融危机发生前典型症状的有用信息。然而，建立一个有效、可信的早期预警系统的最大障碍，并非来自于设计一个能从不同指标及时地产生相对可信危机信号的系统性框架。最大的障碍来自于政策制定者和市场参与者把危机信号当作旧框架产生的无关、过时的残留物这一根深蒂固的习惯，他们认为旧的估值法则不再适用。即便本书所研究的历史危机存在某些指导作用，这些信息通常也不会被考虑。这就是为什么我们还需要考虑改革国际机构的原因。

## 国际机构的角色

通过提高报告数据的透明度和强化杠杆监管，国际机构在降低金融危机风险方面能够扮演重要的角色。

除了更透明的银行财务报表数据，如果能够获得政府债务和隐性政府债务担保的更好且更清楚的信息，将是非常有帮助的。虽然更高的会计透明度不能解决所有问题，但它确实能有所帮助。在提高透明度方面，那些在过去20年中以各种名目成立且正在国际秩序中寻找自身位置的国际机构能够发挥巨大的作用。国际货币基金组织也能够通过执行非常严格的政府债务会计标准（包含隐性担保和表外项目）来为各国政府提供这些公共产品。

国际货币基金组织于1996年首先提出的数据发布特别标准在这方面迈出了重要的第一步，但是后续还大有可为。我们只要看看2007年金融危机期间美国政府的资产负债表有多么不透明，就知道一个外部标准多么有用。（仅美联储就在其资产负债表上持有数十亿美元难以定价的私人资产，但是随着危机的深入，它甚至拒绝向美国国会披露其中一些资产的构成。虽然这些资产的获得确实是一个微妙和敏感的过程，但是从长期来看，系统性的透明度才是正确的方法。）提高透明度的工作说起来容易做起来难，因为政府有很多动机去掩盖其资产负债表。但是，如果规则是由外部制定并在下一次危机发生前就确立下来，那么违背这些规则就可能被视作需要改善操作的信号。在我们看来，相对于在政府陷入偿债困境时扮演救火者角色而言，国际货币基金组织在促使各国政府借款头寸信息披露方面能够发挥更大的作用。当然，历史教训是国际货币基金组织在危机前的影响要比危机发生后小得多。

我们也坚信国际金融监管机构能够发挥重要的作用。首先，跨境资本流动持续增加，经常在追求高收益的同时逃避监管。为了对现代国际金融这个庞然大物进行有效的监控，很重要的一点就是金融监管协调。同样重要的是，一个国际金融监管者可能会隔绝部分来自国内立法者的政治压力（他们不懈地游说国内监管者放松监管规则和执行力度）。考虑到这样一家机构所应具备的特殊条件截然不同于现行任何一家主要的多边贷款机构，我们认为创设一家全新的机构是有必要的。㊀

## 国家升级

我们对不同类型金融危机的历史进行分析时提出了很多重要问题（只提供较少的答案）。可能其中最直接的一类问题与国家升级相关，这一概念是由我们和 Savastano 合写的文章中首先提出的，并在本书中反复强调。㊁至少从狭义的技术角度看，为什么有的国家（如法国和西班牙）能够脱离几个世纪的主权债务连续违约并最终停止违约？这是明确国家升级具体含义的前提问题。从新兴市场国家到发达国家的转型并不会得到认证，也不会有一套明确的标准来加以标记。正如 Qian 和莱因哈特所强调的，国家升级可以被定义为达到并且一直维持国际投资级别评级，这里强调的是维持部分。㊂另一种描述该升级标准的方法，是一国明显、可信地降低了对其主权债务违约的概率。即便它曾经是一个连续违约者，但它已经不再是了，而且投资者也这样认为。同时进入国际资本市场也不再是一个停停走走的过程。升级也可以被定义为达到某些人均收入的最低阈值、宏观经济波动性的显著降低、有能力执行逆经济周期的财政政策和货币政策（或至少远离困扰大多数新兴市场国家的不稳定的顺周期政策）。㊃很明显，这些里程碑事件并非不相关。

如果升级意味着完全避免任何类型的金融危机，那么可能没有一个国家满足升级的标准。如前所述，就像奥地利、法国、西班牙及其他案例所显示的，各国可能在主权债务连续违约和高通货膨胀反复爆发的历史背景下实现

---

㊀ 我们在 Reinhart 和 Rogoff（2008d）中讨论了一个国际金融监管者的案例。
㊁ 见 Reinhart、Rogoff 和 Savastano（2003a）。
㊂ 见 Qian 和 Reinhart（2009）。
㊃ 见 Kaminsky、Reinhart 和 Végh（2004）。

升级。然而历史告诉我们，从反复出现的银行危机和金融危机中升级是难以捉摸的，无须 2007 年金融危机的提醒。如第 10 章所述，在核心样本的 66 个国家和地区中，只有少数几个国家自 1945 年后没有再发生过银行危机，但是到 2008 年只剩下一个国家没有发生过银行危机。从货币危机中升级也是不可捉摸的。虽然在浮动汇率框架下，对盯住汇率的联合投机攻击不再会发生，但是发达国家也确实发生了货币危机（即货币贬值幅度超过 15%）。诚然，尽管没有国家能够完全摆脱汇率波动，但是拥有更发达的资本市场和更灵活的汇率体系的国家可能更能够承受货币危机的冲击。

一旦我们采取专注于各国进入国际资本市场条件的升级定义，接下来的问题是如何使这个概念可操作化。换句话说，就是我们如何建立一个关于升级的可操作的量化指标。一个可靠的升级定义不应该受到市场情绪的不当影响。在 1994 年墨西哥危机、1997 年韩国金融危机和 2001 年阿根廷金融危机发生前夕，它们都被多边机构和金融市场描述为标准的升级案例。

解决这个复杂的问题已经超出了本书的范围。我们的目标是提供一幅"债权国家俱乐部"（见第 2 章定义）所属范围的简要快照，以及过去 30 年中主权违约概率如何变动的全景图。为此，表 17-2 列示了所有样本国家及其相应的独立时间，第三列列示了样本中 62 个可获得机构投资者对国家和地区的评级。我们可以合理地假定，除了中国香港和中国台湾这两个明显的例子外，其他所有未评级国家和地区都属于 C 组（即一直被排除在国际私人资本市场之外的国家和地区）。最后一列表示各国和地区从 1979 年（机构投资者从该年开始一年公布两次其市场参与者调查结果）至 2008 年 3 月机构投资者评级的变动。

表 17-2　1979～2008 年 66 个样本国家和地区机构投资者评级的变动

| 国家和地区 | 独立的时间（如果在 1800 年之后） | 2008 年 3 月机构投资者评级 | 从 1979～2008 年评级的变动（+ 表示改善） |
| --- | --- | --- | --- |
| 非洲 | | | |
| 阿尔及利亚 | 1962 | 54.7 | −3.9 |

(续)

| 国家和地区 | 独立的时间（如果在1800年之后） | 2008年3月机构投资者评级 | 从1979～2008年评级的变动（+表示改善） |
|---|---|---|---|
| 安哥拉 | 1975 | n.a. | |
| 中非共和国 | 1960 | n.a. | |
| 科特迪瓦 | 1960 | 19.5 | −28.7 |
| 埃及 | 1831 | 50.7 | 16.8 |
| 肯尼亚 | 1963 | 29.8 | −15.8 |
| 毛里求斯① | 1968 | 56.3 | 38.3 |
| 摩纳哥 | 1956 | 55.1 | 9.6 |
| 尼日利亚 | 1960 | 38.3 | −15.8 |
| 南非 | 1910 | 65.8 | 3.8 |
| 突尼斯 | 1957 | 61.3 | 11.3 |
| 赞比亚 | 1964 | n.a. | |
| 津巴布韦 | 1965 | 5.8 | −18.0 |
| 亚洲 | | | |
| 中国大陆 | | 76.5 | 5.4 |
| 中国香港 | | n.a. | |
| 印度 | 1947 | 62.7 | 8.5 |
| 印度尼西亚 | 1949 | 48.7 | −5.0 |
| 日本 | | 91.4 | −5.5 |
| 韩国① | 1945 | 79.9 | 8.7 |
| 马来西亚① | 1957 | 72.9 | 2.6 |
| 缅甸 | 1948 | n.a. | |
| 菲律宾 | 1947 | 49.7 | 4 |
| 新加坡① | 1965 | 93.1 | 14.2 |
| 中国台湾 | | n.a. | |
| 泰国① | | 63.1 | 8.4 |
| 欧洲 | | | |
| 奥地利 | | 94.6 | 8.9 |
| 比利时① | 1830 | 91.5 | 5.7 |
| 丹麦① | | 94.7 | 19.4 |

（续）

| 国家和地区 | 独立的时间（如果在1800年之后） | 2008年3月机构投资者评级 | 从1979～2008年评级的变动（+表示改善） |
|---|---|---|---|
| 芬兰① | 1917 | 94.9 | 20 |
| 法国 | 943 | 94.1 | 3.0 |
| 德国 | | 94.8 | -3.5 |
| 希腊 | 1829 | 81.3 | 18.7 |
| 匈牙利 | 1918 | 66.8 | 4.2 |
| 意大利 | | 84.1 | 10.3 |
| 荷兰① | | 95.0 | 5.3 |
| 挪威① | 1905 | 95.9 | 7.0 |
| 波兰 | 1918 | 73.0 | 23.5 |
| 葡萄牙 | | 84.8 | 32.8 |
| 罗马尼亚 | 1878 | 58.4 | 3.6 |
| 俄罗斯 | | 69.4 | -9.4 |
| 西班牙 | | 89.6 | 19.3 |
| 瑞典① | | 94.8 | 10.6 |
| 土耳其 | | 52.0 | 37.2 |
| 英国 | | 94.0 | 3.4 |
| **拉丁美洲** | | | |
| 阿根廷 | 1816 | 41.9 | -20.5 |
| 玻利维亚 | 1825 | 30.3 | -1.3 |
| 巴西 | 1822 | 60.6 | 4.3 |
| 智利 | 1818 | 77.4 | 23.2 |
| 哥伦比亚 | 1819 | 54.7 | -6.0 |
| 哥斯达黎加 | 1821 | 52.3 | 7.6 |
| 多米尼加共和国 | 1845 | 36.1 | -0.3 |
| 厄瓜多尔 | 1830 | 30.9 | -22.3 |
| 萨尔瓦多 | 1821 | 46.6 | 33.7 |
| 危地马拉 | 1821 | 41.3 | 19.7 |
| 洪都拉斯 | 1821 | 31.5 | 12.4 |
| 墨西哥 | 1821 | 69.3 | -2.5 |

（续）

| 国家和地区 | 独立的时间（如果在1800年之后） | 2008年3月机构投资者评级 | 从1979~2008年评级的变动（+表示改善） |
|---|---|---|---|
| 尼加拉瓜 | 1821 | 19.3 | 8.9 |
| 巴拿马 | 1903 | 57.1 | 11.6 |
| 巴拉圭 | 1811 | 29.7 | −13.7 |
| 秘鲁 | 1821 | 57.7 | 27.0 |
| 乌拉圭 | 1811 | 48.8 | 7.8 |
| 委内瑞拉 | 1830 | 43.1 | −29.3 |
| 北美洲 | | | |
| 加拿大① | 1867 | 94.6 | 1.1 |
| 美国① | | 93.8 | −5.1 |
| 大洋洲 | | | |
| 澳大利亚① | 1901 | 91.2 | 3.5 |
| 新西兰① | 1907 | 88.2 | 10.0 |

①表明没有主权外债违约或重组历史。其中，中国香港和中国台湾作为地区没有外债违约或重组史。n.a.指不适用。

资料来源：机构投资者评级（各年数据），作者的计算以及 Qian 和 Reinhart（2009）。

作为候选的升级国家，它不仅应满足 A 组的标准（即机构投资者评级大于或等于68），而且还应该表现出正确的趋势。具体而言，这些国家的评级在过去30年中应该显示出整体改善的趋势。对一些国家（如土耳其），虽然其评级一直显示出改善的趋势，但是目前它们仍低于 A 组的临界值（发达国家的标准）。对其他国家（如墨西哥），虽然在2008年其评级达到 A 组的标准，但是现在的评级比1979年更差。图17-1显示了机构投资者评级的变动（表17-2最后一列）并突出了可能出现升级的国家。这些国家包括智利、中国、希腊、韩国及葡萄牙（马来西亚和波兰是更加接近升级边界的国家，它们最近的评级略低于 A 组的临界值）。候选者名单中不包括任何非洲国家及几乎所有的拉丁美洲国家。对于哪些国家从新兴市场国家或发展中国家升级，以及为什么，是发展经济学的一个前沿问题，这种方式只是说明性而非确定性的。

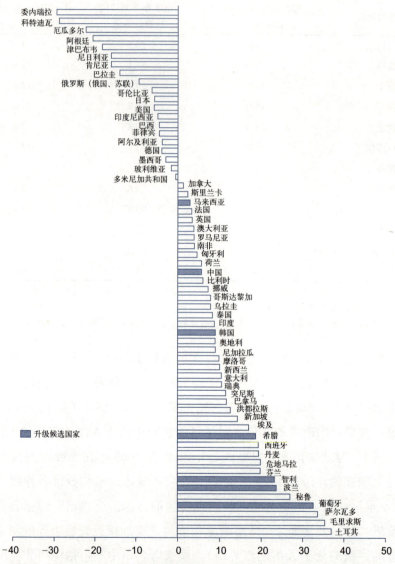

图 17-1　1979～2008 年样本国家和地区机构投资者主权信用评级的变动

注：马来西亚和波兰在此作为升级的候选国家，但它们更接近于临界点。
资料来源：Qian 和 Reinhart（2009）及其中引用的数据。

## 对政策应对的一些评论

"这次不一样"综合征持续存在和反复出现的特征,本身也说明我们没有处理好本可以简单克服的挑战。该综合征在各地区以不同的表现形式一次接一次地发生。任何一个国家,不论其全球重要性如何,都不能幸免。借款人和贷款者、政策制定者和学者以及大多数公众记忆消退的现象看起来并没有随时间改善,所以如何避免下一次金融风暴的政策教训充其量也很有限。即便是一个完备的早期危机预警系统发出的危险信号,也可能会由于旧的估值规律不再适用及"卢卡斯批判"而被弃之不顾。(卢卡斯批判以经济学家罗伯特·卢卡斯命名,因其在宏观经济政策制定方面的工作而广为人知,他认为完全通过从历史数据中观察到的关系来预测经济政策变化的影响是天真的,尤其是高度概括的历史数据。)

即使危机不可避免,我们至少也能够从大量金融危机的历史回顾中获得一些基本的看法。我们已经讨论了建立更好的时间序列数据(也是本书的重要前提)对研究金融危机历史的重要性。接下来我们将强调更多的观点。

首先,对于减轻和管理债务危机及通货膨胀危机:

- 拥有一张政府负债的全景图是很关键的,因为任何有意义的外债可持续性分析都会考虑大量国内政府债务的数量和特征,理想的情况下还应该包括或有负债。
- 债务可持续性分析必须基于可能的经济情景,因为很少有经验支持各国能够轻易地摆脱其债务的观点。这可能会限制那些继承了很高债务水平政府的选择。简而言之,它们必须考虑到资本流动"突然停止"的可能性,因为这是一个除了超级大国之外所有国家反复发生的现象。
- 货币政策框架的通货膨胀风险(不论是固定汇率还是浮动汇率)也和国内债务水平以很重要的方式相关。很多政府屈服于通过通货膨胀贬值债务的诱惑。

其次，政策制定者必须认识到银行危机的持续时间一般都很长。一些危机（如1992年日本银行危机和1977年西班牙银行危机）甚至长到了连官方都拒绝承认的地步。由于银行危机发生后政府收入的减少和援救成本的增加，财政受到了非常大的冲击。然而我们对银行危机扩展样本的分析，却很少提及广受争议的刺激政策组合的效力，即在银行危机期间通过刺激政策来缩短危机持续期以及缓冲经济下行风险。第二次世界大战前的银行危机很少面临反周期的财政政策。第二次世界大战后发达国家只发生了少量严重的银行危机。2007年之前，只有在日本的银行危机中才将明显的财政刺激作为政策应对的一部分。在很多次新兴市场国家的严重银行危机中，由于政府被排除在国际资本市场之外，财政刺激政策并不是一个可选项。在这些危机中，政府支出的增加主要反映了援救支出及显著增加的偿债成本。从单次银行危机中得出财政刺激政策是否有效的结论是非常危险的。然而，在衡量政府冲销危机对经济活动负面影响的意愿时，危机之后政府债务水平的上升是一个重要的考虑因素。这种衡量对于有着债务不耐历史的国家来说尤为关键，因为它们在相对适度的债务水平上都可能面临债务偿付困难。

最后，对于国家升级最大的政策观点是过早的自我庆祝可能导致自满和降至更低级别。好几次涉及违约或准违约的债务危机都紧随主权评级上调、加入经济合作与发展组织（如墨西哥、韩国和土耳其），以及被国际社会普遍认为是好学生（如20世纪90年代末至2001年年末危机发生前的阿根廷）之后发生。

## "这次不一样"综合征的最新情况

至于当前的金融危机，之前普遍都认为债权人和债务人都从他们的历史错误中汲取了教训，而且金融危机至少在长时期内不会在新兴市场国家和发达国家再次发生。由于信息更充足的宏观经济政策及更具区分能力的信贷实践，有人因此认为全球不大可能再次发生大规模的违约。事实上，在近期金融危机发生前，一个经常用于解释为什么新兴市场国家"这次不一样"的理由是政府更加依赖国内债务融资。

但是庆祝可能来得过早了，他们显然对新兴市场国家的历史认识不足。至少自1800年以来，新兴市场国家的资本流入和违约周期就一直在周而复始，并没有明显的原因表明为什么它们会更早地结束。

以富裕国家为例，在近期金融危机发生之前，一个主要的"这次不一样"综合征就是对现代货币政策机构的盲目信任。中央银行倾心于它们自创的通货膨胀目标制，认为找到了一种既能保持低通货膨胀又能最优地稳定产出的方法。尽管它们的成功基于一些扎实的制度进展，尤其是中央银行独立性，但是这些成功看起来被夸大了。在无所不包的经济繁荣时期运行良好的政策遇到经济大衰退时突然显得一点也不稳健。市场投资者在遇到任何问题时都反过来依靠中央银行来解救。著名的"格林斯潘看跌期权"（因前联储美主席格林斯潘而得名）就是基于市场对美联储的信心（有经验依据），认为美联储在资产价格快速上升时不会提高利率（因此不会影响到他们），而在任何资产价格急速下跌时都会通过降低利率来解救他们。因此市场认为美联储提供给投资者一个单向的赌博。美联储在市场崩盘时会采取非常规的措施现在已经被证明是事实。事后看来很清楚的一点是，仅仅关注通货膨胀的政策只有在其他监管者能确保杠杆（借款杠杆）不会被过度运用的环境中才会有效。

因此历史的教训是，尽管制度和政策制定者都得到改善，但是通常也会存在走向极端的诱惑。正如个人不管一开始多么富有都可能面临破产一样，不论监管看起来多好，金融体系在面临贪婪、政治和利润压力时也可能出现崩盘。

技术在变，人的身高在变，时尚也在变。但政府和投资者自我欺骗（助推周期性繁荣，通常最终以危机收场）的能力并没有变。细心的《美国货币史》的读者都不会对政府错误地管理金融市场的能力（该书的一个核心主题）

感到奇怪。㊀对于金融市场，金德尔伯格明智地将其经典著作第 1 章的标题设为"金融危机：一个永恒的现象"。㊁

我们已经完整地介绍了大量负债国家中金融脆弱性的概念。阶段性的大量借款经常发生于泡沫时期，并且持续很长时间。但是对于高度杠杆化的国家，尤其是那些仅仅依赖低流动性基础资产的信心来持续滚动短期债务的国家，这种情况很少会持久，特别是在杠杆率持续无节制地上升时。这一次可能看起来不一样，但细看却经常不是。令人欣喜的是，历史确实给出了政策制定者可用于评估金融危机风险的预警信号——只要他们不过度沉醉于信贷泡沫所推动的成功中，并且不像几个世纪以来的前人一样认为"这次不一样"。

---

㊀ 见 Friedman 和 Schwartz（1963）。
㊁ 见 Kindleberger（1989）。

# 数据附录

## A.1 宏观经济时间序列数据

该数据附录包括书中用到的宏观经济时间序列数据。政府债务数据库在数据附录 A.2 中列示。

**常用资料来源和术语的缩写**

其他的资料来源在随后的表格中列示。

BNB：比利时国家银行；

DIA：Diaz 等人（2005）；

ESFDB：欧洲国家金融数据库；

GDF：世界银行《全球发展金融》（各期）；

GFD：全球金融数据；

GNI：国民收入总值；

GPIHG：全球价格和收入历史研究组；

IFS：国际货币基金组织《国际金融统计》（各期）；

II：机构投资者；

IISH：社会历史国际研究所；

KRV：Kaminsky、Reinhart 和 Végh（2003）；

Lcu：本地货币单位；

MAD：Maddison（2004）；

MIT：Mitchell（2003a, 2003b）；

NNP：国内生产净值；

OXF：剑桥拉丁美洲经济历史数据库；

RR：Reinhart 和 Rogoff（标示的年份）；

TED：全面经济数据库；

WEO：国际货币基金组织《世界经济展望》(各期)。

表 A-1　消费者物价指数或生活成本指数（除非另外注明）

| 国家和地区 | 覆盖期限 | 资料来源 | 评论 |
| --- | --- | --- | --- |
| 阿尔及利亚 | 1869～1884 | Hoffman 等（2002） | 小麦价格 |
| | 1938～2007 | GFD，WEO | |
| 安哥拉 | 1914～1962 | MIT | |
| | 1991～2007 | WEO | |
| 阿根廷 | 1775～1812 | Garner（2007） | 仅布宜诺斯艾利斯 |
| | 1864～1940 | Williamson（1999） | |
| | 1884～1913 | Flandreau 和 Zumer（2004） | |
| | 1900～2000 | OXF | |
| | 1913～2000 | DIA | |
| | 1913～2007 | GFD，WEO | |
| 澳大利亚 | 1818～1850 | Butlin（1962），Vanplew（1987），GPIHG | 新威尔士，食品价格 |
| | 1850～1983 | Shergold（1987），GPIHG | 悉尼，食品 |
| | 1861～2007 | GFD，WEO | |
| 奥地利 | 1440～1800 | Allen（2001） | 维也纳 |
| | 1800～1914 | Hoffman 等（2002） | 小麦价格 |
| | 1880～1913 | Flandreau 和 Zumer（2004） | |
| | 1919～2007 | GFD，WEO | |
| 比利时 | 1462～1913 | Allen（2001） | 安特卫普 |
| | 1835～2007 | GFD，WEO | |
| 玻利维亚 | 1936～2007 | GFD，WEO | |
| 巴西 | 1763～1820 | Garner（未标识年份） | 仅里约热内卢 |
| | 1830～1937 | Williamson（1999） | 仅里约热内卢 |
| | 1861～2000 | DIA | |

（续）

| 国家和地区 | 覆盖期限 | 资料来源 | 评论 |
|---|---|---|---|
| | 1912～2007 | GFD，WEO | |
| 加拿大 | 1867～1975 | 加拿大统计数据（StatCan） | |
| | 1910～2007 | GFD，WEO | |
| 中非共和国 | 1956～1993 | MIT | |
| | 1980～2007 | WEO | |
| 智利 | 1754～1806 | Garner（2007） | 仅圣地亚哥 |
| | 1810～2000 | DIA | |
| | 1900～2000 | OXF | |
| | 1913～2007 | GFD，WEO | |
| 中国大陆 | 1644～2000 | Lu 和 Peng（2006） | 大米价格 |
| | 1867～1935 | Hsu | 批发价格 |
| | 1926～1948 | GFD，WEO | |
| | 1978～2007 | | |
| 哥伦比亚 | 1863～1940 | Williamson（1999） | |
| | 1900～2000 | OXF | |
| | 1923～2007 | GFD，WEO | |
| 哥斯达黎加 | 1937～2007 | GFD，WEO | |
| 科特迪瓦 | 1951～2007 | GFD，WEO | |
| 丹麦 | 1748～1800 | Hoffman 等（2002） | 小麦价格 |
| | 1815～2007 | GFD，WEO | |
| 多米尼加共和国 | 1942～2000 | OXF | |
| | 1980～2007 | WEO | |
| 厄瓜多尔 | 1939～2007 | GFD，WEO | |
| 埃及 | 1859～1941 | Williamson（2000a） | |
| | 1913～2007 | GFD，WEO | |
| | 1915～1999 | GFD | |
| 萨尔瓦多 | 1937～2000 | OXD | |
| | 1980～2007 | WEO | |
| 芬兰 | 1860～2001 | 芬兰历史国民收入核算账户 | |
| | 1980～2007 | WEO | |
| 法国 | 1431～1786 | Allen（2001） | |
| | 1840～1913 | | |
| | 1807～1935 | Dick 和 Floyd（1997） | 零售价格 |
| | 1840～2007 | GFD，WEO | |
| 德国 | 1427～1765 | Allen（2001） | 慕尼黑 |

（续）

| 国家和地区 | 覆盖期限 | 资料来源 | 评论 |
|---|---|---|---|
| | 1637～1855 | Hoffman 等（2002） | 小麦价格 |
| | 1820～2007 | GFD，WEO | |
| 希腊 | 1833～1938 | Kostelenos 等（2007） | GDP 平减指数 |
| | 1922～2007 | GFD，WEO | |
| 加纳 | 1949～2007 | GFD，WEO | |
| 危地马拉 | 1938～2000 | OXD | |
| | 1980～2007 | WEO | |
| 洪都拉斯 | 1938～2000 | OXD | |
| | 1980～2007 | WEO | |
| 匈牙利 | 1923～2007 | GFD，WEO | |
| 印度 | 1866～2000 | DIA | |
| | 1873～1939 | Williamson（2000b） | |
| | 1913～2007 | GFD，WEO | |
| 印度尼西亚 | 1820～1940 | Williamson（2000b） | |
| | 1948～2007 | GFD，WEO | |
| 意大利 | 1548～1645 | Allen（2001） | 那不勒斯 |
| | 1734～1806 | | |
| | 1701～1860 | deMaddalena（1974） | 米兰小麦价格 |
| | 1861～2007 | GFD，WEO | |
| 韩国 | 1690～1909 | Jun 和 Lewis（2002） | 韩国南部地区的大米价格 |
| | 1906～1939 | Williamson（2000b） | |
| | 1948～2007 | GFD，WEO | |
| 日本 | 1600～1650 | Kimura（1987） | 大阪大米价格 |
| | 1818～1871 | Bassino 和 Ma（2005） | 大阪大米价格 |
| | 1860～1935 | Williamson（2000b） | |
| | 1900～2007 | GFD，WEO | |
| 肯尼亚 | 1947～2007 | GFD，WEO | |
| 马来西亚 | 1948～2007 | GFD，WEO | |
| 毛里求斯 | 1946～2007 | GFD，WEO | |
| 墨西哥 | 1786～1821 | Garner（2007） | 萨卡特卡斯 |
| | 1877～1940 | Williamson（1999） | |
| | 1918～2007 | GFD，WEO | |
| 摩洛哥 | 1939～2007 | GFD，WEO | |
| 缅甸 | 1870～1940 | Williamson（2000b） | |

（续）

| 国家和地区 | 覆盖期限 | 资料来源 | 评论 |
|---|---|---|---|
| | 1939～2007 | GFD，WEO | |
| 荷兰 | 1500～1800 | Van Zanden（2005） | |
| | 1800～1913 | Van Riel（2009） | |
| | 1880～2007 | GFD，WEO | |
| 新西兰 | 1857～2004 | 新西兰统计 | |
| | 1980～2007 | WEO | |
| 尼加拉瓜 | 1937～2007 | GFD，WEO | |
| 尼日利亚 | 1953～2007 | GFD，WEO | |
| 挪威 | 1516～2005 | Grytten（2008） | |
| | 1980～2007 | WEO | |
| 巴拿马 | 1939～2000 | OXD | |
| | 1980～2007 | WEO | |
| 巴拉圭 | 1938～2007 | GFD，WEO | |
| | 1750～1816 | Garner（2007） | 波托西 |
| 秘鲁 | 1790～1841 | Garner（2007） | 利马 |
| | 1800～1873 | DIA | |
| | 1913～2000 | | |
| | 1980～2007 | WEO | |
| 菲律宾 | 1899～1940 | Williamson（2000b） | |
| | 1937～2007 | GFD，WEO | |
| 波兰 | 1701～1815 | Hoffman 等（2002） | 华沙燕麦价格 |
| | 1816～1914 | Allen（2001） | 华沙 |
| | 1921～1939 | GFD，WEO | |
| | 1983～2007 | | |
| 葡萄牙 | 1728～1893 | Hoffman 等（2002） | 小麦价格 |
| | 1881～1997 | Bordo 等（2001） | |
| | 1980～2007 | WEO | |
| 罗马尼亚 | 1779～1831 | Hoffman 等（2002） | 瓦拉几亚小麦价格 |
| | 1971～2007 | WEO | |
| 俄国（苏联、俄罗斯） | 1853～1910 | Borodkin（2001） | 圣彼得堡小麦和黑麦粉价格 |
| | 1880～1913 | Flandreau 和 Zumer（2004） | |
| | 1917～1924 | GFO，WEO | |
| | 1927～1940 | | |

（续）

| 国家和地区 | 覆盖期限 | 资料来源 | 评论 |
|---|---|---|---|
| | 1944～1972 | | |
| | 1991～2007 | | |
| 新加坡 | 1948～2007 | GFD，WEO | |
| 南非 | 1895～2007 | GFD，WEO | |
| 西班牙 | 1500～1650 | Hamilton（1969） | 巴伦西亚 |
| | 1651～1800 | Hoffman 等（2002） | 小麦、鸡蛋、亚麻价格 |
| | 1800～2000 | DIA | |
| | 1980～2000 | WEO | |
| 斯里兰卡 | 1939～2007 | GFD，WEO | |
| 瑞典 | 1732～1800 | Hoffman 等（2002） | 小麦价格 |
| | 1800～2000 | Edvinsson（2002） | |
| | 1980～2007 | WEO | |
| 中国台湾 | 1897～1939 | Williamson（2000b） | |
| | 1980～2007 | WEO | |
| 泰国 | 1820～1941 | Williamson（2000b） | |
| | 1948～2007 | GFD，WEO | |
| 突尼斯 | 1939～2007 | GFD，WEO | |
| 土耳其 | 1469～1914 | Pamuk（2005） | 伊斯坦布尔 |
| | 1854～1941 | Williamson（2000a） | |
| | 1922～2007 | GFD，WEO | |
| 英国 | 1450～1999 | Van Zanden（2002） | 英格兰南部 |
| | 1781～2007 | GFD，WEO | |
| 美国 | 1720～1789 | Carter 等（2006） | 批发价格 |
| | 1774～2003 | Carter 等（2006） | |
| | 1980～2007 | WEO | |
| 乌拉圭 | 1870～1940 | Williamson（1999） | |
| | 1929～2000 | OXF | |
| | 1980～2007 | WEO | |
| 委内瑞拉 | 1830～2002 | Baptista（2006） | |
| | 1914～2007 | GFD，WEO | |
| 赞比亚 | 1938～2007 | GFD，WEO | |
| 津巴布韦 | 1920～1970 | MIT | |
| | 1930～2007 | GFD，WEO | |

表 A-2 现代名义汇率（单位美元或所注其他货币兑换本币的数量）

| 国家和地区 | 覆盖期限 | 资料来源 | 其他相关汇率 |
| --- | --- | --- | --- |
| 阿尔及利亚 | 1831～2007 | GFD，IFS | 法国法郎，欧元 |
| 安哥拉 | 1921～2007 | GFD，IFS | |
| 阿根廷 | 1880～1913 | Flandreau 和 Zumer（2004） | 法国法郎 |
| | 1885～2007 | GFD，IFS | |
| 澳大利亚 | 1835～2007 | GFD，IFS | 英镑 |
| 奥地利 | 1814～2007 | GFD，IFS | 英镑，德国马克 |
| 比利时 | 1830～2007 | GFD，IFS | 法国法郎 |
| 玻利维亚 | 1863～2007 | GFD，IFS | |
| 巴西 | 1812～2007 | GFD，IFS | 英镑 |
| 加拿大 | 1858～2007 | GFD，IFS | 英镑 |
| 中非共和国 | 1900～2007 | GFD，IFS | 法国法郎 |
| 智利 | 1830～1995 | Braun 等（2000） | 英镑 |
| | 1878～2007 | GFD，IFS | |
| 中国大陆 | 1848～2007 | GFD，IFS | 英镑 |
| 哥伦比亚 | 1900～2000 | OXF | 英镑 |
| | 1919～2007 | GDF，IFS | |
| 哥斯达黎加 | 1921～2007 | GDF，IFS | |
| 丹麦 | 1864～2007 | GDF，IFS | 英镑，德国马克 |
| 多米尼加共和国 | 1905～2007 | GDF，IFS | |
| 厄瓜多尔 | 1898～2000 | OXF；Pick（各年） | |
| | 1980～2007 | IFS | |
| 埃及 | 1869～2007 | GFD，IFS | 英镑 |
| 萨尔瓦多 | 1870～2007 | GFD，IFS | |
| 芬兰 | 1900～2007 | GFD，IFS | 德国马克 |
| 法国 | 1619～1810 | ESFDB，外汇行情表 | 英镑 |
| | 1800～2007 | GFD，IFS | 英镑，德国马克 |
| 德国 | 1698～1810 | ESFDB，外汇行情表 | 英镑 |
| | 1795～2007 | GFD，IFS | |
| 希腊 | 1872～1939 | Lazaretou（2005） | 英镑，德国马克 |
| | 1901～2007 | GFD，IFS | |
| 危地马拉 | 1900～2007 | GFD，IFS | |
| 洪都拉斯 | 1870～2007 | GFD，IFS | |
| 匈牙利 | 1900～2007 | GFD，IFS | 奥地利先令 |
| 印度 | 1823～2007 | GFD，IFS | 英镑 |

（续）

| 国家和地区 | 覆盖期限 | 资料来源 | 其他相关汇率 |
|---|---|---|---|
| 印度尼西亚 | 1876～2007 | GFD, IFS | 荷兰盾 |
| 意大利 | 1816～2007 | GFD, IFS | 英镑，德国马克 |
| 日本 | 1862～2007 | GFD, IFS | 英镑 |
| 肯尼亚 | 1898～2007 | GFD, IFS | 英镑 |
| 韩国 | 1905～2007 | GFD, IFS | 日元 |
| 马来西亚 | 1900～2007 | GFD, IFS | 英镑 |
| 毛里求斯 | 1900～2007 | GFD, IFS | 英镑 |
| 墨西哥 | 1814～2007 | GFD, IFS | 英镑，法国法郎 |
|  | 1823～1999 | GFD |  |
| 摩洛哥 | 1897～2007 | GFD, IFS | 法国法郎，欧元 |
| 缅甸 | 1900～2007 | GFD, IFS | 英镑 |
| 荷兰 | 1698～1810 | ESFDB，外汇行情表 | 英镑 |
|  | 1792～2007 | GFD, IFS | 德国马克 |
| 新西兰 | 1892～2007 | GFD, IFS | 英镑 |
| 尼加拉瓜 | 1912～2007 | GFD, IFS |  |
| 尼日利亚 | 1900～2007 | GFD, IFS | 英镑 |
| 挪威 | 1819～2007 | GFD, IFS | 瑞典克朗，德国马克 |
| 巴拿马 | 1900～2007 | GFD, IFS |  |
| 巴拉圭 | 1900～2000 | OXD | 阿根廷比索 |
|  | 1980～2007 | IFS |  |
| 秘鲁 | 1883～2007 | GFD, IFS | 英镑 |
| 菲律宾 | 1893～2007 | GFD, IFS | 西班牙银币 |
| 波兰 | 1916～2007 | GFD, IFS |  |
| 葡萄牙 | 1750～1865 | 外汇行情表 | 荷兰大铜币 |
|  | 1794～2007 | GDF, IFS | 英镑，德国马克 |
| 罗马尼亚 | 1814～2007 | GFD |  |
|  | 1900～2000 | OXF, IFS |  |
|  | 1921～2007 | GFD, IFS |  |
| 新加坡 | 1834～2007 | GFD, IFS | 英镑 |
| 南非 | 1900～2007 | GFD, IFS | 英镑 |
| 西班牙 | 1814～2007 | GFD, IFS | 德国马克 |
| 斯里兰卡 | 1900～2007 | GFD, IFS | 英镑 |
| 瑞典 | 1814～2007 | GDF, IFS | 英镑，德国马克 |
| 中国台湾 | 1895～2007 | GDF, IFS | 英镑，日元 |

（续）

| 国家和地区 | 覆盖期限 | 资料来源 | 其他相关汇率 |
|---|---|---|---|
| 泰国 | 1859～2007 | GFD，IFS | 英镑 |
| 突尼斯 | 1900～2007 | GFD，IFS | 法国法郎 |
| 土耳其 | 1859～2007 | GFD，IFS | 英镑 |
| 英国 | 1619～1810 | ESFDB，外汇行情表 | 法国法郎 |
|  | 1660～2007 | GFD，IFS |  |
| 美国 | 1660～2007 | GFD，IFS |  |
| 乌拉圭 | 1900～2007 | GFD，IFS |  |
| 委内瑞拉 | 1900～2007 | GFD，IFS |  |
| 赞比亚 | 1900～2007 | GFD，IFS | 英镑 |
| 津巴布韦 | 1900～2007 | GFD，IFS | 英镑 |

表 A-3 早期白银本位的汇率（单位便士兑换本币的数量）

| 国　家 | 覆盖期限 | 资料来源 | 货币及评论 |
|---|---|---|---|
| 奥地利 | 1371～1860 | Allen 和 Unger（2004） | 维也纳十字币 |
| 比利时 | 1349～1801 | Korthals Altes（1996） | Hoet |
| 法国 | 1258～1789 | Allen 和 Unger（2004） | 图尔城里弗 |
| 德国 | 1350～1830 | Allen 和 Unger（2004） | 合成芬尼 |
| 意大利 | 1289～1858 | Malanima（n.d.） | 佛罗伦萨里拉 |
| 荷兰 | 1366～1800 | Allen 和 Unger（2004），Van Zanden（2005） | 合成货币 |
| 葡萄牙 | 1750～1855 | Godinho（1955） | 里斯 |
| 俄国 | 1761～1840 | Lindert 和 Mironov（n.d.） | 通用卢布 |
| 西班牙 | 1351～1809 | Allen 和 Unger（2004） | 合成货币 |
| 瑞典 | 1523～1573 | Söderberg（2004） | mark ortug |
| 土耳其 | 1555～1914 | Ozmucur 和 Pamuk（2002） | 阿克折 |

表 A-4 货币的银含量

| 国　家 | 覆盖期限 | 资料来源 | 货币及评论 |
|---|---|---|---|
| 奥地利 | 1371～1860 | Allen 和 Unger（2004） | 维也纳十字币 |
| 比利时 | 1349～1801 | Korthals Altes（1996） | Hoet |
| 法国 | 1258～1789 | Allen（2001），Allen 和 Unger（2004） | 图尔城里弗 |
| 德国 | 1350～1798 | Allen（2001），Allen 和 Unger（2004） | 法兰克福芬尼 |
|  | 1417～1830 | Allen（2001），Allen 和 Unger（2004） | 奥格斯堡芬尼 |
| 意大利 | 1289～1858 | Malanima（n.d.） | 佛罗伦萨里拉 |

（续）

| 国家 | 覆盖期限 | 资料来源 | 货币及评论 |
|---|---|---|---|
| 荷兰 | 1366～1575 | Allen 和 Unger（2004） | 佛兰德铜币 |
|  | 1450～1800 | Van Zanden（2005） | 荷兰盾 |
| 葡萄牙 | 1750～1855 | Godinho（1955） | 里斯 |
| 俄国 | 1761～1840 | Lindert 和 Mironov（n.d.） | 通用卢布 |
|  | 1761～1815 |  | Assignatzia |
| 西班牙 | 1351～1650 | Allen 和 Unger（2004） | 巴伦西亚第纳尔 |
|  | 1501～1800 |  | Vellon maravedis, New Castile |
|  | 1630～1809 | Allen 和 Unger（2004） | 里亚尔 |
| 瑞典 | 1523～1573 | Soderberg（2004） | Mark ortug |
| 土耳其 | 1555～1914 | Ozmucur 和 Pamuk（2003） | 阿克折 |
| 英国 | 1261～1918 | Allen 和 Unger（2004） | 便士 |
| 美国 | 1800～1979 | Allen 和 Unger（2004） | 美元 |

表 A-5　名义和实际国民生产和产出指数（国内货币单位）

| 国家和地区 | 覆盖期限 | 资料来源 | 评论 |
|---|---|---|---|
| 阿尔及利亚 | 1950～2007 | GFD，WEO，IFS |  |
| 安哥拉 | 1962～2007 | GFD，WEO，IFS |  |
| 阿根廷 | 1884～1913 | Flandreau 和 Zumer（2004） | 名义值 |
|  | 1875～2000 | DIA | 总生产指数（1995=100） |
|  | 1900～2000 | OXF | 实际值（基期=1970） |
|  | 1900～2007 | GFD，WEO |  |
| 澳大利亚 | 1798～2007 | GFD，WEO | 名义值 |
|  | 1820～2000 | DIA | 总生产指数（1995=100） |
| 比利时 | 1835～2007 | BNB，天主教鲁汶大学经济研究中心 | 名义值 |
| 玻利维亚 |  |  |  |
| 巴西 | 1861～2007 | GFD，WEO | 名义值 |
|  | 1850～2000 | DIA | 总生产指数（1995=100） |
|  | 1900～2000 | OXF | （基期=1970） |
| 加拿大 |  |  |  |
| 智利 | 1810～2000 | DIA | 总生产指数（1995=100） |
| 中国大陆（NNP） | 1962～1999 | GFD |  |
| 哥伦比亚 | 1900～2000 | OXF | 实际值（基期=1970） |
|  | 1925～1999 | GFD |  |
| 哥斯达黎加 | 1947～1999 | GFD |  |

（续）

| 国家和地区 | 覆盖期限 | 资料来源 | 评论 |
|---|---|---|---|
| 科特迪瓦 | | | |
| 丹麦 | 1818～1975 | 北欧历史国民收入核算账户 | |
| 埃及 | 1886～1945 | Yousef（2002） | |
| | 1952～2007 | GFD，WEO | |
| | 1821～1859 | Landes（1958） | 棉花产出 |
| 芬兰 | 1860～2001 | 北欧历史国民收入核算账户 | |
| 希腊 | 1833～1939 | Kostelenos 等人（2007） | |
| | 1880～1913 | Flandreau 和 Zumer（2004） | |
| GNI | 1927～1999 | GFD | |
| | 1948～1999 | GFD | |
| 印度 | 1900～1921 | GFD | |
| | 1948～2007 | GFD，WEO | |
| | 1861～1899 | Brahamanda（2001） | 实际人均值 |
| | 1820～2000 | DIA | 总生产指数 |
| 印度尼西亚 | 1815～1913 | Van Zanden（2006） | 爪哇 |
| | 1910～1970 | Bassino 和 Van der Eng（2006） | |
| | 1921～1939 | GFD | |
| | 1951～1999 | GFD | |
| | 1911～1938 | GFD | |
| | 1953～1999 | GFD | |
| 韩国 | 1911～1940 | Cha 和 Kim（2006） | 千日元，也计算了国民生产总值 |
| GNI | 1953～1999 | GFD | |
| 马来西亚 | 1910～1970 | Bassino 和 Van der Eng（2006） | |
| | 1949～1999 | GFD | |
| 墨西哥 | 1820～2000 | DIA | 总生产指数（1995=100） |
| | 1900～2000 | OXF | |
| | 1900～2000 | OXF | 实际值（基期=1970） |
| | 1925～1999 | GFD | |
| 缅甸 | 1913～1970 | Bassino 和 Van der Eng（2006） | |
| | 1950～1999 | GFD | |
| 荷兰 | 1800～1913 | 荷兰国民收入核算账户 | |
| 挪威 | 1830～2003 | Grytten（2008） | |
| 秘鲁 | 1900～2000 | OXF | 实际值（基期=1970） |
| | 1900～2000 | OXF | 名义值 |

（续）

| 国家和地区 | 覆盖期限 | 资料来源 | 评论 |
|---|---|---|---|
| | 1942～1999 | GFD | |
| 菲律宾 | 1910～1970 | Bassino 和 Van der Eng（2006） | |
| | 1946～1997 | GFD，WEO | |
| 俄国 | 1885～1913 | Flandreau 和 Zumer（2004） | 名义值 |
| GNI | 1928～1940 | GFD | |
| | 1945～1995 | GFD | |
| | 1979～1997 | GFD | |
| | 1992～1999 | GFD | 生产值 |
| 南非 | 1911～1999 | GFD | |
| 斯里兰卡 | 1900～1970 | Bassino 和 Van der Eng（2006） | |
| 瑞典 | 1720～2000 | Edvinsson（2002） | 实际人均 |
| | 1800～2000 | Edvinsson（2002） | 名义和实际值 |
| 中国台湾 | 1910～1970 | Bassino 和 Van der Eng（2006） | |
| 泰国 | 1946～2007 | GFD，WEO | |
| | 1910～1970 | Bassino 和 Van der Eng（2006） | |
| 土耳其 | 1923～2005 | GFD | 名义值 |
| | 1950～1999 | GFD | |
| 英国 | 1830～1999 | GFD | GNI |
| | 1948～1999 | GFD | |
| 美国 | 1790～2002 | Carter 等（2006） | 实际人均 |
| | 1948～1999 | GFD | |
| 乌拉圭 | 1935～1999 | GFD | |
| | 1955～2000 | OXF | 实际值（基期=1970） |
| | 1900～2000 | OXF | |
| GNI | 1955～1999 | GFD | |
| 委内瑞拉 | 1830～2002 | Baptista（2006） | |
| | 1900～2000 | OXF | 实际值（基期=1970） |
| | 1950～2007 | GFD，WEO | |

表 A-6 国民生产总值（固定美元的购买力平价）

| 国　　家 | 覆盖期限 | 资料来源 | 评　论 |
|---|---|---|---|
| 阿尔及利亚 | 1950～2005 | MAD，TED | |
| | 1820～2005 | RR（2008a） | 填充 1821～1949 |
| 安哥拉 | 1950～2005 | MAD，TED | |

（续）

| 国　家 | 覆盖期限 | 资料来源 | 评　论 |
|---|---|---|---|
| 阿根廷 | 1875～2000 | DIA | 基期=1996 |
|  | 1900～2005 | MAD, TED |  |
|  | 1870～2005 | RR（2008a） | 填充1871～1899 |
| 澳大利亚 | 1820～2006 | MAD, TED |  |
| 奥地利 | 1870～2006 | MAD, TED |  |
|  | 1820～2006 | RR（2008a） | 填充1821～1869 |
| 比利时 | 1846～2006 | MAD, TED |  |
|  | 1820～2006 | RR（2008a） | 填充1821～1845 |
| 玻利维亚 | 1945～2005 | MAD, TED |  |
|  | 1936～2005 | RR（2008a） | 填充1936～1944 |
| 巴西 | 1820～2000 | DIA | 基期=1996 |
|  | 1870～2005 | MAD, TED |  |
|  | 1820～2005 | RR（2008a） | 填充1821～1869 |
| 加拿大 | 1870～2006 | MAD, TED |  |
|  | 1820～2006 | RR（2008a） | 填充1821～1869 |
| 中非共和国 | 1950～2003 | MAD |  |
| 智利 | 1810～2000 | DIA | 基期=1996 |
|  | 1820～2005 | MAD, TED |  |
| 中国 | 1929～1938 | MAD, TED |  |
|  | 1950～2006 |  |  |
| 哥伦比亚 | 1900～2005 | MAD, TED |  |
| 哥斯达黎加 | 1920～2005 | MAD, TED |  |
| 丹麦 | 1820～2006 | MAD, TED |  |
| 多米尼加共和国 | 1950～2005 | MAD, TED |  |
|  | 1942～2005 | RR（2008a） | 填充1942～1949 |
| 厄瓜多尔 | 1939～2005 | MAD, TED |  |
|  | 1900～2000 | OXF | 基期=1970 |
|  | 1900～2005 | RR（2008a） | 填充1900～1938 |
| 埃及 | 1950～2005 | MAD, TED |  |
|  | 1820～2005 | RR（2008a） | 填充1821～1949 |
| 萨尔瓦多 | 1900～2000 | OXF | 基期=1970 |
| 芬兰 | 1860～2006 | MAD, TED |  |
|  | 1820～2006 | RR（2008a） | 填充1821～1859 |
| 法国 | 1820～2006 | MAD, TED |  |

（续）

| 国　家 | 覆盖期限 | 资料来源 | 评　论 |
|---|---|---|---|
| 德国 | 1850～2006 | MAD，TED | |
| | 1820～2006 | RR（2008a） | 填充1821～1849 |
| 希腊 | 1921～2006 | MAD，TED | |
| | 1820～2006 | RR（2008a） | 填充1821～1920 |
| 危地马拉 | 1920～2005 | MAD，TED | |
| 洪都拉斯 | 1920～2005 | MAD，TED | |
| 匈牙利 | 1824～2006 | MAD，TED | |
| | 1870～2006 | RR（2008a） | 填充1871～1923 |
| 印度 | 1884～2006 | MAD，TED | |
| | 1820～2006 | RR（2008a） | 填充1821～1883 |
| 印度尼西亚 | 1870～2005 | MAD，TED | |
| | 1820～2005 | RR（2008a） | 填充1821～1869 |
| 日本 | 1870～2006 | MAD，TED | |
| | 1820～2006 | RR（2008a） | 填充1821～1869 |
| 肯尼亚 | 1950～2005 | MAD，TED | |
| 韩国 | 1911～2006 | MAD，TED | |
| | 1820～2006 | RR（2008a） | 填充1821～1910 |
| 马来西亚 | 1911～2005 | MAD，TED | |
| | 1820～2006 | RR（2008a） | 填充1821～1910 |
| 毛里求斯 | 1950～2005 | MAD，TED | |
| 墨西哥 | 1900～2006 | MAD，TED | |
| | 1820～2006 | RR（2008a） | 填充1821～1899 |
| 摩洛哥 | 1950～2005 | MAD，TED | |
| | 1820～2005 | RR（2008a） | 填充1821～1949 |
| 缅甸 | 1950～2005 | MAD，TED | |
| | 1820～2005 | RR（2008a） | 填充1821～1949 |
| 巴拿马 | 1945～2005 | MAD，TED | |
| | 1939～2005 | RR（2008a） | 填充1939～1944 |
| 巴拉圭 | 1939～2005 | MAD，TED | |
| 秘鲁 | 1895～2005 | MAD，TED | |
| 菲律宾 | 1902～2005 | MAD，TED | |
| | 1870～2005 | RR（2008a） | 填充1871～1901 |
| 波兰 | 1929～1938 | MAD，TED | |
| | 1950～2006 | | |

（续）

| 国　家 | 覆盖期限 | 资料来源 | 评　论 |
|---|---|---|---|
| | 1870～2005 | RR（2008a） | 填充1871～1928 |
| 葡萄牙 | 1865～2006 | MAD，TED | |
| | 1820～2006 | RR（2008a） | 填充1821～1864 |
| 罗马尼亚 | 1926～1938 | MAD，TED | |
| | 1950～2006 | | |
| 俄国（苏联、俄罗斯） | 1928～2006 | MAD，TED | |
| 新加坡 | 1950～2005 | MAD，TED | |
| | 1820～2005 | RR（2008a） | 填充1821～1949 |
| 南非 | 1950～2005 | MAD，TED | |
| | 1905～2005 | RR（2008a） | 填充1905～1949 |
| 西班牙 | 1850～2006 | MAD，TED | |
| | 1820～2005 | RR（2008a） | 填充1821～1849 |
| 瑞典 | 1820～2006 | MAD，TED | |
| 泰国 | 1950～2005 | MAD，TED | |
| | 1820～2005 | RR（2008a） | 填充1821～1949 |
| 突尼斯 | 1950～2005 | MAD，TED | |
| | 1820～2005 | RR（2008a） | 填充1821～1949 |
| 土耳其 | 1923～2005 | MAD，TED | |
| 英国 | 1830～2006 | MAD，TED | |
| | 1820～2006 | RR（2008a） | 填充1821～1829 |
| 美国 | 1870～2006 | MAD，TED | |
| | 1820～2006 | RR（2008a） | 填充1821～1869 |
| 乌拉圭 | 1870～2005 | MAD，TED | |
| 委内瑞拉 | 1900～2005 | MAD，TED | |
| | 1820～2005 | RR（2008a） | 填充1821～1899 |
| 赞比亚 | 1950～2005 | MAD，TED | |
| 津巴布韦 | 1950～2005 | MAD，TED | |
| | 1919～2005 | MAD，TED | |

表A-7　中央政府支出和收入（除非另外注明，使用国内货币单位）

| 国家和地区 | 覆盖期限 | 资料来源 | 评　论 |
|---|---|---|---|
| 阿尔及利亚 | 1834～1960 | MIT | 政府收入数据自1830年开始 |
| | 1964～1975 | | |
| | 1994～1996 | | |

（续）

| 国家和地区 | 覆盖期限 | 资料来源 | 评 论 |
|---|---|---|---|
|  | 1963～2003 | KRV |  |
| 安哥拉 | 1915～1973 | MIT |  |
|  | 1980～2003 | KRV |  |
| 阿根廷 | 1864～1999 | MIT |  |
|  | 1880～1913 | Flandreau和Zumer（2004） |  |
|  | 1963～2003 | KRV |  |
| 澳大利亚 | 1839～1900 | MIT | 政府收入数据始自1824年，新南威尔士和其他省份大约从1840年开始 |
|  | 1901～1997 | MIT | 英联邦 |
|  | 1965～2003 | KRV |  |
| 奥地利 | 1791～1993 | MIT | 第一次世界大战和第二次世界大战时期数据缺失 |
|  | 1965～2003 | KRV |  |
| 比利时 | 1830～1993 |  | 第一次世界大战和第二次世界大战时期数据缺失 |
|  | 1965～2003 | KRV |  |
| 玻利维亚 | 1888～1999 | MIT | 政府收入数据自1885年开始 |
|  | 1963～2003 | KRV |  |
| 巴西 | 1823～1994 | IBGE，MIT |  |
|  | 1980～2003 | KRV |  |
| 加拿大 | 1806～1840 | MIT |  |
|  | 1824～1840 |  | 下加拿大 |
|  | 1867～1995 |  | 上加拿大 |
|  | 1963～2003 | KRV | 加拿大 |
| 中非共和国 | 1906～1912 | MIT |  |
|  | 1925～1973 |  |  |
|  | 1963～2003 | KRV |  |
| 智利 | 1810～1995 | Braun等（2000） | 基期=1995 |
|  | 1857～1998 | MIT |  |
|  | 1963～2003 | KRV |  |
| 中国大陆 | 1927～1936 | Cheng（2003） | 国民政府 |
|  | 1963～2003 | KRV |  |
| 哥伦比亚 | 1905～1999 | MIT |  |

（续）

| 国家和地区 | 覆盖期限 | 资料来源 | 评论 |
|---|---|---|---|
| | 1963～2003 | KRV | |
| 哥斯达黎加 | 1884～1999 | MIT | |
| | 1963～2003 | KRV | |
| 科特迪瓦 | 1895～1912 | MIT | |
| | 1926～1999 | | |
| | 1963～2003 | KRV | |
| 丹麦 | 1853～1993 | MIT | |
| | 1965～2003 | KRV | |
| 多米尼加共和国 | 1905～1999 | MIT | |
| | 1963～2003 | KRV | |
| 厄瓜多尔 | 1884～1999 | MIT | |
| | 1979～2003 | KRV | |
| 埃及 | 1821～1879 | Landes（1958） | |
| | 1852～1999 | MIT | |
| | 1963～2003 | KRV | |
| 萨尔瓦多 | 1883～1999 | MIT | |
| | 1963～2003 | KRV | |
| 芬兰 | 1882～1993 | MIT | |
| | 1965～2003 | KRV | |
| 法国 | 1600～1785 | ESFDB | |
| | 1815～1993 | MIT | |
| | 1965～2003 | KRV | |
| 德国（普鲁士） | 1688～1806 | ESFDB | |
| 德国 | 1872～1934 | MIT | 原西德的政府收入数据在1942年结束 |
| | 1946～1993 | | |
| | 1979～2003 | KRV | |
| 希腊 | 1885～1940 | MIT | 政府支出数据始于1833年，并于1946年重新开始 |
| | 1954～1993 | | |
| | 1963～2003 | KRV | |
| 危地马拉 | 1882～1999 | MIT | |
| | 1963～2003 | KRV | |
| 洪都拉斯 | 1879～1999 | MIT | |

（续）

| 国家和地区 | 覆盖期限 | 资料来源 | 评论 |
|---|---|---|---|
| | 1963～2003 | KRV | |
| 匈牙利 | 1868～1940 | MIT | |
| 印度 | 1810～2000 | MIT | |
| | 1963～2003 | KRV | |
| 印度尼西亚 | 1821～1940 | Mellegers（2006） | 荷属东印度，弗罗林，政府高层 |
| | 1816～1939 | MIT | |
| | 1959～1999 | | |
| | 1963～2003 | KRV | |
| 意大利 | 1862～1993 | MIT | |
| | 1965～2003 | KRV | |
| 日本 | 1868～1993 | MIT | |
| | 1963～2003 | KRV | |
| 肯尼亚 | 1895～2000 | MIT | |
| | 1970～2003 | KRV | |
| 韩国 | 1905～1939 | MIT | 日元 |
| | 1949～1997 | | 韩国 |
| | 1963～2003 | KRV | |
| 马来西亚 | 1883～1938 | MIT | 马来半岛 |
| | 1946～1999 | | |
| | 1963～2003 | KRV | |
| 毛里求斯 | 1812～2000 | MIT | |
| | 1963～2003 | KRV | |
| 墨西哥 | 1825～1998 | MIT | |
| | 1963～2003 | KRV | |
| 摩洛哥 | 1938～2000 | MIT | 也包括1920～1929年政府收入数据 |
| | 1963～2003 | KRV | |
| 缅甸 | 1946～1999 | MIT | |
| | 1963～2003 | KRV | |
| 荷兰 | 1845～1993 | MIT | |
| | 1965～2003 | KRV | |
| 新西兰 | 1841～2000 | MIT | |
| | 1965～2003 | KRV | |
| 尼加拉瓜 | 1900～1999 | MIT | |

（续）

| 国家和地区 | 覆盖期限 | 资料来源 | 评 论 |
|---|---|---|---|
| | 1963～2003 | KRV | |
| 尼日利亚 | 1874～1998 | MIT | |
| | 1963～2003 | KRV | |
| 挪威 | 1850～1992 | MIT | |
| | 1965～2003 | KRV | |
| 巴拿马 | 1909～1996 | MIT | |
| | 1963～2003 | KRV | |
| 巴拉圭 | 1881～1900 | MIT | 政府收入数据至1902年 |
| | 1913～1993 | | |
| | 1963～2003 | KRV | |
| 秘鲁 | 1846～1998 | MIT | |
| | 1963～2003 | KRV | |
| 菲律宾 | 1901～2000 | MIT | 第二次世界大战时期数据缺失 |
| | 1963～2003 | KRV | |
| 波兰 | 1922～1937 | MIT | |
| | 1947～1993 | | 只有政府支出数据 |
| 葡萄牙 | 1879～1902 | MIT | |
| | 1917～1992 | | |
| | 1975～2003 | KRV | |
| 罗马尼亚 | 1883～1992 | MIT | 政府支出数据自1862年开始 |
| 俄国（苏联） | 1769～1815 | ESFDB | |
| | 1804～1914 | MIT | |
| | 1924～1934 | | |
| | 1950～1990 | | |
| | 1931～1951 | Condoide（1951） | 国家预算 |
| 新加坡 | 1963～2000 | MIT | |
| 南非 | 1826～1904 | MIT | Natal 始于1850年 |
| | 1905～2000 | | |
| | 1963～2003 | KRV | |
| 西班牙 | 1520～1553 | ESFDB | 不连续 |
| | 1753～1788 | | |
| | 1850～1997 | MIT | |
| | 1965～2003 | KRV | |
| 斯里兰卡 | 1811～2000 | MIT | |

（续）

| 国家和地区 | 覆盖期限 | 资料来源 | 评论 |
|---|---|---|---|
|  | 1963～2003 | KRV |  |
| 瑞典 | 1881～1993 | MIT |  |
|  | 1980～2003 | KRV |  |
| 中国台湾 | 1898～1938 | MIT |  |
|  | 1950～2000 |  |  |
| 泰国 | 1891～2000 | MIT | 政府收入数据开始于1851年 |
|  | 1963～2003 | KRV |  |
| 突尼斯 | 1909～1954 | MIT |  |
|  | 1965～1999 |  |  |
|  | 1963～2003 | KRV |  |
| 土耳其 | 1923～2000 | MIT |  |
|  | 1963～2003 | KRV |  |
| 英国 | 1486～1815 | ESFDB |  |
|  | 1791～1993 |  |  |
|  | 1963～2003 | KRV |  |
| 美国 | 1789～1994 | MIT |  |
|  | 1960～2003 | KRV |  |
| 乌拉圭 | 1871～1999 | MIT |  |
|  | 1963～2003 | KRV |  |
| 委内瑞拉 | 1830～1998 | MIT |  |
|  | 1963～2003 | KRV |  |
| 赞比亚 | 1963～2003 | KRV |  |
| 津巴布韦 | 1894～1997 | MIT |  |
|  | 1963～2003 | KRV |  |

表 A-8　总出口和进口（本币单位和美元，如注所示）

| 国家和地区 | 覆盖期限 | 资料来源 | 评论 |
|---|---|---|---|
| 阿尔及利亚 | 1831～2007 | GFD，WEO |  |
| 安哥拉 | 1891～2007 | GFD，WEO |  |
| 阿根廷 | 1864～2007 | GFD，WEO | Lcu |
|  | 1885～2007 | GFD，WEO | 美元 |
|  | 1880～1913 | Flandreau 和 Zumer（2004） | 出口 |
| 澳大利亚 | 1826～2007 | GFD，WEO |  |
| 奥地利 | 1831～2007 | GFD，WEO |  |

（续）

| 国家和地区 | 覆盖期限 | 资料来源 | 评 论 |
|---|---|---|---|
| 比利时 | 1846～2007 | GFD，WEO | |
| | 1816～2007 | GFD，WEO | 美元 |
| 玻利维亚 | 1899～1935 | GFD | Lcu |
| | 1899～2007 | | 美元 |
| 巴西 | 1821～2007 | GFD，WEO | |
| | 1880～1913 | Flandreau 和 Zumer（2004） | 出口 |
| 加拿大 | 1832～2007 | GFD，WEO | Lcu |
| | 1867～2007 | | 美元 |
| 智利 | 1857～1967 | GFD，WEO | Lcu |
| 中国大陆 | 1865～1937 | GFD，WEO | Lcu |
| | 1950～2007 | | |
| 哥伦比亚 | 1835～1938 | | Lcu |
| | 1919～2007 | GFD，WEO | 美元 |
| 哥斯达黎加 | 1854～1938 | GFD，WEO | Lcu |
| | 1921～2007 | | 美元 |
| 科特迪瓦 | 1892～2007 | GFD，WEO | Lcu |
| | 1900～2007 | | 美元 |
| 丹麦 | 1841～2007 | GFD，WEO | 出口始于1818年，Lcu |
| | 1865～2007 | | 美元 |
| 厄瓜多尔 | 1889～1949 | GFD，WEO | Lcu |
| | 1924～2007 | | 美元 |
| 埃及 | 1850～2007 | GFD，WEO | Lcu |
| | 1869～2007 | | 美元 |
| 萨尔瓦多 | 1859～1988 | GFD，WEO | 出口始于1854年，Lcu |
| | 1870～2007 | | 美元 |
| 芬兰 | 1818～2007 | GFD，WEO | Lcu |
| | 1900～2007 | | 美元 |
| 法国 | 1800～2007 | GFD，WEO | |
| 德国 | 1880～2007 | GFD，WEO | |
| 加纳 | 1850～2007 | GFD，WEO | Lcu |
| | 1900～2007 | | 美元 |
| 希腊 | 1849～2007 | GFD，WEO | Lcu |
| | 1900～2007 | | 美元 |
| 危地马拉 | 1851～2007 | GFD，WEO | |

（续）

| 国家和地区 | 覆盖期限 | 资料来源 | 评论 |
|---|---|---|---|
| 洪都拉斯 | 1896～2007 | GFD，WEO | |
| 印度 | 1832～2007 | GFD，WEO | |
| 印度尼西亚 | 1823～1974 | GFD，WEO | Lcu |
| | 1876～2007 | | 美元 |
| 意大利 | 1861～2007 | GFD，WEO | |
| 日本 | 1862～2007 | GFD，WEO | |
| 肯尼亚 | 1900～2007 | GFD，WEO | |
| 韩国 | 1886～1936 | GFD，WEO | Lcu |
| | 1905～2007 | | 美元 |
| 马来西亚 | 1905～2007 | GFD，WEO | 1955年之前包括新加坡 |
| 毛里求斯 | 1833～2007 | GFD，WEO | Lcu |
| | 1900～2007 | | 美元 |
| 墨西哥 | 1797～1830 | GFD，WEO | 英镑 |
| | 1872～2007 | | Lcu |
| | 1797～1830 | | 美元 |
| | 1872～2007 | | |
| 摩洛哥 | 1947～2007 | GFD，WEO | |
| 缅甸 | 1937～2007 | GFD，WEO | |
| 荷兰 | 1846～2007 | GFD，WEO | |
| 尼加拉瓜 | 1895～2007 | GFD，WEO | |
| 挪威 | 1851～2007 | GFD，WEO | |
| 巴拿马 | 1905～2007 | GFD，WEO | Lcu |
| 巴拉圭 | 1879～1949 | GFD，WEO | 美元 |
| | 1923～2007 | | |
| 秘鲁 | 1866～1952 | GFD，WEO | Lcu |
| | 1882～2007 | | 美元 |
| 菲律宾 | 1884～2007 | GFD，WEO | |
| 波兰 | 1924～2007 | GFD，WEO | |
| 葡萄牙 | 1861～2007 | GFD，WEO | |
| 罗马尼亚 | 1862～1993 | GFD，WEO | Lcu |
| | 1921～2007 | | 美元 |
| 俄罗斯（俄国、苏联） | 1802～1991 | GFD，WEO | Lcu |
| | 1815～2007 | | 美元 |
| 新加坡 | 1948～2007 | GFD，WEO | |

（续）

| 国家和地区 | 覆盖期限 | 资料来源 | 评论 |
|---|---|---|---|
| 南非 | 1826～2007 | GFD，WEO | Lcu |
|  | 1900～2007 |  | 美元 |
| 西班牙 | 1822～2007 | GFD，WEO |  |
| 斯里兰卡 | 1825～2007 | GFD，WEO | Lcu |
|  | 1900～2007 |  | 美元 |
| 瑞典 | 1832～2007 | GFD，WEO |  |
| 中国台湾 | 1891～2007 | GFD，WEO |  |
| 泰国 | 1859～2007 | GFD，WEO |  |
| 土耳其 | 1878～2007 | GFD，WEO |  |
| 英国 | 1796～2007 | GFD，WEO |  |
| 美国 | 1788～2007 | GFD，WEO |  |
| 乌拉圭 | 1862～1930 | GFD，WEO |  |
|  | 1899～2007 |  |  |
| 委内瑞拉 | 1830～2007 | GFD，WEO |  |
|  | 1900～2007 |  |  |
| 赞比亚 | 1908～2007 | GFD，WEO |  |
| 津巴布韦 | 1900～2007 | GFD，WEO |  |

表 A-9　全球指标和金融中心

| 国家 | 序列 | 覆盖期限 | 资料来源 |
|---|---|---|---|
| 英国 | 经常账户余额/GDP | 1816～2006 | Imlah（1958），MIT，英国国家统计 |
|  | 联合公债利率 | 1790～2007 | GFD，英格兰银行 |
|  | 贴现利率 | 1790～2007 | GFD，英格兰银行 |
| 美国 | 经常账户余额/GDP | 1790～2006 | Carter 等（2006），WEO |
|  | 60～90 天商业票据 | 1830～1900 | Carter 等（2006） |
|  | 贴现利率 | 1915～2007 | GFD，联邦储备管理委员会 |
|  | 联邦基金利率 | 1950～2007 | 联邦储备管理委员会 |
|  | 长期债券 | 1798～2007 | Carter 等（2006），联邦储备管理委员会 |
| 世界 | 商品价格，名义和实际价格 | 1790～1850 | Gayer，Rostow 和 Schwartz（1953） |
|  |  | 1854～1990 | Boughton（1991） |
|  |  | 1862～1999 | 《经济学人》 |
|  |  | 1980～2007 | WEO |
|  | 主权外债违约标记 | 1341～2007 | Suter（1992），Purcell 和 Kaufman（1993），Reinhart，Rogoff 和 Savastano（2003a），MacDonald（2006），标准普尔（各期数据） |

表 A-10　实际房价

| 国家和地区 | 覆盖期限 | 资料来源 | 评论 |
| --- | --- | --- | --- |
| 阿根廷 | 1981～2007 | 业主报告 | 布宜诺斯艾利斯旧公寓的平均价值 |
| 哥伦比亚 | 1997: Q1～2007: Q4 | 国家统计部门 | 所有23个城市的新房价格指数 |
| 芬兰 | 1983: Q1～2008: Q1 | 芬兰统计在线服务 | 芬兰旧公寓住所的价格 |
|  | 1970～2007 | 国际清算银行 | 芬兰住房价格指数 |
| 中国香港 | 1991: 7～2008: 2 | 香港大学 | 香港房地产系列指数 |
| 匈牙利 | 2000～2007 | 家庭中心 | 布达佩斯旧公寓平均价格 |
| 冰岛 | 2000: 3～2008: 4 | 冰岛统计 | 冰岛住房价格 |
| 印度尼西亚 | 1994: Q1～2008: Q1 | 印度尼西亚银行 | 大城市新建居民住房价格指数 |
| 爱尔兰 | 1996: Q1～2008: Q1 | 独立智库经济及社会研究所（ESRI），Permanent TSB 银行 | 爱尔兰标准住房价格 |
| 日本 | 1955: H1～2007: H2 | 日本房地产研究所 | 日本城区居住用土地价格指数 |
| 马来西亚 | 2000: Q1～2007: Q4 | 国家银行 | 马来西亚住房价格指数 |
| 挪威 | 1970～2007 | 国际清算银行 | 挪威所有居住用房屋的价格 |
|  | 1819～2007 | 挪威银行 | 挪威住房价格 |
| 菲律宾 | 1994: Q4～2007: Q4 | 菲律宾高力国际 | 马卡蒂中心商务区最好的三居公寓价格 |
| 韩国 | 1986: 1～2006: 12 | 国民银行 | 住房价格指数 |
|  | 2007: Q1～2008: Q1 | 国民银行 | 住房价格指数 |
| 西班牙 | 1990: Q1～2008: Q1 | 西班牙银行 | 西班牙房屋评估价格指数 |
|  | 1970～2007 | 国际清算银行 | 西班牙房屋评估价格指数 |
| 泰国 | 1991: Q1～2008: Q4 | 泰国银行 | 单间独立房屋价格指数 |
| 英国 | 1952: 1～2008: 4 | 全国 | 英国平均住房价格 |
|  | 1970～2007 | 国际清算银行 | 英国住房价格指数 |
| 美国 | 1890～2007 | 标准普尔 | 美国凯斯-席勒全国价格指数 |
|  | 1987: Q1～2008: Q2 | 标准普尔 | 美国凯斯-席勒全国价格指数 |

表 A-11　股票市场指数（权益价格，本币和美元）

| 国家和地区 | 覆盖期限 | 国家和地区 | 覆盖期限 |
|---|---|---|---|
| 阿根廷 | 1967～2008 | 韩国 | 1962～2008 |
| 澳大利亚 | 1875～2008 | 马来西亚 | 1970～2008 |
| 奥地利 | 1922～2008 | 墨西哥 | 1930～2008 |
| 比利时 | 1898～2008 | 荷兰 | 1919～2008 |
| 巴西 | 1954～2008 | 新西兰 | 1931～2008 |
| 加拿大 | 1914～2008 | 挪威 | 1918～2008 |
| 智利 | 1927～2008 | 巴基斯坦 | 1960～2008 |
| 哥伦比亚 | 1929～2008 | 秘鲁 | 1932～2008 |
| 丹麦 | 1915～2008 | 菲律宾 | 1952～2008 |
| 芬兰 | 1922～2008 | 葡萄牙 | 1931～2008 |
| 法国 | 1856～2008 | 新加坡 | 1966～2008 |
| 德国 | 1856～2008 | 南非 | 1910～2008 |
| 希腊 | 1952～2008 | 西班牙 | 1915～2008 |
| 中国香港 | 1962～2008 | 瑞典 | 1913～2008 |
| 印度 | 1921～2008 | 瑞士 | 1910～2008 |
| 冰岛 | 1934～2008 | 中国台湾 | 1967～2008 |
| 以色列 | 1949～2008 | 英国 | 1800～2008 |
| 意大利 | 1906～2008 | 美国 | 1800～2008 |
| 日本 | 1915～2008 | 委内瑞拉 | 1937～2008 |
| 肯尼亚 | 1964～2008 | 津巴布韦 | 1968～2008 |

资料来源：全球金融数据。

## A.2　公共债务

该数据附录包括书中用到的政府债务时间序列数据，而数据附录 A.1 专用于列示宏观经济时间序列数据库。

**常用的资料来源和术语和缩写**

其他的资料来源在随后的表格中列示。

CLYPS：Cowan, Levy-Yeyati, Panizza, Sturzenegger（2006）；

ESFDB：欧洲国家金融数据库；

GDF：世界银行全球发展金融；

GFD：全球金融数据；

IFS：国际货币基金组织《国际金融统计》(各期)；

Lcu：本地货币单位；

LM：Lindert 和 Morton（1989）；

LofN：国家联盟；

MAR：Marichal（1989）；

MIT：Mitchell（2003a，2003b）；

RR：Reinhart 和 Rogoff（标示的年份）；

UN：联合国统计年鉴（各年份）；

WEO：国际货币基金组织《世界经济展望》(各期)。

表 A-12  公共债券：政府外债发行

| 国　家 | 覆盖期间 | 资料来源 | 评　论 |
| --- | --- | --- | --- |
| 阿根廷 | 1824～1968 | LM，MAR | 包括第一笔贷款 |
|  | 1927～1946 | UN |  |
| 澳大利亚 | 1857～1978 | LM，Page（1919） |  |
|  | 1927～1946 | UN |  |
| 玻利维亚 | 1864～1930 | MAR |  |
|  | 1927～1946 | UN |  |
| 巴西 | 1843～1970 | Bazant（1968），LM，MAR，Summerhill（2006） | 包括第一笔贷款 |
|  | 1928～1946 | UN |  |
| 加拿大 | 1860～1919 | LM |  |
|  | 1928～1946 | UN |  |
| 智利 | 1822～1830 | LM，MAR | 包括第一笔贷款 |
|  | 1928～1946 | UN |  |
| 中国 | 1865～1938 | Huang（1919），Winkler（1928） |  |
| 哥伦比亚 | 1822～1929 | MAR |  |
|  | 1928～1946 | UN |  |
| 哥斯达黎加 | 1871～1930 | MAR |  |
| 埃及 | 1862～1965 | Landes（1958），LM | 包括第一笔贷款 |
|  | 1928～1946 | UN |  |
| 厄瓜多尔 | 1922～1930 | MAR |  |
|  | 1928～1946 | UN |  |

（续）

| 国家 | 覆盖期间 | 资料来源 | 评论 |
|---|---|---|---|
| 希腊 | 1824～1932 | Levandis（1944） | 包括第一笔贷款（独立贷款） |
| 危地马拉 | 1928～1939 | UN | |
| | 1856～1930 | MAR | |
| | 1928～1939 | UN | |
| 洪都拉斯 | 1867～1930 | MAR | |
| 印度 | 1928～1945 | UN | |
| 日本 | 1870～1965 | LM | 包括第一笔贷款 |
| | 1928～1939 | UN | |
| 墨西哥 | 1824～1946 | Bazant（1968），LM，MAR | 包括第一笔贷款 |
| | 1928～1944 | UN | |
| 巴拿马 | 1923～1930 | UN | |
| | 1928～1945 | UN | |
| 秘鲁 | 1822～1930 | MAR | 包括第一笔贷款 |
| | 1928～1945 | UN | |
| 俄国 | 1815～1916 | Miller（1926），Crisp（1976），LM | |
| 南非 | 1928～1946 | UN | |
| 泰国 | 1928～1947 | UN | |
| 土耳其 | 1854～1965 | Clay（2000），LM | 包括第一笔贷款 |
| | 1933～1939 | UN | |
| 乌拉圭 | 1871～1939 | MAR | |
| | 1928～1947 | UN | |
| 委内瑞拉 | 1822～1930 | MAR | 包括第一笔贷款 |
| | 1928～1947 | UN | |

表 A-13 公共债务总额（国内债务加外债）

| 国家 | 覆盖期间 | 资料来源 | 评论 |
|---|---|---|---|
| 阿根廷 | 1863～1971 | Garcia Vizcaino（1972） | Lcu |
| | 1914～1981 | LofN，UN | Lcu |
| | 1980～2005 | GFD，Jeanne 和 Guscina（2006） | |
| 澳大利亚 | 1852～1914 | Page（1919） | |
| | 1914～1981 | LofN，UN | Lcu |
| | 1980～2007 | 澳大利亚金融管理局 | Lcu |
| 奥地利 | 1880～1913 | Flandreau 和 Zumer（2004） | Lcu |

（续）

| 国家 | 覆盖期间 | 资料来源 | 评论 |
|---|---|---|---|
|  | 1945～1984 | UN | Lcu |
|  | 1970～2006 | 奥地利联邦融资机构 | 欧元 |
| 比利时 | 1830～2005 | BNB，天主教鲁汶大学经济研究中心 | 欧元 |
| 玻利维亚 | 1914～1953 | LofN，UN | Lcu |
|  | 1968～1981 |  |  |
|  | 1991～2004 | CLYPS | 美元 |
| 巴西 | 1880～1913 | Flandreau 和 Zumer（2004） | Lcu |
|  | 1923～1972 | LofN，UN | Lcu |
|  | 1991～2005 | GFD，Jeanne 和 Guscina（2006） |  |
| 加拿大 | 1867～2007 | 加拿大统计，加拿大银行 | Lcu |
| 智利 | 1827～2000 | Diaz 等（2005） | Lcu |
|  | 1914～1953 | LofN，UN | Lcu |
|  | 1990～2007 | 财政部 | 美元 |
| 中国 | 1894～1950 | Cheng（2003），Huang（1919），RR（2008c） |  |
|  | 1981～2005 | GFD，Jeanne 和 Guscina（2006） |  |
| 哥伦比亚 | 1923～2006 | 国家审计总署 | Lcu |
| 哥斯达黎加 | 1892～1914 | Soley Güell（1926） | Lcu |
|  | 1914～1983 | LofN，UN | Lcu |
|  | 1980～2007 | CLYPS，财政部 | 美元 |
| 科特迪瓦 | 1970～1980 | UN | Lcu |
| 丹麦 | 1880～1913 | Flandreau 和 Zumer（2004） | Lcu |
|  | 1914～1975 | LofN，UN | Lcu |
|  | 1990～2007 | 丹麦国家银行 | Lcu |
| 多米尼加共和国 | 1914～1952 | LofN，UN | Lcu |
| 厄瓜多尔 | 1914～1972 | LofN，UN | Lcu |
|  | 1990～2006 | 金融部 | 美元 |
| 埃及 | 1914～1959 | LofN，UN | Lcu |
|  | 2001～2005 | 金融部 | Lcu |
| 萨尔瓦多 | 1914～1963 | LofN，UN | Lcu |
|  | 1976～1983 |  |  |
|  | 1990～2004 | CLYPS | 美元 |
|  | 2003～2007 | 中央储备银行 | 美元 |
| 芬兰 | 1914～1983 | LofN，UN | Lcu |
|  | 1978～2007 | 芬兰财政部 | Lcu |

(续)

| 国　家 | 覆盖期间 | 资料来源 | 评　论 |
| --- | --- | --- | --- |
| 法国 | 1880～1913 | Flandreau 和 Zumer（2004） | Lcu |
|  | 1913～1972 | LofN, UN | Lcu |
|  | 1999～2007 | 政府部门账目预算 | Lcu |
| 德国 | 1880～1913 | Flandreau 和 Zumer（2004） | Lcu |
|  | 1914～1983 | LofN, UN | Lcu |
|  | 1950～2007 | 德意志银行 | Lcu |
| 希腊 | 1869～1893 | Levandis（1944） | 不连续, Lcu |
|  | 1880～1913 | Flandreau 和 Zumer（2004） | Lcu |
|  | 1920～1983 | LofN, UN | Lcu |
|  | 1993～2006 | OECD |  |
| 危地马拉 | 1921～1982 | LofN, UN | Lcu |
|  | 1980～2005 | CLYPS | 美元 |
| 洪都拉斯 | 1914～1971 | LofN, UN | Lcu |
|  | 1980～2005 | CLYPS | 美元 |
| 匈牙利 | 1913～1942 | LofN, UN | Lcu |
|  | 1992～2005 | Jeanne 和 Guscina（2006） |  |
| 印度 | 1840～1920 | 与英属印度相关的统计摘要 |  |
|  | 1913～1983 | LofN, UN | Lcu |
|  | 1980～2005 | Jeanne 和 Guscina（2006） |  |
| 印度尼西亚 | 1972～1983 | UN | Lcu |
|  | 1998～2005 | 印度尼西亚银行, GDF |  |
| 意大利 | 1880～1913 | Flandreau 和 Zumer（2004） | Lcu |
|  | 1914～1984 | LofN, UN | Lcu |
|  | 1982～2007 | 财政部 | Lcu |
| 日本 | 1872～2007 | 日本历史统计, 日本银行 | Lcu |
| 肯尼亚 | 1911～1935 | Frankel（1938） | 英镑 |
|  | 1961～1980 | LofN, UN | Lcu |
|  | 1997～2007 | 肯尼亚中央银行 | Lcu |
| 韩国 | 1910～1938 | Mizoguchi 和 Umemura（1988） | 日元 |
|  | 1970～1984 | LofN, UN |  |
|  | 1990～2004 | Jeanne 和 Guscina（2006） |  |
| 马来西亚 | 1947～1957 | UN | Lcu |
|  | 1976～1981 |  |  |

（续）

| 国家 | 覆盖期间 | 资料来源 | 评论 |
|---|---|---|---|
| | 1980～2004 | Jeanne 和 Guscina（2006） | |
| 毛里求斯 | 1970～1984 | LofN，UN | Lcu |
| | 1998～2007 | | Lcu |
| 墨西哥 | 1814～1946 | Bazant（1968） | 不连续 |
| | 1914～1979 | LofN，UN | Lcu |
| | 1980～2006 | 总体公共债务 | |
| 摩洛哥 | 1965～1980 | UN | Lcu |
| 荷兰 | 1880～1914 | Flandreau 和 Zumer（2004） | Lcu |
| | 1914～1977 | LofN，UN | Lcu |
| | 1914～2008 | 荷兰财政部 | Lcu |
| 新西兰 | 1858～2006 | 新西兰统计，新西兰财政部 | Lcu |
| 尼加拉瓜 | 1914～1945 | LofN，UN | Lcu |
| | 1970～1983 | | |
| | 1991～2005 | CLYPS | 美元 |
| 挪威 | 1880～1914 | Flandreau 和 Zumer（2004） | Lcu |
| | 1913～1983 | LofN，UN | Lcu |
| | 1965～2007 | 金融部 | Lcu |
| 巴拿马 | 1915～1983 | LofN，UN | 美元 |
| | 1980～2005 | CLYPS | 美元 |
| 巴拉圭 | 1927～1947 | LofN，UN | Lcu |
| | 1976～1982 | | |
| | 1990～2004 | CLYPS | 美元 |
| 秘鲁 | 1918～1970 | LofN，UN | Lcu |
| | 1990～2005 | CLYPS | 美元 |
| 菲律宾 | 1948～1982 | LofN，UN | Lcu |
| | 1980～2005 | GFD，Jeanne 和 Guscina（2006） | |
| 波兰 | 1920～1947 | LofN，UN | |
| | 1994～2004 | GFD，Jeanne 和 Guscina（2006） | |
| 葡萄牙 | 1851～1997 | 葡萄牙统计局 | |
| | 1914～1975 | LofN，UN | Lcu |
| | 1980～2007 | 葡萄牙银行 | 自1999年开始用欧元 |
| 俄国（苏联、俄罗斯） | 1880～1914 | Crisp（1976），Flandreau 和 Zumer（2004） | 法国法郎和 Lcu |

（续）

| 国　家 | 覆盖期间 | 资料来源 | 评　论 |
|---|---|---|---|
| | 1922～1938 | LofN，UN | Lcu |
| | 1993～2005 | Jeanne 和 Guscina（2006） | |
| 新加坡 | 1969～1982 | UN | Lcu |
| | 1986～2006 | 货币管理局 | Lcu |
| 南非 | 1859～1914 | Page（1919） | 英镑 |
| | 1910～1982 | LofN，UN | Lcu |
| | 1946～2006 | 南非储备银行 | Lcu |
| 西班牙 | 1504～1679 | ESFDB | 不连续 |
| | 1850～2001 | 西班牙历史统计：19～20 世纪 | Lcu |
| | 1999～2006 | 西班牙银行 | 欧元 |
| 斯里兰卡 | 1861～1914 | Page（1919） | 英镑 |
| | 1950～1983 | UN | Lcu |
| | 1990～2006 | 斯里兰卡中央银行 | Lcu |
| 瑞典 | 1880～1913 | Flandreau 和 Zumer（2004） | |
| | 1914～1984 | LofN，UN | Lcu |
| | 1950～2006 | 债务办公室 | Lcu |
| 泰国 | 1913～1984 | LofN，UN | Lcu |
| | 1980～2006 | Jeanne 和 Guscina（2006），泰国银行 | |
| 突尼斯 | 1972～1982 | LofN，UN | Lcu |
| | 2004～2007 | 突尼斯中央银行 | Lcu |
| 土耳其 | 1933～1984 | LofN，UN | Lcu |
| | 1986～2007 | 土耳其财政部 | 美元 |
| 英国 | 1693～1786 | Quinn（2004） | 债务总量 |
| | 1781～1915 | Page（1919），Bazant（1968） | 1787～1815 年不连续 |
| | 1850～2007 | 英国债务管理办公室 | |
| 美国 | 1791～2007 | 财政部 | |
| 乌拉圭 | 1914～1947 | LofN，UN | Lcu |
| | 1972～1984 | | |
| | 1999～2007 | 乌拉圭中央银行 | 美元 |
| 委内瑞拉 | 1914～1982 | LofN，UN | |
| | 1983～2005 | Jeanne 和 Guscina（2006） | |
| 津巴布韦 | 1924～1936 | Frankel（1938） | 英镑 |
| | 1969～1982 | UN | |

表 A-14　外部公共债务

| 国　　家 | 覆盖期限 | 资料来源 | 评　论 |
|---|---|---|---|
| 阿尔及利亚 | 1970～2005 | GFD | 美元 |
| 安哥拉 | 1989～2005 | GFD | 美元 |
| 阿根廷 | 1863～1971 | Garcia Vizcaino（1972） | Lcu |
| | 1914～1981 | LofN，UN | Lcu |
| | 1970～2005 | GFD | 美元 |
| 澳大利亚 | 1852～1914 | Page（1919） | |
| | 1914～1981 | LofN，UN | Lcu |
| | 1980～2007 | 澳大利亚金融管理局 | Lcu |
| 奥地利 | 1945～1984 | UN | Lcu |
| | 1970～2006 | 奥地利联邦融资机构 | 欧元 |
| 比利时 | 1914～1981 | LofN，UN | Lcu |
| | 1992～2007 | | |
| 玻利维亚 | 1914～1953 | LofN，UN | Lcu |
| | 1968～1981 | | |
| | 1970～2005 | GFD | |
| | 1991～2004 | CLYPS | 美元 |
| 巴西 | 1824～2000 | IBGE | 英镑和美元 |
| | 1923～1972 | LofN，UN | Lcu |
| | 1970～2005 | GFD | 美元 |
| | 1991～2005 | Jeanne 和 Guscina（2006） | 美元 |
| 加拿大 | 1867～2007 | 加拿大统计，加拿大银行 | Lcu |
| 中非共和国 | 1970～2005 | GFD | 美元 |
| 智利 | 1822～2000 | Díaz 等（2005） | Lcu |
| | 1970～2005 | GFD | 美元 |
| 中国 | 1822～1930 | RR（2008c） | 从债券中估计 |
| | 1865～1925 | RR（2008c） | 从债券中估计 |
| | 1981～2005 | GFD | 美元 |
| 哥伦比亚 | 1923～2006 | 国家审计总署 | Lcu |
| 哥斯达黎加 | 1892～1914 | Soley Güell（1926） | Lcu |
| | 1914～1983 | LofN，UN | Lcu |
| | 1980～2007 | CLYPS，财政部 | 美元 |
| 科特迪瓦 | 1970～2005 | GFD | 美元 |
| 多米尼加共和国 | 1914～1952 | LofN，UN | Lcu |
| | 1961～2004 | 国家银行 | 美元 |

(续)

| 国　家 | 覆盖期限 | 资料来源 | 评　论 |
|---|---|---|---|
| 厄瓜多尔 | 1914～1972 | LofN，UN | Lcu |
| | 1970～2005 | GFD | 美元 |
| | 1990～2006 | 金融部 | 美元 |
| 埃及 | 1862～1930 | RR | 从债券中估计 |
| | 1914～1959 | LofN，UN | Lcu |
| | 1970～2005 | GFD | 美元 |
| 法国 | 1913～1972 | LofN，UN | Lcu |
| | 1999～2007 | 政府部门账目预算 | Lcu |
| 德国 | 1914～1983 | LofN，UN | Lcu |
| 希腊 | 1920～1983 | LofN，UN | Lcu |
| 危地马拉 | 1921～1982 | LofN，UN | Lcu |
| | 1970～2005 | GFD | 美元 |
| | 1980～2005 | CLYPS | 美元 |
| 洪都拉斯 | 1914～1971 | LofN，UN | Lcu |
| | 1970～2005 | GDF | 美元 |
| | 1980～2005 | 美元 | |
| 匈牙利 | 1913～1942 | LofN，UN | Lcu |
| | 1982～2005 | GDF | 美元 |
| | 1992～2005 | Jeanne 和 Guscina（2006） | |
| 印度 | 1840～1920 | 与英属印度相关的统计摘要（各年） | |
| | 1913～1983 | LofN，UN | Lcu |
| | 1980～2005 | Jeanne 和 Guscina（2006） | |
| 印度尼西亚 | 1972～1983 | UN | Lcu |
| | 1970～2005 | GDF | 美元 |
| 意大利 | 1880～1913 | Flandreau 和 Zumer（2004） | |
| | 1914～1984 | LofN，UN | Lcu |
| | 1982～2007 | 财政部 | Lcu |
| 日本 | 1872～2007 | 日本历史统计，日本银行 | Lcu |
| | 1910～1938 | Mizoguchi 和 Umemura（1988） | 日元 |
| 肯尼亚 | 1961～1980 | LofN，UN | Lcu |
| | 1970～2005 | GDF | 美元 |
| | 1997～2007 | 肯尼亚中央银行 | Lcu |
| 韩国 | 1970～1984 | LofN，UN | Lcu |
| | 1970～2005 | GDF | 美元 |

（续）

| 国　家 | 覆盖期限 | 资料来源 | 评　论 |
|---|---|---|---|
|  | 1990～2004 | Jeanne 和 Guscina（2006） | 美元 |
| 马来西亚 | 1947～1957 | LofN，UN | Lcu |
|  | 1976～1981 |  |  |
|  | 1970～2005 | GDF | 美元 |
|  | 1980～2004 | Jeanne 和 Guscina（2006） | 美元 |
| 毛里求斯 | 1970～1984 | LofN，UN | Lcu |
|  | 1970～2005 | GDF | 美元 |
|  | 1998～2007 | 毛里求斯银行 | Lcu |
| 墨西哥 | 1814～1946 | Bazant（1968） | 不连续 |
|  | 1820～1930 | RR（2008c） | 从债券中估计 |
|  | 1914～1979 | LofN，UN | Lcu |
|  | 1970～2005 | GDF | 美元 |
|  | 1980～2006 | 总体公共债务 |  |
| 摩洛哥 | 1965～1980 | UN | Lcu |
|  | 1970～2005 | GDF | 美元 |
| 荷兰 | 1880～1914 | Flandreau 和 Zumer（2004） | Lcu |
|  | 1914～1977 | LofN，UN | Lcu |
|  | 1914～2008 | 荷兰财政部 | Lcu |
| 新西兰 | 1858～2006 | 新西兰统计，新西兰财政部 | Lcu |
| 尼加拉瓜 | 1914～1945 | LofN，UN | Lcu |
|  | 1970～1983 |  |  |
|  | 1970～2005 | GDF | 美元 |
|  | 1991～2005 | CLYPS | 美元 |
| 挪威 | 1880～1914 | Flandreau 和 Zumer（2004） | Lcu |
|  | 1913～1983 | LofN，UN | Lcu |
|  | 1965～2007 | 金融部 | Lcu |
| 巴拿马 | 1915～1983 | LofN，UN | 美元 |
|  | 1980～2005 | CLYPS | 美元 |
| 巴拉圭 | 1927～1947 | LofN，UN | Lcu |
|  | 1976～1982 |  |  |
|  | 1970～2005 | GFD | 美元 |
|  | 1990～2004 | CLYPS | 美元 |
| 秘鲁 | 1822～1930 | RR（2008c） | 从债券中估计 |
|  | 1918～1970 | LofN，UN | Lcu |

（续）

| 国　家 | 覆盖期限 | 资料来源 | 评　论 |
|---|---|---|---|
| | 1990～2005 | CLYPS | 美元 |
| | 1970～2005 | GFD | 美元 |
| 菲律宾 | 1948～1982 | LofN，UN | Lcu |
| | 1970～2005 | GFD | 美元 |
| 波兰 | 1920～1947 | LofN，UN | Lcu |
| | 1986～2005 | GFD | 美元 |
| 葡萄牙 | 1851～1997 | 葡萄牙统计局 | |
| | 1914～1975 | LofN，UN | Lcu |
| | 1980～2007 | 葡萄牙银行 | 自1999年开始用欧元 |
| 俄罗斯（俄国、苏联） | 1815～1917 | RR（2008c） | |
| | 1922～1938 | LofN，UN | Lcu |
| | 1993～2005 | Jeanne和Guscina（2006） | |
| 新加坡 | 1969～1982 | UN | Lcu |
| 南非 | 1859～1914 | Page（1919） | 英镑 |
| | 1910～1982 | LofN，UN | Lcu |
| | 1946～2006 | 南非储备银行 | Lcu |
| 西班牙 | 1850～2001 | 西班牙历史统计：19～20世纪 | Lcu |
| | 1999～2006 | 西班牙银行 | 欧元 |
| 斯里兰卡 | 1950～1983 | UN | Lcu |
| | 1970～2005 | GFD | 美元 |
| | 1990～2006 | 斯里兰卡中央银行 | Lcu |
| 瑞典 | 1914～1984 | LofN，UN | Lcu |
| | 1950～2006 | 债务办公室 | Lcu |
| 泰国 | 1913～1984 | LofN，UN | Lcu |
| | 1970～2005 | GFD | 美元 |
| | 1980～2006 | Jeanne和Guscina（2006），泰国银行 | Lcu |
| 突尼斯 | 1970～2005 | GFD | 美元 |
| | 2004～2007 | 突尼斯中央银行 | Lcu |
| | 1972～1982 | LofN，UN | Lcu |
| 土耳其 | 1854～1933 | RR（2008c） | 从债券中估计 |
| | 1933～1984 | LofN，UN | Lcu |
| | 1970～2005 | GFD | 美元 |
| | 1986～2007 | 土耳其财政部 | 美元 |
| 英国 | 1914～2007 | LofN，UN | Lcu |

（续）

| 国家 | 覆盖期限 | 资料来源 | 评论 |
|---|---|---|---|
| 乌拉圭 | 1871～1930 | RR（2008c） | 从债券中估计 |
| | 1914～1947 | LofN，UN | Lcu |
| | 1972～1984 | | |
| | 1970～2005 | GFD | 美元 |
| | 1980～2004 | CLYPS | 美元 |
| 委内瑞拉 | 1822～1842 | RR（2008c） | 从债券中估计，美元 |
| | 1914～1982 | LofN，UN | Lcu |
| 赞比亚 | 1970～2005 | GFD | |
| 津巴布韦 | 1969～1982 | UN | Lcu |
| | 1970～2005 | GFD | 美元 |

表 A-15 国内公共债务

| 国家 | 覆盖期间 | 资料来源 | 评论 |
|---|---|---|---|
| 阿根廷 | 1863～1971 | Garcia Vizcaino（1972） | Lcu |
| | 1914～1981 | LofN，UN | Lcu |
| | 1980～2005 | GFD, Jeanne 和 Guscina（2006） | |
| 澳大利亚 | 1914～1981 | LofN，UN | Lcu |
| | 1980～2007 | 澳大利亚金融管理局 | Lcu |
| 奥地利 | 1945～1984 | UN | Lcu |
| | 1970～2006 | 奥地利联邦融资机构 | 欧元 |
| 比利时 | 1914～1983 | LofN，UN | Lcu |
| | 1992～2007 | BNB，天主教鲁汶大学经济研究中心 | 欧元 |
| 玻利维亚 | 1914～1953 | LofN，UN | Lcu |
| | 1968～1981 | | |
| | 1991～2004 | CLYPS | 美元 |
| 巴西 | 1923～1972 | LofN，UN | Lcu |
| | 1991～2005 | GFD, Jeanne 和 Guscina（2006） | |
| 加拿大 | 1867～2007 | 加拿大统计，加拿大银行 | Lcu |
| 智利 | 1827～2000 | Díaz 等（2005） | Lcu |
| | 1914～1953 | LofN，UN | Lcu |
| | 1914～1946 | UN | |
| | 1990～2007 | 财政部 | 美元 |
| 中国 | 1894～1949 | RR（2008c） | |

（续）

| 国　　家 | 覆盖期间 | 资料来源 | 评　　论 |
|---|---|---|---|
| 哥伦比亚 | 1923～2006 | 国家审计总署 | Lcu |
| 哥斯达黎加 | 1892～1914 | Soley Güell（1926） | Lcu |
|  | 1914～1983 | LofN，UN | Lcu |
|  | 1980～2007 | CLYPS，财政部 | 美元 |
| 科特迪瓦 | 1970～1980 | UN | Lcu |
| 丹麦 | 1914～1975 | LofN，UN | Lcu |
|  | 1990～2007 | 丹麦国家银行 | Lcu |
| 多米尼加共和国 | 1914～1952 | LofN，UN | Lcu |
| 厄瓜多尔 | 1914～1972 | LofN，UN | Lcu |
|  | 1990～2006 | 金融部 | 美元 |
| 埃及 | 1914～1959 | LofN，UN | Lcu |
|  | 2001～2005 | 金融部 | Lcu |
| 法国 | 1913～1972 | LofN，UN | Lcu |
|  | 1999～2007 | 政府部门账目预算 | Lcu |
| 希腊 | 1920～1983 | LofN，UN | Lcu |
|  | 1912～1941 | UN |  |
| 危地马拉 | 1921～1982 | LofN，UN | Lcu |
|  | 1980～2005 | CLYPS | 美元 |
| 洪都拉斯 | 1914～1971 | LofN，UN | Lcu |
|  | 1980～2005 | CLYPS | 美元 |
| 匈牙利 | 1913～1942 | LofN，UN | Lcu |
|  | 1992～2005 | Jeanne 和 Guscina（2006） |  |
| 印度 | 1840～1920 | 与英属印度相关的统计摘要（各年） |  |
|  | 1913～1983 | LofN，UN | Lcu |
|  | 1980～2005 | Jeanne 和 Guscina（2006） |  |
| 印度尼西亚 | 1972～1983 | UN | Lcu |
|  | 1998～2005 | 印度尼西亚银行，GDF |  |
| 意大利 | 1880～1913 | Flandreau 和 Zumer（2004） | Lcu |
|  | 1882～2007 | 财政部 | Lcu |
|  | 1894～1914 | LofN，UN | Lcu |
| 日本 | 1872～2007 | 日本历史统计，日本银行 | Lcu |
|  | 1914～1946 | UN |  |

(续)

| 国家 | 覆盖期间 | 资料来源 | 评论 |
|---|---|---|---|
| 肯尼亚 | 1961～1980 | LofN，UN | Lcu |
| | 1997～2007 | 肯尼亚中央银行 | Lcu |
| 韩国 | 1970～1984 | LofN，UN | Lcu |
| | 1990～2004 | Jeanne 和 Guscina（2006） | Lcu |
| 马来西亚 | 1947～1957 | LofN，UN | Lcu |
| | 1976～1981 | | |
| | 1980～2004 | Jeanne 和 Guscina（2006） | |
| 毛里求斯 | 1970～1984 | LofN，UN | Lcu |
| | 1998～2007 | 毛里求斯银行 | Lcu |
| 墨西哥 | 1814～1946 | Bazant（1968） | 不连续 |
| | 1914～1979 | LofN，UN | Lcu |
| | 1980～2006 | 总体公共债务 | |
| 摩洛哥 | 1965～1980 | UN | Lcu |
| 荷兰 | 1880～1914 | Flandreau 和 Zumer（2004） | Lcu |
| | 1914～1977 | LofN，UN | Lcu |
| | 1914～2008 | 荷兰财政部 | Lcu |
| 新西兰 | 1858～2006 | 新西兰统计，新西兰财政部 | Lcu |
| 尼加拉瓜 | 1914～1945 | LofN，UN | Lcu |
| | 1970～1983 | | |
| | 1991～2005 | CLYPS | 美元 |
| 挪威 | 1880～1914 | Flandreau 和 Zumer（2004） | Lcu |
| | 1913～1983 | LofN，UN | Lcu |
| | 1965～2007 | 金融部 | Lcu |
| 巴拿马 | 1915～1983 | LofN，UN | 美元 |
| | 1980～2005 | CLYPS | 美元 |
| 巴拉圭 | 1927～1947 | LofN，UN | Lcu |
| | 1976～1982 | | |
| | 1990～2004 | CLYPS | 美元 |
| 秘鲁 | 1918～1970 | LofN，UN | Lcu |
| | 1990～2005 | CLYPS | 美元 |
| 菲律宾 | 1948～1982 | LofN，UN | Lcu |
| | 1980～2005 | GFD, Jeanne 和 Guscina（2006） | |

（续）

| 国　家 | 覆盖期间 | 资料来源 | 评　论 |
|---|---|---|---|
| 波兰 | 1920～1947 | LofN，UN | Lcu |
|  | 1994～2004 | Jeanne 和 Guscina（2006） | Lcu |
| 葡萄牙 | 1851～1997 | 葡萄牙统计局 | Lcu |
|  | 1914～1975 | LofN，UN | Lcu |
|  | 1980～2007 | 葡萄牙银行 | 自 1999 年开始用欧元 |
| 俄罗斯（苏联） | 1922～1938 | LofN，UN | Lcu |
|  | 1993～2005 | Jeanne 和 Guscina（2006） |  |
| 新加坡 | 1969～1982 | UN | Lcu |
|  | 1986～2006 | 货币管理局 | Lcu |
| 南非 | 1859～1914 | Page（1919） | 英镑 |
|  | 1910～1983 | LofN，UN | Lcu |
|  | 1946～2006 | 南非储备银行 | Lcu |
| 西班牙 | 1850～2001 | 西班牙历史统计：19～20 世纪 | Lcu |
|  | 1999～2006 | 西班牙银行 | 欧元 |
| 斯里兰卡 | 1950～1983 | UN | Lcu |
|  | 1990～2006 | 斯里兰卡中央银行 | Lcu |
| 瑞典 | 1914～1984 | LofN，UN | Lcu |
|  | 1950～2006 | 债务办公室 | Lcu |
| 泰国 | 1913～1984 | LofN，UN | Lcu |
|  | 1980～2006 | Jeanne 和 Guscina（2006），泰国银行 | Lcu |
| 突尼斯 | 1972～1982 | UN | Lcu |
|  | 2004～2007 | 突尼斯中央银行 | Lcu |
| 土耳其 | 1933～1984 | LofN，UN | Lcu |
|  | 1986～2007 | 土耳其财政部 | 美元 |
| 英国 | 1914～2007 | LofN，UN | Lcu |
| 美国 | 1791～2007 | 财政部 | Lcu |
| 乌拉圭 | 1914～1947 | LofN，UN | Lcu |
|  | 1972～1984 |  |  |
|  | 1980～2004 | CLYPS | 美元 |
| 委内瑞拉 | 1914～1982 | LofN，UN | Lcu |
|  | 1983～2005 | Jeanne 和 Guscina（2006） | Lcu |
| 津巴布韦 | 1969～1982 | UN | Lcu |

## A.3 银行危机标识

表 A-16 1800～2008 年资本流动与银行危机标识

| 高收入国家和地区 | | 中等收入国家和地区 | | 低收入国家和地区 | |
|---|---|---|---|---|---|
| 国家和地区 | 开始年份 | 国家和地区 | 开始年份 | 国家和地区 | 开始年份 |
| 1800～1879 年慢速或温和资本流动时期 | | | | | |
| 法国 | 1802 | | | | |
| 法国 | 1805 | | | | |
| 英国 | 1810 | | | | |
| 瑞典 | 1811 | | | | |
| 丹麦 | 1813 | | | | |
| 西班牙, 美国 | 1814 | | | | |
| 英国 | 1815 | | | | |
| 美国 | 1818 | | | | |
| 英国, 美国 | 1825 | | | | |
| 美国 | 1836 | | | | |
| 加拿大, 美国 | 1837 | | | | |
| 英国 | 1847 | | | | |
| 比利时 | 1848 | | | | |
| 英国, 美国 | 1857 | | | 印度 | 1863 |
| 意大利, 英国 | 1866 | | | | |
| 奥地利, 美国 | 1873 | 秘鲁 | 1873 | | |
| | | 南非 | 1877 | | |
| 1880～1914 年快速资本流动时期 | | | | | |
| 德国 | 1880 | | | | |
| 法国 | 1882 | 墨西哥 | 1883 | | |
| 美国 | 1884 | | | | |
| 丹麦 | 1885 | | | | |
| 意大利 | 1887 | | | | |
| 法国 | 1889 | | | | |
| 葡萄牙, 英国, 美国 | 1890 | 阿根廷①, 巴西, 智利, 巴拉圭, 南非 | 1890 | | 1890 |
| 德国, 意大利, 葡萄牙 | 1891 | | | | |
| 澳大利亚 | 1893 | 乌拉圭 | 1893 | | |

（续）

| 高收入国家和地区 | | 中等收入国家和地区 | | 低收入国家和地区 | |
|---|---|---|---|---|---|
| 国家和地区 | 开始年份 | 国家和地区 | 开始年份 | 国家和地区 | 开始年份 |
| 荷兰，瑞典 | 1897 | | | | |
| 挪威 | 1898 | 智利 | 1899 | | |
| 芬兰 | 1900 | 巴西 | 1900 | | |
| 德国，日本 | 1901 | | | | |
| 丹麦，法国，意大利，日本，瑞典，美国 | 1907 | 墨西哥 | 1907 | | |
| | | 智利 | 1908 | | |
| | | 墨西哥 | 1913 | 印度 | 1913 |
| 比利时，法国①，意大利，日本，荷兰，挪威①，英国，美国 | 1914 | 阿根廷①，巴西① | 1914 | | |
| **1915～1919年慢速资本流动时期** | | | | | |
| | | 智利① | 1915 | | |
| **1920～1929年温和资本流动时期** | | | | | |
| 葡萄牙① | 1920 | 墨西哥 | 1920 | | |
| 芬兰，意大利，荷兰①，挪威① | 1921 | | | 印度 | 1921 |
| 加拿大，日本，中国台湾 | 1923 | 中国大陆 | 1923 | | |
| 奥地利 | 1924 | | | | |
| 比利时①，德国① | 1925 | 巴西，智利① | 1926 | | |
| 日本，中国台湾 | 1927 | | | | |
| 美国① | 1929 | 巴西，墨西哥① | 1929 | 印度 | 1929 |
| **1930～1969年慢速资本流动时期** | | | | | |
| 法国，意大利 | 1930 | | | | |
| 奥地利，比利时，芬兰，德国①，希腊，挪威，葡萄牙①，西班牙①，瑞典①，瑞士 | 1931 | 阿根廷①，巴西，中国大陆，捷克斯洛伐克，爱沙尼亚，匈牙利，拉脱维亚，波兰，罗马尼亚，土耳其 | 1931 | | |
| 比利时① | 1934 | 阿根廷，中国大陆 | 1934 | | |
| 意大利 | 1935 | 巴西 | 1937 | | |

（续）

| 高收入国家和地区 | | 中等收入国家和地区 | | 低收入国家和地区 | |
| --- | --- | --- | --- | --- | --- |
| 国家和地区 | 开始年份 | 国家和地区 | 开始年份 | 国家和地区 | 开始年份 |
| 比利时①，芬兰 | 1939 | | | | |
| | | | | 印度① | 1947 |
| | | 巴西 | 1963 | | |
| **1970～1979年温和资本流动时期** | | | | | |
| | | 乌拉圭 | 1971 | | |
| 英国 | 1974 | 智利① | 1976 | 中非共和国 | 1976 |
| 德国，以色列，西班牙 | 1977 | 南非 | 1977 | | |
| | | 委内瑞拉 | 1978 | | |
| **1980～2007年快速资本流动时期** | | | | | |
| | | 阿根廷①，智利①，厄瓜多尔，埃及 | 1980 | | |
| | | 墨西哥，菲律宾，乌拉圭 | 1981 | | |
| 中国香港，新加坡 | 1982 | 哥伦比亚，土耳其 | 1982 | 刚果（民主共和国），加纳 | 1982 |
| 加拿大，韩国，科威特，中国台湾 | 1983 | 摩洛哥，秘鲁，泰国 | 1983 | 赤道几内亚，尼日尔 | 1983 |
| 英国，美国 | 1984 | | | 毛利塔尼亚 | 1984 |
| | | 阿根廷①，巴西①，马来西亚① | 1985 | 几内亚，肯尼亚 | 1985 |
| 丹麦，新西兰，挪威 | 1987 | 玻利维亚，喀麦隆，哥斯达黎加，尼加拉瓜 | 1987 | 孟加拉国，马里，莫桑比克，坦桑尼亚 | 1987 |
| | | 黎巴嫩，巴拿马 | 1988 | 贝宁，布基纳法索，中非共和国，科特迪瓦，马达加斯加，尼泊尔，塞内加尔 | 1988 |
| 澳大利亚 | 1989 | 阿根廷①，萨尔瓦多，南非，斯里兰卡 | 1989 | | |
| 意大利 | 1990 | 阿尔及利亚，巴西①，埃及，罗马尼亚 | 1990 | 塞拉利昂 | 1990 |
| 捷克共和国，②芬兰，希腊， | 1991 | 格鲁吉亚，匈牙利，波兰，斯洛伐克② | 1991 | 吉布提，利比里亚，圣多美 | 1991 |

（续）

| 高收入国家和地区 | | 中等收入国家和地区 | | 低收入国家和地区 | |
|---|---|---|---|---|---|
| 国家和地区 | 开始年份 | 国家和地区 | 开始年份 | 国家和地区 | 开始年份 |
| 瑞典，英国<br>日本 | 1992 | 共和国<br>阿尔巴尼亚，波斯尼亚，黑塞哥维那，爱沙尼亚，印度尼西亚 | 1992 | 安哥拉，乍得，中国大陆，刚果，肯尼亚，尼日利亚 | 1992 |
| 马其顿，斯洛文尼亚 | 1993 | 佛得角，委内瑞拉 | 1993 | 几内亚，厄立特里亚，吉尔吉斯斯坦，多哥 | 1993 |
| 法国 | 1994 | 亚美尼亚，玻利维亚，保加利亚，哥斯达黎加，牙买加，拉脱维亚，墨西哥①，土耳其 | 1994 | 布隆迪，刚果（民主共和国），乌干达 | 1994 |
| 英国 | 1995 | 阿根廷，阿塞拜疆，巴西，喀麦隆，立陶宛，巴拉圭，俄罗斯，斯威士兰 | 1995 | 几内亚比绍，赞比亚，津巴布韦 | 1995 |
| | | 克罗地亚，厄瓜多尔，泰国 | 1996 | 缅甸，也门 | 1996 |
| 中国台湾 | 1997 | 印度尼西亚，韩国①，马来西亚，毛里求斯，菲律宾，乌克兰 | 1997 | 越南 | 1997 |
| | | 哥伦比亚①，厄瓜多尔，萨尔瓦多，俄罗斯 | 1998 | | |
| | | 玻利维亚，洪都拉斯，秘鲁 | 1999 | | |
| | | 尼加拉瓜 | 2000 | | |
| | | 阿根廷①，危地马拉 | 2001 | | |
| | | 巴拉圭，乌拉圭 | 2002 | | |
| | | 多米尼加共和国 | 2003 | | |
| | | 危地马拉 | 2006 | | |
| 冰岛，爱尔兰，美国，英国 | 2007 | | | | |
| 奥地利，西班牙 | 2008 | | | | |

注：数据附录 A.4 包括本表中列出的信息。
①所涉及的事件与 Barro 和 Ursua(2008) 研究的产出崩溃相关。
②1991 年时捷克和斯洛伐克还是一个国家，即捷克斯洛伐克。

## A.4 银行危机历史摘要

**表 A-17  1800～2008 年历史银行危机摘要**

| 国家和地区 | 简要情况 | 年份 | 资料来源 |
|---|---|---|---|
| 阿尔巴尼亚 | 在 1992 年 6 月的清理之后,"新"银行系统 31% 的贷款为不良贷款。由于银行之间相互的债务拖欠,一些银行面临着流动性问题 | 1992 年 | Caprio 和 Klingebiel（2003） |
| 阿尔及利亚 | 限制流通导致了硬币停止支付。抵押规则的缺失导致银行依赖房地产来保护贷款;很多人放弃抵押品以降低损失 | 1870 年 8 月 | Conant（1915）, Reinhart 和 Rogoff（2008a） |
|  | 银行系统的不良贷款比率达到 50% | 1990～1992 年 | Caprio 和 Klingebiel（2003） |
| 安哥拉 | 两家国有商业银行资不抵债 | 1992～1996 年 | Caprio 和 Klingebiel（2003） |
| 阿根廷 | 阿根廷共和国银行停止营业;高额的外债、国内信贷以及进口导致储备流失;比索贬值了 27%,但是危机很短暂,只对工业产值产生了较小的影响 | 1885 年 1 月 | Conant（1915）, Bordo 和 Eichengreen（1999） |
|  | 银行发放了大量贷款,而且银行券的大量发行导致房地产价格暴涨。土地价格下跌了 50%;国家银行不能支付股利导致银行挤兑;比索在这两年里每年都贬值了 36%。1890 年 7 月,各家银行都停发银行券,导致金价上涨了 320%。1890 年 12 月,阿根廷国家银行替代了旧的国家银行 | 1890 年 7 月～1891 年 | Bordo 和 Eichengreen（1999）, Conant（1915） |
|  | 坏收成与因战争引发的欧洲流动性需求,导致了银行挤兑,私人银行在短短两年间丧失了 45% 的存款 | 1914 年 | Conant（1915）, Bordo Eichengreen（1999）, Nakamura 和 Zarazaga（2001） |
|  | 随着无法偿付的贷款不断累积,金本位制结束 | 1931 年 | della Paolera 和 Taylor（1999）, Bordo 等（2001） |
|  | 多年来累积了大量政府贷款和不良资产,最终它们都被新的中央银行接管 | 1934 年 | della Paolera 和 Taylor（1999）, Bordo 等（2001） |
|  | 一家大私人银行（Banco de Intercambio Regional）的破产导致其他三家银行发生挤兑。最终,70 多家金融机构（占商业银行资产的 16% 和金融公司资产的 35%）被清盘或者被中央银行干预 | 1980 年 3 月～1982 年 | Kaminsky 和 Reinhart（1999）, Bordo 等（2001）, Caprio 和 Klingebiel（2003） |
|  | 5 月初,政府关闭了一家大银行,导致了大规模挤兑,由此导致政府在 5 月 19 日冻结美元存款 | 1985 年 5 月 | Kaminsky 和 Reinhart（1999） |

（续）

| 国家和地区 | 简要情况 | 年份 | 资料来源 |
|---|---|---|---|
| 阿根廷 | 不良资产占总资产的27%，占国有银行资产的37%。破产银行持有金融系统资产的40% | 1989~1990年 | Bordo等（2001），Caprio和Klingebiel（2003） |
| | 墨西哥货币贬值导致银行挤兑，由此导致12月至次年3月间银行存款下降了18%，8家银行停止营业，3家银行破产。到1997年年底，205家银行当中的63家要么被关闭，要么被兼并 | 1995年 | Bordo等（2001），Reinhart（2002），Caprio和Klingebiel（2003） |
| | 2001年3月，由于公众对政府政策操作缺乏信心导致了银行挤兑。2001年11月末，很多银行处于破产的边缘，取款被施加部分限制（corralito），定期存款（CD）被修改条款以防止从银行流出。2002年12月，限制被取消。2003年1月，1家银行被关闭，3家银行被国有化，而且很多其他银行规模减小 | 2001年3月 | Caprio和Klingebiel（2003），Jácome（2008） |
| 亚美尼亚 | 中央银行关闭了一半活跃银行，大银行一直面临着高额不良贷款问题。幸存银行财务上非常脆弱 | 1994年8月~1996年 | Caprio和Klingebiel（2003） |
| 澳大利亚 | 国内信贷泡沫导致银行资产质量恶化；土地市场的繁荣和无监管的银行体系助长了投机。澳大利亚商业银行和联邦银行的关闭导致英国存款的流失。银行股股价大幅下跌，银行削减规模并停止发放长期贷款，很多银行倒闭。随后发生了19世纪90年代的萧条 | 1893年1月 | Conant（1915），Bordo和Eichengreen（1999） |
| | 政府向两家大银行注入资本以弥补损失 | 1989~1992年 | Bordo等（2001），Caprio和Klingebiel（2003） |
| 奥地利 | 经济中存在投机。维也纳股票交易市场的崩盘导致了52家银行和44家省级银行破产 | 1873年5月~1874年 | Conant（1915） |
| | 主要的银行经营困难，从6月开始清盘 | 1924年 | Bernanke和James（1990） |
| | 第二大银行破产，与主要的银行合并 | 1929年11月 | Bernanke和James（1990） |
| | Creditanstalt破产，外国存款者开始挤兑 | 1931年5月 | Bernanke和James（1990） |
| 阿塞拜疆 | 12家私人银行被关闭；最大的三家国有银行被认为资不抵债，而且其中一家面临着严重的流动性问题 | 1995年 | Caprio和Klingebiel（2003） |

（续）

| 国家和地区 | 简要情况 | 年　份 | 资料来源 |
| --- | --- | --- | --- |
| 孟加拉 | 占信贷总量 70% 的 4 家银行拥有 20% 的不良贷款。从 20 世纪 80 年代末开始，整个私人银行和公共银行体系从技术上讲已经资不抵债了 | 1987～1996 年 | Bordo 等（2001），Caprio 和 Klingebiel（2003） |
| 白俄罗斯 | 很多银行资本不足；强制合并给一些好银行增加了差贷款的负担 | 1995 年 | Caprio 和 Klingebiel（2003） |
| 比利时 | 存在比利时银行（创建于 1835 年）和法国兴业银行这两家对手银行。对战争的恐惧导致信贷紧缩。兴业银行试图通过回收大量贷款这种双输的方式使比利时银行破产。比利时银行出现挤兑，它没有停止支付但向财政申请了援助 | 1838 年 12 月～1839 年 | Conant（1915） |
|  | 比利时银行拒绝作为法国兴业银行的国内托管行，法国兴业银行感到危机的影响，并关闭了除安特卫普外所有的分支机构 | 1842 年 | Conant（1915） |
|  | 法国兴业银行暂停支付，并在政府要求改革之后丧失了银行券的发行权。创建了比利时国家银行 | 1848 年 2 月 | Conant（1915） |
|  | 公众担心国家政策和负担，但比利时银行通过维持支付使公众放心（提高贴现利率，并对可接受的商业票据设限），商业和银行都付出了极大的代价 | 1870 年 7 月～1871 年 | Conant（1915） |
|  | 全球投资者抛售资产并且回收流动性，导致资产价格下跌，并威胁金融机构的经营。全球各地的证券交易所崩盘 | 1914 年 | Bordo 等（2001） |
|  | 系统性的通缩导致了融资危机 | 1925～1926 年 | Johnson（1998），Bordo 等（2001） |
|  | 最大的布鲁塞尔银行将要破产的传闻，导致所有银行出现挤兑。随后，外币贬值的预期导致了外币存款出现挤兑 | 1931 年 5 月 | Bernanke 和 James（1990），Bordo 等（2001） |
|  | 比利时劳动银行的破产演变成一般性的银行危机和外汇危机 | 1934 年 | Bernanke 和 James（1990），Bordo 等（2001） |
|  | 尽管对战争的预期妨碍了投资决策，但经济在慢速恢复。外汇和黄金储备急剧减少 | 1939 年 | Bordo 等（2001） |
| 贝宁 | 所有三家商业银行都破产了，而且 80% 的银行贷款都成了不良贷款 | 1988～1990 年 | Caprio 和 Klingebiel（2003） |

（续）

| 国家和地区 | 简要情况 | 年 份 | 资料来源 |
|---|---|---|---|
| 玻利维亚 | 1987年10月，中央银行清盘了12家国有商业银行中的2家，还有7家报出了大量亏损。共有5家银行被清盘。银行系统的不良贷款比率在1987年和1988年分别达到30%和92% | 1987年10月～1988年 | Kaminsky和Reinhart（1999），Caprio和Klingebiel（2003） |
|  | 1994年，占银行系统资产11%的2家银行关闭。1995年，15家国内银行中的4家（占银行系统资产的30%）出现了流动性问题，并且背负着高额的不良贷款 | 1994年 | Caprio和Klingebiel（2003） |
|  | 一家小银行（存款市场份额为4.5%）被政府干预和处置 | 1999年 | Jácome（2008） |
| 波斯尼亚和黑塞哥维那 | 由于前南斯拉夫解体和内战，银行系统背负着高额的不良贷款 | 1992年～？ | Caprio和Klingebiel（2003） |
| 博茨瓦纳 | 银行被合并，清盘或者注资 | 1994～1995年 | Caprio和Klingebiel（2003） |
| 巴西 | 存在大量的政府借款和货币投机，政府持续地发行更多的银行券。巴西国家银行和巴西美国银行合并到巴西美国共和国银行。新银行收回了政府发行的银行券。金融部门的动荡导致国内经济产值的下降 | 1890年12月～1892年 | Conant（1915），Bordo和Eichengreen（1999） |
|  | 发生了内战和货币贬值。在伦敦罗斯柴尔德银行贷款的帮助下，达成了处理国家债务的协议 | 1897～1898年 | Conant（1915），Bordo和Eichengreen（1999） |
|  | 低弹性的咖啡出口对货币贬值没有反应；工业生产萎缩，竞争受限制，经济从通缩中恢复的速度变慢。注入流动性没能使这些情况改观，存款被挤兑，贷款被收回 | 1900～1901年 | Conant（1915），Bordo和Eichengreen（1999） |
|  | 由于国际汇款的困难，支付被中止 | 1914年 | Brown（1940），Bordo等（2001） |
|  | 财政通过发行票据并在巴西银行贴现的方式支撑了大量预算赤字。严重的通货膨胀以及公众的不满导致了金本位制的恢复。新政府重组了巴西银行，使其成为中央银行。但是其运作并不能独立于政治控制。由于货币供应的减少，银行部门的规模在随后的三年内缩减了20% | 1923年 | Triner（2000），Bordo等（2001） |

（续）

| 国家和地区 | 简要情况 | 年份 | 资料来源 |
|---|---|---|---|
| 巴西 | 以城市工人为代价的过度资本积累，同时不能通过改变工资来调整经济结构以应对这些压力。经济危机导致政治危机，并引发了军事政变 | 1963 年 | Bordo 等（2001） |
| | 3 家大银行 (Comind，Maison Nave 和 Auxiliar) 被政府接管 | 1985 年 11 月 | Kaminsky 和 Reinhart（1999） |
| | 存款被转换成债券 | 1990 年 | Bordo 等（2001），Caprio 和 Klingebiel（2003） |
| | 1994 年，17 家小银行被清盘，3 家私人银行被干预，8 家国有银行被置于政府管理之下。中央银行干预或临时管理的金融机构达 43 家，1997 年年底银行体系的不良贷款比率达到 15%。私人银行于 1998 年恢复盈利，但公共银行直到 1999 年才开始恢复盈利 | 1994 年 7 月～1996 年 | Kaminsky 和 Reinhart（1999），Bordo 等（2001），Caprio 和 Klingebiel（2003） |
| 文莱 | 几家金融公司和银行破产 | 1986 年 | Caprio 和 Klingebiel（2003） |
| 保加利亚 | 1995 年，约 75% 的银行体系贷款为次级贷款。1996 年年初发生了银行挤兑。政府停止提供援助，并推动关闭了占银行体系资产 1/3 的 19 家银行。幸存的银行于 1997 年被注资 | 1995～1997 年 | Caprio 和 Klingebiel（2003） |
| 布基纳法索 | 银行体系不良贷款比率约为 34% | 1988～1994 年 | Caprio 和 Klingebiel（2003） |
| 布隆迪 | 1995 年银行体系不良贷款比率约为 25%，另有一家银行被清盘 | 1994～1995 年 | Caprio 和 Klingebiel（2003） |
| 喀麦隆 | 1989 年，银行体系不良贷款比率达到 60%～70%。5 家商业银行被关闭，3 家被重组 | 1987～1993 年 | Caprio 和 Klingebiel（2003） |
| | 1996 年年末，不良贷款占总贷款之比为 30%，2 家银行被关闭，3 家被重组 | 1995～1998 年 | Caprio 和 Klingebiel（2003） |
| 加拿大 | 上加拿大银行和戈尔银行暂停硬币支付；下加拿大叛乱导致了暂停支付 | 1837 年 | Conant（1915） |
| | 西加拿大一家银行暂停支付导致了金融恐慌。上加拿大银行破产；安大略省经济快速增长，在 1857 年的土地投机中银行损失了资本；它背弃了安全的银行做法，并向律师、政治家和绅士贷款 | 1866 年 9 月 | Conant（1915） |
| | 1874～1879 年发生了几起银行破产和一次经济衰退 | 1873 年 9 月 | Conant（1915） |

（续）

| 国家和地区 | 简要情况 | 年 份 | 资料来源 |
|---|---|---|---|
| 加拿大 | 由于在纽约股市的投机，安大略银行破产，股东失去了所有的投资 | 1906 年 10 月 | Conant（1915） |
| | 经常账户赤字和农作物歉收意味着东部的银行不愿意向西部提供资金；银行提高贷款利率，缩减贷款规模并限制对农民的贷款 | 1908 年 1 月 | Conant（1915），Bordo 和 Eichengreen（1999） |
| | 经济出现短期且深度的衰退；加拿大银行借入了大部分银行券，同时银行增加了银行券的发行量 | | |
| | 皇家银行收购了英属圭亚那银行和英属洪都拉斯银行 | 1912 年 | Conant（1915） |
| | 由于贷款坏账，拥有 70 多家分支机构的加拿大住房银行破产 | 1923 年 | Kryzanowski 和 Roberts（1999），Bordo 等（2001） |
| | 15 位加拿大存款保险公司成员破产（其中包括 2 家银行） | 1983～1985 年 | Bordo 等（2001），Caprio 和 Klingebiel（2003） |
| 佛得角 | 1995 年年末，商业银行的不良贷款比率达到 30% | 1993 年 | Caprio 和 Klingebiel（2003） |
| 中非共和国 | 4 家银行被清盘 | 1976～1982 年 | Caprio 和 Klingebiel（2003） |
| | 占总资产 90% 的 2 家大银行被重组。银行体系的不良贷款比率达到 40% | 1988～1999 年 | Caprio 和 Klingebiel（2003） |
| 乍得 | 银行部门面临着资不抵债问题 | 20 世纪 80 年代 | Caprio 和 Klingebiel（2003） |
| | 私人银行部门不良贷款比率达到 35% | 1992 年 | Caprio 和 Klingebiel（2003） |
| 智利 | 银行货币体系和黄金标准完全被战争威胁（与阿根廷）所破坏。7 月 5 日，不断增加的黄金出口以及智利银行拒绝执行黄金草案导致圣地亚哥银行发生挤兑，以及对黄金草案的普遍怀疑。政府发行不能赎回的纸币，并在接下来的 10 年中持续增加货币供应量，从而引发了一段时期的通货膨胀和过度投机 | 1898 年 7 月 | Conant（1915），Bordo 和 Eichengreen（1999） |
| | 股市崩盘后连续 4 年发生通货膨胀；在危机期间比索贬值了 30%，政府借给银行国库券以防止金融部门危机。随后经济衰退的数据不可获得 | 1907 年 | Conant（1915），Bordo 和 Eichengreen（1999） |
| | 整个抵押系统变得资不抵债 | 1976 年 | Bordo 等（2001），Caprio 和 klingebiel（2003） |
| | 3 家银行开始流失存款，两个月后政府开始干预。共有 4 家银行和 4 家非银行金融机构被干预，占贷款余额的 33% | 1980 年 | Kaminsky 和 Reinhart（1999），Bordo 等（2001），Caprio 和 Klingebiel（2003） |

（续）

| 国家和地区 | 简要情况 | 年份 | 资料来源 |
|---|---|---|---|
| 智利 | 1983年，另外7家银行和1家金融公司被政府干预，占金融系统资产的45%。到1983年年底，不良贷款占比为19% | | |
| 中国大陆 | 上海一家主要的丝绸贸易公司倒闭导致很多本地银行破产 | 1883年 | Cheng（2003） |
| | 战后的通货紧缩导致很多银行破产 | 1923~1925年 | Young（1971） |
| | 在战争期间，上海关闭了所有中资银行 | 1931年 | Cheng（2003） |
| | 白银的流失导致经济大幅衰退和金融危机，2家主要的银行被政府接管和重组 | 1934~1937年 | Cheng（2003） |
| | 占银行体系资产68%的4家大型国有商业银行被认为资不抵债。银行体系的不良资产占比约为50% | 1997~1999年 | Caprio和Klingebiel（2003） |
| 哥伦比亚 | 6家主要的银行和8家金融公司被政府干预，国家银行是第一家，占银行系统资产的25% | 1982年7月~1987年 | Kaminsky和Reinhart（1999），Bordo等（2001），Caprio和Klingebiel（2003） |
| | 很多银行和金融机构倒闭，资本比率和流动性急剧下降，而且金融行业总资产缩水超过20% | 1998年4月 | Reinhart（2002），Jácome（2008） |
| 刚果民主共和国 | 银行部门面临资不抵债问题 | 1982年 | Caprio和Klingebiel（2003） |
| | 4家国有商业银行资不抵债，第5家获得私人资本注入 | 1991~1992年 | Caprio和Klingebiel（2003） |
| | 不良贷款比率达到75%。2家国有银行被清盘，另外2家被私有化。1997年，12家银行存在严重的财务困难 | 1994年~？ | Caprio和Klingebiel（2003） |
| 刚果共和国 | 危机始于1992年。2001~2002年，2家大银行被重组和私有化。其余资不抵债的银行被清盘 | 1992年~？ | Caprio和Klingebiel（2003） |
| 哥斯达黎加 | 1987年，占银行体系贷款90%的公共银行陷入财务困境中，其中32%的贷款被认为无法收回 | 1987年 | Caprio和Klingebiel（2003），Bordo等（2001） |
| | 英属哥斯达黎加银行，这家拥有17%存款的国有第三大银行被关闭 | 1994~1997年 | Bordo等（2001），Caprio和Klingebiel（2003），Jácome（2008） |
| 科特迪瓦 | 4家大银行（占银行体系贷款90%）受到影响；3~4家银行资不抵债，6家政府银行被关闭 | 1988~1991年 | Bordo等（2001），Caprio和Klingebiel（2003） |

（续）

| 国家和地区 | 简要情况 | 年份 | 资料来源 |
|---|---|---|---|
| 克罗地亚 | 占银行体系贷款近一半的 5 家银行被认为资不抵债，并被银行复兴机构接管 | 1996 年 | Caprio 和 Klingebiel（2003） |
| 捷克斯洛伐克① | 外币存款的流失引发了国内存款的挤兑，但没有引起普遍的金融恐慌 | 1931 年 7 月 | Bernanke 和 James（1990） |
| 捷克共和国 | 自 1993 年以来，发生了几起银行倒闭事件。在 1994～1995 年，38% 的银行体系贷款为不良贷款 | 1991 年～? | Caprio 和 Klingebiel（2003） |
| 丹麦 | 政府宣布不能以原值赎回储蓄银行的报业票据；由于这些票据是由公众持有，这构成一种削减公共债务形式的破产。成立了新的皇家银行；报业银行、正金银行和储蓄银行都被取消 | 1813 年 1 月 | Conant（1915） |
| | 一场金融危机导致国家银行在整个 19 世纪 60 年代都承担了中央银行职责 | 1857 年 | Jonung 和 Hagberg（2002） |
| | 兴业银行动用其一半的留存资本来覆盖损失，2 家省级银行破产，银行业恢复了平静 | 1877 年 | Conant（1915），Jonung 和 Hagberg（2002） |
| | 国家银行进行干预，给商业银行和储蓄银行提供支持 | 1885 年 | Jonung 和 Hagberg（2002） |
| | 一家重要的银行倒闭，导致业主银行停业和其他机构发生挤兑。国家银行帮助舒缓恐慌，它接管其余的 5 家银行，并暂停支付银行债务 | 1902 年 2 月 | Conant（1915） |
| | 全球市场和德国的动荡以及不良资产一起，导致信心被侵蚀。5 家主要的银行联合起来，协助并担保了脆弱银行的负债，促成了快速恢复 | 1907 年 | Conant（1915），Bordo 和 Eichengreen（1999），Jonung 和 Hagberg（2002） |
| | 由于战争期间不审慎的借贷和 20 世纪 20 年代初国际价格的下降，致使银行危机持续多年 | 1921 年 | Bordo 等（2001），Jonung 和 Hagberg（2002） |
| | 至金本位制结束前，银行一直面临着流动性问题 | 1931 年 | Bordo 等（2001） |
| | 两家小银行倒闭影响了整个银行体系，导致银行惜贷。1990～1992 年银行的累计亏损超过了贷款额的 9%，60 家问题银行中的 40 家被合并 | 1987 年 3 月～1992 年 | Kaminsky 和 Reinhart（1999），Bordo 等（2001），Caprio 和 Klingebiel（2003） |

(续)

| 国家和地区 | 简要情况 | 年份 | 资料来源 |
|---|---|---|---|
| 吉布提 | 6家商业银行中的2家停止营业，其他银行也面临着困难 | 1991～1993年 | Caprio和Klingebiel（2003） |
| 多米尼加共和国 | 资产市场份额为7%的第三大银行被政府干预 | 1996年 | Jácome（2008） |
| | 2003年银行危机始于对市场份额为10%的第三大银行的干预。2002年年中，在关联银行账上的隐性负债被发现，导致舞弊指控后存款挤兑已经开始。随即，危机扩大到其他两家具有类似不当会计操作的机构（市场份额为10%） | 2003年 | Jácome（2008） |
| 厄瓜多尔 | 实施国内债券换外债的计划，以拯救银行系统 | 1981年 | Bordo等（2001），Caprio和Klingebiel（2003） |
| | 安第斯银行这家存款市场份额为6%的中型银行，被政府干预，随后被另一家私人银行购买 | 1994年 | Jácome（2008） |
| | 政府当局干预几家小型的金融机构；到1995年年底，共为30家金融社团和7家银行提供广泛的流动性支持。1996年年初，第五大商业银行被干预 | 1996年 | Bordo等（2001），Caprio和Klingebiel（2003） |
| | 银行系统60%的银行被干预、接管或关闭。1998～1999年，占商业银行资产25%～30%的7家银行被关闭。1999年3月，银行存款被冻结6个月。到2000年1月，占总资产65%的16家金融机构或者被关闭（12家），或者被政府接管（4家）。2000年3月，所有存款解除冻结 | 1998年4月～1999年 | Caprio和Klingebiel（2003），Jácome（2008） |
| 埃及 | 由于信贷滥用和新证券的发行，促成了银行危机 | 1907年3月 | Conant（1915） |
| | 德国银行开罗分行和亚历山大分行发生了挤兑 | 1931年7月 | Bernanke和James（1990） |
| | 政府关闭了几家大型的投资公司 | 1980年1月～1981年 | Bordo等（2001），Reinhart（2002），Caprio和Klingebiel（2003） |
| | 4家公众银行获得资本金支持 | 1990年1月～1995年 | Bordo等（2001），Reinhart（2002），Caprio和Klingebiel（2003） |

（续）

| 国家和地区 | 简要情况 | 年份 | 资料来源 |
|---|---|---|---|
| 萨尔瓦多 | 9家国有商业银行平均的不良贷款比率达37% | 1989年 | Caprio和Klingebiel（2003） |
| | 1996年贸易条件的恶化（咖啡价格的下跌）导致经济增长骤然停止，从1997年开始金融体系就一直处于困境中。一家市场份额为5%的中小规模金融机构被关闭 | 1998年 | Jácome（2008） |
| 赤道几内亚 | 全国最大的2家银行被清盘 | 1983～1985年 | Caprio和Klingebiel（2003） |
| 厄立特里亚 | 银行体系的大部分资不抵债 | 1993年 | Caprio和Klingebiel（2003） |
| 爱沙尼亚 | 2家中型银行破产，金融恐慌一直持续到1931年1月 | 1930年11月 | Bernanke和James（1990） |
| | 发生了一般性的银行挤兑浪潮 | 1931年9月 | Bernanke和James（1990） |
| | 占金融体系资产41%的银行资不抵债。5家银行的许可证被吊销，2家大银行合并后被收归国有，另外2家合并后转化为贷款回收机构 | 1992～1995年 | Caprio和Klingebiel（2003） |
| | 占金融体系资产10%的社会银行破产 | 1994年 | Caprio和Klingebiel（2003） |
| | 3家银行破产 | 1998年 | Caprio和Klingebiel（2003） |
| 埃塞俄比亚 | 国有银行被重组，不良贷款被接管 | 1994～1995年 | Caprio和Klingebiel（2003） |
| 芬兰 | 俄罗斯与巴尔干地区的危机和出口价格的变动使金融业处于风险中。芬兰银行增加了贷款和票据发行，但实际GDP增长率仍下跌了4% | 1900年 | Bordo和Eichengreen（1999） |
| | 由于货币已经被严重低估，芬兰的处境要好于其他北欧国家，经济的恢复也相对容易 | 1921年 | Bordo等（2001），Jonung和Hagberg（2002） |
| | 经济衰退始于1929年；很多银行都遭受了大量的损失，并由此走向破产；芬兰银行为贷款和并购提供融资便利 | 1931年 | Bordo等（2001），Jonung和Hagberg（2002） |
| | 维持了金融稳定，GDP增长并没有受到太大的损失 | 1939年 | Bordo等（2001），Jonung和Hagberg（2002） |
| | 9月19日一家大银行（Skopbank）倒闭并被政府干预。储蓄银行也受到严重影响，政府控制了占银行系统存款31%的3家银行 | 1991年9月～1994年 | Kaminsky和Reinhart（1999），Bordo等（2001），Jonung和Hagberg（2002），Caprio和Klingebiel（2003） |
| 法国 | 法国银行经历了严重的危机 | 1802年 | Conant（1915） |

（续）

| 国家和地区 | 简要情况 | 年份 | 资料来源 |
|---|---|---|---|
| 法国 | 法国银行拥有 6800 万法郎的债务却只有 78.2 万法郎的硬币；它使用商业票据、政府债券和贷款来向西班牙财政部购买硬币。这发生在奥斯特利茨战争准备期间针对法国的第三联合编队形成之后；奥斯特利茨战争的胜利（1805 年 12 月 2 日）恢复了大部分信心 | 1805 年 9 月～1806 年 | Conant（1915） |
| | 阿尔萨斯地区发生银行破产 | 1827 年 12 月～1828 年 | Conant（1915） |
| | 在比利时银行破产之后，巴黎的银行发生严重的挤兑 | 1838 年 12 月～1839 年 | Conant（1915） |
| | 1848 年 3 月 24 日，法国银行和部门银行的银行券被定为法定货币；制定统一纸币的需求导致地方银行和法国银行合并（4 月 27 日和 5 月 2 日） | 1848 年 2 月～1850 年 | Conant（1915） |
| | 棉花投机后，法国发生金融恐慌 | 1864 年 1 月 | Conant（1915） |
| | 动产信贷银行破产后，法国发生银行危机 | 1867 年 11 月～1868 年 | Conant（1915） |
| | 法国银行分行暂停营业。投降后，德国人暂停了斯特拉斯堡银行的营业，并用普鲁士银行取代阿尔萨斯洛林地区的法国银行 | 1871 年 5 月 | Conant（1915） |
| | 投机和金融创新导致了银行间的问题；法国银行向小银行贷款，并向英格兰银行借款以补充储备。当年经济增长回落 5%，而且在很长一段时间里难以恢复之前的趋势 | 1882 年 2 月 | Conant（1915），Bordo 和 Eichengreen（1999） |
| | 一个法国金融家企图垄断铜市场，而折扣商行折价出售铜认沽权证；产品限制被打破，铜价下跌，因此商行遭受了巨大的损失。管理者自杀导致了银行挤兑；优质资产不能够满足流动性需求。商行转向法国银行求助；危机期间经济增长下降 14% | 1889 年 3 月 | Conant（1915），Bordo 和 Eichengreen（1999） |
| | 法国发生银行恐慌，日俄战争开始后，交易所萎靡不振 | 1904 年 2 月 | Conant（1915） |
| | 美国的困难提升了全球对黄金和货币的需求；法国的主要损失在于其给殖民地的白银。因此对 GDP 增长的可见影响轻微 | 1907 年 | Conant（1915），Bordo 和 Eichengreen（1999） |

（续）

| 国家和地区 | 简要情况 | 年　份 | 资料来源 |
| --- | --- | --- | --- |
| 法国 | 2家主要银行破产，而且省级银行发生挤兑 | 1930～1932年 | Bernanke和James（1990），Bordo等（2001） |
| | 里昂信贷面临严重的偿付问题 | 1994～1995年 | Bordo等（2001），Caprio和Klingebiel（2003） |
| 加蓬 | 1家银行于1995年临时性关闭 | 1995年 | Caprio和Klingebiel（2003） |
| 冈比亚 | 1995年，1家国有银行被重组和私有化 | 1985～1992年 | Caprio和Klingebiel（2003） |
| 格鲁吉亚 | 几乎大部分大银行都资不抵债；银行体系近1/3的贷款为不良贷款 | 1991年 | Caprio和Klingebiel（2003） |
| 德国 | 汉堡银行获得奥地利国家银行的援救；此举恢复了信心，消除了危机；汉堡银行在6个月内就偿还了贷款 | 1857年 | Conant（1915） |
| | 受俄罗斯危机的影响，柏林股票价格下降了61%；它首先冲击了抵押贷款银行，但贴现银行给它提供了流动性。德累斯顿信贷和莱比锡银行倒闭。经济增长速度适度放缓 | 1901年 | Conant（1915），Bordo和Eichengreen（1999） |
| | 发生了孪生危机，其中银行被注资或者存款被政府担保。自1930年中以来，银行挤兑加速了问题的累积；很多银行不能进行正常支付，而且银行被迫放假 | 1931年 | Bernanke和Jame（1990），Bordo等（2001），Temin（2008） |
| | 转账清算机构发生问题 | 1977年 | Caprio和Klingebiel（2003） |
| 加纳 | 11家银行中的7家资不抵债，农村银行部门受影响 | 1982～1989年 | Bordo等（2001），Caprio和Klingebiel（2003） |
| | 不良贷款比率从11%增加至27%；2家国有银行处境艰难，另外3家资不抵债 | 1997年 | Bordo等（2001），Caprio和Klingebiel（2003） |
| 希腊 | 希腊对外债违约，并背弃金本位制 | 1931年 | Bordo等（2001） |
| | 地方问题需要大量的公共资金注入 | 1991～1995年 | Bordo等（2001），Reinhart（2002），Caprio和Klingebiel（2003） |
| 危地马拉 | 2家国有小银行拥有大量的不良贷款，并于20世纪90年代初被关闭 | 1991年 | Caprio和Klingebiel（2003） |
| | 存款市场份额为7%的3家小银行（商业银行，Promotor银行和大都会银行）被政府干预，后来因不符合偿付能力要求而被关闭 | 2001年 | Jácome（2008） |

(续)

| 国家和地区 | 简要情况 | 年份 | 资料来源 |
|---|---|---|---|
| 危地马拉 | 存款市场份额为9%的第三大银行（Bancafe）被关闭，数月后，另一家小银行（商业银行，存款市场份额为1%）被关闭 | 2006年 | Jácome（2008） |
| 几内亚 | 6家银行（占银行体系存款99%）被认为资不抵债 | 1985年 | Caprio和Klingebiel（2003） |
|  | 2家银行资不抵债，另一家面临严重的财务问题，共占市场份额的45% | 1993~1994年 | Caprio和Klingebiel（2003） |
| 几内亚比绍 | 1995年年末，45%的商业银行贷款为不良贷款 | 1995年 | Caprio和Klingebiel（2003） |
| 洪都拉斯 | 9月，1家存款份额为3%的小银行（Bancorp）被关闭 | 1999年 | Jácome（2008） |
|  | 1家市场份额为3%的小银行（Banhcreser）被关闭 | 2001年 | Jácome（2008） |
|  | 2家小银行（Sogerin银行和Capital银行）被政府干预，并被存款保险机构接管 | 2002年 | Jácome（2008） |
| 中国香港 | 9家接受存款公司破产 | 1982年 | Bordo等（2001），Caprio和Klingebiel（2003） |
|  | 7家银行被清盘或接管 | 1983~1986年 | Bordo等（2001），Caprio和Klingebiel（2003） |
|  | 1家大的投资银行破产 | 1998年 | Caprio和Klingebiel（2003） |
| 匈牙利 | 布达佩斯发生银行挤兑，出现外币挤兑和银行假日 | 1931年7月 | Bernanke和James（1990） |
|  | 至1993年下半年，8家银行（占金融体系资产的25%）被认为资不抵债 | 1991~1995年 | Caprio和Klingebiel（2003） |
| 冰岛 | 3家国有银行中的1家资不抵债 | 1985~1986年 | Bordo等（2001），Caprio和Klingebiel（2003） |
|  | 政府向国有商业银行注资 | 1993年 | Bordo等（2001），Caprio和Klingebiel（2003） |
| 印度 | 孟加拉银行不能满足融资的需求，这导致了资本的增加 | 1863年 | Scutt（1904），Reinhart和Rogoff（2008a） |
|  | 存在农作物歉收和对西方银行的过度负债；银元替换了大部分金币 | 1908年4月 | Conant（1915） |
|  | 1995年，27家公共银行的不良资产比率约为20% | 1993~1996年 | Bordo等（2001），Caprio和Klingebiel（2003） |
| 印度尼西亚 | 1家大银行（Summa银行）破产，引发了对3家小银行的挤兑 | 1992年11月 | Kaminsky和Reinhart（1999） |

(续)

| 国家和地区 | 简要情况 | 年份 | 资料来源 |
| --- | --- | --- | --- |
| 印度尼西亚 | 银行体系不良资产比率为14%,其中70%发生于国有银行 | 1994年 | Bordo等（2001）, Caprio和Klingebiel（2003） |
| | 至2002年5月,印度尼西亚央行已经关闭了237家银行中的70家,国有化了13家。在危机的顶峰时期,不良贷款比率为65%～75%,但在2002年2月该比率下降为约12% | 1997～2002年 | Caprio和Klingebiel（2003） |
| 爱尔兰 | 大多数爱尔兰银行发生挤兑,11月农业银行破产 | 1836年11月～1837年 | Conant（1915） |
| | 在发现一名董事约翰·桑德利尔（John Sadlier）系统地剥夺银行并伪造银行账户后,Tipperary股份合作银行破产 | 1856年2月 | Conant（1915） |
| 以色列 | 几乎整个银行业都受到影响,占股市市值的60%。交易所关闭了18天,银行股价跌幅超过40% | 1977～1983年 | Bordo等（2001）, Caprio和Klingebiel（2003） |
| | 4家大银行的股价崩盘,并被政府国有化 | 1983年10月 | Reinhart（2002） |
| 意大利 | 由于对普奥战争的预期,国家银行暂停硬币支付 | 1866年6月～1868年 | Conant（1915） |
| | 台伯河银行、意大利抵押银行协会和那不勒斯建筑协会被国家银行接管 | 1887年 | Conant（1915） |
| | 和房地产一样,银行经历了繁荣与泡沫破灭。与法国的关税战争抬高了利率,也刺破了土地泡沫。经济增长放缓,并持续低迷达5年之久 | 1891年 | Bordo和Eichengreen（1999） |
| | 政府通过几家银行合并以及授意信贷扩张来修整银行体系,引发了货币危机。里拉贬值,但是对经济衰退只有轻微的影响 | 1893年1月 | Conant（1915）, Bordo和Eichengreen（1999） |
| | 1906年,金融投机以及纽约、伦敦、巴黎不断累积的困难,造成了利率压力,并刺破了金融泡沫。随后经济产量急剧下降 | 1907年 | Bordo和Eichengreen（1999） |
| | 储蓄银行濒临破产,获得了3家主要发钞行的援救,后者在战争时期也支撑了整个银行业 | 1914年 | Teichova等（1997）, Bordo等（2001） |

（续）

| 国家和地区 | 简要情况 | 年份 | 资料来源 |
| --- | --- | --- | --- |
| 意大利 | 第三大银行和第四大银行资不抵债，部分原因是战争期间和战后的过度交易 | 1921年 | Bordo等（2001） |
|  | 最大的银行发生存款流失；金融恐慌一直持续到4月，随后政府重组了多家机构，并接管了银行业的不良资产 | 1930年12月～1931年 | Bernanke和James（1990），Bordo等（2001） |
|  | 农业银行倒闭，储蓄银行和商业银行合并，以至于整个意大利银行体系看似全面重组过 | 1935年 | Teichova等（1997），Bordo等（2001） |
|  | 占总贷款11%的58家银行，与其他机构合并 | 1990～1995年 | Bordo等（2001），Caprio和Klingebiel（2003） |
| 牙买加 | 一家商业银行集团被关闭 | 1994～1997年 | Bordo等（2001），Caprio和Klingebiel（2003） |
|  | FINSAC这家政府清偿机构，共救助5家银行、5家人寿保险公司、2家建筑协会、9家商业银行 | 1995～2000年 | Caprio和Klingebiel（2003） |
| 日本 | 国家银行法迫使银行接受政府的纸币，并导致9～10家银行破产 | 1872～1876年 | Conant（1915） |
|  | 通货紧缩措施抑制贸易，4家国内银行倒闭，5家暂停营业，10家被合并 | 1882～1885年 | Conant（1915） |
|  | 出现了贸易赤字、储备损失以及重大的产出下降，经济增长一年内回落6% | 1901年 | Bordo和Eichengreen（1999） |
|  | 1907年年初，东京股市崩盘，同时全球存在不确定性；日本央行干预一些银行并让其他银行破产。经济严重衰退 | 1907年 | Bordo和Eichengreen（1999） |
|  | 日本脱离金本位制 | 1917年 | Bordo等（2001），Flath（2005） |
|  | 东京大地震造成的坏账严重影响了东京银行和其他一些银行。它们在政府援助下重组 | 1923年9月 | Bernanke和James（1990） |
|  | 银行恐慌导致了更严格的管制。东京渡边银行的倒闭引发了挤兑和破产潮，15家银行无法进行支付。政府不愿意帮助银行摆脱困境，导致了更多的不确定性和新一轮银行挤兑。危机导致了银行合并 | 1927年4月 | Bernanke和James（1990），Bordo等（2001） |

（续）

| 国家和地区 | 简要情况 | 年份 | 资料来源 |
|---|---|---|---|
| 日本 | 银行受到股价和房价急剧下跌的影响。1995年，不良贷款为4 690亿～10 000亿美元（占GDP的10%～25%）；1998年年末，不良贷款为7250亿美元（占GDP的18%）；2002年，不良贷款占贷款总额的35%。7家银行被国有化，61家金融机构被关闭，28家机构被合并 | 1992～1997年 | Bordo等（2001），Caprio和Klingebiel（2003） |
| 约旦 | 第三大银行倒闭 | 1989年8月～1990年 | Caprio和Klingebiel（2003） |
| 肯尼亚 | 金融体系15%的负债面临着流动性和偿付能力问题 | 1985～1989年 | Caprio和Klingebiel（2003） |
| | 政府干预2家本地银行 | 1992年 | Caprio和Klingebiel（2003） |
| | 金融体系资产占比超过30%的银行面临着严重的偿付能力问题 | 1993～1995年 | Caprio和Klingebiel（2003） |
| | 不良贷款比率达到19% | 1996年 | Caprio和Klingebiel（2003） |
| 韩国 | 金融管制的放松导致银行数量增加 | 1986年1月 | Shin和Hahm（1998），Reinhart（2002） |
| | 至2002年5月，5家银行通过购置法促成合并）被迫退出市场，303家金融机构（其中215家为信用社）被关闭，4家银行被国有化。顶峰时期银行系统不良贷款比率处于30%～40%，2002年3月下降至3%左右 | 1997年7月 | Bordo等（2001），Reinhart（2002），Caprio和Klingebiel（2003） |
| 科威特 | 至1986年，近40%的贷款为不良贷款 | 1983年 | Caprio和Klingebiel（2003） |
| 吉尔吉斯斯坦 | 80%～90%的银行体系贷款是问题贷款。1995年，4家小银行被关闭 | 1993年 | Caprio和Klingebiel（2003） |
| 老挝 | 一些银行遇到问题 | 20世纪90年代初 | Caprio和Klingebiel（2003） |
| 拉脱维亚 | 与德国有联系的银行被挤兑，2家银行受到的打击尤其大 | 1931年7月 | Bernanke和James（1990） |
| | 1995～1999年，35家银行或被撤销许可证，或被关闭，或停止营业 | 1994～1999年 | Caprio和Klingebiel（2003） |
| 黎巴嫩 | 4家银行资不抵债，11家银行向中央银行申请贷款 | 1988～1990年 | Caprio和Klingebiel（2003） |
| 莱索托 | 4家商业银行中的1家拥有不良贷款 | 1988年 | Caprio和Klingebiel（2003） |
| 利比里亚 | 11家银行中的7家停止营业，占银行资产的60% | 1991～1995年 | Caprio和Klingebiel（2003） |

（续）

| 国家和地区 | 简要情况 | 年份 | 资料来源 |
|---|---|---|---|
| 立陶宛 | 1995年，25家银行中的12家小银行被清盘；3家私人银行（占银行体系存款的29%）倒闭，3家国有银行被认为资不抵债 | 1995～1996年 | Caprio和Klingebiel（2003） |
| 马其顿 | 银行体系近70%的贷款为不良贷款。政府接管了银行的外债，并关闭了第二大银行 | 1993～1994年 | Caprio和Klingebiel（2003） |
| 马达加斯加 | 25%的银行贷款被认为无法收回 | 1988年 | Caprio和Klingebiel（2003） |
| 马来西亚 | 在中国香港的一家关联银行倒闭后，国内一家大银行的分支机构发生了挤兑。资不抵债的机构占金融体系存款的3%，临时注资以及可能资不抵债的机构占存款的4% | 1985年7月～1988年 | Kaminsky和Reinhart（1999），Bordo等（2001），Caprio和Klingebiel（2003） |
|  | 财务公司进行了重组，通过兼并机构数量从39个减少到10个。2家财务公司被中央银行接管，其中包括最大的独立财务公司。占金融体系资产14%的2家银行被认为资不抵债，并与其他银行合并。顶峰时期银行体系不良资产比率为25%～35%，至2002年3月下降为10.8% | 1997年9月 | Bordo等（2001），Reinhart（2002），Caprio和Klingebiel（2003） |
| 马里 | 最大的银行不良贷款占比达到75% | 1987～1989年 | Caprio和Klingebiel（2003） |
| 毛里塔尼亚 | 1984年，五大银行的不良资产比率为45%～70% | 1984～1993年 | Caprio和Klingebiel（2003） |
| 毛里求斯 | 由于欺诈和违规行为，中央银行关闭了12家商业银行中的2家 | 1997年 | Caprio和Klingebiel（2003） |
| 墨西哥 | 墨西哥政府四处借款，然后暂停偿付（1885年6月）；外国投资的下降导致了信贷危机、银行挤兑和银行惜贷。为了满足政府的贷款需求，国家银行和商业银行于1984年合并成墨西哥国家银行（Banamex） | 1883年 | Conant（1915） |
|  | 国家银行吸收合并其商业银行（它主要的竞争对手） | 1893年 | Conant（1915） |
|  | 美国的崩盘引发了严重的信贷短缺；银行不能收回债务；墨西哥中央银行和很多地方银行都倒闭了。其他银行在联 | 1908年2月 | Conant（1915） |

（续）

| 国家和地区 | 简要情况 | 年　份 | 资料来源 |
|---|---|---|---|
| 墨西哥 | 邦的援助下（或通过合并）生存下来。银行的倒闭导致很多企业破产，并抑制了经济活动。政府对信贷过度膨胀发出警告；2月份警告不安全的贷款，并于6月份开始实施限制 | | |
| | 在主要的银行发生挤兑之后，支付暂停 | 1929年 | Bernanke和James（1990） |
| | 发生资本外逃，政府通过国有化私人银行体系以应对 | 1981~1982年 | Bordo等（2001） |
| | 政府接管银行体系 | 1982年9月~1991年 | Kaminsky和Reinhart（1999），Caprio和Klingebiel（2003） |
| | 1992年下半年实际利率上升，几家持有Ajustabonos的金融机构受到冲击 | 1992年10月 | Kaminsky和Reinhart（1999） |
| | 1994年，在34家商业银行中，9家被政府干预，11家参与了贷款/购买注资项目。这9家银行占金融体系资产的19%，并被认为是资不抵债。外资银行拥有1%的银行资产，而到1998年，18%的银行资产被外资银行持有 | 1994~1997年 | Bordo等（2001），Caprio和Klingebiel）2003），Jácome（2008） |
| 摩洛哥 | 银行部门出现问题 | 1983年 | Caprio和Klingebiel（2003） |
| 莫桑比克 | 主要的商业银行面临资不抵债问题，这在1992年后尤为明显 | 1987~1995年 | Caprio和Klingebiel（2003） |
| 缅甸 | 据报道，最大的国有商业银行拥有大量的不良贷款 | 1996年~？ | Caprio和Klingebiel（2003） |
| 尼泊尔 | 1988年年初，3家银行公布的呆账占金融体系呆账的95%，平均占资产的29% | 1988年 | Caprio和Klingebiel（2003） |
| 荷兰 | 政府下令关闭阿姆斯特丹银行，1月份开始清盘，并持续了很多年 | 1819年12月~1829年 | Conant（1915） |
| | 贴现利率出现波动，最终达到近于危机的高水平 | 1897年 | Bordo等（2001），Homer和Sylla（1991） |
| | 阿姆斯特丹交易所的临时关闭导致银行业发展急剧加速。大的商业银行替代了旧有机构，很多银行被收购或置换 | 1914年 | 't Hart等（1997），Bordo等（2001） |
| | 大量银行倒闭，其他很多银行面临着严重的问题。危机使银行业合作更加紧密，集中度也变得更高。战后银行更积极地为工业提供融资；危机过后，工业增长停滞 | 1921年 | 't Hart等（1997），Bordo等（2001） |

（续）

| 国家和地区 | 简要情况 | 年 份 | 资料来源 |
|---|---|---|---|
| 荷兰 | 阿姆斯特丹银行这家主要的银行兼并了另一家大银行——北荷兰农业信贷 | 1939 年 | Bordo 等（2001） |
| 新西兰 | 一家占银行体系资产 25% 的大型国有银行面临着资不抵债问题，不良贷款比率很高 | 1987～1990 年 | Bordo 等（2001），Caprio 和 Klingebiel（2003） |
| 尼加拉瓜 | 1996 年，银行系统不良贷款比率达到 50% | 1987～1996 年 | Caprio 和 Klingebiel（2003） |
|  | 11 家银行中的 4 家（占银行体系存款近 40%）被政府干预，并被出售给其他金融机构 | 2000～2002 年 | Jácome（2008） |
| 尼日尔 | 20 世纪 80 年代中期，银行体系不良贷款比率达到 50%。4 家银行被清盘，80 年代末 3 家银行被重组，2002 年更多的银行被重组 | 1983 年～？ | Caprio 和 Klingebiel（2003） |
| 尼日利亚 | 1993 年，资不抵债的银行占银行体系资产的 20% 以及存款的 22%。1995 年，据报道近一半的银行处于财务困境中 | 1992～1995 年 | Bordo 等（2001），Caprio 和 Klingebiel（2003） |
|  | 经营困难的银行占 4% 的银行体系资产 | 1997 年 | Bordo 等（2001），Caprio 和 Klingebiel（2003） |
| 挪威 | 发生了房地产投机；当利率上升时泡沫破灭，同时很多银行倒闭。挪威银行介入，并防止危机蔓延 | 1898 年 | Jonung 和 Hagberg（2002） |
|  | 战争期间不计后果的贷款以及 20 世纪 20 年代初全球经济的下滑，导致银行不稳定 | 1921～1923 年 | Bordo 等（2001），Jonung 和 Hagberg（2002） |
|  | 挪威放弃金本位制；挪威银行给小银行提供了大量支持以防止系统性危机。相对于 1921 年，危机被更成功地管理 | 1931 年 | Bordo 等（2001），Oksendal（2007） |
|  | 通过对存款征税的立法，导致很多银行存款流失 | 1936 年 | Bernanke 和 James（1990） |
|  | 两家地区性储蓄银行倒闭。最终它们被合并，并获得政府援救。6 家银行在 1985～1986 年的经济衰退和有问题的房地产贷款中遭受了损失，中央银行向其提供了专项贷款。政府控制了最大的 3 家银行，占银行体系资产的 85% | 1987～1993 年 | Kaminsky 和 Reinhart（1999），Bordo 等（2001），Jonung 和 Hagberg（2002），Caprio 和 Klingebiel（2003） |
| 巴拿马 | 1988 年，银行系统放了长达 9 周的假。大多数国有和私人商业银行的财务状况非常差，15 家银行停止营业 | 1988～1989 年 | Caprio 和 Klingebiel（2003） |

（续）

| 国家和地区 | 简要情况 | 年份 | 资料来源 |
|---|---|---|---|
| 巴布亚新几内亚 | 85%的储蓄和贷款机构停止营业 | 1989年~？ | Caprio和Klingebiel（2003） |
| 巴拉圭 | 巴拉圭银行和河床银行暂停支付，而且发生了严重的挤兑；黄金价格上涨了300%，银行最终被清盘 | 1890年 | Conant（1915） |
| | 1998年年底，政府监管机构干预了大部分国内私人银行和公共银行，以及大量的财务公司，其中包括最大的银行和储蓄贷款机构。至1999年年底，外资银行占大多数，控制了超过80%的银行资产。2000年，所有银行都被认为是稳健的。占银行体系存款10%的2家银行被政府干预，并于1997年被关闭。1998年，1家占存款6.5%的中型银行被关闭 | 1995~1999年 | Bordo等（2001），Caprio和Klingebiel（2003），Jácome（2008） |
| | 占银行体系存款近10%的第三大银行被政府干预，并被关闭 | 2002年 | Caprio和Klingebiel（2003），Jácome（2008） |
| 秘鲁 | 金币停止流通，该国开始实施了长达25年的银本位制 | 1872~1873年 | Conant（1915），Reinhart和Rogoff（2008a） |
| | 2家大银行倒闭。其他银行受困于高额的不良贷款以及1987年银行体系国有化之后的金融脱媒 | 1983年4月~1990年 | Kaminsky和Reinhart（1999），Bordo等（2001），Caprio和Klingebiel（2003），Jácome（2008） |
| | 资本外流引起国内信贷紧缩，并暴露了一些银行的偿付能力问题，包括Wiese银行和拉丁银行（市场份额分别为16.7%和3%）以及其他小规模的金融机构。银行法案适用于2家银行（约占存款的21%）。不稳定也影响到其他6家小银行（共占存款的6.5%） | 1999年 | |
| 菲律宾 | 商业票据市场崩盘，引发了银行挤兑以及非银行金融机构、储蓄银行的倒闭。2家占银行体系资产50%的公共银行、6家占银行体系资产12%的私人银行、32家占储蓄银行资产53%的储蓄银行以及128家农村银行都发生了问题 | 1981年1月~1987年 | Kaminsky和Reinhart（1999），Bordo等（2001），Caprio和Klingebiel（2003） |

（续）

| 国家和地区 | 简要情况 | 年份 | 资料来源 |
|---|---|---|---|
| 菲律宾 | 1家商业银行、88家储蓄银行中的7家、750家农村银行中的40家被置于破产管理之下。1998年11月，银行体系不良资产比率达到12%，预计1999年将达到20% | 1997年7月~1998年 | Reinhart（2002），Caprio和Klingebiel（2003） |
| 波兰 | 银行挤兑导致3家大银行暂停支付银行动荡一直持续到1927年 | 1926年7月~1927年 | Bernanke和James（1990） |
|  | 银行发生挤兑，特别是那些与奥地利信贷银行相关的银行，这是奥地利危机扩散所致 | 1931年6月 | Bernanke和James（1990） |
|  | 1991年，9家财政所属商业银行中的7家（占贷款的90%）、粮食经济银行以及合作银行系统都面临资不抵债问题 | 1991年 | Caprio和Klingebiel（2003） |
| 葡萄牙 | 里斯本银行暂停支付，由于和葡萄牙政府的联系，它一直没有摆脱麻烦 | 1828年 | Conant（1915） |
|  | 里斯本银行丧失了所有信用，不能赎回票据，并被重组为葡萄牙银行中 | 1846年5月~1847年 | Conant（1915） |
|  | 庞大的预算赤字、巴林银行危机以及巴西革命导致了货币贬值。政府拒绝支付部分国内债务，并就外债重新谈判以减少利息支出。危机对经济增长产生了很大的影响 | 1890年 | Conant（1915），Bordo和Eichengreen（1999） |
|  | 在战后国家中，银行的倒闭很普遍 | 1920年 | Bordo等（2001） |
|  | 发生了几起银行倒闭 | 1923年 | Bordo等（2001） |
|  | 葡萄牙脱离了金本位制 | 1931~1932年 | Bordo等（2001） |
| 罗马尼亚 | 德国控制的银行和其他银行倒闭；发生了严重的银行挤兑 | 1931年7月 | Bernanke和James（1990） |
|  | 1990年，6家主要国有银行中不良贷款比率达到25%~30% | 1990年 | Caprio和Klingebiel（2003） |
| 俄国（俄罗斯） | 4月份，俄罗斯银行关闭；暂停硬币支付并且之后再没有恢复。持续的财政赤字意味着某些贷款是必需的，同时信贷的情况令人绝望 | 1862年4月~1863年 | Conant（1915） |
|  | Skopine社区银行从全国各地吸收存款，但是只保持低水平的储备。1875年，当它不能支付存款时，泡沫破灭。此后只有数量有限的社区银行 | 1875年 | Conant（1915），Reinhart Rogoff（2008a） |

(续)

| 国家和地区 | 简要情况 | 年份 | 资料来源 |
|---|---|---|---|
| 俄国（俄罗斯） | 股份合作商业银行持有大量不良资产；尽管大银行受到国家银行的保护，但是很多小银行都破产了 | 1896年 | Cameron（1967） |
| | 出于对很多新银行关联贷款的担忧，银行间同业拆借市场停止运作 | 1995年8月 | Caprio和Klingebiel（2003） |
| | 近720家银行（几乎占运营中银行的一半）被认为是资不抵债。它们占银行总资产的4%和零售存款的32%。18家银行（占银行总资产的40%和家庭存款的41%）存在严重的困难，需要政府援救 | 1998～1999年 | Caprio和Klingebiel（2003） |
| 卢旺达 | 一家背景良好的银行被关闭 | 1991年 | Caprio和Klingebiel（2003） |
| 圣多明各 | 在不成功的金本位制尝试之后，国家银行倒闭。任何地方都不接受纸币 | 1894年 | Conant（1915） |
| 圣多美和普林西比 | 1992年年末，单一银行贷款的不良贷款比率达90%。1993年，单一银行被清盘，随后发放了2家新银行的牌照，并接管了其大部分资产。1994年其中一家新银行的信贷业务暂停运作 | 1991年 | Caprio和Klingebiel（2003） |
| 苏格兰 | 由于不审慎的银行操作，西部银行破产。该行向4家公司发放了大量不良贷款，当这些被发现时，银行账户被冻结，公司也被关闭了。股票交易所发生恐慌，存款者挤兑存款，银行倒闭 | 1857年10月～1858年 | Conant（1915） |
| | 由于连续3年伪造报表，并向4家公司发放贷款，格拉斯哥城市银行破产。破产受损的是股东，而非债权人 | 1878年9月～1880年 | Conant（1915） |
| | 苏格兰银行吸收合并了喀里多尼亚银行；北苏格兰银行吸收合并了城镇乡村银行 | 1908年3月 | Conant（1915） |
| 塞内加尔 | 1988年，50%的贷款为不良贷款。6家商业银行和1家发展银行被关闭（占金融体系资产的20%～30%） | 1988～1991年 | Bordo等（2001），Caprio和Klingebiel（2003） |
| 塞拉利昂 | 1995年，银行体系不良贷款比率为40%～50%，发生了银行注资和重组 | 1990年 | Caprio和Klingebiel（2003） |
| 新加坡 | 不良贷款增加至2亿美元（占GDP的0.6%） | 1982年 | Bordo等（2001），Caprio和Klingebiel（2003） |

（续）

| 国家和地区 | 简要情况 | 年　份 | 资料来源 |
|---|---|---|---|
| 斯洛伐克① | 1997年，无法回收的贷款约为1 010亿克朗，约占贷款的31%和GDP的15% | 1991年 | Caprio 和 Klingebiel（2003） |
| 斯洛文尼亚 | 3家银行（占银行体系资产的2/3）被重组 | 1993～1994年 | Caprio 和 Klingebiel（2003） |
| 南非 | 信托银行遇到了问题 | 1977年12月～1978年 | Bordo 等（2001），Reinhart（2002），Caprio 和 Klingebiel（2003） |
|  | 一些银行遇到了问题 | 1989年 | Caprio 和 Klingebiel（2003） |
| 西班牙 | 在半岛战争中，法国征服了西班牙，在1814年后圣查尔斯银行基本停止运营 | 1814～1817年 | Conant（1915） |
|  | 圣查尔斯银行重组为费迪南德银行 | 1829年7月 | Conant（1915） |
|  | 伊莎贝拉二世银行（1844年政府为惩罚费迪南德银行而创设）和费迪南德银行合并成1家，即费迪南德银行。费迪南德银行承接了伊莎贝拉的债务，并完全受政府摆布。1848年，银行的现金储备降低，货币发行量增加，同时政府要求更多的贷款，银行成为强盗政府的牺牲品。政府仿照英格兰银行，把银行重组成为西班牙银行 | 1846年2月～1847年 | Conant（1915） |
|  | 一些加泰罗尼亚的全能银行资不抵债，最终导致最著名和最古老的信贷机构破产，对巴塞罗那产生了严重的影响 | 1920～1923年 | Bordo 等（2001） |
|  | 2家主要的银行倒闭 | 1924～1925年 | Bernanke 和 James（1990），Bordo 等（2001） |
|  | 通过脱离金本位制，西班牙避开了大萧条最严重的时期；虽然发生了挤兑，但西班牙银行能够作为最后贷款人自由地提供贷款 | 1931年 | Bordo 等（2001），Temin（2008） |
|  | 西班牙银行开始援救一些小银行。在1978～1983年，24家机构获得援助，4家被清盘，4家被合并；20家中小规模的银行被国有化。这52家银行（总共110家）占银行体系存款的20%，面临着偿付能力不足的问题 | 1977～1985年 | Kaminsky 和 Reinhart（1999），Bordo 等（2001），Caprio 和 Klingebiel（2003） |
| 斯里兰卡 | 国有银行占银行体系的70%，不良贷款比率约为35% | 1989～1993年 | Caprio 和 Klingebiel（2003） |

（续）

| 国家和地区 | 简要情况 | 年份 | 资料来源 |
|---|---|---|---|
| 斯威士兰 | 中央银行接管了其他3家银行 | 1995年 | Caprio 和 Klingebiel（2003） |
| 瑞典 | 黄金的贬值导致了金条报告（类似于1804年爱尔兰的货币报告） | 1811年1月 | Conant（1915） |
| | 发生了严重的银行危机 | 1876～1879年 | Jonung 和 Hagberg（2002） |
| | Risksbank 法案使得 Risksbank 成为瑞典的中央银行，并赋予它发行银行券的排他性权利 | 1897年 | Bordo 等（2001），Jonung 和 Hagberg（2002） |
| | 发生了信贷繁荣，对银行体系稳定性信心的减弱导致了银行挤兑。储备贬值，但瑞典央行为国内银行提供贷款。产出受到负面影响，但是经济迅速恢复 | 1907年 | Bordo 和 Eichengreen（1999），Jonung 和 Hagberg（2002） |
| | 在严重的经济衰退之后，发生了瑞典银行史上最严重的银行危机 | 1922～1923年 | Jonung 和 Hagberg（2002） |
| | 依赖于金融家伊瓦·克雷格（Ivar Kreuger）的银行在他去世后受打击较大；银行遭受了巨大的损失，但储户受到国家的保护，并没有因银行的倒闭而遭受损失 | 1931～1932年 | Bordo 等（2001），Jonung 和 Hagberg（2002） |
| | 瑞典政府援救第二大银行——北方银行。北方银行和戈塔银行共占银行体系资产的22%，都已经资不抵债。Spar 银行和 Foresta 银行共占银行体系资产的24%，都被政府干预。6家最大银行中的5家，占银行体系资产比例超过70%，都遇到了困难 | 1991年11月～1994年 | Kaminsky 和 Reinhart（1999），Bordo 等（2001），Jonung 和 Hagberg（2002），Caprio 和 Klingebiel（2003） |
| 瑞士 | 瑞士不能从法国取得硬币供应；银行客户争相把银行券兑换为硬币；银行降低贴现和贷款，并导致了经济衰退 | 1870年7月～1871年 | Conant（1915） |
| | 发生了一股银行倒闭和合并潮 | 1910～1913年 | Vogler（2001） |
| | 瑞士银行深受德国银行业危机的影响，总资产萎缩，同时很多银行被重组 | 1931年 | Bordo 等（2001），Vogler（2001） |
| | 银行业持续的困扰来自于美国和大萧条的压力，以及1931年德国的银行危机 | 1933年 | Bordo 等（2001），Vogler（2001） |
| 中国台湾 | 4家信托公司和11家企业倒闭 | 1983～1984年 | Bordo 等（2001），Caprio 和 Klingebiel（2003） |
| | 1995年，彰化第四信用社的倒闭引发了对其他信用社的挤兑 | 1995年7月 | Bordo 等（2001），Caprio 和 Klingebiel（2003） |

（续）

| 国家和地区 | 简要情况 | 年份 | 资料来源 |
|---|---|---|---|
| 中国台湾 | 1998年年末，银行体系的不良贷款比率约为15% | 1997～1998年 | Bordo等（2001），Caprio和Klingebiel（2003） |
| 塔吉克斯坦 | 1家最大的银行资不抵债，同时1家小银行倒闭 | 1996年～？ | Caprio和Klingebiel（2003） |
| 坦桑尼亚 | 1987年，主要金融机构的呆账已达到其资产的一半。1990年，占银行体系资产95%的国家商业银行破产 | 1987年 | Caprio和Klingebiel（2003） |
| 泰国 | 股市崩盘之后，一家最大的财务公司倒闭。金融部门的援救正式开始 | 1979年3月 | Kaminsky和Reinhart（1999） |
| | 财务公司的巨额损失导致了挤兑和政府干预。政府干预了50家财务和证券公司以及5家商业银行，共占金融体系资产的25%。3家商业银行（占商业银行资产的14%）被认为资不抵债 | 1983年10月～1987年 | Kaminsky和Reinhart（1999），Bordo等（2001），Caprio和Klingebiel（2003） |
| | 截至2002年5月，泰国银行关闭了91家财务公司中的59家（占金融系统资产的13%和财务公司资产的72%）以及15家国内银行中的1家，并国有化了4家银行。至2002年3月，1家公众所有的资产管理公司持有29.7%的金融系统资产。顶峰时期不良贷款占总贷款的33%，2002年2月该比率降为10.3% | 1996年5月 | Bordo等（2001），Reinhart（2002），Caprio和Klingebiel（2003） |
| 多哥 | 银行部门面临偿付能力不足问题 | 1993～1995年 | Caprio和Klingebiel（2003） |
| 特立尼达和多巴哥 | 一些金融机构面临偿付能力不足问题，3家国有银行被合并 | 1982～1993年 | Caprio和Klingebiel（2003） |
| 突尼斯 | 大多数商业银行资本不充足 | 1991～1995年 | Caprio和Klingebiel（2003） |
| 土耳其 | 在德国危机之后，发生了对德国银行分行的挤兑 | 1931年7月 | Bernanke和James（1990） |
| | 3家银行与国有农业银行合并，随后被清盘；2家大银行进行了重组 | 1982～1985年 | Bordo等（2001），Caprio和Klingebiel（2003） |
| | 战争导致大量的存款提取和银行挤兑，促使政府担保所有存款 | 1991年1月 | Kaminsky和Reinhart（1999） |
| | 4月份，3家银行倒闭 | 1994年4月 | Bordo等（2001），Caprio和Klingebiel（2003） |
| | 2家银行被关闭，19家银行被储蓄存款保险基金接管 | 2000年 | Caprio和Klingebiel（2003） |

（续）

| 国家和地区 | 简要情况 | 年份 | 资料来源 |
|---|---|---|---|
| 乌干达 | 1994～1998年，一半的银行体系面临着偿付能力问题。1998～2002年，发生了各种各样的银行注资、私有化或银行倒闭 | 1994～2002年 | Caprio和Klingebiel（2003） |
| 乌克兰 | 至1997年，195家银行中的32家被清盘，而另外25家正在改善财务状况。坏账占总资产的50%～65%，即便一些主要的银行也是如此。1998年，政府决定重组债务，银行遭到进一步打击 | 1997～1998年 | Caprio和Klingebiel（2003） |
| 英国 | 拿破仑的柏林法令导致了大规模的投机。很多新建的地方银行都发行银行券；银行券的过量发行导致伦敦交易所严重下挫；1811年4月11日，政府对银行进行援救 | 1810年 | Conant（1915） |
| | 好收成和低价格导致投机；资产价格的普遍下降影响了制造业。89家地方银行破产，300～500家停止营业，对英格兰银行银行券的需求增加 | 1815～1817年 | Conant（1915） |
| | 不受管制的地方银行对基于实际和虚拟投资的投机提供融资，导致股票市场和拉丁美洲主权债务出现泡沫。随后股票市场崩盘，6家伦敦银行（包括亨利桑顿的银行）和60家地区银行被关闭，伦敦发生金融恐慌 | 1825年4月～1826年 | Conant（1915） |
| | 1837年3月，3家银行倒闭，英格兰银行给其他银行提供大量的资金以防止恐慌，但仍然免不了破产。英国提高贴现利率，并向法国和德国借入资金 | 1837年3月～1839年 | Conant（1915） |
| | 爱尔兰的马铃薯饥荒以及铁路狂热导致黄金被持续消耗；资源的减少导致了恐慌。企业对铁路事业和甘蔗种植园过度投资；当它们开始倒闭时，引发了银行倒闭 | 1847年4月～1848年 | Conant（1915） |
| | 澳大利亚和加利福尼亚州金矿的发现导致了大量投机，随后泡沫破灭，全球各地的金融体系陷入瘫痪（危机从美国蔓延至欧洲、南美和远东）。大多数银行暂停营业，英格兰银行是唯一的贴现资金来源 | 1857年8月 | Conant（1915） |

(续)

| 国家和地区 | 简要情况 | 年份 | 资料来源 |
|---|---|---|---|
| 英国 | 为了应对恐慌，1844年《银行法》被暂停执行。使用黄金进行支付。股份合作贴现公司破产，同时各行业都折价促销 | 1866年5月 | Conant（1915） |
|  | 发生了地方性银行危机；12月9日西英格兰和南威尔士地区银行倒闭，10月2日，由于信心被侵蚀，格拉斯哥城市银行倒闭 | 1878年10月 | Conant（1915） |
|  | 巴林公司的主要资产是阿根廷和乌拉圭的证券。布宜诺斯艾利斯供水与排水公司的贷款出现违约，但是在法国银行和俄罗斯银行的帮助下，英格兰银行组织援救，防止了巴林公司倒闭。随后发生了短暂而温和的经济衰退 | 1890年11月 | Conant（1915），Bordo和Eichengreen（1999） |
|  | 发生了间接的银行危机 | 1974～1976年 | Bordo等（2001），Caprio和Klingebiel（2003） |
|  | Johnson Matthey银行倒闭 | 1984年 | Caprio和Klingebiel（2003） |
|  | 国际商业和信用银行破产 | 1991年 | Caprio和Klingebiel（2003） |
|  | 巴林银行破产 | 1995年 | Caprio和Klingebiel（2003） |
| 美国 | 由于1812年战争，州银行暂停硬币支付，导致财政运作陷入瘫痪状态 | 1814年8月 | Conant（1915） |
|  | 由于美国第二银行的硬币需求，使46家银行处于资不抵债状态 | 1818～1819年 | Conant（1915） |
|  | 在英格兰危机之前，美国银行以及所有其他银行都处于歇业的边缘 | 1825年1月 | Conant（1915） |
|  | 3家银行倒闭；英格兰银行给予其他银行大量的资金支持以防止恐慌。银行倒闭首先开始于新奥尔良和纽约，并蔓延至其他城市 | 1836～1838年 | Conant（1915） |
|  | 美国第二银行被清盘；贷款人获得偿还，但股东失去了所有权益；26家地方银行倒闭 | 1841年3月 | Conant（1915） |
|  | 澳大利亚和加利福尼亚州金矿的发现导致了大量投机，随后泡沫破灭，全球各地的金融体系陷入瘫痪（危机从美国蔓延至欧洲、南美和远东）。大多数银行暂停营业，英格兰银行是唯一的贴现资金来源 | 1857年8月 | Conant（1915） |

（续）

| 国家和地区 | 简要情况 | 年份 | 资料来源 |
|---|---|---|---|
| 美国 | 政府暂停硬币支付，并一直持续到1879年，该措施抬高了黄金（于1864年达到顶峰）和所有其他零售商品的价格 | 1861年12月 | Conant（1915） |
| | 美国内战导致了金融恐慌 | 1864年4月 | Conant（1915） |
| | 费城的银行公司——"Jay Cooke公司"倒闭，引发了经济衰退，并一直持续到1877年 | 1873年9月 | Conant（1915） |
| | 疲软的商品价格以及一系列经纪公司的倒闭，导致了银行挤兑和暂停支付，主要发生在纽约地区。对经济产出的影响较小 | 1884年5月 | Conant（1915），Bordo和Eichengreen（1999） |
| | 货币政策的不确定性和股市崩盘导致了银行挤兑。政府采取了政治行动以舒缓危机，产出严重下降，但经济快速恢复 | 1890年 | Conant（1915），Bordo和Eichengreen（1999） |
| | 全球信贷受限、美国国内金融过度发展、州银行数量增加以及存款与现金储备比率上升共同构筑了危机发生的背景。房地产和股票市场的投机泡沫破灭，危机从纽约向全美蔓延。经济增长率平均每年下降9%。J.P.摩根、蒙特利尔银行以及纽约财政部向市场补充了流动资金 | 1907年3月 | Conant（1915），Bordo和Eichengreen（1999） |
| | 由于战争，纽约证券交易所在12月之前一直处于关闭状态；但是通过提供大量的应急货币防止存款挤兑，避免了银行危机 | 1914年7月 | Bordo等（2001） |
| | 在大萧条期间，上千家银行被关闭；银行倒闭与特定的联邦储备区相关。1930年12月，美国银行倒闭；在1931年8月至1932年1月之间，1 860家银行倒闭 | 1929～1933年 | Bernanke和James（1990），Bordo等（2001） |
| | 1 400家储蓄贷款协会和1 300家银行倒闭 | 1984～1991年 | Bordo等（2001），Caprio和Klingebiel（2003） |
| 乌拉圭 | 国家银行倒闭 | 1893年 | Conant（1915） |
| | 政府颁布法令减少纸币的流通，纸币的赎回导致了银行挤兑 | 1898年9月 | Conant（1915） |
| | 商业银行倒闭。在高企的实际利率的推动下，形成了一股银行兼并和破产潮 | 1971年3月 | Kaminsky和Reinhart（1999） |

（续）

| 国家和地区 | 简要情况 | 年份 | 资料来源 |
|---|---|---|---|
| 乌拉圭 | 在阿根廷货币贬值之后（它标志着阿根廷稳定汇率的Tablita计划结束），发生了大规模的银行挤兑。受影响的金融机构占金融体系资产的30%；资不抵债的银行占金融体系存款的20% | 1981年3月～1984年 | Kaminsky 和 Reinhart（1999），Bordo 等（2001），Caprio 和 Klingebiel（2003） |
| | 国有按揭银行于2001年12月获得注资。在2002年的头7个月中，银行系统流失了33%的存款。2002年，4家银行（占银行资产总额的33%）被关闭，定期存款（存单）被重组，延长了偿还期限 | 2002年 | Caprio 和 Klingebiel（2003），Jácome（2008） |
| 委内瑞拉 | 1978年、1981年、1982年、1985年、1986年发生了大量的银行倒闭 | 1978～1986年 | Bordo 等（2001），Caprio 和 Klingebiel（2003） |
| | 该国第二大银行（拉丁银行）发生挤兑，并于1994年1月被关闭。资不抵债的银行占金融体系存款的35%。1994年，政府干预了47家银行中的17家（占存款50%），国有化了9家，同时关闭了7家。1995年，政府又干预了另外5家银行 | 1993年10月～1995年 | Kaminsky 和 Reinhart（1999），Bordo 等（2001），Caprio 和 Klingebiel（2003），Jácome（2008） |
| 越南 | 四大国有商业银行中的2家（占银行体系贷款的51%）被认为资不抵债，其余2家面临着明显的偿付问题。几家股份公司处于严重的财务困境中。1998年年底，银行体系的不良贷款比率达18% | 1997年～？ | Caprio 和 Klingebiel（2003） |
| 也门 | 银行受到大量的不良贷款和外币风险暴露的打击 | 1996年～？ | Caprio 和 Klingebiel（2003） |
| 赞比亚 | 占商业银行资产13%的子午线银行破产 | 1995年 | Caprio 和 Klingebiel（2003） |
| 津巴布韦 | 5家商业银行中的2家拥有较高的不良贷款率 | 1995年 | Bordo 等（2001），Caprio 和 Klingebiel（2003） |

①捷克斯洛伐克于1992年12月31日分为捷克和斯洛伐克两个国家。

# 资本的游戏

| 书号 | 书名 | 定价 | 作者 |
| --- | --- | --- | --- |
| 978-7-111-62403-5 | 货币变局：洞悉国际强势货币交替 | 69.00 | （美）巴里.艾肯格林 |
| 978-7-111-39155-5 | 这次不一样：八百年金融危机史（珍藏版） | 59.90 | （美）卡门M.莱茵哈特 肯尼斯S.罗格夫 |
| 978-7-111-62630-5 | 布雷顿森林货币战：美元如何统治世界（典藏版） | 69.00 | （美）本·斯泰尔 |
| 978-7-111-51779-5 | 金融危机简史：2000年来的投机、狂热与崩溃 | 49.00 | （英）鲍勃·斯瓦卢普 |
| 978-7-111-53472-3 | 货币政治：汇率政策的政治经济学 | 49.00 | （美）杰弗里 A.弗里登 |
| 978-7-111-52984-2 | 货币放水的尽头：还有什么能拯救停滞的经济 | 39.00 | （英）简世勋 |
| 978-7-111-57923-6 | 欧元危机:共同货币阴影下的欧洲 | 59.00 | （美）约瑟夫 E.斯蒂格利茨 |
| 978-7-111-47393-0 | 巴塞尔之塔：揭秘国际清算银行主导的世界 | 69.00 | （美）亚当·拉伯 |
| 978-7-111-53101-2 | 货币围城 | 59.00 | （美）约翰·莫尔丁 乔纳森·泰珀 |
| 978-7-111-49837-7 | 日美金融战的真相 | 45.00 | （日）久保田勇夫 |

# 投资与估值丛书

| 书号 | 书名 | 定价 |
| --- | --- | --- |
| 978-7-111-62862-0 | 估值:难点、解决方案及相关案例 | 149.00 |
| 978-7-111-57859-8 | 巴菲特的估值逻辑:20个投资案例深入复盘 | 59.00 |
| 978-7-111-51026-0 | 估值的艺术:110个解读案例 | 59.00 |
| 978-7-111-62724-1 | 并购估值:构建和衡量非上市公司价值(原书第3版) | 89.00 |
| 978-7-111-55204-8 | 华尔街证券分析:股票分析与公司估值(原书第2版) | 79.00 |
| 978-7-111-56838-4 | 无形资产估值:如何发现企业价值洼地 | 75.00 |
| 978-7-111-57253-4 | 财务报表分析与股票估值 | 69.00 |
| 978-7-111-59270-9 | 股权估值 | 99.00 |
| 978-7-111-47928-4 | 估值技术 | 99.00 |